張文江 編

楊踐形著作集

復旦大學出版社

圖書在版編目（CIP）數據

楊踐形著作集：全四卷／楊踐形著. — 上海：復旦大學出版社，2025. 1. —（近代學術集林／傅傑主編）. — ISBN 978-7-309-17615-5

Ⅰ. Z429.5

中國國家版本館CIP數據核字第20244KC211號

楊踐形著作集（全四卷）

楊踐形　著
張文江　編

出版發行　復旦大學出版社
上海市國權路五七九號　郵編：二〇〇四三三
八六—二一—六五六四二八五七（門市零售）
八六—二一—六五一一八八五三（團體訂購）
八六—二一—六五一〇九一四三（外埠郵購）
fupnet@fudanpress.com　http://www.fudanpress.com

出品人　嚴　峰
項目編輯　陳麥青
責任編輯　胡欣軒

印　刷　上海世紀嘉晉數字信息技術有限公司
開　本　720×1000　1/16
印　張　120.75
字　數　609字
版　次　二〇二五年一月第一版第一次印刷

書　號　ISBN 978-7-309-17615-5/Z・129
定　價　貳仟陸佰捌拾圓

《近代學術集林》

總序

傅傑

前賢身困道彌亨

每展新編輒眼明

——馬一浮

《近代學術集林》主要彙編影印十九世紀下半葉至二十世紀上半葉的學者著作，這是中國學術隨着社會發生根本巨變的時期。在十九世紀與二十世紀之交的一八九八年，經學大師皮錫瑞爲同心會作序，即因學派不齊、議論不一而感慨繫之：

學派有漢學，有宋學。漢學有西漢大義之學，有東漢訓詁之學。宋學有程朱之學，有陸王之學。近世又有以專講中國學者爲舊學，兼講西學者爲新學。互相攻駁，勢同敵讎，心安得同？議論或好安靜，或好動作。好静主守舊，好動主維新。守舊者以爲舊法盡善，能守其法，天下自治，當一切不變；維新者以爲舊法盡不善，不盡改其法，天下無由而治，必掃地更新。一則近於道家清净無爲，一則近於法家綜覈名實。分黨競勝，二者交譏，心安得同？今欲同心，當化不同爲同。學派不齊者，當知漢宋之學，皆出孔門，不可分别門户，同室操戈，即西學非吾人所知，亦足以補中學之所未逮，但有一得，並宜兼收；議論不一者，當知一切不變，施之今世，固不相宜。掃地更新，望之今人，亦恐難逮，宜去其太甚，盡其所得。至於學派通矣，議論一矣。

進入二十世紀，皮氏「學派通，議論一」的願望非但没有實現，反因「孟陬失紀，海水横流。大道多歧，《小雅》盡廢」，政局更迭，憂患頻仍，跟政治糾纏在一起，反而更加争議不斷，辨難無已，正所謂「争奇鬥異各取勝，遂至荒誕無根原」，以致十來年後王國維在爲《國學叢刊》寫的創刊序中説：

> 學之義不明於天下久矣。今之言學者有新舊之争，有中西之争，有有用之學與無用之學之争。余正告天下曰：學無新舊也，無中西也，無有用無用也。凡立此名者，均不學之徒，即學焉而未嘗知學者也。

新舊、中西、有用無用之争，都被王氏歸爲無謂之争。他下了大判斷：「凡立此名者，均不學之徒，即學焉而未嘗知學者也。」其實他本人何嘗没有學有新舊、中西、有用無用的觀念，這裏語氣的決絶，態度的堅定，其實是他對當時學界熱衷争長競短的浮囂之習的抗議：新鄙視舊，西鄙視中，有用鄙視無用，反之亦然。學者不僅各執一詞，標準也是因人而異——不論别的，王國維本人就因兼涉新舊中西，儘管受到廣泛推崇，卻仍有人嫌其太新，有人嫌其太舊。另如章太炎也同樣獲得了來自不同陣營者的截然相反的評價，即其《新方言》一書，或以之爲誼屬新學的開山，或以之爲不脱舊學的窠臼。

在特殊的時代，據形勢的轉移，最應該着力倡導怎樣的研究風尚與研究方法是一回事，但是再值得倡導的研究風尚與研究方法，也不可能適應所有的學科、所有的研究對象，更不可能適應所有的研究者。研究者的天資不同，素養不同，學派不同，機緣不同，衹要真積力久，確有心得，無論用什麽方法從事的研究、以什麽面貌出現的著作，都有可能立於不敗之地。這是自古以來學術史的通例，近代也不例外。陳寅恪先生的「一時代之學術，必有其新材料與新問題。

取用此材料，以研求問題，則爲此時代學術之新潮流。治學之士，得預於此潮流者，謂之預流（借用佛教初果之名），其未得預者，謂之未入流」，固爲不刊名論，但如王國維《殷卜辭中所見先公先王考》那樣的「預流」之作別啟生面，石破天驚，足開一代風氣；而如章鈺《胡刻通鑑正文校宋記》那樣的「不預流」之作一循舊規，句櫛字比，亦未嘗可輕棄。祇是多種因素交互影響，有的著作起到了承上啟下的作用，成爲有口皆碑的名著；但也有數不在少的著作則漸漸淡出新一代學者的視界，被部分遮蔽甚至被完全遺忘——何況這其中有一些，還是從未獲得問世機會的稿本或抄本。

毋庸置疑，章太炎、王國維等爲學界公認的繼往開來的大學者絶對代表了這一時期的學術高峰。他們舊學邃密，新知深沉，天下翕然，奉爲宗師。近幾十年間，包括他們在内的不少傑出學者如皮錫瑞、廖平、嚴復、李詳、陳漢章、羅振玉、张元濟、孟森、梁啟超、柳詒徵、陳垣、馬一浮、余嘉錫、吕思勉、劉師培、吴梅、熊十力、楊樹達、黄侃、錢基博、岑仲勉、陳寅恪、胡適、郭沫若、趙元任、顧頡剛、湯用彤、梁漱溟、蒙文通、容庚、董作賓、錢穆、馮友蘭、傅斯年、李濟、于省吾、蕭公權、羅常培（上舉僅限於部分十九世紀下半葉出生的學者）等的全集或準全集都已編録出版，有的部分已有整理本或影印本，但仍有不少學者或未必經典、或不夠重要的著作没有得到較具規模的流通。而對相關領域的研究者而言，這些著作還有參考借鑑的價值；對於文化積累而言，這些著作仍是可資利用的學術史或文化史資料。何況選擇何者經典，何者重要，有時還受到選擇者眼界與水準的侷限，未必就能形成終極的定見與廣泛的共識，或還需要經受更長歷史階段的檢驗。即使學術價值不高，從學術史的角度看，也可成爲後人總結教訓的材料。如吴士鑒是較早關注並收藏敦煌遺書的學者之一，不僅在未刊文集抄本裏有《敦煌石室古地考》、《敦煌石室殘本修文殿御覽書後》、《敦煌石室閫外春秋書後》諸文，另寫過《尚書釋文附校語》這樣的專著。該書校録粗疏，二十世紀三十年代即受到經學名家龔向農先生的批評，龔著《唐寫殘本尚書釋文考證》斥其「舛誤孔多」、「疏漏已甚」。但我們要全面認識敦煌學發展史，吴著也是早期文獻，何況亦非一無可採。有的更屬絶學，尤非常人所易得其要領。有鑑於此，我們承上海圖書館等相關單位的協助，編録了這部《近代學術集林》，擬彙輯多家近代學者的著作，希望能爲學術研究提供方便，也對文化積累有所貢獻。

叢書均爲影印，或係稿抄本，或係舊刊本。

稿抄本中，某些是未曾問世的，如夏敬觀與吴士鑒的文集、沈曾植的日記。某些是已有整理本的，但稿抄本或有與整理本比勘的價值。稿抄本有的相對工整清晰，從事者如果細心負責，自可使整理本足以信據；但有的字跡較潦草難認，會給過録帶來困難，整理本與稿抄本未必能全然相合，若經轉手過録風險更大。我以前撰文指出過，同一通由中國社會科學院近代史研究所收藏的章太炎書信，姜義華、朱維錚先生編的《章太炎選集》據友人抄示的文本與馬勇先生編的《章太炎書信集》過録的文本頗有異同，二者各有正誤。稿本可便學者比對，所以我們也把已有整理本的《春秋左傳讀》等稿本編入了《章太炎著作集》。

二

在刊本外再影印作者稿本，前人也有這麼做的。如曹元忠的《蒙鞋備録校注》，光緒二十一年（一八九五）已收入《箋經室叢書》，後來王欣夫先生輯《箋經室遺集》，又影印了曹氏手稿，從中可窺見他校注時的增益。其書篇幅無多，這次我們就將刊本、稿本一併收録。某些著作已有印本，但其稿本猶存，且跟曹氏《蒙鞋備録校注》一樣多見修改之跡，可讓讀者窺見其著述的歷程。如吴士鑒的鉅著《晉書斠注》，引書三百餘種，「旁搜博考，異者辨之，同者證之，謬者糾之，遺者補之」，雖以篇幅大、涉及廣，時有力不從心之處，曾受到楊伯峻先生《讀晉書斠注書後》等文的批評，但問世九十年，迄今仍是《晉書》最完備的注本，近年由中華書局據民國十七年吴興嘉業堂本影印，當初亦曾一印再印。葉景葵先生記：

第一次印本錯字最多，此第二次印本，業已校刻刓改。應再與原稿校對一過，以成定本。原稿係剪裁黏貼，歲久有散亂之虞也。

這是葉氏一九四一年的題識。當年「剪裁黏貼」而成的吴著原稿，並未像他擔憂的那樣慘遭「散亂」，還保存在上海圖書館。之所以不曾散亂是因爲鮮有人查，甚至鮮有人知。這次影印收入吴集，足備學者稽考，更望可爲有像葉氏所希望的願執原稿以校印本來做《晉書斠注》「定本」的學者創造條件。

有的稿抄本上還有他人批校，如沈曾植《元朝秘史注》有陶葆耕、孫德謙、張爾田諸家校語，張爾田題記云：

> 庚午夏重校一過。先生此注不及李芍農之繁博，而精審乃勝之也。經陶松存、孫隘堪兩君校過，舛誤無多，今復重勘，足稱定本矣。

這些前輩手澤，也都片言可寶。

舊刊本也有不同的情況。有的印數甚少，如精研音韻與《周易》的徐昂，生前以線裝自印《徐氏全書》，至二十世紀五十年代辭世後始出齊。他的著作駁雜，見解獨到，知音無多，所以儘管門人以及研究音韻與《周易》的學者並未忘懷於他，但徐著已殊不易見。某些民國時期的鉛印本，甚至較古刊本還難保存，已經亟需搶救，再不影印化身千百，可能即將蝴蝶羽化。更有某些著作是以蠟紙刻寫油印本問世的，如盧弼的詩文書信選集，薛學潛的《天文文字》。薛氏係晚清名臣薛福成之孫，從政之暇潛心鑽研，成書數種。當代易學名家潘雨廷先生多受其指點，在潘門高弟張文江先生記述的《潘雨廷先生談話録》中反復道及，也引過薛氏的《天文文字》，但其書更少流傳。我們從前輩學者鍾泰先生的文孫處獲見油印者九册，張文江先生推斷或屬海内孤本，商得收藏者的同意，我們收入薛集影印，俾其不致湮没，留待後人研究。

某些著作已有整理本，但舊刊經學者精校，由作者認可。如《章氏叢書》由章門高弟錢玄同、吴承仕校理，在章氏致錢、吴二氏的遺札中，可以看到從質量到進度，他都反復叮嚀，一再過問，《小學答問》是否用原鈔付刻，如何保證字體不走樣，當中還有誤字須改，以及《文始》刻木上石，誰寫篆字最佳等，都是由章氏「欽定」的。有趣的是，他還明確表示過對「排印諸書」的不屑：

> 廿一日接到手書並拙著十六部，自二十一年秋冬間經營創始，至今二稔而贏，始克就緒，雖歷時稍久，然以視排印諸書朝耕暮穫者，必不可同年而語矣。

樣本中的脱誤，他都隨時更正，囑吴承仕「增改宜速」，須「督工人速爲剜補」。那已是在章氏生命的最後時刻了，而他依然念兹在兹。是以《章氏叢書》校勘精善，字體美觀，仍不乏收藏或參照的價值。所以我們將《章氏叢書》與《春秋左傳讀》等稿本一併收入《章太炎著作集》，以爲整理本《章太炎全集》的參照。

某些著作曾編集過不止一次，也有了整理本，但初編已罕見。如一九二七年王國維自沉，兩年後王氏友人羅振玉主持編纂了《海寧王忠慤公遺書》，是爲王氏著作第一次大規模結集，當時頗具影響，伯希和還在《通報》上發表了書評。時隔近十年，參與前書編纂的王氏助手趙萬里以羅編本爲基礎加工重訂，纂録了更完備的《海寧王静安先生遺書》，是爲王氏著作第二次大規模結集。其中有的文章，趙編本據作者校訂本有所訂補。而入集者也有增删，增者如《静安文集續集》，乃是從《教育世界》等雜誌中補輯的；删者如《唐五代二十一家詞輯》，因原擬另編王氏不含箋注的古籍校勘類著作而被剔除。如今已經有了新編的《王國維全集》，而趙編本也由上海古籍書店暨後來的上海書店出版社改題爲《王國維遺書》一再刊行，但羅編本既有學術史上的意義，也是研究王國維仍需查考的資料，卻已頗不常見，以致冀淑英先生在爲趙萬里寫的傳記中，都把羅編本與趙編本混爲一談。我們在叢書中特收《海寧王忠慤公遺書》，以期爲學者的考索提供方便（至於一般讀者，我們仍建議閲讀趙編本或新編《王國維全集》）。

在首重未刊的稿抄本、批校本，次重校勘精良的木刻本，兼及稀見的石印本、鉛印本乃至油印本的方針之下，蒐羅學者著作編集影印。而過去有些影印本限於物力，常將四頁縮於一頁中，可資查考而不便閲讀，更不易體現原刻本的精良。今則利用現代信息科技手段原大掃描。如盧弼《三國志集解》，收入本叢書的影印本顯較以往的縮印本更爲悦目。

三

編録這部叢書的目標是務廣存真，力圖爲學術界瞭解把握近代學術全貌提供若干資料。也許在這樣的基礎上，我們纔有可能寫出較完備、較充實的近代學術史。在本叢書收録的《含嘉室文存》的《復由夔舉雲龍書》中，吴士鑒云：

> 習齋顔氏之學，於朱、程、陸、王之外自闢逕途，矯晚明空疏之弊，求孔門實踐之功，閎識孤懷，獨有千古。恕谷李氏承其師説，崑繩王氏復左右之，其時北方學者翕然嚮風。恕谷一遊浙西，雖以毛西河之博辯縱横，亦復推爲奇

> 士，凡所著述，皆就恕谷折衷。即方望溪與恕谷宗旨互有異同，而讀其《後集》，亦謂必傳之書。自乾隆中葉，漢學標幟甚盛，紀文達撰《四庫提要》，於顔、李兩家未盡褒許，然謂顔氏於孔孟之旨會通一理，正未可謂之立異，謂李氏引而歸之人事，深得聖人垂教之旨，是紀公未嘗不推崇之也。唐確慎《學案小識》薈萃成編，初非定本。李次青作恕谷事略，而以習齋附之，淵源所自，輕重失宜，殆於兩家書未暇深考。咸同之際，戴子高撰《顔氏學記》一書，表彰絶學，發微闡幽，而後博野之學，始大顯於世。定州王氏又遍搜兩家遺著，遍校刊行，承學之士益得取而讀之。故近三十年漸有定論，蓋駸駸乎與夏峰先生後先方駕矣。

述顔李之學在三百年間的不同遭際，正揭明了收集印行學者的遺著對全面認識一個學者的意義。例如盧弼的《三國志集解》、吴士鑒的《晉書斠注》，治古史與古文獻的學者類皆知之。但也許祇有通過本叢書的彙集，纔可能使更多的讀者瞭解吴士鑒還編著過《西洋通史講義稿》、盧弼還跟人合譯過《憲法》、《法學通論》。不過需要聲明的是，我們試圖廣羅學者著作，但做的並非學者的全集。編近人全集殊不易。稿本抄本分散在公私藏家手裏，何況還涉及真僞的辨別。所以真要編録全集，即一家亦非經年累月不爲功，如已出版的章太炎、王國維以及正在進行中的沈曾植全集等都是如此。我們祇是依託上海圖書館等單位及部分私人藏家，利用現有的條件，抓住可能的機會，把較多近代學者的著作相對集中起來，便利保存，擴大流通。而我就即將首批付印的數種稍加檢閲，其內容的繽紛多彩，已經令人目不暇接。

夏敬觀的文集向未刊行，稿本今存上海圖書館，雖不能盡免應酬無謂的文字，但不乏可採的學術見解與可貴的文史資料。如二十世紀的復旦大學，五十年代之後最重要的校長自係陳望道先生，五十年代之前最重要的校長當推李登輝先生。一八七二年出生的李氏在十九世紀末畢業於耶魯大學，一九一三年成爲復旦公學掌門，一九一七年復旦公學改組爲大學，李氏擔任校長二十餘年。而繼馬相伯、嚴復出任過復旦公學監督亦即校長的夏氏則在一九四七年李氏逝世的次月，即向國史館提交了《李登輝先生傳》：

> 君姓李氏，諱登輝，字騰飛，閩之厦門人。厦門濱海，其民多行商南洋群島，輒久僑不返。君父諱開元，居積致

富，治産爪哇，居巴達維亞紅亞村，爲大地主。既而以商敗，傾其産，殁，家貧。君年十五，就學新加坡英華書院，旋赴美利堅國入耶魯大學，歷年久，且工且讀，得文科學士。時中國尚禁立學校也。光緒辛丑，拳亂平，清廷悔悟，廢舊制，許民興學。乙巳，君歸，從事外僑西文社誌。未幾震旦學校生徒以信教自由，拒隸教會，起創公學，易名復旦，丹徒馬君良主之。余自良識君，與共朝夕理校事者三年，與爲友者四十餘年。君之蓄德淑行，蓋余所深知而服膺者也。當光緒末，召試諸遊學歸者，君不欲往，余敦促其行。既試，賜舉人，分部學習，君所學爲教育，而簽分外務部，君大笑，不顧而去。自是專志教育，不復一日離復旦。始復旦以吴淞提督署爲校，辛亥革命，爲軍所佔，幾廢，君假滬西李祠復之。既而身赴南洋諸埠，募金購地江灣，建築堂舍，今之宏規，君啟之也。君之設教也，誘掖來學，陶獎英異，增進校級，以達程大學，歷有年所，實諸學府之先進者。自始與迄今，群才繼踵出，皆君弟子。君年七十，值寇焰方熾，校内徙，顧不克盡從，其留者仍賴君維繫，敵不敢犯。寇平，校改國立，於是衆議建登輝堂紀君勳勞，而君已病目眚矣。今年十一月十九日，竟以腦溢血卒，年七十有五。配湯氏，前卒。生子三，不育，以弟第三子賢政爲嗣。君之友暨諸生徒，會葬君於八字橋長老會公墓。余與君交篤，且采衆議，宜傳君爲世學者模範，因爲文述君生平，爲之傳，備國史採擇焉。

該文字數無多，但作者跟李氏固非泛泛之交。他執掌復旦時李氏是教務長，「與共朝夕理校事者三年，與爲友者四十餘年」，故而既清楚地梳理了復旦發展的軌跡，尤明晰地記叙了李氏對復旦的貢獻，把李氏「專志教育，不復一日離復旦」的經歷呈現在讀者面前，堪稱珍貴的復旦校史文獻。

本叢書中其他若干未刊稿本與抄本也同樣給我們提供了值得注意的史料。如甲午戰争後，一度賦閑的袁世凱重獲重用，得到了天津小站編練新軍的大權，這是袁氏政治生涯的重要關節點。而他獲用之由撲朔迷離，衆説不一，要以台灣中國近現代史研究大家張玉法先生的長文《袁世凱的仕宦階梯（一八八一—一九一一）》最爲精審。張文詳述袁氏早年備受李鴻章賞識，而當有志練兵之際，「除向盛宣懷、李鴻藻自薦外，亦設法争取兵部尚書榮禄、户部尚書翁同龢、慶親王奕劻、宦官李蓮英以及兩江總督劉坤一、湖廣總督張之洞等的支持」，李鴻章不與焉。張文且進一步分析：

袁世凱得到督辦軍務處及清廷的信任，據有關資料顯示，似以三個人的關係最重要：一是他與軍機大臣李鴻藻聯絡，受到李的賞識；二是得關外舊友王英楷的資助，到北京結納太監李蓮英，而李最得慈禧之寵；三是因道員張景崇之助，與榮禄拉上關係，榮禄乃將袁薦之慈禧。從日後的史實來看，李鴻藻確是最早保薦袁世凱練兵的人，但不久袁又失去他的信任。

多種袁氏傳記以及相關文字，未見週到如張説者。李鴻藻的保薦爲袁世凱取得練兵權起了最關鍵的作用。但據吴士鑒記録，李鴻藻所以力薦袁世凱，則袁氏的至交、李氏的幕僚張孝謙的遊説與引領功不可没——這似乎是迄今所有研究袁氏的論著中未提到過的。抄本《含嘉室文存》中的《書張顨之遺事》一文稱：

光緒甲午中日之後，廷議主戰，合肥主和。時項城駐朝鮮，連電請兵，遂開戰釁，水陸敗衂，遣使議款。明年乙未春，合肥訂約於馬關，還朝復命，寵眷遂衰。於是開北洋直督之缺，僅令入閣辦事。合肥固與翁常熟齟齬，而尤勿善項城也。項城歸，謁合肥。合肥嚴詞峻責，謂其張皇入告，致啟邊禍，辱國喪師，鑄成大錯。項城面發赬，噤不敢辯。時項城已簡浙江温處道，不願涖任，逗留京師，别圖進取，京朝士夫，尠與相習。商城張顨之前輩孝謙方官編修，居合肥幕府久，與項城交尤深。項城與樞府諸公，惟常熟以舊誼，得一進謁。而李高陽名位聲望，稍稍居常熟右，項城無由自達，謀諸顨之。顨之，高陽之門人也，亟游説於高陽。高陽令顨之挈以俱見，談次頗賞其才，乃與常熟合詞薦之恭邸。恭邸既見項城，亦謂其才氣可大用，且以其曾居吴壯武軍，略知兵事，而戰敗之後，重整淮軍，思得人而任之。至八月而小站創練新軍之命下矣。

張顨之亦即張孝謙是吴氏最相得的前輩「益友」，吴氏文中交代：「余時與顨之同官，兩共衡文之役，以道義相切劘，無旬日不詣顨之劇談，至則項城必在座，故於此事之顛末知之獨詳。」復述及其後果：

又明年丙申元旦，彛之詣合肥于賢良寺。坐甫定，合肥厲聲曰：「吾聞慰廷練兵之事，皆彛之一人之力，有諸乎？」彛之猝無以應。合肥曰：「慰廷可練兵耶？吾恐大清之天下，將亡於爾河南人之手矣。」夫合肥即甚明智，於辛亥禪讓之局，夫豈前知？特默窺宫廷意旨，誓將雪恥復仇，倘他日啟釁鄰邦，必召覆亡之禍，故不覺言之激切耳。而孰知竟爲後來之先識耶？

吴氏所述，未必就是袁世凱獲取練兵權的全部原因，他在文末且把袁世凱後來「縱横恣肆，藉兵力以更國體」都歸於當初張孝謙的一手推動，更不免簡單化之嫌，但他的叙述親聞於當事人，有本有末，或可豐富我們對史實細節的瞭解。

再如曾被錢鍾書先生稱爲「一代學人」的盧弼，年輩高，交遊廣，與錢基博、錢鍾書父子皆有交往，昔有錢鍾書研究者考論錢鍾書與盧氏的文字因緣，已僅覓得《慎園詩選》、《慎園文選》，盧氏自印的書信集《慎園啟事》則因印數太少無緣得見。其中除了致錢基博先生信，致錢鍾書先生的信亦頗有内容，或對錢著《宋詩選注》有所建議：

推陳出新，閲之快意，言語妙天下，雅俗共賞，鄙意開卷宜寫凡例數條，一覽而知内容，再閲三十葉之序文，一切瞭解。

或對近代詩壇大家有所譏貶：

尊公近代文學史，卷末論梁、胡，爲良史定評。大札論陳、鄭、樊、陳，亦極公允。某君成見太深，進言不易。山谷、臨川，咸有特性，流風所播，習爲固然。某君推鄭子尹爲清詩巨擘。巢經本經生，閲其詩者尚須置《經籍纂詁》於左右參證，陶冶性情翻成苦境，邊區枯槁之章，執中原騷壇之牛耳，可謂突起異軍。南皮不喜宋詩，見蘇戡序散原集，亡國哀音，先機已兆。某君於散原、蘇戡外，亦稱蒼虬。老友徐芷升謂，仁先同年，人可愛，詩可憎。弟與仁先經心書院同學，院生皆年長者，弟與仁先齒最少……不意後來詩境，與昔日綺年玉貌，背道而馳也。

以鄭珍爲清詩巨擘者夥頤。胡先驌《讀鄭子尹巢經巢詩集》稱其「卓然大家，爲有清一代冠冕，綜觀歷代詩人，除李、杜、蘇、黄外，鮮有能遠駕乎其上者」，陳聲聰《兼于閣詩話》稱其「以經學大師爲詩，奄有杜、韓、白、蘇之長，横掃六合，跨越前代」，可謂推崇備至。盧氏放言無忌，直陳胸臆，對鄭詩的評價未必人人同意，要不失爲一家之言。

少盧氏三十五歲的錢鍾書實屬晚輩。在《慎園啟事》中，更有致胡玉縉、張元濟、傅增湘、陳叔通、林宰平、瞿蜕園以及陳垣諸先生的信。陳智超先生所編《陳垣往來書信集》，一九九〇年由上海古籍出版社印行，其後「又發現了大批可以補充的書信」，二〇一〇年在三聯書店出版增訂本，字數已逾百萬。其中收盧氏信一通，但在《慎園啟事》中，另有一九三五年的一通：

前奉佳章，至爲感謝。《書目答問》著述家姓名略，有李潢，字雲門，鍾祥人（近日治考古學之李濟之即其後裔）；劉湘煃，字允恭，江夏人。劉氏又見《疇人傳》，撰著極富，章實齋深重其人，爲文推許之。大詩「楚材獨闕笑南皮」，謂南皮舉鄂人之少，則可謂未舉，似未允。若以楚材論，則所列湘人頗多。鄙省學風不尚標榜，不能盡歸咎於南皮也。拙題胡綏之雪夜校書圖詩，亦有論《書目答問》事，録呈教正。大著閎富，過於竹汀，檢閲目録，如入寶山。拙撰《三國志集解》已鈔成，前以《魏武紀》送胡綏之審閲，綏之評謂考徵議論，兼擅其勝，地理尤精云云，自係過譽之言。遲日擬將全稿攜至舊都，就正左右也。

替自己的老師張之洞作辯護，對陳垣先生就《書目答問》的非議提出商兑意見，附及陳氏以及自己著作的評價，這通失收的信較已入集者更有内容，自然是不應漏略的學術史資料。

即盧弼詩集，亦多有可觀。盧氏「少壯荒攻音律事，高生五十始言詩」，就詩藝言固非本色當行，但其學養湛深，見聞博洽，又喜以詩議人紀事，自道「繪鳳雕龍慚不敏，聊將禿管寫吾真」，故詩中有史料，有見識。如他是經嚴復授權的《天演論》最早的出版人，詩中一再吟詠：

名刊天演初流佈，駭俗當時詫異端。
欲假太玄貽話柄，錯將姓字列籌安。

這是他的《近人雜詠》之一，其下自注：「光緒中葉，先兄木齋命余刊《天演論》於武昌，爲最初刊本，幾道校稿猶存。」既揭示了《天演論》在當日的影響，又對嚴氏晚年名列「籌安會六君子」表示了異議。

哲學名言天演論，侯官嚴氏創鴻篇。
收歸慎始叢書裏，海内群推是覺先。

這是他的《七十一歲自述》之一，其下自注：「伯兄寄嚴幾道《天演論》稿本，余校刊於武昌，原稿猶存，以後海上翻印多本。」就詩而論絶非佳作，但卻别具史料意義。

《近代學術集林》的編纂剛起步，上舉衹是最先付印的第一輯部分著作中所見的例子。現在來闡説這部叢書的價值與意義，一來爲時過早，二來更不是淺學如我所能辦到的——那無疑需要多領域的學者在將來共同的努力。但即便從這幾個簡單的例子中，我們已可推知這是藴含極爲豐富的寶藏，值得廣大的同道來開採挖掘。我們爲各集編了較詳細的目録，並請編者或特約編者以外的專家撰寫前言，對其人其書或略予介紹，或詳加述評。如張舜徽先生《清人文集别録》的《箋經室遺集》篇堪稱簡而得要，但以著作體例，自不必要也不可能展開詳論。而嚴壽澂先生的《曹元忠著作集》前言，則從「禮議」與「經説」兩端，詳剖曹氏立説的背景與得失，或有助於讀者對曹氏及其學術有更深入的體察。

四

《近代學術集林》工程浩大，編務繁雜，儘管我們抱有良好的願望，花了不少的氣力，但一來囿於編者見聞，二來限於客觀條件，絶無可能盡如人意。有的學者著作稿本乃至印本或藏於某些暫且不欲公諸於衆的圖書館、學術機構與藏家之手，即使知道也心有餘而力不足，何況還多有我們不知道的。但就我們目前的所知所能，做得不完備至少比不做好。如果能夠越做越具規模，也歡迎其他圖書館、學術機構與私人藏家參與進來。我們已做的工作衹是開端——唯願算得上是一個良好的開端。忝爲主編，我要特别致謝：上海歸藏文化傳播有限公司總裁黄曙輝先生對近代學者論著有濃厚的興趣與廣泛的瞭解，曾標校《通志堂集》、《十七史商榷》、《鄭堂讀書記》迄近代劉咸炘、張爾田、孫德謙等人的著作數百萬言，叢書從策劃到製作，很多具體工作都是他操持的。上海圖書館特藏部主任黄顯功先生與復旦大學出版社總編輯王衛東先生領導的工作小組，在自資料檢索至全書付梓的整個流程中竭能盡力，爲成書提供了强有力的保證。復旦大學出版社有限公司董事長嚴峰先生對叢書刊行積極支持，精心佈置，使叢書最終得以現在這樣既大氣又雅緻的面貌問世。

二〇一七年歲末，浙江敦和慈善基金會與浙江大學聯合成立了致力於中國傳統文化研究與傳習的馬一浮書院。馬先生早年執掌樂山復性書院，講習之餘，兼及刻書，有感於「儒術既絀，群書剖散」，草擬了龐大的刻書計劃，認定「多刻一板，多印一書，即使天壤間多留此一粒種子」，無奈經費支絀，於是鬻字籌款，因作百句長詩《神助篇——爲鬻字刻書作》以明志：

亢龍行有悔，甘井自顧竭。
無爲無不爲，此物非他物。
種智不可斷，浮生有時畢。
古來達道人，孰敢愛其力？
吾當罄形壽，收此煨燼籍。
任取覆醬瓿，或作糞土擲。
旦暮苟不盡，萬一猶可接。

後來到杭州主持智林圖書館，他設定的宗旨即「徐圖甄採精要，纂輯叢書，示抉擇於丹鉛，寓精神於删述，存先民之榘籑，貽後學之津梁」，熊十力先生譽其「精意卓裁，於學術界大有貢獻」。時光過去了半個多世紀，馬先生選刻的書今人還在重印，繼續爲世所用。馬一浮書院有志接續前賢尊經、重道、育人、刻書的傳統，《近代學術集林》的纂集是書院的工作之一。我們自不可能具備馬先生那般宏大的抱負與高遠的眼光，但馬先生爲文化傳承殫精竭慮的精神是後學應該也必須學習光大的。我們希望通過不懈的努力，能讓這部向馬一浮先生致敬的《近代學術集林》品質更好一些，讀者更多一些，存世更久一些；能讓這部冠以「馬一浮書院專刊」的叢書跟馬一浮書院一樣，在當代中國文化史與中國教育史上多少留下一點不易磨滅的印跡。

《楊踐形著作集》序

張文江

楊踐形（一八九一—一九六五）是近代最重要的易學家之一，由於種種原因，現在能找到的記録嚴重殘缺。筆者盡可能地搜集部分材料，嘗試對他的生平和著作，描述大致的輪廓。

對楊踐形生平的理解，可以分爲二段：一九四九年以前與一九四九年以後。一九四九年以前已不全，尚存主要的線索。一九四九年以後更簡略，以致近乎全無。祇能從潘雨廷先生講述和其他少數人回憶中，零零星星地勾稽出一鱗半爪。

楊踐形寫作一生，著述極其宏富。在一九四九年以前，未刊和遺佚就很多，今天能找到的，應該不足五分之一。而一九四九年以後，有過極大數量的手稿①，留下來的卻祇有兩篇序（見本書附録一）。他的學術活動，體現在祇有少數人參與的講學中。有一部已完成的最後著作，卻依然没有保存下來。

非常幸運的是，楊踐形的主要學術方向，由潘雨廷先生繼承，並作出更深遠的演進。他的言行和思想，於《潘雨廷先生談話録》中在在可見（見本書附録三），精神面貌因此而雖亡未亡。

以此盡可能搜集到的著述，編纂成《楊踐形著作集》，紀念這位近代易學史上的傑出人物。

一、一九四九年以前

楊踐形，初名璿，字瑞麟（參見《學鐸社叢書》序言，此名初見於《靈學叢志》）。後改名踐形，號中一子，以踐形之名行於世。「踐形」語出《孟子·盡心上》：「形色，天性也，惟聖人然後可以踐形。」故亦名聖（《無錫藝文志長編》，辛幹，上海古籍出版社，二〇一五），不常見。

在楊踐形著作中，撿拾得兩篇序，描述他的出生狀況和早期事蹟。兩篇序一出他人，一出自己，互相補充，記録了他的學術歷程。今引用《學鐸社叢書》徐璣衡序言（甲子，一九二四），並簡要梳理如下：

> 《學鐸社叢書》者，易學研究會長中一子楊君踐形所手撰也。楊子梁溪産，漢關西夫子之後嗣，宋龜山先生之嫡裔也，累世樂善，代稱積德。自高曾以來，相繼董長景雲市政，五傳至其尊翁，已百五十年矣，里俗感化，同歌賢良，甘棠遺蔭，澤隆鄉望，群謂大德之後，必有名世者生。

楊踐形是無錫（梁溪）人，出生於無錫縣景雲市江溪橋。祖先遠推東漢的關西夫子楊震，近推北宋的龜山夫子楊時。以傳統學術而言，兩人所學皆與《易》相涉。前者當漢學，以「四知」説聞名，亦即「慎獨」之旨②；後者當宋學，以「程門立雪」「吾道南矣」，流膾後世人口③。

楊時於北宋政和元年（一一一一）建東林書院，並在此長期講學。他有個孫子留居無錫，後來有一支遷居江溪橋，爲江溪楊氏，就是楊踐形的祖先④。楊家在無錫的世代相對清晰，是地方上的望族。

開篇稱祖先之德，取《易》「積善之家，必有餘慶」之意。

逮清季辛卯之歲，卯月卯日，首辰夜半，家人咸聞鈞天廣樂，音韻悠揚，忽聆空際神語，云群聖擁護送一玉麒麟來矣。其母侯夢感瑞雲環身，宸斗隕懷，龍負圖象，矯首天中，麟吐玉書，光曜地上，恍然而覺，遂生楊子。曾祖熊飛公聞報，歡喜無量，深感麟吐玉書之瑞，大衍積善餘慶之報，遂錫命爲嘉名云。

此處的渲染，略具神話色彩，不必完全信從。有可以提取的史實，楊踐形出生於清季辛卯之歲，也就是清光緒十七年（一八九一）。

父親楊光熙（一八六八—一九三八），字宇青，母侯氏。楊光熙早年以書畫受知於張之洞，入兩湖總督幕。辛亥革命以後，在上海和廉泉、俞復、丁寶書等創辦文明書局，以編印新式教科書和碑帖而聞名⑤。此後併入中華書局，楊光熙任總賬房。楊光熙有子女五人，楊踐形是家中的長子⑥。

錫命爲嘉名，用《離騷》「皇覽揆余初度兮，肇錫余以嘉名」。由於是長子，家人對他的出生，有極高的期待。根據《靈學叢志》等，知其初名璿，字瑞麟。這裏未標出原來的姓名，當已改稱「踐形」。前者重視先天，强調祖先的積德；後者重視後天，强調自我的立志。

楊子生而神靈，頭角嶄嶷，週歲即識書文，其母教之方字，字非排滿八八六十四方陣，弗讀也，讀竟遍，已弗忘。四歲即通《孝經》，慨然以宗聖曾子自任，戚族與之週旋，群歎爲雞林鳳雛。五歲時，有塾師愛慕自薦，《大學》已竟，即授《中庸》，注解全讀，以警其敏，頃刻輒背誦數百行，同學無弗咋舌。六歲時，其祖懋先公抱置膝上，示以《伏羲先天八卦太極圖》，欲窮其理，精思至廢寢食。八歲，得《群真秘録》一書，值大病甚劇，猶據牀私自抄玩，僕婦陳惜其傷神，竊付諸祝融，其書遂不傳。惟手制機輪玩具，頗類活動影戲，深符物理，至今猶存。

九歲，致力於易學，手畫《太極圖》凡九十有九幅，揭宅之諸門殆遍。倦則臨摹鐘鼎古文，尤酷嗜象形字，今均有成書，而《六書源流詳考》《音韻源流詳考》爲最辯，每歲作《正平日記》及《大事年月表》，自四歲六月起迄現在，其書法則倣《春秋》經傳及《通鑒綱目》爲之。

楊踐形少時即聰明好學，觀其求學經歷，可以理解其知識結構：

四歲即通《孝經》，漢學。五歲授《大學》《中庸》，宋學。六歲祖父示以易圖（初次讀《易》），上及六藝之首，接觸經學的根本。八歲時得《群真秘録》。此書不傳，根據書名推斷，應該是道家書，《道藏》有《西山群仙會真記》，但也有可能是扶乩書，似後者可能性爲大。於《易》旁及道家之學，或於《易》兼及術數之學，兩者既可能無關，亦可能有關。手制玩具，爲以後重視科技和藝術張本。

九歲復致力於易學（再次讀《易》），手畫《太極圖》凡九十有九幅，直驅核心，爲以後作《太極圖考》的先聲。倦則臨摹鐘鼎古文，尤酷嗜象形字，有《六書源流詳考》《音韻源流詳考》。由《易》而及文字、卦象與漢字，爲華夏文明的底層密碼，當《周易·繫辭下》第二章的首尾。而於文字，又兼及形與音，幾乎題無剩義。

每歲作《正平日記》及《大事年月表》，其書法則倣《春秋》經傳及《通鑑綱目》爲之。作《正平日記》等模倣《春秋》，則由《易》而《春秋》（及《通鑑綱目》），關心天下時事。以傳統學術而論，基礎近乎完整[7]。

楊子天資穎悟，聰慧異常，髫年博覽群書，諸子百家，靡所弗窺，必悉窮其理而後止。既而負笈毘陵（今江蘇常州），學業輒冠群曹，研究科學，尤擅中外哲理，編譯實用新書甚夥，遍訪各地圖書館，搜羅藏書至富，獨於易學、《説文》、性理、佛典、道藏諸籍，最稱詳備。

早歲求學，遵循天性，由漢而宋，由倫理而性理。接觸經學的根本《易》，旁及道家和諸子百家之學。在十七歲時，他去常州就讀，是超越同儕的優等生。於中土舊學之外，兼及外來新學，尤其是科學與哲學。編譯實用新書，相應當時的潮流。遍訪各地圖書館，搜羅藏書，在近代圖書館學的發展史上，可記録一筆（見本書附録二）。易學、《説文》，是傳統學術的基礎。而性理爲儒，當宋學所長，同時兼及佛典、道藏，可見其學的廣博。

辛亥（一九一一）暮春，神遊無極，謁羲皇於宛丘，命受易學之道統。由是遂屏雜學，專習《易經》，自僞《子夏

> 傳》以迄近代日本高島，解凡五百餘家，《解》凡五百餘家，其間漢易宋易之爭，言象言理之辯，爲歷來治易家所不能決者，一一溯而疏其流，芟其蕪而整其棼，辟邪説之近似，廓莠言之亂真，選擇其純粹，發搞其精微，理或未得，徹夜不寐，豁然有悟，坐以待旦，慨然深憂易道之久失真傳，晦盲垂絶，遂發憤著述，先後成《易學叢書》三十六種，以上承羲文周孔四聖之心傳，而下啟後覺於將來。

此前遍閲群籍，依然是學習階段。

辛亥暮春，神遊無極，在他本人是轉捩點，由雜多趨向專精，爲廣大無邊的學問尋找中心。謁羲皇於宛丘，命受易學之道統，是他讀《易》發生的神悟，實際上是一個夢。楊踐形從事易學，有三次夢伏羲，此是第一夢，由此開啟他的學術道路⑧。

最初整理易學，從僞《子夏傳》（傳統中最早的《易》，《四庫全書》列爲經部之首），到域外日本高島《解》占卜書⑨。梳理其間，於漢易宋易之爭，言象言理之辯，大體已明。完成《易學叢書》三十六種，目前尚可追溯其少量書名，而內容有部分已體現在《易學演講録》中。

據《易學演講録》召國棠序提及（乙丑，一九二五），《易學叢書》三十六種，除了《學鐸社叢書》已出各種，尚有《易象一貫》（徐晚成主編《上海百業人才小史》稱此書三十卷）、《歷代曆法沿革詳考》、《易理數學》（六編）、《易元哲學》、《互卦獨得》、《卦變淵源考證》、《先後天卦象交變原旨》。

楊踐形於一九一一年，確定學術發展的方向。此時中國社會發生了歷史性的變化，結束了延續數千年的帝制。楊

> 政體革新，被選議員，不以爲榮。嘗歎曰，人存政舉，人亡政息，吾寧爲學者，以著作貢獻社會，無志聞政，不願以私己功利誤國也。味斯言，有隱痛矣。先後迭長三校，兼任景雲教育會長，大有孟子樂育天下英才之意。甲寅（一九一四）春，督率教職學員嫻習健身術，繙譯名著，參易筋、按摩、銅人、催眠諸説，積年心得經驗，著《自然康壽法》。

踐形這一年二十歲，一度從政，然後轉往教育。先後迭長三校，兼任景雲市教育會長。放棄從政而投身於文化教育，相應更基礎的工作，更久遠的時間，是很多同時代人的選擇，例如熊十力（一八八四—一九六八）與鍾泰（一八八八—一九七九）。筆者曾見景雲教育會成員的合影，畫面已然模糊。究竟誰是當年英氣勃勃的他，完全不能辨認。

於德育、智育之外，重視體育，内外兼修，正是古傳的學問。《自然康壽法》今存（見本書卷四）。將古學現代化，以有益於人的身心，正是楊踐形努力的方向。

丁巳秋（一九一七），楊子董長精神學會來申江，承其尊翁宇青先生命，偕俞君仲還、陸賚君伯鴻創設靈學會，中國之有靈學之發明，實自楊子始也。楊子救世心殷，不覺形諸闡研學術，將欲崇善行，以維持世道，辟邪説，而匡正人心，踐道德，以輔教育之所未逮，尚感化，而補法律之所不逮。實説修齊，以悟上智，權説感應，以通流俗，總期世際升平，化干戈而爲玉帛，人安康壽，登衽席而免塗炭焉耳。

楊踐形來上海時，正值一九一七年中秋節（見本書卷四《扶乩學説》）。他發起創立靈學會，是記入中國現代文化史的事件。此一事件，受到《新青年》同人的激烈抨擊⑩。筆者翻閲《靈學叢志》，其中大部分文章，應該没有學術上的前途。以華夏傳統而言，或當爲「子不語」（《論語・述而》）乎？

然而，當年參與發起此會者，大都是社會名流或高級知識人。那些人身處第一次世界大戰的背景中，目睹百廢待舉、軍閥混戰的現狀，興起道德救國之念。「實説修齊，以悟上智，權説感應，以通流俗」，從事教育，鼓勵自律以影響精英；而提倡道德，宣傳感應以影響大衆。辛亥革命推翻帝制以後，中國從各種方向上探索和試錯，形成與世界思潮接軌的過程。

楊踐形發起創立「靈學會」，直接原因來自祖傳技藝（見《扶乩學説》）。若於道教系統追溯上源，有晉代楊羲（三三〇—三八六）創立上清派，相關的著作有《真誥》，而清代則有《唱道真言》。另外還有隱伏的線索，其時已有英國靈學會的創立(一八八二年成立),參與者有物理學家洛奇,小説家柯南・道爾等⑪。

上海靈學會成立於一九一七年十月。《靈學叢志》一九一八年一月創刊,月出一册,一九二〇年秋停刊。參與創立的有俞復、陸費逵、丁福保,都是從事教育、出版之人,而陸費逵是中華書局的創辦人⑫。其他支持者嚴復(一八五四—一九二一)、莊士敦(Reginald Fleming Johnston,一八七四—一九三八;一九一九年應邀擔任溥儀的老師),也是有影響的文化人物。

> 傳道院開,楊子爲指導師,深恨自唐以來,方士技術之流,僭篡道家法統,而一切詖行邪説,惑世誣民之怪誕,且愈出愈奇,實與老子提倡道德救世之旨,風馬牛不相及也。遂博稽歷朝《老子》注解,自漢河上公以迄近代,有數百家之説,述《老子確解》以考證異本字句爲老子辯非白誣,不第有功老子,實有功社會也。

民國時有「五教合一」的説法,可以説是魏晋以來「三教合一」思潮的延伸。中國先秦以儒道思想爲大宗,漢末魏晋南北朝傳入佛教,與原有的儒道思想,彼此質疑,彼此印證,彼此吸收。唐宋以後,形成程度不同的三教合一,而尤以道教主張最力,至明末蔚爲大觀。

楊踐形以老子爲主,回歸華夏文明傳統,可見他的最終目的,並不主張渲染神秘。《老子確解》今未見,不知於第六十章「以道莅天下者,其鬼不神」,作何解釋? 考證異本字句,若干年後,有朱謙之(一八九九—一九七二)撰《老子校釋》(一九五五)。此後地不愛寶,又陸續發現馬王堆帛書本、郭店竹簡本以及北大西漢竹簡本,在文獻根源上可以對《老子》有更深刻的認知。

> 庚申冬(一九二〇),遍覽《道藏》全書七千八百餘卷,其間什九,盡屬無稽讕詞,而值供參考者,尚不及什一,搜集數十家《黄庭經》注解異本爲考證,本其實驗心得,博採古今中外醫道修養諸學説,而著《黄庭經發篇》外,更輯《修道纂要》一書,暇兼精研佛學各宗如唯識、天台、華嚴等大乘勝義,悉能得其究竟,同證人生最後圓滿之真歸

宿，而《耶教源流考》《回教主麻末傳》等，尤爲其研究世界十大宗教之餘稿。

由研究《老子》進而研究《道藏》，楊踐形由此成爲二十世紀少數通讀《道藏》者之一。此或跟靈學會思潮逐漸消退有關，以中國傳統而言，道教的源流演變，應該比現代思潮的靈學，更深邃，更廣闊。若干年後，其遍覽《道藏》的方向，由潘雨廷先生研究道教史所繼承。

《黄庭經發籥》解釋道教的核心經典之一《黄庭經》，跟中醫有關聯。籥爲送風的管子，發籥或指氣之流動，《老子》第五章「天地之間，其猶橐籥乎？虚而不屈，動而愈出」。又籥者，機關也。道教上清派最初來自扶乩，著此書或爲從事靈學的自然遷移。以後潘雨廷先生也研究《黄庭經》，文見《易老與養生》。筆者當年聽潘先生講解，精義迭出，有將近七八萬字的筆記，惜爲人借走而遺失。

更輯《修道纂要》，由一經而全藏，乃進一步提煉，爲後來撰寫《指道真詮》的基礎。由道而佛，並以餘力旁及各大宗教，今云比較宗教，爲民初社會的重要思潮，其進路由三教合一而來。對耶教源流的認知，涉及基督教三大派的分合。回教主麻末，指伊斯蘭教主穆罕默德。

十大宗教，不知何指？以今而言，或爲猶太教、基督教三大派（天主教、新教、東正教），伊斯蘭教，發源於印度的印度教、佛教，發源於中國的儒教、道教。以上共九種，最後一種以國別論，可能爲日本的神道教；以跨區域的原初形態論，可能爲薩滿教。

嘗歎曰，觀於海者難爲水，日月出而爝火熄，其惟孔孟之學已乎。以之正心修身，則心正而身修。以之齊家治國，則家齊而國治。以之理事接物，無所處而不當，小施小得，大用大成。行之萬世而一無弊，彼各宗教之蜃市空華，説不足信也。

旨哉斯言！昔濂溪、晦庵、象山、陽明皆先出入佛老而後返歸儒家，故其學説能兼吞二氏，而深悉其流弊。語云，不入虎穴，焉得虎子。世人不深究而妄辟異端，不中宜矣。勇哉楊子，出入各宗教而不爲所困，辭而廓之，偃如也。衆人所難能，而楊子竟優爲之，非出類拔萃，中立而不倚者，不足以當此。信乎楊子之以昌明聖道自任也。

癸亥（一九二三），楊子爲國際教務聯合會孔教總代表，殷痛軍閥用事，故到處演説孔道之精義，必歸本於《周易·咸象傳》「聖人感人心而天下和平」之旨。

最後的思想，回歸孔孟之道和儒家，核心爲背後之《易》。回歸孔孟之道，也就是回歸《易》。若以《易》爲象數，則以孔孟之學當義理。

國際教務聯合會中的孔教，與康有爲提倡之孔教，有其不可解的時代聯繫。殷痛軍閥用事，可見當時的社會狀況。

甲子（一九二四）敷華大會，楊子欲因武城弦歌，革陋俗而登仁里，滌污染而倡善風，新一世之耳目，詔後進入聖賢，故編《大學歌舞樂譜》，以《象》《勺》教盛德學校，爲禮樂導泉之源。余深欽楊子立志之卓，不苟與衆同，而又悲世風日下，人心日壞，胥由道德淪喪，學術荒落所致。苟得一二人，提倡道德，發攄學術，則風行草偃，善感同化，即轉移舊習，啟迪新猷，亦非不可能也。

發願救世，從事禮樂教化，尤其重視樂。以古學而論，樂當兼舞，故以後有《樂微》《自述學樂之經過》《孔子之詩樂》及《舞史》的寫作（見本書卷四）。《象》《勺》，皆兒童舞名，見《禮記·内則》。

天生楊子，將以生花之斗筆，横掃異説，警世之木鐸，振作斯心，正末流之叢弊，延既絶之心傳，闡揚至學，昌明大道，以復唐虞三代之正規，紹纘羲黄周孔之遺緒，傳此修己之準繩，垂作入聖之階梯，裒輯其等身之著作，頓使夫洛陽之紙貴，爰本斯意，題曰「學鐸社叢書」，名稱其實也。余讀其書，知其必有以嘉惠士林也，不禁鼓舞而爲之序。

甲子（一九二四），天正冬至，龍湫徐璣衡識。

此序爲深知楊踐形之人所作。或有溢美，不足深怪，讀者略作裁抑可也。作者徐璣衡，又作「徐璿衡」，不知何人，可能是化名，楊本人《先後天卦象變圖説》序中稱他爲「故友徐君」。在《中一國學叢書叙篇》中，提及一九一二春楊、徐兩人共同推算民元曆（《民元曆新鈐》）⑬，如此文末的「甲子（一九二四）天正冬至」，當有所實指。徐亦爲學術深湛之士，可惜天不假年，未查到是否有著作傳世。以姓名觀之，「璣衡」取意於《尚書·舜典》「在璿璣玉衡，以齊七政」。僞孔傳：「在，察也。璿，美玉。璣衡，王者正天文之器，可運轉者。」與楊的本名璿，亦有所相應。璿音旋，《史記·天官書》作「璿璣玉衡，以齊七政」。「學鐸」語出《論語·八佾》：「儀封人請見，曰：君子之至於斯也，吾未嘗不得見也。從者見之。出曰：二三子何患於喪乎？天下之無道也久矣，天將以夫子爲木鐸。」警醒世人，振作民心，正是那一代學人心心念念的治學方向。徐璣衡序爲第一序（一九二四），週詳備至；楊踐形自序爲第二序（一九四三），簡略扼要。兩序相差二十年，可以相互印證。其間的内容，既有重複，也有彼此補充。

《先後天卦象爻變圖説》今存（見本書卷二），下有楊踐形自序：

> 易學，先人之世業也。皇祖文王始演《周易》。十七傳至晋太傅叔向公，躬踐易教，孔子賢之。又二十傳至漢太尉伯起公，有《易論》，見本傳。諸儒尊稱關西孔子。累傳至宋先賢文靖公，學者稱龜山先生，程門立雪，吾道南矣，得二程道統之真傳，爲洛閩中樞。一傳羅豫章，再傳李延平，三傳而至朱子，開理學之新元。程有《易傳》，朱有《本義》，公之《易説》，詳載家乘。公之祠在無錫東城東林書院東，六歲隨先祖謁祠歸，先祖抱之膝上，指几上書曰：「此文靖公《易説》，汝他日克傳家學，庶道南有繼人矣。」因教作先後天八卦圖象。

首叙祖傳之德，前已概述。此更上推至文王（西周），經成王「桐葉封弟」入晉，傳至晉叔向（東周），兩人皆相關易教。所列的世系，或從楊踐形自著《楊氏源流考》（見《中一國學叢書叙篇》）而來。此書爲本宗姓氏考，上編爲「姬姓楊氏始祖辨」，下編爲「弘農楊氏源流考」，覈定的正是其中關鍵。若與今人《中華姓氏通史·楊姓源流》比對，也大致相合[14]。

漢太尉伯起公，楊震（？—一二四），字伯起，弘農華陰（今屬陝西）人，東漢名臣。此處提及的《易論》，於《後漢書》本傳未見，唯云震子秉「少傳父業，兼明《京氏易》」。

楊時（一〇五三—一一三五）出弘農華陰楊氏，爲理學「洛閩中樞」。楊時學問的根源爲《易》，有《易説》。此書大約元明時亡佚，南宋方聞一編《大易粹言》保存最多，《永樂大典》録有此書[15]。據楊踐形所言，則尚有傳承的家藏本。不知此本面目如何，是否尚存世間？

稍長，讀《周易折中》，習江永《河洛精藴》、朱子《啟蒙》、邵雍《皇極經世》、周子《太極》《通書》、張載《西銘》《正蒙》，治宋易義理之學。先大夫郵賜《古越藏書樓書目》，遂興博覽志。

由清易而宋易，由象數而義理。

古越藏書樓在今浙江紹興，清末徐樹蘭（一八三八—一九〇二）於一九〇〇—一九〇二年創辦，其前身或由紹郡中西學堂（一八九九年徐聘蔡元培爲「總理兼總校」）圖書館「養新書藏」而來。這是中國圖書館史上最早對公衆開放、第一家具有近代公共圖書館特徵的藏書樓。

讀《古越藏書樓書目》，啟發楊踐形從事公共圖書館事業，也啟發其關注流略之學。遂興博覽志，爲後來試圖編纂《易藏》的先導。

十七歲，負笈毘陵，日就圖書館鈔讀李鼎祚《周易集解》、《易緯》八種，及胡（渭）、惠（棟）、張（惠言）、劉（逢禄）、姚（配中）、孫（星衍）諸書，始知孟（喜）、京（房）、鄭（玄）、宋（衷）、荀（爽）、虞（翻）、陸（績）、姚（信）、翟（玄）、范（賢）、干（寶）、侯（果）等漢易象數之學。既讀焦循《易通釋》、端木《周易指》，又發見清易體例之學，遂主融會漢象宋理清例爲研《易》之準。三十三年至今，無或渝此心。

楊踐形去常州讀書，當在一九〇七年。在大量吸收新知的同時，普通課程當然不能滿足他。抄讀是不得已而爲之，然而手到心到，下的是原始的笨功夫，伴隨的是扎實的收穫。用力於漢易象數之學，又廣以清人體例。由此貫通漢易、宋易、清易，成爲傳統易學的大家。

此段文字寫於一九四三年，稱三十三年，指一九一一年夢見伏羲，明確爲學指向以來，至此初心不變。

辛亥暮春，發明先後天卦象交變原旨，夢格羲皇，心傳易統，語詳故友徐君記中。又寢謁尼山，授與麟書一卷、五色五五化生筆一，語詳門人姬生記中。自後讀《易》，輒有心得，先後著録，成《易學叢書》三十六種。

此爲楊踐形三次夢伏羲的第一次（參見《潘雨廷先生談話録》一九八六年二月二十四日）。徐璣衡序、潘雨廷談話都没有説明想通的内容，這裏點出「發明先後天卦象交變原旨」，本書由此而來。夢格羲皇，心傳易統，楊踐形本人的治學，由此而劃時代。

又寢謁尼山，授與麟書一卷，五色五五化生筆一，是他又一心理事件。傳統易學的三古三聖（參見《漢書・藝文志》），因此而全。伏羲、孔子，《易》與《春秋》，皆以象數貫通，成爲楊踐形的學術根基。前引徐序稱楊「將以生花之斗筆，横掃異説」，已包含此。語詳門人姬生記中，此文未見，待考。

據此書召國棠序，《先後天卦象交變原旨》三卷，曾經杭辛齋圈點眉批，原書已佚。《先後天卦象交變圖説》由《原旨》而來，僅及《原旨》十分之一。

辛酉（一九二一）夏，與康南海住茅山月餘，暢談孔《易》微言，每及窮理盡性以至於命。返滬，與杭辛齋叢論易學，特重象數。

楊的易學，得到前輩學人康有爲、杭辛齋的印證，更上一層樓。

《無錫藝文志長編》（辛幹，上海古籍出版社，二〇一五）：「南海康有爲築廬於茅山母氏墓側，炎暑之日，輒往居之。聖持以相質，曾談孔《易》微言，有爲亦頷之。」按：康有爲晚年居茅山，時間爲一九一七年秋（石楠《康有爲茅山行蹤》，王玉如《康有爲晚年在茅山》），康一九二〇年夏「葬母以後，常住在茅山乾元觀的松風閣，整整守墓三年」。

癸亥春（一九二三），尚賢堂李佳白請余講易學，從此到處講易，成《演講録》八編。

李佳白（Gilbert Reid，一八五七—一九二七），美籍蘇格蘭人，近代在華傳教士。尚賢堂創辦於一八九七年，糅合基督教爲主的西方文化與中國傳統的孔孟學説，主要在上層華人社會中宣傳聯絡。一九〇三年，尚賢堂從北京遷上海，設址西江路狼山路（今淮海中路馬當路）。

李佳白欣賞楊踐形。《易學演講録》召國棠序中，記録李當年的評價：「《易》爲中國固有之哲學原理，而今久成絶傳，獨楊先生移風易俗，繼往開來。他日昌明易教，直孔聖之信徒也。」

楊踐形在尚賢堂作過多次演講，《易學演講録》當由此而來。《無錫藝文志長編》記載：「民國肇建，聖講學海上，而《易》學因以大盛。所講輒登《國際公報》、《紅卍字報》亦轉載之。」

「尚賢堂」之名，語出《周易·繫辭上》：「祐者，助也。天之所助也，順也。人之所助也，信也。履信思乎順，又以尚賢也。是以自天祐之，吉無不利也。」

丙寅（一九二六），易學會成立，就余中一圖書館所儲歷代易學專著六百餘種，爲別辟「易藏」一室，以公同好。

《四庫提要》中的經部易類與子部術數類的易著，如果算上存目，共有六百八十二部。加上輯佚及乾隆以後的易著，至民初接近千種（參見《潘雨廷先生談話録》八「補遺乙」）。

楊踐形搜集歷代《易》學專著六百餘種，積少成多，有編纂《易藏》的條件。以後延續至四十年代，又陸續增添，所藏易著達七百餘種⑯。《易學演講録》召序（一九二五）已稱楊「博稽歷代注解至五百餘家」，可見所藏之書，大體已讀過。至五十年代，楊踐形撰《神形篇》序稱：「余學《易》六十餘載，讀八百餘家之言。」（本書附録一）年與學俱進，終身未嘗懈怠。《易藏》之理念，當來自杭辛齋。杭辛齋爲自己的著作取名「易藏」叢書，爲楊踐形題詞所鈐印也是「易藏」。此理念雖然因種種因素没有實現，而楊踐形開闢「易藏」室，撰寫《中一楊氏易藏書目提要》，潘雨廷撰寫《讀易提要》，依然是此理念的部分實踐。

丙子冬（一九三六），中國國學會金松岑編《衛星》月刊，函索易著。因將舊作「原旨」删改爲「先後天卦象交變圖説」以應，分登一、二兩期。

金松岑（一八七四—一九四七），又名天翮、天羽，自署天放樓主人，著有《天放樓詩集》。他還寫了《孽海花》最初部分，後由曾樸（一八七二—一九三五）修改續補完成。弟子有柳亞子、王欣夫、顧廷龍、王佩諍、潘光旦等。一九三二年夏天，金松岑在蘇州參與發起成立中國國學會。金松岑主講，後來又邀請章太炎共同主講。

庚辰夏（一九四〇），沈心老集老友數十人爲講易會，請余主講。初即用《卦象交變》，後更編《孔易微言》及《易象因重篇》二書。秋，又集融五講經社，迄今三閲寒暑，余分期編講「易學研究」，而《卦象交變》又復講三次，易學會誕自坤範女學，壬午（一九四二）夏而至愛國女學，蓋已三遷矣。近爲「第三講所」研易諸君編《易經讀法入門》，以期速成，而多數同好復求復講《卦象交變》，並慫恿付梓，爰爲叙其緣起如此。

癸未清明（一九四三），梁溪中一子楊踐形識。

沈心老，指沈恩孚（一八六四—一九四四），江蘇吴縣（今蘇州）人，中國近現代教育家，同濟大學第四任校長（一九一七—一九二三）。一九一七年，與黄炎培等發起成立中華職業教育社，並參與創辦鴻英圖書館。他是一九一二年南京臨時政府臨時國歌的詞作者，長期擔任上海市議會議長，有文集傳世。

沈恩孚和楊踐形關係親密，到老依然好學。他爲楊著《先後天卦象爻變圖説》與《雪墨》作序。今天網上尚能見楊踐形《指道真詮》舊本，上題「七十八叟沈恩孚」，可見兩人交往的情誼。他還是邏輯學家沈有鼎（一九〇八—一九八九）的父親。

二、師友關係略考——康有爲、章太炎、杭辛齋

楊踐形本人天資聰穎，除了家學的基礎，基本上來自自學。在常州讀書期間，接觸新式學問，課餘涉獵所及，更是擴大視野。《中國圖書館名人録》（一九三〇）稱楊「負笈海外」，但無旁證，今不取（或由誤讀楊《先後天卦象變圖説》自序「負笈毘陵」而來）。

他的學問，於祖德相應以外，並世前輩而待以師禮者，主要有三人：康有爲（一八五八—一九二七）、章太炎（一八六九—一九三六）和杭辛齋（一八六九—一九二四）。在易學上，與杭辛齋的關係尤其密切，並受到易學的託付。《潘雨廷先生談話録》一九八七年一月三十一日，先生言：

> 楊先生的學問一路從廖季平、康有爲中出。康爲楊亡妻作傳，未知全集中還有此文否。康有爲晚年楊跟從之，曾同去茅山。一路又到章太炎處聽。此二路當時絶對不相合，但楊都知道。此外則搞宗教，氣功極好，又特别提出一部《易》來。

廖平、康有爲，於清末屬於今文經學，章太炎屬於古文經學，「此二路當時絶對不相合」。一九二一年夏天，楊踐形與康有爲在茅山相聚，印證所學，而得「窮理盡性以至於命」之旨。

康爲楊亡妻作傳，查其全集未見。楊亡妻名汪珍，鄭逸梅《藝林散葉》中提及：「楊踐形，精易理，丁福保禮之爲上

賓。其婦汪珍有賢德，踐形任教職，食時未歸，珍不先食；夜深未歸，珍不先寢。」⑰

今存楊踐形編《時局和平根本問題》（一九二五），卷首有黎元洪題詞「大同先導」、康有爲題詞「後生先覺」。康有爲在題詞時，應該會想起這位小友。

康有爲以外，有章炳麟、杭辛齋。

《易學演講録》（見本書卷一）代表楊踐形早年的學術成就，卷首題詞的師友也是他的主要師友。爲《易學講演録》題名的是章炳麟（太炎），此書出版於一九二六年，則兩人交往在此之前。楊踐形也研究古文字，與章太炎當有共同語言。

章太炎一生多次講學，一九〇六—一九〇九年在東京，參與者有黄侃、朱希祖、錢玄同、周樹人、周作人等。一九二二年在上海，參與者有劉半農、錢玄同、馬幼漁、曹聚仁等，楊踐形參與的應該是第二次。章太炎於一九三三—一九三六年還在蘇州講學，直至去世，與楊没有直接關聯。

章太炎題名《學鐸叢志》，與此書書名「學鐸社叢書」未全合，而明顯與《靈學叢志》有繼承關係，應該來自楊踐形的最先設想。一九二二年楊踐形組織「學鐸社」，以整理國故、振作民德爲宗旨。書名改變的痕跡，説明思想的演進，「學鐸」比起「靈學」，或更適合於中土。

以章太炎題「學鐸叢志」爲總名，對應「學鐸社叢書」；則杭辛齋題「易學淵鏡」爲分名，對應《易學演講録》，也可能是最初的書名。章、杭都是一代名流，也是學術上的大前輩。章、杭都給此書題詞，兩人也有一定程度的相合（章有杭的畫像贊，推許備至）⑱。而康有爲雖然與杭辛齋有交往，交談多次，但康基於「新學僞經」的立場，並不認同杭的易學⑲。

師友三人中，與易學關聯最大的是杭辛齋。杭是海寧人，民初開創新風的大易家。生平特立獨行，獄中遇異人而學《易》，有些像現代的基督山，極富傳奇色彩。杭可以認爲是楊的上源，兩人交流密切。

卷首於章、杭題詞後，列出杭辛齋的四封書信，於公函類、通簡類、纂稿類、論學類各選一，由楊踐形本人加上評語，略陳爲學指向。這幾封書信，可作爲《易學演講録》的導讀，而《易學演講録》又可作爲全部楊著的導讀。

試抄録此四封信與楊的批語，並略作疏釋。

公函類

奉讀惠書，辱蒙提挈，譽許過當，匪所敢承。靏（靈）學淵深，莫敢窺測，惟年來學易，似尚相近，得從君之後，從事探討，或因借鏡，藉資新得，良所忻願。濫竽發起，恐乖名實，敬布區區。亮詧（察）爲幸，耑復並頌道安！

杭辛齋頓首

十七日

這是兩人訂交第一信，去信必談及靈學，或邀請他爲發起人，時間當在一九一七年十月靈學會成立前後。杭的回復，在尊重和感謝的同時，或含委婉的拒絶⑳。值得注意的是，此信提出靈學和易學的關聯，靈學、易學，同耶異耶？杭似預見走靈學之路，必然魚龍混雜，難以行遠。

踐形癖嗜哲理，泛涉各種學説，尤好研究宇宙之神秘，以破世界之疑謎，徒耗心血，非伊朝夕。丁巳秋，以精神學會事來滬寓，奉家君命，偕俞君仲還、陸費君伯鴻等，組織靈學會，將欲求其實測所得之結論以自慰，不必全與伍廷芳博士一致也。後得王君寵佑所贈歐美靈學會出版書籍，丁君福保處所借道藏佛典，而研究之資料乃備，然余固仍執鞭教育界，未暇稍事研究爲憾。此函即來覆靈學研究會書也。

批語自表心跡，或含自我辯解。泛涉各種學説，尤好研究宇宙之神秘，以破世界之疑謎，則靈學、易學，亦有可通之機（參見本書卷四《靈學與周易之關係》）。組織精神學會，目的在於實測，也就是當時所理解的科學。在《靈學叢志》發表文章時，署名璿，字瑞麟，此處已改稱踐形，亦見其學術的真正指向。

家君指父親楊光熙，參與創辦文明書局（一九〇二年成立），而文明書局此前（一九一五）已併入中華書局，二者有繼承關係。參與發起者俞復（仲還）曾任文明書局經理，陸費逵（伯鴻）曾任文明書局襄理，這些人都是中華書局同人，原來也是文明書局同人。

提及伍廷芳博士（一八四二—一九二二）。伍廷芳於清末曾任駐美國、西班牙、秘魯大使。民國初年任司法總長、外交總長、代理國務總理。一九二〇年前後，他在上海推廣證道學（theosophy，一譯神智學）。㉑除了爲新老兩代人，伍與楊之同異，同在提倡道德，異在伍反對科學，以爲功利；而楊贊成科學，以爲實測。又伍的上源外來，楊的上源本土，以外源資借鑒而已。

又提及王寵佑（一八七九—一九五八）、丁福保（一八七四—一九五二）。王，東莞人，早年留學國外。他是著名冶金學家，中國現代煉銻技術的開創者。丁，無錫人。醫生、藏書家、編纂家，編有《佛學大辭典》《道藏精華録》《説文解字詁林》等。

丁福保禮楊踐形爲上賓，丁編纂諸書，楊有協助之功。丁還送楊壽聯：「宿世早應成佛去，此生猶爲著書來。」（後句或作「今生單爲著書來」；見《談話録》一九八六年二月三日，一九八六年二月十九日。）

通簡類

前得聆教，甚快。近日發生一事，大可爲《叢誌》材料，望便時顧我一談爲盼。此請踐形先生道安！

辛頓首
廿五夕

每日午後二時最佳，逾時客多矣。

此是杭主動約見楊的便箋。兩人之間的交流愉快，可以想見。《叢誌》當指《靈學叢誌》。近日發生一事，或涉神秘。杭辛齋反對迷信，在《學易筆談》中，於少量常情不可解釋的事件，亦有所記録。

辛齋先生時寓滬上霞飛路仁和里，余每過其門，必入縱談，樂其説娓娓動聽，有時竟夕不倦。幸洋場十里，火樹銀花，通宵不夜耳。常索拙著易學書看，必圈點眉批以還我，既而北上，將赴黎前總統召，致遺失一卷，不能忘懷久之。癸亥秋，在大世界共和廳群芳會場，爲最後之暢晤，而今追思，先生已作古人，能不黯然。此函即來約往談第一書也。

霞飛路即今天的淮海中路，仁和里（今香港廣場附近）往東走是西藏南路，再往北不遠就是大世界，正是上海最繁華的地段。杭赴黎前總統召，或涉及政治的籌畫。黎前總統即黎元洪（一八六四—一九二八），參與辛亥革命。民國初年，曾任副總統、總統。政局頻繁變動，黎數上數下，此稱「黎前總統」，推測在一九一七年冬或一九一八年春。楊踐形於一九四九年後的住處，在淮海公園旁側的普安路（今曙光醫院附近），恰在仁和里的斜對面㉒。此或爲偶然，或爲紀念，不知其時的感觸如何？杭、楊兩人的交流，既有指點，亦有商榷，促膝談學，樂何如之。

篡稿類

風雨客希，作《説無》一篇請斧正，刊入《學鐸》或《靈震》，惟録出，原稿乞擲還，以無副本存末也。此請踐形先生著安！辛頓首

《周易指》閲竟，乞付還，並望面析辭義，以資切磋。天涼擬集一會講《易》，如有同志，希廣爲招徠，亮能表同情也。

這是杭辛齋的投稿，時間在一九二二年。兩人已交往一段時間，杭對楊的刊物表達了實際的支持。信中説起「天涼擬集一會講《易》」，則此信寫於夏天。一九一七年，杭辛齋南下廣州，在護法運動中任國會議員。政務之暇，曾組織研幾學社講《易》。此時身在上海，豪興不減，又起重續講會之心。

《説無》，收入杭著《學易筆談》二集，此集有嚴復序言。嚴復爲杭辛齋早年（光緒二十二年至二十三年，一八九五至一八九七年）在天津辦《國聞報》時的老友，《天演論》在此期間譯成。

壬戌春(一九二二),組織學鐸社,以整理國學,振作民德爲旨。又編《學鐸》報,以發揮學術之精蘊。內容有姚明暉君之《緯學綱領》,王西神君之《詞律金鍼》,黄星若先生之《莊子影》等。其《説無》一篇,則辛齋先生所作,此即寄文稿來時所附信也。余兼主編《靈震報》,故亦及之。

辛齋先生之易學,得力於《周易指》一書,所編《學易筆談》等可以見之,即余所稱清易是也。余於清易,最愛焦循《易通釋》,然使余得悟端木國瑚《周易指》者,此輔導之惠,不可忘也。

於靈學社逐漸消沉之後,組織學鐸社,是楊踐形學問的進境。「整理國學,振作民德」,可當其一生治學志向。於清代易學,楊最愛的是焦循《易通釋》,而杭的啟發,使楊通曉了端木國瑚《周易指》。兩人相交,有抵掌談《易》之樂。

論學類

奉讀來書,具徵篤志。惟邵氏先天數自成一家,其易數同源而異流,牽合比附,治絲而紊,貽誤實多。以足下之熱心毅力,能從根本處解決,進步當未可限量。牙牌數理,似淺而極深,弟探索經年,始得門徑,愈求愈深愈難,仍返而求諸大衍,近亦恍有所得,君能同聲相應,益喜吾道不孤,甚望努力,冀有成功也。拙稿一紙,略改呈正,備《學鐸》補空可也。此請踐形先生臺安!

辛頓首

關於《牙牌數》的文章後來何在?此書雖未見,我當年尚聽聞潘雨廷先生講述一二㉓。杭辛齋於《易數偶得》卷二,提及在丁巳(一九一七)、壬戌(一九二二)玩索牙牌數的心得,可照應此處「弟探索經年,始得門徑」。

論學一類,書信最夥,辯難往復,尤以關于易數爲甚,此即討論牙牌數第一覆書也。余乃窮數旬之功,述《牙牌數理應用訣》一書，寄之。凡關於自一至六之各種變化，有甚深不可思議之巧妙，按圖玩索自得。數日後會晤，辛齋先生笑謂余曰：「此理吾探索經年始得，而今被君盡情流露，未免太輕造化矣。本擬俟融會貫通後，著一書以傳其秘，今君書先吾而成，吾書可以不作矣。吾當孔子學易之年（辛齋先生是年五十衍慶），愧不能踐天命之知。爾日孔長，我月既邁，易道春秋，盡在君矣。」不週年而先生歸道山，竟成語讖，追思當日晤言，此情何以忘懷。故每類各存一書，以誌紀念云耳。甲子復陽，楊踐形謹識。

論學通信最多，可惜今祇存此一封。「吾當孔子學易之年，愧不能踐天命之知。爾日孔長，我月既邁，易道春秋，盡在君矣。」乃杭對楊作易學的託付。

楊和杭之間的通信，最早始於一九一七年，最後一次見面在一九二三年秋。一九二四年一月，杭就逝世了，終年五五歲。

此外，爲封面題寫書名的是俞復（一八六六—一九三〇）。俞復字仲還，無錫人。前清舉人，參與「公車上書」，後任職上海文明書局。一九一一年十二月南北議和，文明書局二樓經理室（位於今南京東路）是談判地點之一，俞復作爲書局經理參與其事。南北代表在此處簽訂「確定共和政體」「優待清皇室」「先推翻清政府者爲大總統」等五項條款，俞復以大元帥府秘書身份附簽作證㉔。可見當時推动新知的出版人，同時也是政治人。以後俞復參與創辦靈學會，爲楊踐形多次題寫書名。一九一二年和一九二七年，他先後任無錫縣長。

於卷首題詞者還有王西神（一八八四—一九四二），楊踐形的無錫同鄉。王名蘊章，字蒪農，號西神，南社社員。清宣統二年（一九一〇），商務印書館主辦的《小説月報》創刊，他是首任主編。王西神的妹妹是錢基博的夫人，也就是錢鍾書的母親。

題詞用大篆書寫，原文是一首詩：

五經紛綸抽腹笥，妙究六書識奇字。蒲團禮佛心如水，千秋之名在青史。

此揭示楊踐形學問的基礎：經學（易學爲六藝之首）、古文字學，並且旁通佛學。「五經紛綸抽腹笥」，用清代詩人朱方藹《送惠定宇徵君之揚州》的成句。惠定宇即惠棟（一六九七—一七五八），著有《周易述》等。他是吴派經学的代表人物，更是清易的代表人物。「蒲團禮佛心如水」，稱許楊定學的工夫。

檢索群籍，偶得一條，爲意外的收穫，可見當時學者之間的交流，亦可見楊踐形别樣的面目。夏承燾（一九〇〇—一九八六）《天風閣學詞日記》一九三九年五月十八日：

午後，過天五，同看《獸國情侣》電影。四時，詣松岑翁於白克路，謂甚佩鐵師詞。六時，赴四馬路三星酒館國學會聚餐。名山、吹萬、佩秋諸翁皆在座，暢談甚歡。予爲《玉岑集》求吹萬翁一序。無錫楊踐形解樂律，予與談宋詞，匆匆未能詳盡也。九時，與佩秋、天五歸。

這是夏承燾在上海的活動。他與楊踐形匆匆相遇，可惜未能深談。於四馬路（今福州路）聚餐在座的諸人，概况如下㉕：

錢名山（一八七五—一九四四），字夢鯨、振鍠。江蘇常州人，詩人、書法家。光緒二十九年（一九〇三）進士。宣統元年（一九〇九）辭官歸鄉，開辦書院，弟子有謝稚柳（一九一〇—一九九七）等。他爲楊踐形《先後天卦象爻變圖説》題寫書名，爲《雪墨》作序。

高吹萬（一八七八—一九五八），江蘇金山（今屬上海市）人，南社詩人，錢名山之友。他著有《吹萬樓論學書》《吹萬樓文集》《吹萬樓詩集》等，又有《吹萬樓日記》，談及爲亡女扶乩。

李泺（一八八四—一九五三），原名萃蘭，字佩秋，號小山，湖南衡陽人。精於詞學考據，兼通目録版本之學，有《書林清話校補》，未連載完。

三、著作結構

楊踐形的著作，大部分没有留存下來，今天能找到的估計不足五分之一。他一度創辦圖書館，不得不涉及目録之學。宋景祁《中國圖書館名人録》（一九三〇）稱：

梁溪楊踐形博士者，哲學研究會會長，亦即中一圖館長也。性堅毅，多藝能，博聞强記，好學不倦，藏書滿家，著作等身，君以哲學家而兼文學家、教育家、藝術家，抑且爲藏書家也。[26]

「君以哲學家而兼文學家、教育家、藝術家，抑且爲藏書家也。」這裏提到楊踐形的多種身份，其中包括藏書家，主要方向在《易藏》，或以此總括博覽志，乃相應四部以及三教，更有以相應世界學術。《中國圖書館名人録》記載楊的積極活動：

遍訪各地圖書館，參觀内容，詳考組織，頗有志於革新計畫，研究圖書目録之學，搜羅藏書至富，舉凡海内孤本、私家秘本以及中國久佚而海外僅存之古本，既經寓目，不惜兼金購求，即或不可，亦必設法抄録方已。先於學術研究社及文藝社附設圖書借閲處，以便好學之士，繼乃創辦楊氏中一圖書館一所，歷年採集新舊書籍，凡四千八百餘種，即手抄本亦復不少，分門别類，頗爲詳備。書目之編製，用最新方法，兼求歷史根據之精神。近著有《圖書目録編制之研究》《中外圖書統一分類之商榷》《圖書館組織與管理之我見》《圖書之使用與效益》《通俗圖書館之設施》[27]。

可見楊踐形的傑出貢獻。「書目之編製，用最新方法，兼求歷史根據之精神」。涉及新舊知識系統的銜接，銜接若不善，則產生文化衝突。

楊踐形曾讀《古越藏書樓書目》，徐樹蘭最初編目的宗旨是「一曰存古，一曰開新」，分經、史、子、集與時務。此後馮一梅重編，分「政」「學」兩部，打破原有的分類。楊的五篇文章自成系統，代表了他對圖書分類的完整思考。對圖書分類的認知，也是對學術整體的認知。第二篇尤其值得重視，中華學術如何在新時代中化入世界並貢獻於世界，此爲必經之途徑。

在楊踐形留存的文章中，有《中一國學叢書叙篇》。此文刊於《江浙同鄉會二週紀念刊》（一九四〇），羅列擬刊著作九類三十七種，大致可當其三十年代學術的總結。其中記録楊踐形的各種著作，可見其初步的規模。本集能找到並收録的衹有六種（另有疑似一種）㉘。

《易學叢書》三十六種之後，楊踐形的主要著作在此目録。其時正值抗日戰争，避亂滬濱，這時上海處於「孤島」時期（一九三七年十一月至一九四一年十二月）。儘管生活極度艱苦（今存楊《避亂》詩數首），楊踐形依然奮力著述。衹是由於出版資金不足，不得不採取類似今天「衆籌」的形式。

至於四十年代以及五十、六十年代的著作，應該已亡佚。筆者當年曾見到楊踐形和潘雨廷合著書的目録，有幾大册（參見《談話録》一九八六年二月十九日），可惜後來再也找不到了。楊、潘合著的最後易著，包含楊踐形的心血。由於當時的特殊環境，此書没有保存下來。

介紹中一國學叢書

無錫楊中一先生踐形，積學士也。博聞强記，好學不倦。齠齡即馳譽於鄉里，弱冠已推尊於師友，年甫而立，著作等身。深懼六經弁髦，國學淪亡，因廣羅九經、諸子、七緯、史志、曆象等專家名著，兼及新出科哲諸書，藏幾萬卷爲「中一圖書館」（參觀《中國圖書館名人録》中「楊踐形小傳」）。暇則寢饋其中，研究考證，每有心得獨到處，多前人所未言。而《周易》一經致力尤劬，參考書籍數至五百，旁搜遠討，辯異同，别醇疵，費廿餘年苦心，自成一家言。有《易學叢書》（三十六種），餘如六書、音韻、樂理、曆象，又皆别具會心，得未曾有。兹避亂滬濱，篋中藏舊著數十種，太半無副本，歷年心血散失是憂，爰付印以廣流傳，定名《中一國學叢書》。惟是紙張昂貴，印費浩大，必待聚沙而作塔，庶能集腋以成裘，倘蒙好學知音或解囊助款、或購書預約，俾得玉成蕆事，亦結緣翰墨之良機也，特書此介紹。

唐文治　丁福保　袁希濂　顧公亮　王銓濟
沈恩孚　蔣維喬　高　燮　馮明權　賈豐芸
金天翮　錢振鍠　吕思勉　孫德餘　李心蓮

列名推薦者，皆一時俊傑。

領銜者唐文治（一八六五—一九五四），經學家，江蘇太倉人，參與創辦後來的交通大學與無錫國學專科學校，培養大批人才。一九三二年唐爲楊《國文法句式舉例》寫序，稱「楊君經學理學家，不僅文學家也」。

其餘推薦者如丁福保、袁希濂、沈恩孚、蔣維喬、高燮（即高吹萬）、金天翮、錢振鍠、吕思勉等，皆聞名於世[29]。

《中一國學叢書・叙篇》楊踐形

一、經學類

（易）先後天卦象交變圖説
（易）中字通釋
（易）六十四卦錯綜法
（易）卦變考
（易）卦象兩端述例
（書）讀伏勝《尚書大傳》

（書）範微

（詩）孔子之詩樂

（禮）皮弁素積裼而舞大夏考

（樂）樂微

（樂）舞史

經學類，共十一種。一、易，五種。《中字通釋》亦解《易》。於解《易》「每一字均作專門術語，詛界精確而謹嚴，全書一貫到底，不得浮泛或望文生義」，此方法用於楊、潘合著的最後易著中。二、書，二種。《範》通《易》，《易》《範》相爲表裏。三、詩、樂，四種。詩通於樂，樂包含舞。

今存四種：一、《先後天卦象爻變圖説》；二、《孔子之詩樂》；三、《樂微》；四、《舞史》。見本書卷四。

據《無錫藝文志長編》（見本書附録二），楊踐形尚著有《論語講義》。依《漢書·藝文志》之例，此書亦可附於經部。另外，據丁青艾、伍後勝主編《養生保健大辭典》（科學技術文獻出版社，一九九七），楊尚著有《大學古訓》。

二、子學類

老子稿解

莊子辨味

雪墨

孟荀性論折中

子學類，共四種，老、莊、墨、孟與荀。《易》《老》相通，據《史記》，老爲孔之師。其餘四人皆相關孔，楊著《雪墨》自序有分辨：「孟（出曾子）、荀（出仲弓）、莊（出顏淵）、墨（出有子），戰國時孔門之四大宗派也。」

又據前引《養生保健大辭典》，楊尚著有《列子新詮》。

三、哲學類

人生哲學談

西哲學案

倫理學誼解

歐西倫理學源流

習性論

哲學類，共五種。於經學外，另列哲學，與章太炎《國學概論》（一九二二年在上海講授國學的記録稿）分類相同。在當時中西分列，有其合理性。

於西方哲學中，重視倫理學，或與中土相應。於今而論，此外應重視政治學。《習性論》重視教育感化，當取《論語·陽貨》「性相近也，習相遠也」之説。

四、科學類

黄道新天象

歷代曆制沿革考

民元曆新鈐

科學類，共三種。天文曆法，爲諸學之根，亦相關《易》。由歷代到民元，由古而今。

《民元曆新鈐》，與徐璿璣共算，可作爲《學鐸社叢書》序言的注釋。徐璿璣，在序言中作徐璣衡，之所以不同，或名與字的相應。

五、史學類
中國文化之關係全世界
楊氏源流考

史學類，共二種。一、《中國文化之關係全世界》，涉及中西文化交流，當關注其間之息息相通。二、《楊氏源流考》爲本宗姓氏考。部分考訂成果，已見前引序。

六、小學類
六書分類例證
國文法字類例證
比較音韻學
無錫音韻考
梵字母考

小學類，共五種。小學是傳統學術根基，張之洞《書目答問》：「由小學入經學者，其經學可信。」一、六書，字法。二、國文法，文法或句法。此書疑即已刊《國文法句式舉例》（見本書卷三），書目下的解題與《句式》弁言一，完全相同。三、由形而音，由中而外，涉及各邦字母。四、方言。五、精研佛學與誦真言者，宜通梵字母。

七、文學類

中國文學研究法
中國文學史述要

從文法學上推，由文字而文學。其前有謝無量著《中國大文學史》（中華書局，一九一八，於一九三二年印至一七版），不知其異同。楊當年從事教育，受新思潮影響，編有戲劇多種。

八、宗教類
佛學研究
太虛講録疏證

宗教類，共二種。楊與佛教契合，不再談十大宗教。一九四二年，曾撰寫《唯識學》文章。一九四九年以後，從事修密（參見《談話録》一九八七年一月三十一日）。《太虛講録疏證》，一九三五年聽太虛講《大乘理趣六波羅蜜多經》，憑記憶寫成。存世文章有《太虛法師講經記》。

九、藝術類
樂律精義
大學歌舞譜
數碁

藝術類，共三種。一、會通世界三大樂系（王光祈提出的觀念，中國、希臘、波斯阿拉伯，爲世界三大樂系），出於樂。二、與前一種相通，樂可通舞。三、《數碁》，益智遊戲。《論語·子張》：「子夏曰：雖小道，必有可觀者焉，致遠恐泥。」

以上總分九類。兼顧中西學，有條不紊，可見其學問規模。

一、二，經子，中國思想的根。子從經化出，經子各適其用。

三、四，哲學，科學，西方思想的根。科學從哲學化出，而自成一體，於近代大發展。

五、六，史學，小學，回歸中國的思想。經史關聯，又小學是經學的基礎。

七，文學爲西方觀念，在中國接近集。而集是子的延續，子衰而集興（參見章學誠《文史通義》卷一《詩教》、卷三《文集》）。[30]

八，宗教觀念來自西方。中國對三教典籍的著録，參見《隋書·經籍志》。

九，藝術爲西方觀念，於六藝相應樂。數棋遊戲，寓教於樂，爲思想競技。

於《叙篇》的分類，覾其會通，梳理《楊踐形著作集》今存篇目，編爲四卷，也由此交代編纂的思路。

此書編纂，以分類爲主，兼顧發表的時間順序。卷一、卷二、卷三是著作，卷四是文章、演講和詩。最後有三篇附録，照應全書。

卷一、卷二與卷三不同。卷一、卷二的時間順序是統一的，卷二接續卷一。卷三的時間順序也是統一的，然而自成一體，並不接續卷一、卷二。卷三的著作學術性稍弱，故抽出另行。

卷四的文章有六篇重出，考慮到在雜誌發表時有不同的脈絡，依然予以保留，於目録中標示「重出」。[31]

卷一

《易學演講録》（一九二五）

《太極圖説考原篇》（一九二五）

《太極粹言》（一九二五）

《太極圖考》（一九二五）

《太極圖象作法之研究》（一九二五）

《易學演講録》是楊踐形現存最早、最完整的易學著作，也是他的代表作之一。内容大致是一九一一年悟《易》以來的總結，表達形式則來自尚賢堂演講。此書徐璣衡序署甲子（一九二四）、召國棠序署乙丑（一九二五），而封面題「丙寅（一九二六）春仲，俞復署」，版權頁上題「民國十二年（一九二三）秋裒稿，民國十四年（一九二五）冬出版」。可見此書的出版過程，前後經歷了好幾年。

徐序題「學鐸社叢書序言」，召序題「易學演講録序」，而卷首題《踐形易講録第一編》，三名大體一致，亦見當初設計時的不同思路。

卷上分二類：一、卦象類，有《先天後天八卦交變篇》一至二，共二篇。二、太極類，有《易有太極是生兩儀篇》一至九，共九篇。

卷下延續卷上，爲《易有太極是生兩儀篇》十至十五，其間闕十二，作者自識稱過泄天機，原稿已佚，「豈天之不欲以密理示濁世，而故使我韞之耶？或將有所待耶？」此編因此而衹有五篇。

《太極圖説考原篇》（七章）、《太極粹言》（卷全）封面亦爲「丙寅春仲，俞復署」。此二篇原計劃作爲前書的附録，是前書的組成部分。卷首有華序（乙丑，一九二五）。

《太極圖考》《太極圖象作法之研究》自爲一書，封面亦爲「丙寅春仲，俞復署」，是《太極圖説考原篇》《太極粹言》的自然延續。

卷二

學鐸餘編（一九二六）

指道真詮（一九四一）

先後天卦象變圖説（一九四三）

雪墨（一九四四）

附：易學源流考

《易學演講録》（卷一）自成一體，《學鐸餘編》爲其續編。若以《易學演講録》當象數，則《学鐸餘編》當義理。《易學演講録》封面均題「丙寅春仲，俞復署」，《學鐸餘編》題「丙寅仲冬，俞復題籖」。《易學演講録》僅第一册列徐璣衡序，第二册、第三册無,《學鐸餘編》復用徐序以振起。全書包括六篇,每篇再分若干部分。一、提倡道德救國論;二、修身養心處世法門;三、入聖階梯爲人必讀;四、作聖百談;五、中一子雜篇;六、《周易》踐形説。《指道真詮》寫於一九四一年,可作爲此前《修道纂要》(一九二〇)、《黄庭經發篇》(一九二一)的延伸。《讀者須知》稱此書:「撮《道藏》全書七千八百餘卷之精華,發佛教禪密諸宗之心印,用實驗分類方法,指破歷來丹經廋隱盲摸之謎。」㉜

《先後天卦象交變圖説》敷演象數,與《學鐸餘編》不同。當爲《易學演講録》多年後的繼承,由《易學叢書》三十六種演化而來。此書有沈恩孚序(癸未,一九四三)、胡樸安序(民國三二年)、召國棠序以及楊踐形本人自序。楊自序,可補充《易學演講録》徐序,已見前引。《易學演講録》中的《太極圖考》梳理太極圖源流。此書附《易學源流考》梳理易學源流。徐晚成主編《上海百業人才小史》(一九四五)稱楊有《易學源流變遷史》,或爲此書的擴大和補充。

《雪墨》六章,有沈恩孚序,言墨不甚異於孔孟,而孔大於儒,思想略同張爾田《史微》。有錢振鍠序,楊自序。各序寫於一九四三年(癸未),實際出版於一九四四年。

總上而言,《學鐸餘編》《先後天卦象交變圖説》從不同角度承襲《易學演講録》,核心在於《易》。《指道真詮》偏於道,而通過理學修養,或匯通於儒。《雪墨》偏於子,子出於經,墨來自孔門。

卷三

時局和平根本問題(一九二五)

戰地鴛鴦(一九二八)

漪蘭戲劇集(一九三〇)

國文法句式舉例(一九三二)

《時局和平根本問題》是萬國道德會滬會特刊,楊踐形編纂。萬國道德會,於一九二一年由江鐘秀(?—一九二六)、江希張(一九〇七—二〇〇四)父子推動,在山東泰安成立,推舉孔德成爲會長,康有爲、李佳白爲副會長。此會「融會儒釋道耶回,救正人心」的理念,與靈學會的理念有所相合,故楊踐形在此會創立時期,一度參與它在上海和無錫的發展[33]。

此書有黎元洪題詞、康有爲題詞,《著作集》收録此書,有助於理解民初的社會思潮。楊踐形的署名文章有二:一、《萬國道德會滬會緣起》;二、《提倡道德救國論》(此文後收入《學鐸餘編》)。《提倡道德救國論》一文後,有一篇《時局和平根本問題》未署名,亦即書名之所出,不知道作者是不是楊踐形。

《戰地鴛鴦》,民國十七年再版(一九二八),跟學生社團活動有關。除了表明作者多方面探索以外,在文學上應該没有太高的價值。

《漪蘭戲劇集》,民國十八年初版,民國十九年再版,包括兩種:《月夜琴聲》《籠鳥怨》。

《國文法句式舉例》(一九三二),二十年來五易其稿,爲高中部學生作文應用,爲語文的基礎。此書有唐文治序,唐畢生從事經學,又畢生從事教育,著有《國文經緯貫通大義》,任私立無錫中學校長,與楊踐形多有交集。又有召景棠序(不知與多次爲楊書作序的召國棠是否同一人)、侯病驥序。周佛海(一八九七—一九四八)爲此書題詞「媲美雕龍」,「雕龍」指《文心雕龍》。周時任江蘇教育廳廳長,後於一九三八年投日。

卷四

文章三十四篇(篇名略,見目次)

附録三篇

著作之外,從民國各報刊搜集到不少文章。目前搜集到的共有三十四篇,其中重出六篇,實際上有二十八篇。此外還有詩數首。

筆者個人比較推薦的,是其中的《樂微》(一九三六)、《自述學樂之經過》(一九三七)、《孔子之詩樂》(一九三七)、《孔子之詩樂》(續,一九三七)、《舞史》(一九三七)、《樂經亡後之國樂研究》(一九四一),從中可見楊踐形對音樂的深湛研究。

薛學潛(一八九四—一九六九)先生對音樂也有深入的研究。作爲民國易學的翹楚,薛、楊兩人都是無錫人,對易學方向的認知,有異有同。晚年彙集在潘雨廷先生處講學,珠聯璧合,水乳交融。

《叙篇》（一九四〇），涉及目録學與整體，已見前引。

還有三篇附録：

附録一　《神形篇序》（一九五八）、《周易終始序》（一九五九）。這是目前找到的楊踐形一九四九年後僅存的文章。《周易終始序》《神形篇序》的毛筆抄件出自潘雨廷，《神形篇序》鋼筆抄件出自邵學明。楊踐形應該還有其他著作和文章，希望有機會重現於世。

《神形篇序》抄件列兩份，並影印旁邊的籤條，多少保存了當年的情景。抄録者邵學明（通常稱他「寧波老邵」），是舊上海「火柴大王」邵修善的侄兒。他參與聽課三十餘年，筆者在二十世紀八十年代還常常見到他。

附録二　《中國圖書館名人録》（一九三〇）、《無錫藝文志長編》（辛幹，上海古籍出版社，二〇一五）。此二文爲相關資料，由無錫圖書館朱剛先生提供。

附録三　「《潘雨廷先生談話録》中的楊踐形」，筆者從《潘雨廷先生談話録》中輯出的相關部分。

四、一九四九年以後，以及「最後之易」

楊踐形一九四九年以後，依然有著述和講學，祇是由於時代的因素，没有在公開出版物上留下痕跡。他的言行和思想，祇存在於少數人的回憶中，其中主要是潘雨廷先生（一九二五—一九九一）。

潘雨廷先生的著述，另見筆者整理的《潘雨廷著作集》十三册十九種（上海古籍出版社，二〇一六）。根據金德儀《追憶潘先生》的記述（此文依據潘雨廷先生的筆記寫成），潘先生的學問之路，開始於一九四八年，當時二十四歲：

> 哀母喪之悲，有過乎禮，賴父之曲爲開諭，輾轉以求，始有乎悟《易》。

此後潘雨廷先生師從楊踐形研究《周易》與中醫理論，師從薛學潛研究《周易》與科學理論。據金文回憶：

> 解放前後，家中常有學者相聚研討，有尹石公、金月石、南通周雲祥、王揆生、邵學明、傅紫顯等。首由薛、楊二位老師主講，最後由潘先生跟着講。

楊踐形的學術活動，就是這個小圈子内的講學。潘雨廷先生在求學過程中，有很多老師，其中關係最密切的是薛學潛與楊踐形。楊踐形的學問全在潘，然而潘又有更深密的演進。

此一相遇，有《潘雨廷先生談話録》作爲旁證。一九八六年一月三十一日，先生言：

> 我從唐先生讀《尚書》。熊先生處一個月去一次，薛先生處一星期去一次，楊先生處去的次數比較多。

參見一九八六年九月四日，先生言：

> 儒家當然是宗教。剛解放時，孔子誕生二千五百週年（當一九四九年），我和楊先生、薛先生等五六人還在家悄悄祭奠過一回。可見孔子在解放前知識份子心目中的地位。

又，一九八六年四月十二日，先生言：

> 當初楊、薛諸先生來這兒時，我三十來歲，年紀最輕。現在仍在此處，也不是我要變不要變，自然而然就兩樣了。你們到我這兒來的人，正是我當初的年齡。

潘、楊相遇應該在一九四八年前後，當時潘二十四歲。這裏説三十來歲，大體當一九五五—一九五八年前後。這可能在具體場景中有所誤憶，也可能指潘本人此時已有成熟的著作。

潘雨廷先生的《神形篇》完成於一九五八年，《周易終始》完成於一九五九年，楊都爲之寫序（見本書卷四附録一）。他們的講學，最初也許不定期，此時以薛、楊、潘三人爲核心，進行定期的講學。

參見一九八六年二月七日，先生言：

> 當初一九六〇年左右，楊先生、薛先生在此談《莊子》，與我此地談完全不同，但完全相同，是他們的氣概使我懂的。

除了講學以外，還有零星的生活場景，有些小細節很生動。有些看上去是鍛煉身體，背後依然牽涉他們研究的古典學問。《談話録》一九八六年一月十二日，先生言：

> 昔日與楊踐形先生春日一起步行走到西郊公園，吃了中午飯後，再走回來。

除了在潘的家中講學，楊踐形還有其他的社會活動。據傅紫顯哲嗣傅偉明先生告知，楊爲傅紫顯做家教，教授《周易》、佛學。來他家時，冬天也不穿棉衣，身體素質與常人不同。搜索所得，知道楊於一九四九年後，曾任中醫文獻研究館特約館員。又著有《氣功自療》《氣功哲學》等，一九六一年被上海市氣功療養所聘用主講《周易參同契》。他在那裏的講學，應該會儘量淺顯些，不同於《指道真詮》的路數。

西派傳人陳毓照（一九二六—二〇一二），在一九八八年寫的《自述》中稱拜訪過在文史館工作的楊踐形先生，受到他的指點[34]。此處提到的文史館，或爲中醫文獻研究館之誤。

一九五五年，曾任滬江大學總務長的廉建中致書陳毅市長，薦舉地理學家兼音韻學家姚明輝、深通《周易》精研古學的楊中一，爲不可多得的人才。陳市長深嘉採納，分别聘姚爲文史館館員、楊爲研究館館員[35]。查姚明輝（一八八一—一九六一）於一九五七年即受聘，而楊踐形受聘要遲至一九六二年[36]，想來通過楊的手續流程，有些不那麽順暢吧。

陳毓照的傳承來自清末民初的汪東亭（一八三九—一九一七），汪氏傳魏堯、徐頌堯、蔡潛谷。陳來自蔡潛谷，但最初受到楊的指點。而潘雨廷先生亦受教於徐頌堯㊲，兩路之間，應該有些交集。

陳的際遇，有《談話録》作爲旁證。楊踐形的確還教過其他人修養工夫。一九八六年四月三日：

先生昨日對杭州來求教氣功某人言：（此人認識楊踐形，受二十多年連累）將乾兑離震巽坎艮坤佈於身上，到一定時候氣就通了。

楊的事蹟，在都市傳説中，點點滴滴，不絶如縷。六十年代，在他人的記述裏，偶然也能見到楊踐形的活動。有文章記載，在三年困難時期（指一九五九年至一九六一年），名醫汪成孚在西藏路青年會請客，楊踐形和潘雨廷都參加了，名醫嚴蒼山（一八九八—一九六八）陪席。文章中提及，楊踐形「耿介静穆，簞食瓢飲，生活清貧」，那次談話，「天文星象、陰陽五行、易學哲理、醫學難題」無不涉及，楊踐形「更逸興遄飛，滔滔不絶，彼此相見恨晚」。原本説定要去聽楊、潘論《易》，因事未果。最後没有能參加聽課，除了事務繁忙，也可能跟政治形勢有關㊳。

潘、楊相遇，楊的學問主要傳承在潘，然而時代演進，潘更有所不同。師生於分合之間，同異何在，令人思量。《談話録》一九八六年二月十四日，先生言：

要看到與師的合與分在什麽地方，學問就來了。楊先生（踐形）説他有三個學問：一、《易經》，説已交給我了；二、古史；三、音韻文字（他懂甲骨文），此學問未成。我現在搞古史，也是繼承楊先生的遺願。

研究古史，也就是研究文明的起源與流變。此涉及文明的根基，與一般歷史學家關注細節不同，有深遠的現實意義。潘、楊所治的古史，不是古代的歷史，而是從古到今連續不斷的歷史。觀察者自身在時代之中，也就是在歷史之中，不能不接受歷史的考驗。

試摘録潘、楊的一段語録，以見那一代學者的思想境界。《談話録》一九八七年四月十九日，先生言：

楊先生言：地球南北有個道理，即兩極。東西有個道理，就是中國和美國，兩頭隔太平洋緊緊挽住。上古白令海峽是通的，中斷後，中國這塊地域大發展，美國是空的。近代美國大發展，成世界中心，中國有漸空之勢。但是中美仍有關聯，中國的發展，從深圳、廣州來似不行，從蘇聯來則落後，主要還是看美國。中國古代確爲世界中心，澳大利亞人種與中國有關。現在這塊地域擺在那裏，……終不行，最後仍在大陸。知道一點歷史的人，決不敢輕視中國。人類發現美洲、澳洲，不過幾百年的歷史，故全球觀念的意識有時間性。

潘、楊兩人在五、六十年代，還合作撰寫了一部大著作，姑且稱它爲「最後之易」，筆者當年還看到作爲「活索引」的若干紙條。《談話録》一九八六年一月二十七日，先生言：

我和楊先生一起寫《易》，終於還是没有合攏。關鍵是時代兩樣了，不能從地主階級角度搞，而要從資産階級角度搞（此爲譬喻）。故需注意現在的時代潮流，青年關心什麽，所以我無論如何要注意現代科學的最新成就。

又，一九八六年二月二日，先生言：

我希望你們儘快到達某種程度，然後能促進我。得到促進，我還能再翻出東西來。當時我跟楊先生最後未合，另外搞出一套東西，本來也能促進楊先生更上一層樓，但他的處境實在太惡劣，故未能，希望你們能促進我。

又，一九八七年四月十三日，先生言：

當年楊先生想爲《易經》完成一個體系，同先生弄了十幾稿，最後歸結爲一組訣。如果照訣而行，最後也會有特殊感應。但是先生覺得不對，全部推翻重來，又上去了幾層。把搞出來的東西給楊看，楊最後首肯。

《潘雨廷先生談話録》，一九八七年四月二十四日：

問：杭辛齋未成，楊先生未成，到先生成了。

先生笑：我亦未成。

問：何時？

先生言：等。

逝者如斯，而未嘗往也。相應於時間長流，成即未成，或即《易》終未濟之旨乎？

二〇二二年七月二日—八月二十四日初稿

九月八日—十月十二日修改

附記

綢上資料庫缺《哲報》一九二五年第三卷，筆者託朋友於北京、上海、遼寧、濟南、臺灣各大圖書館遍尋而未得。在此稿完成的最後時刻，青島社會科學院的鄭國先生提供了他收藏的此卷文獻，補上了缺失的內容。

本文的寫作，得到了同濟大學和中國美術學院博士生的協助：李阿慧覈定目録，江貽旭搜集佚作，丁筱、康建華辨認篆書，郭瀛洲、丁肇聿參與校對。

二〇二二年十月十八日

注釋

①《潘雨廷先生談話録》一九八六年二月十九日：「先生見示他和楊先生合著書之目録，有幾大册。原稿有一抽屜，在『文化大革命』中被抄走。爲活索引，每一字都有一象，象與象相通。先生與楊先生最終未合，後又著《周易終始》，《終始》後又另有發展。」

②《後漢書》卷五十四《楊震列傳》：「大將軍鄧騭聞其賢而辟之，舉茂才，四遷荊州刺史、東萊太守。當之郡，道經昌邑，故所舉荊州茂才王密爲昌邑令，謁見，至夜懷金十斤以遺震。震曰：『故人知君，君不知故人，何也？』密曰：『暮夜無知者。』震曰：『天知，神知，我知，子知。何謂無知！』密愧而出。」

③《宋史》卷四百二十八《楊時傳》：「河南程顥與弟頤講孔、孟絶學於熙、豐之際，河、洛之士翕然師之。時……以師禮見顥於潁昌，相得甚歡。其歸也，顥目送之曰：『吾道南矣。』……又見程頤於洛，時蓋年四十矣。一日見頤，頤偶瞑坐，時侍立不去，頤既覺，則門外雪深一尺矣。」

④《楊寶如書法篆刻選集》陳大中序《先生之風 山高水長》。中國書畫收藏頻道，二〇一四年十月二十日。

⑤廉泉（一八六八—一九三二），字惠卿，無錫人。前清舉人，參與康有爲發起的「公車上書」。後任户部主事、户部郎中。結識蘇曼殊、徐錫麟、吴禄貞、李石曾、秋瑾等人。秋瑾被害，他協助吴芝瑛將其遺骨葬於杭州西泠橋畔。吴芝瑛（一八六八—一九三四）爲秋瑾義結金蘭的姊妹，吴汝綸侄女，廉泉妻子。

俞復（一八六六—一九三〇），無錫人，事蹟見本文。丁寶書（一八六六—一九三六）字雲軒，别署芸軒，無錫人。光緒十九年（一八九三）恩科副貢。精繪事，著有《大乘起信論解》和《北溪字義心解》。他是丁福保之兄。

⑥楊光熙有四子一女，分别爲楊踐形、楊真如、楊婉如（女，嫁無錫侯家）、楊寶如、楊馥如。前二人爲一母所生，後三人與前二人同父異母。

楊真如參與靈學會，與楊踐形思想接近。他著有《精神祈禱》（一九二六）、《革命的周易簡略説明》（于右任題籤，一九三一）、《周易入門八要》（出版年月不詳）。陳攖寧（一八八〇—一九六九）讀過其《精神祈禱》（見郭武編《中國近代思想家文庫·陳攖寧卷》「答江蘇如皋知省廬」，人民大學出版社，二〇一五，第二二七頁），其法或同清代閔一得《三尼醫世説述》。據傳他早年從軍，做到混成旅長，一九四九年前亡故。

楊真如有弟子宋國斌（一八九三—一九五六），著《宫世研究》（一九四三），記其師之説。見潘雨廷《讀易提要》卷十。宋爲一九二〇年考取公費留法的醫學博士，回國後任上海震旦大學細菌學教授，曾任上海市醫師公會主席。宋著有《醫業倫理學》（一九三三），是中國醫學倫理學的先導者。此人也是徐悲鴻的摯友，徐贈其《駿馬圖》。他於三十年代曾邀請楊踐形講《易》（見楊踐形《周易終始》序）。

楊寶如（一九一四—二〇〇二），一九四九年前在南京，後分配在上鋼五廠財務科工作，傅偉明在那裏遇到他。他精於書法篆刻，曾任無錫西神印社副社長。楊馥如（一九一八—一九九二），職業畫家，在「文革」前就是全國美協會員。他擅長年畫，是《人民畫報》和很多出版社的特約作者。

以上部分内容，承楊寶如哲嗣楊大寧先生、傅紫顯哲嗣傅偉明先生告知。

⑦「正平」，語出《莊子・達生》：「無累則正平」；《管子・心術下》：「凡民之生也，必以正平；所以失之者，必以喜怒哀樂。」

⑧《潘雨廷先生談話録》一九八六年二月二十四日：「楊先生三次夢伏羲，一次想出律吕之理，又一次想出序象。從《漢志》序卦跳到《史記》序象，一下躍過一百年，安得不夢？」參見一九八六年二月二十三日：「凡跳一跳，必有伏羲在。」

⑨高島（一八三二—一九一四），日本易學家。著有《高島嘉右衛門占例集》及《增補高島占卜》等，在中國流行有《高島易斷》。《解》不知何書？或爲《易斷》的别名。

⑩黄克武《民國初年上海的靈學研究：以上海靈學會爲例》，臺灣「中央研究院」《近代史研究叢刊》二〇〇七年第五十五期；李欣《五四時期的靈學會：組織、理念與活動》，《自然辯證法》二〇〇八年第十一期。

⑪英國靈學研究會（The Society for Psychical Research），一八八二年成立於英國倫敦，參與者有英國物理學家洛奇（Oliver Joseph Lodge，一八五一—一九四〇），小説家柯南・道爾（Arthur Conan Doyle，一八五九—一九三〇）。見焦宇鵬《「説鬼話」是「新科學」？近代中國通靈學説何以流行》，澎湃新聞，二〇一六年十一月四日。

⑫陸費逵（一八八六—一九四一），複姓陸費，名逵，字伯鴻。浙江桐鄉人。近代教育家、出版家，中華書局創辦人。民國元年（一九一二）創辦中華書局，任總經理，主持業務達三十年。

⑬《中一國學叢書叙篇・民元曆新鈐》：「壬子春，與徐璿璣共算截曆捷法，故名民元曆。至甲子年更定新鈐法推算，即從本甲子年天正冬至起用鈐者，省去乘除之煩難，便於布演之簡捷爾，作民元曆新鈐。」據趙楊查核，《申報》一九二六年（丙寅）七月八日，有國學函授學校招生廣告，校長兼教授是楊踐形，教授中有楊真如、徐璣衡，贊成人中有姚明輝、丁福保、王西神、俞仲遠、嚴獨鶴。

⑭楊布生等著《中華姓氏通史・楊姓源流》，東方出版社，二〇〇三，第三三—三五頁、五六頁。

⑮承同濟大學穀繼明先生提示。

⑯徐晚成主編《上海百業人才小史》「楊中一」條，稱楊「廣搜歷代易家專著七百餘種，參考證引，寒暑無間」。龍文書局編輯部出版發行，一九四五。

⑰ 鄭逸梅《藝林散葉》「四五八五」條，北方文藝出版社，二〇一七，第四二五頁。

又承楊寶如哲嗣楊大寧先生告知，楊踐形有獨子名楊弢亮（一九一六—一九九七），一九四九年後在哈工大、上海同濟大學任教，一九五七年被劃爲「右派」，判刑十八年。一九七六年平反後，爲青海教育學院教授。楊弢亮在哈工大時繙譯過數種蘇聯數學教材，内容是微積分，網上尚能見到。

⑱ 李建忠《言滿天下杭辛齋》引《辛齋先生像贊》：「卓哉若人，通卦知栻。潔静（淨）精微，不失於賊。圖北有行，乾道方革。世既蠱矣，國有隱慝。尚口則窮，括囊不得。原始要終，歸於大（太）極。辛齋先生像贊。餘杭章炳麟。」文見《海寧日報》，二〇一二年五月二十六日。

⑲ 李可良《我印象中的康有爲》，見夏曉虹編《追憶康有爲》，三聯書店，二〇〇九，第三九三頁。

⑳ 參見杭辛齋「《學易筆談》述旨」十一：「世道陵夷，聖學中絶。人欲横流，罔知紀極。謹願之士，苦身心之無所寄託，蒿目時艱，恒懷消極。或附托西教，或皈向佛門。而仙靈神鬼，導引修養，及飛鸞顯化之壇宇，遂遍於域中。影附風從，是丹非素。不知我國固有之學，貫澈天人，足以安身立命。保世滋大，概群藉而羅萬有者，悉在此一畫開天，人文肇始之《易經》。存人道，挽世運，千鈞一髮，絶續在兹。弘道救世，責無旁貸。惟我同人，自奮勉焉。」（作於壬戌冬至之月，一九二二年十二月。）

㉑ 參見張洪彬《伍廷芳證道學研究》。《世界宗教研究》二〇一八年第一期。

㉒ 承傅紫顒哲嗣傅偉明先生告知。

㉓ 參見《潘雨廷先生談話録》一九八七年五月三十一日：「某人問：過去有人用牙牌數卜筮，極準。先生言：再巧也没有用，這是過去禪宗講的『第二樓頭』，都在别人排好的範圍内。第一樓頭是看出他如何排成這樣，自己也可以排。楊先生曾經研究過牙牌數，這裏有一套宇宙的大道理。」

㉔ 錢基博《辛亥南北議和别紀》，載柴德庚等編《辛亥革命》（八），上海人民出版社，一九五七，第一〇二—一〇九頁。美國俞敬端《先祖父仲還公》，引尚秉和《辛壬春秋》、廖宇春《新中國武裝和平解決記》等，所記條款相同，次序、文字略異。《無錫文史資料》第三〇輯，一九九五，第九五—九九頁。

㉕ 日記中提及的天五即吴鷺山（一九一〇—一九八六），夏承燾摯友。他與鍾泰、浦江清、梅冷生（一八九五—一九七六，曾任温州市圖書館館長）、蘇淵雷等交好，著有《周易學》《讀陶叢劄》《杜詩論叢》。松岑即金松岑，白克路即今鳳陽路。鐵師即林鵾翔（一八七一—一九四〇），字鐵尊，浙江吴興人，詞學大家朱祖謀弟子。

㉖㉗《中國圖書館名人録》，宋景祁等編，上海圖書館協會，一九三〇，第一三二—一三三頁。

㉘ 今存篇目有六：（易）《先後天卦象交變圖説》、（詩）《孔子之詩樂》、（禮）《皮弁素積裼而舞大夏考》、（樂）《樂微》、（樂）《舞史》以及《雪墨》。另有《國文法句式舉例》疑似。

㉙ 試舉其中二人：

袁希濂（一八七四—一九五〇），字仲濂，江蘇寶山（今屬上海）人。書法家，佛教居士，與李叔同結金蘭之誼。從持松修東密，皈依印光。又李叔同、夏丏尊與袁希濂，三人爲莫逆交。

蔣維喬（一八七三—一九五八），字竹莊，江蘇武進（今常州）人。辛亥革命後，作爲蔡元培助手，任教育部秘書長。以後又任光華大學文學院院長，鴻英圖書館館長。著有《因是子静坐法》《中國佛教史》等。

㉚ 承新加坡南洋理工大學嚴壽澂先生提示。

㉛ 具體篇目如下：《先後天卦象之旨趣：録尚賢堂紀事》（《哲報》第二卷第十三期，一九二三）《先後天卦象之旨趣：録尚賢堂紀事》（《哲報》第二卷第十四期，一九二三）兩篇，與《楊踐形先生演説詞》（尚賢堂紀事，《國際公報》第二十二期，一九二三）《楊踐形先生演説詞》（續）（尚賢堂紀事，《國際公報》第二十三期，一九二三）重出；《龍戰於野其血玄黄解》（《哲報》第三卷第十八期，一九二五）與卷二《龍戰於野其血玄黄解》重出；《入聖階梯爲人必讀》（《靈學精華》第二十二期，一九二五）與卷二《入聖階梯爲人必讀》重出；《先後天卦象交變圖説》（《衛星》第一卷第一號，一九三七）《先後天卦象交變圖説》（續）（《衛星》第一卷第二號，一九三七）兩篇，與卷二《先後天卦象交變圖説》重出。

㉜ 裘沛然主編《中國醫籍大辭典》，介紹此書：「全書十五章，以丹經内容爲主，輔以中醫學術。全書廣征博引，不偏於一家之言。」（上海科學技術出版社，二〇〇二，第一二七七頁）甚爲平情。唯稱「現有一九三五年上海春江書局鉛印本」，有可能不對。此書司馬潛序署辛巳（一九四一），網上有《指道真詮》舊本，題「七十八叟沈恩孚」，據此推論，當爲一九四一年出版。

㉝ 參見雷輝《萬國道德會的歷史考察》，山東師範大學碩士論文，二〇〇八。論文稱，此會經歷了五個階段，以一九二一年—一九二七年爲第一階段。以後的多次變遷，應該與楊踐形無關。

㉞ 文見陳毓照、張利民主編《丹道養生道家西派集成》，中國時代經濟出版社，二〇一〇，第一三一七頁。

㉟ （無錫）政協北塘區文史資料委員會編《北塘文史資料》第三輯，一九九三，第八七頁。

姚明輝（一八八一—一九六一），號孟塤，江蘇省嘉定縣南翔鎮（現屬上海市）人。作品有《中國近三百年國界圖志》《中國民族志》《漢書藝文志注解》《反切源流考略》。

㊱ 據季偉萍編《上海中醫藥發展史略》，上海科學技術出版社，二〇一七，第三一二頁。

㊲ 潘雨廷一九七九年（？）二月十四日致單培根信：「於『文革』前屢訪徐師頌堯，惜已仙逝。」見潘雨廷《詩説》，上海書店出版社，二〇一七，第二九〇頁。徐著有《天樂集》，潘雨廷《讀易提要》卷十有「玄隱外史《易學發微》提要」，評説此書的易學部分（當卷五十七至六十八，共十二卷）。未標示姓名，或避時諱。《提要》稱「（《天樂集》）公元一九六四年仍在著述」，此爲當時的信息，應該來自徐頌堯本人。見潘雨廷《讀易提要》，上海古籍出版社，二〇一六，第五四四頁。

㊳ 潘華信《靈蘭剔蘚》中，《被遺忘了的名醫汪成孚》記載：「汪先生知我叔父沉潛易學、持有卓識，期謀結識相聚。當時是三年困難時期，食物匱乏，請客吃飯是非同尋常事，汪通過熟人訂宴在西藏路青年會九層樓。我回家轉言給正在客廳閒聊的父母和叔父，父親喜形於色説應該去，内向的叔父遲疑而面露難色。母親則委婉地建議：請楊先生一起去（叔父先後受學於唐文治、熊十力、馬一浮、楊踐形等。楊耿介静穆，簞食瓢飲、生活清貧），叔父便欣然答應了。飯局由汪先生主持，蒼師作陪，楊與叔父爲客，我與汪的一位學生侍陪，一共六人，滿滿當當擺了一桌子酒菜，鮮肴雜陳，雖初次見面，連平時寡言的叔父也興致極高，天文星象、陰陽五行、易學哲理、醫學疑題無不涉及，楊先生更逸興遄飛，滔滔不絶，彼此相逢恨遲。原本説定汪要去我家聽楊與我叔父的論易，後因事未果，在我的印象中，幾位相聚僅此一次而已。」（文匯出版社，二〇一四，第一八〇頁。原載《新民晚報》，二〇一一年十二月三日）

總目

楊踐形著作集

卷一

卷一目録

易學演講録

踐形易講録第一編卷下

易學演講録

易學演講錄

丙寅春仲

俞復署

學鐸叢書

章炳麟署

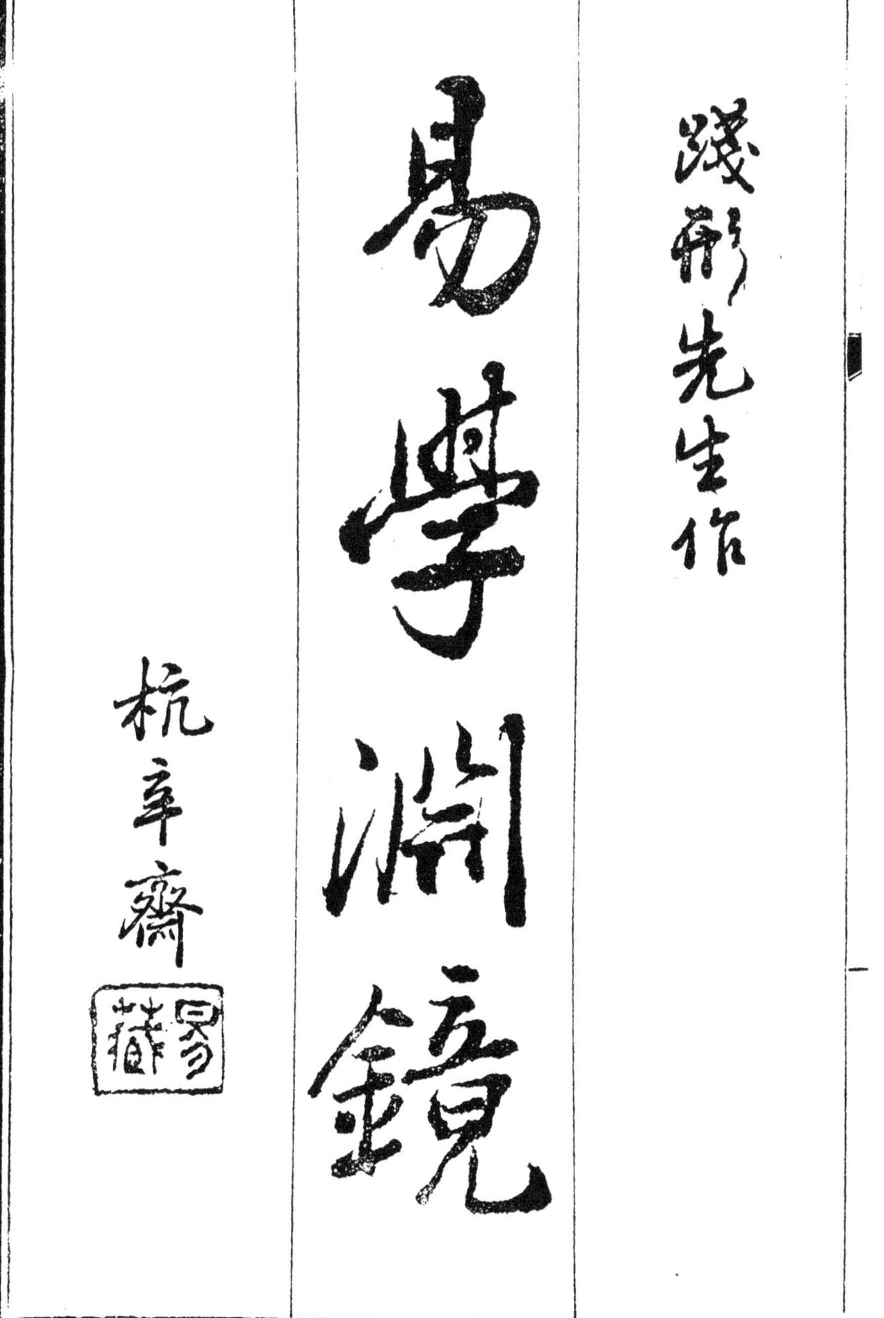
踐形先生作
易學淵鏡
杭辛齋

楊踐形先生寫象

癸亥佛生日西神王蘧常題

（一）公函類之一

奉讀
惠書并蒙
提挈譽許過當匪所敢承竊學淵深莫
敢窺測惟年來學易似尚相近得從
君之後從事探討或因借鏡藉資新得
良所忻願濫竽裝起恐非名實敬布區區
亮詧爲幸尚復并頌
道安

杭辛齋　十七日

踐形辯嗜哲理。汎涉各種學說。尤好研究宇宙之神秘。以破世界之疑謎。徒耗心血。非伊朝夕。丁巳秋。以精神學會事來滬寓奉家　君命。偕俞君仲還陸費君伯鴻等。組織靈學會。將欲求其實測所得之結論以自慰。不必全與伍廷芳博士一致也。後得王君寵佑所贈歐美靈學會出版書籍。丁君福保處所借道藏佛典。而研究之資料乃備。然余固仍執鞭教育界。未暇稍事研究爲憾。此函即來覆靈學研究會書也。

（二）通簡類之一

前得函
教甚快近日叢生一事大可為雜誌
材料望
便附頒我一段為盼此請
踐形先生　道安
辛齋　廿五夕
每日午後六時最佳過時寄來

辛齋先生時寓滬上霞飛路仁和里。余每過其門必入。縱談樂其說。娓娓動聽。有時竟夕不倦。幸洋塢十里。火樹銀花。通宵不夜耳。常索拙著易學書看。必圈點眉批以還我。既而北上將赴黎前總統召致。遺失一卷。不能忘懷。久之。癸亥秋在大世界共和廳羣芳會塢為最後之暢晤。而今追思。先生已作古人。能不黯然。此函即來約往談第一書也。

(三二)纂稿類之一

風雨吾廬作詩无一篇請
俗正刊入學鐸或靈震惟錄出原稿乞
擲還以為副本存案也此請
踐形先生　著安　辛齋
周易指例竟已付還弁望函析疑義以資切磋天道提
集一念讀易的　有同志者廣為招徠竟
能來究情也

壬戌春。組織學鐸社。以整理國學振作民德爲旨。又編學鐸報。以發揮學術之精蘊。內容有姚明暉君之緯學綱領。王西神君之詞律金鍼。黃星若先生之韭子影等。其說无一篇。則辛齋先生所作。此即寄文稿來時所附信也。余兼主編靈震報。故亦及之。

辛齋先生之易學。得力于周易指。一書所編學易筆談等可以見之。即余所稱淸易是也。余于淸易最愛焦循易通釋。然使余得悟端木國瑚周易指者。此輔導之惠不可忘也。

(四)論學類之一

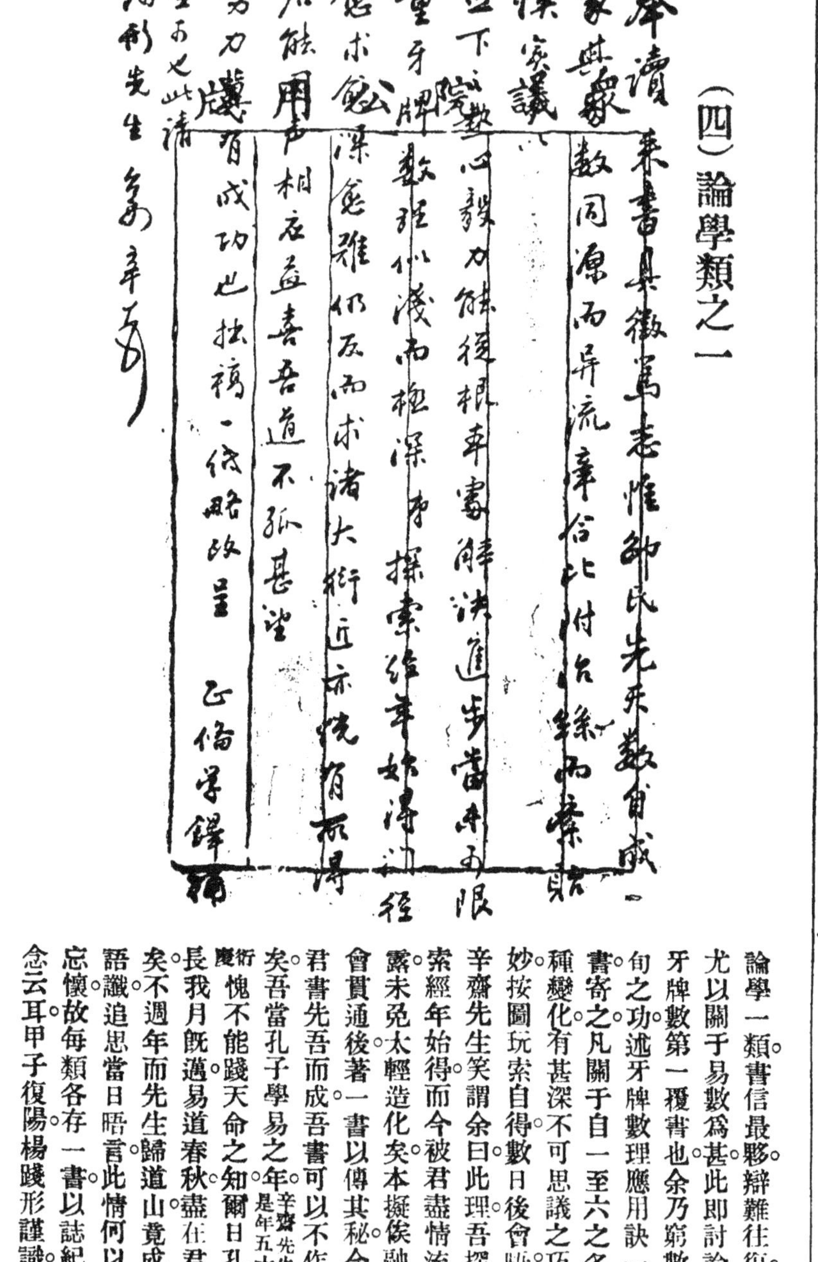
奉讀來書具徵篤志惟邵氏先天數自成一
家與象數同源而異流本合比付合綜而乘貽
悮實議
足下潛心數力能從根本處解決進步當未可限
量牙牌數理似淺而極深乎探索經年始得門徑
蓋求邃深邃雖仍反而求諸大衍近亦恍有所得
君能用相應益善吾道不孤甚望
努力有成功也拙稿一件略改呈　正　倫學鐸
空白也此請
踐形先生

論學一類。書信最夥。辯難往復。尤以關于易數爲甚。此即討論牙牌數第一覆書也。余乃窮數旬之功。述牙牌數理應用訣一書。寄之。凡關于自一至六之各種變化。有甚深不可思議之巧妙。按圖玩索自得。數日後會晤。辛齋先生笑謂余曰。此理吾探索經年始得。而今被君盡情流露。未免太輕造化矣。本擬俟融會貫通後。著一書以傳其秘。今君書先吾而成。吾書可以不作矣。吾當孔子學易之年。(辛齋先生是年五十衍慶)愧不能踐天命之知。爾日孔長。我月既邁。易道春秋。盡在君矣。不週年而先生歸道山。竟成語讖。追思當日晤言。此情何以忘懷。故每類各存一書。以誌紀念云耳。甲子復陽楊踐形謹識。

學鐸社叢書序言

徐璣衡

學鐸社叢書者易學研究會長中一子楊君踐形所手撰也楊子梁溪產漢關西夫子之後嗣宋龜山先生之嫡裔也累世樂善代稱積德自高曾以來相繼董長景雲市政五傳至其尊翁已百五十年矣里俗感化同歌賢良甘棠遺蔭澤隆鄉望羣謂大德之後必有名世者生逮清季辛卯之歲卯月卯日首辰夜半家人咸聞鈞天廣樂音韻悠揚忽聆空際神語云羣聖擁護送一玉麒麟來矣其母侯夢感瑞雲環身宸斗隕懷龍負圖象矯首天中麟吐玉書光曜地上恍然而覺遂生楊子曾祖熊飛公聞報歡喜無量深感麟吐玉書之瑞大衍積善餘慶之報遂錫命爲嘉名云楊子生而神靈頭角嶄嶷週歲即識書文其母教之方字字非排滿八八六十四方陣弗讀也讀竟遍已弗忘四歲卽通孝經慨然以宗聖曾子自任戚族與之周旋羣歎爲雛林鳳雛五歲時有塾師愛慕自薦大學已竟卽授中庸註解全讀以警其敏頃刻輒背誦數百行同學無弗咋舌六歲時其祖懋先公抱置膝上示以伏羲先天八卦太極圖欲窮其理精思至廢寢食八歲得羣眞秘錄一書值大病甚劇猶據牀私自抄玩僕婦陳惜其傷神竊付諸祝融其書遂不傳惟手製機輪玩具頗類活動影戲深符物理至今猶存九歲致力于易學手畫太極圖凡九十有九幅揭宅

之諸門殆遍。倦則臨摹鐘鼎古文。尤酷嗜象形字。今均有成書。而六書源流詳攷、音韻源流詳攷爲最辯。每歲作正平日記及大事年月表。自四歲六月起、迄現在。其書法、則倣春秋經傳及通鑑綱目爲之。楊子天資穎悟。聰慧異常。髫年博覽羣書。諸子百家。靡所弗窺。必悉窮其理而後止。既而負笈毘陵學業。輒冠羣曹。研究科學。尤擅中外哲理。編譯實用新書甚夥。遍訪各地圖書館搜羅藏書至富。獨于易學、說文、性理、佛典、道藏諸籍。最稱詳備。辛亥暮春。神遊無極。謁羲皇于宛丘。命受易學之道統。由是遂屏雜學。專壁易經。自僞子夏傳以迄近代日本高島解。凡五百餘家。其間漢易宋易之爭。言象言理之辯。爲歷來治易家所不能決者。一一溯其源而疏其流。芟其蕪而整其棼。闢邪說之近似。廓莠言之亂眞。選擇其純粹。發攄其精微。理或未得。徹夜不寐。豁然有悟。坐以待旦。慨然深憂易道之久失眞傳。晦盲垂絕。遂發憤著述。先後成易學叢書三十六種以上承羲文周孔四聖之心傳。而下啟後覺于將來。政體革新。被選議員。不以爲榮。嘗歎曰。人存政舉。人亡政息。吾寧爲學者、以著作貢獻社會。無志聞政。不願以私己功利誤國也。味斯言。有隱痛矣。先後迭長三校。兼任景雲教育會長。大有孟子樂育天下英才之意。甲寅春。督率教職學員嫻習健身術。繙譯名著。參易筋、按摩、銅人、催眠諸說。積年心得經驗。著自然康壽法。丁巳秋。楊子董長精神學會來申江。承其尊翁字青先生命偕俞君仲還陸費君伯鴻創設靈學會。中國有靈學之發明。實自楊子始也。楊子救世心殷。不覺形諸闡研學術。將欲崇善行、以維持世道。闢邪說、而匡正人心。踐道德、以輔教育之所未周。尚感化、而補法律之所不逮。實說修齊、以悟上智。權說感應、以通流俗。總期世際昇平。化干戈而爲玉帛。人安康壽。登衽席而免塗炭焉耳。傳道院開。楊子爲指導師。深恨自唐以來。方士技術之流。僭纂道家法統。而一切詖行邪說。惑世誣民之怪誕。且愈出愈奇。實與老子提倡道德救世之旨。風馬牛不相及也。遂博稽歷朝老子註解。自漢河上公以迄近代。有數百家之說。述老子確解。以攷證異本字句。爲老子辯非白誣。不第有功老子。實有功社會也。庚申冬。遍覽道藏全書七千八百餘卷。其間什九盡屬無稽讕詞。而值供參攷者。尚不及什一。蒐集數十家黃庭經註解異本。爲攷證本其實驗心得。博採古今中外醫道修養諸學說。而著黃庭發微。外更輯修道纂要一書。暇兼精研佛學各宗。如唯識天台華嚴等大乘勝義。悉能得其究竟。同證人生最後圓滿之眞歸宿。而耶教源流。攷回教主麻末傳等。尤爲其研究世界十大宗教之餘稿。嘗歎曰。觀于海者難爲水。日月出而爝火熄。其惟孔孟之學已乎。以之正心修身。則心正而身修。以之齊家治國。則家齊而國治。以之理事接物。無所處而不當。小施小得。大用大成。

行之萬世而一無弊。彼各宗教之蜃市空華。說不足信也。旨哉斯言。昔濂溪晦庵象山陽明皆先出入佛老而後返歸儒家。故其學說能兼吞二氏、而深悉其流弊。語云、不入虎穴。焉得虎子。世人不深究而妄闢異端。不中宜矣。勇哉楊子。出入各宗教而不爲所困。辟而廓之。偃如也。衆人所難能。而楊子竟優爲之。非出類拔萃中立而不倚者。不足以當此。信乎楊子之以昌明聖道自任也。癸亥。楊子爲國際教務聯合會孔教總代表。殷痛軍閥用事。故到處演說孔道之精義。必歸本于周易咸彖傳聖人感人心而天下和平之旨。甲子。敷華大會、楊子欲因武城弦歌。革陋俗而登仁里。滌汚染而倡善風。新一世之耳目。詔後進入聖賢。故編大學歌舞樂譜。以象勺致盛德。學校爲禮樂導泉之源。余深欽楊子立志之卓。不苟與衆同。而又悲世風日下。人心日壞。胥由道德淪喪。學術荒落所致。苟得一二人提倡道德。發攜學術。則風行草偃。善感同化。即轉移舊習。啟廸新猷。亦非不可能也。天生楊子。將以生花之斗筆。橫掃異說。警世之木鐸。振作斯民。正末流之叢弊。延既絕之心傳。闡揚至學。昌明大道。以復唐虞三代之正規。紹纘羲黃周孔之遺緒。傳此修己之準繩。垂作入聖之階梯。裒輯其等身之著作。頓使夫洛陽之紙貴。爰本斯意。題曰學鐸社叢書。名稱其實也。余讀其書。知其必有以嘉惠士林也。不禁鼓舞而爲之序。甲子、天正冬至。龍湫徐璣衡識。

易學演講錄序

夫易道廣大精微。實我中華最古之國粹也。六經諸書。悉被秦火。惟易經獨免巨刦。尤足以窺見羲文周孔之精義微言。此易經在國故學中最稱完備。可知。獨惜歷來解者見仁見智。無一人能舉其全而正其是。漢易誤于象。晉易篡以虛。宋易亂于數。清易巧以鑿。其不然者亦淪于辭而已。甚至小視易爲卜筮之書。嗚呼。胡以孔子之聖。尙讀易之勤。至韋編三絕。鐵撾三折耶。後世學者何莫之思也。惟我中一師秉希天之質。普覺後之願。値道喪文弊之極。慨然以弘道捄世爲己任。三十年來。極深研幾。默契四聖之心。至于窮神知化。範圍天地而不過。何有象數義理之別。漢晉宋清之辯。雖博稽歷代註解至五百餘家。而不爲術淹。惟其觸類旁通。觀物應變而已。然超神頓悟。必須上智。生知而隨緣因材。自可有教無類。故接引初機。手援廣衆。不得不取法登高行遠。先務卑邇。此吾師易學叢書三十六種所由作也。廣蒐諸家易象。得六百五十餘圖。各就系統詳述源流遷變。比較是非得失。補正缺憾。發攄精微。開二千餘年之寶藏。理窟費一萬多日之鈎玄索隱。成易象一貫三十卷。吾師固精天算。三垣二十八宿等星次。能會中西諸名。就十二辰指示不爽。研究唐虞以來歷代因革各種曆法。著歷代曆法沿革詳攷。並推算日月五星諸訣。獨能會通渾天、蓋天、昕天、安天、重天、軌天、宣夜、諸天文異說。深造天元、四元、代數、幾何、三角、微積、測繪諸學嘗曰、易固有象有數、象非漢易之泥爻、宋易之變卦。數更非術士之卜筮、五行之生剋及三式之太乙、奇門、六壬、最憒堪輿、星命、相測、諸江湖者流、漁獵卦爻、僭竊易義、以售姦斂錢。反使固有之數學原理、如加減乘除、比例、命分、開方、垛積、方程、勾股等實學、出自易數者。世人莫或知之。爰著易理數學六編、凡分三十六綱、詳爲證明、兼以辯誣。自魏伯陽著參同契、借易象講爐火、而後之方技道士、莫不口談易經、而陰飾姦邪、誣聖惑世、莫此爲甚。加之易道久失眞傳、海內嚮稱絕學。誰復能辨其妄。獨惜我華有此最古最精、極往知來、百慮一致之百科大全哲學、而世莫能表彰發攄、俾臻光大昌明。一任其爲邪說蹂躪、淹沒以盡、亦四聖垂教所不及料也。幸吾師出本手援天下之誠心。發理盡宇宙之哲思、修身處世、以爲經。博學明辯、以爲緯。曾著入聖階梯、作聖百談及唯實論、唯習論等、益世哲學。復推宇宙本體成現象之原理、知識情感及意志之動機。參以物理、生理、心理、性理、倫理、優生、進化、法治、社會、教育諸學說、而歸本于一陰一陽之謂道。一以貫之。非一元。非二元。非多元。非唯心。非唯物。非平行。故述心得、發明易元哲學。知理化學者所謂電子。生物學者所謂細胞、尚未究竟、而證以太極象、互卦理。此誠造化之神妙、有非漢宋易家所能窺見因著互卦獨得以明眞理易道尙變傳自孔子而漢之虞翻荀爽侯果干寶鄭玄馬融等宋之陳搏种放穆修李才邵雍程頤朱熹林至朱震等清之惠棟江聲焦循毛奇齡紀大奎端木國瑚等各以卦變說易一若六十四卦皆從卦變而來駢黃儷綠異說莫衷一是吾師乃復返而求之孔子之說而後恍然諸家雖未可從要亦未可廢也用力旣久左右逢原象無不可通理無不可達易在己己即易矣故能闡明象數義理之精微心得獨到處能發前人所未發融會貫通一一合證四聖之心有如原始要終即因貳以濟民行之旨積善有慶即復小辨物即積小以成高大之旨革去故鼎取新即咸之以虛受人恆之立不易方實卽乾象三四兩爻乾道乃革與時偕行之旨及兼三才而兩之即八卦因而重之爲參伍錯綜上下往來進退內外之旨即家人何以稱內睽何以稱外離何以稱上坎何以稱下中孚何以稱柔在內兌何以稱柔外晉鼎睽三卦如何柔進而上行升如何柔升大過如何滅木蹇如何往得中解如何來復吉乃得中无妄如何剛來主內大畜如何剛上尙賢損如何損下益上益如何損上益下皆歷來易家卦變說聚訟未決處吾師竟能因此指出漢易宋易妄解之謬點破其爭執折中至當條貫洞達而定于一是爰著成卦變淵源考證明示沿革原理方法此豈特嘉惠士林已哉宋易于文周孔子外別添伏羲之易

爲不傳之秘。清儒辯之詳矣。雖然、時有隆替。理無古今。易道本在人心。伏羲文王之圖。先天後天之象。名固不雅馴。法非無旁通也。尅漢易之消息。已具此乎。惜世儒股求文王革伏羲之象。先天變後天之理。而莫能取譬。徒拾術士牙慧。或以數。或以象。或以氣。或以爻。或以生尅。誣易之極至。此吾師玩象闡圖。豁然別有新裁。辛亥暮春。發明先後天象交變原旨。至感格羲皇。榮膺天爵。視孔子之夢見周公。其揆一也。書凡三卷。均經近代易家杭辛齋圈點眉批。近數年來。裒集講稿。成易學演講錄八編。其第一編專講太極。述易學史。分漢宋清三大時期學說。據說文、辯正陰陽二字形義。電字古籀各體。廣舉三墳、七緯、百子、歷史、道家、佛典、幾何、代數、磁電、光體、化學、證瓜旋式懸象太極之兩儀交變。太極即易之總體。誼與周易全書諸極字一貫。孔子之太極。即文王之乾元。伏羲之一畫。序卦何獨不舉乾坤咸三卦。上下二經何故皆終坎離。二用于何見陰陽之感應。磁電何關先後天。後天本象何能攝盡先天定象。并附太極粹言。太極圖說攷原。太極圖攷。太極圖象作法。將刊行世。奉命作序。愧掬土無增泰山之高。幸勺水常飲東海之潤。敬就所聞知。略述一二。以告當世研究吾師之書者。廣爲宣傳。庶吾華廣大精微之國粹。與天地同其悠久也。抑亦足以識吾師矣。吾師姓楊氏。名踐形。學者尊號爲中一先生。乙丑陽復月。門人安慶召國棠謹叙。

踐形易講錄第一編卷上目次

卦象類

先天後天八卦交變篇一

先天後天八卦交變篇二

太極類

易有太極是生兩儀篇一

易有太極是生兩儀篇二

易有太極是生兩儀篇三

易有太極是生兩儀篇四

易有太極是生兩儀篇五

易有太極是生兩儀篇九

楊踐形易學演講錄第一編卷上

先天後天八卦交變篇一

癸亥孟春九日在靈學會講凡七章

無錫楊踐形講

第一章　引言

踐形年少、於易學精微、曾未窺見、何敢濫竽演講之席。再三思維、既謬承諸君推戴、過卻反爲不恭、祇得謹就平日之所研究者、略爲諸君一陳之。語云、愚者千慮、必有一得。將欲學野人之獻曝、徒恐貽笑於大方耳。踐形生性博好涉獵羣書。凡一切科學、哲學、宗教、苟有可以供我研究之資料者、無不儘量採納。而言個性之近、尤酷嗜國故學。所置之書、亦以經學、子學、算學爲多。至於鑽研最早、作伴最久、而能使余寢饋其中者、則惟易學、與小學。余九歲時、所畫卦象、及手書古篆、今尚保存藏書櫥中。每年夏天晴日、必出櫥、曬仰天日一次。故余於易學最喜討論。倘海內外知音、賜以教益、匡其不逮、則感激之懷、與日俱深矣。今日演講之題、爲先天後天八卦交變之旨趣。所謂先天者、即先天八卦方位圖象也。所謂後天者、即後天八卦方位圖象也。或說先天卦位出於羲皇、後天卦位變自文王。故宋易學者、命先天爲羲圖、後天爲文圖。先天羲圖乾南坤北、後天文圖離南坎北故後天離位即在先天乾位後天坎位即在先天坤位然後天離坎之位何以即先天乾坤之位此先天後天有交變之理存其間耳試觀踐形創製之先天後天八卦交變圖象

第二章　創製圖象之緣由

圖象之形宛如車輪外有輪緣內分八瓠即八卦方位是中心有一大圓形切之此其表面也其裏面則依先天後天八卦交變之理由及方法製就機關應用之時祇須按其當然之徑途一轉移間可以瞬息萬變不知者幾疑爲堪供遊戲之幻術矣有此圖象欲使先天變成後天殊屬簡易不必更如前代易學家之煩辭溽說或專用象或專用氣或專用理或專用數或專用術或專用爻見解互歧頭緒紛紜各有其理莫衷一是使不知易學者聞之如入五重之霧非特不能證明其實在反覺愈說愈晦誰得令人一望而知一見而悟哉此所以羲文周孔而後數千年來易道之不明于世易學之失傳于人也久矣創製斯圖亦余個人不得已之苦心耳知我罪我其惟天乎此圖之製在於辛亥年暮春夢謁羲皇於宛丘覺而大有感悟因製成圖余是時寢饋於易學幾有終身足用之概現今思之曩者余實多事耳先天後天交變之理既歷經前代多數易學專家窮殫畢生精力而不能闡明其萬一足見此理爲天地之至祕斷非世間凡夫俗子堪許妄

竅、可知。乃欲探測數千年來、極秘密之理、鑰於極深隱之智淵、而覆發其寶藏。即不遭造化之忌嫉、獨不爲宇宙稍留餘地耶。此則余之過矣。雖然、余自九歲始知學易、迄今三十三歲、恒以至誠純潔之精神、供養易學于此、已二十五年矣。孔子謂五十以學易、可以無大過矣。余以二十五年之研究、於孔子之功、兩分之一也。庶幾可以免於戾乎。

第三章　個人研易之歷史

憶余六歲時、先祖懋先公抱而置諸膝、示以宋儒所命爲羲皇先天八卦、及古太極圖、識字之暇、兼識卦象。逮九歲時、隨母歸甯舅氏、又教余讀易經、即世俗流傳之本、而用朱子本義、附程子易傳。後者於易學研究、固無所裨益、然余心于此時、對易學已發嚮往之誠矣。計是年余手畫之八卦太極圖、凡九十有九幅。余之住宅內、凡遇有通路之門徑處、必揭一太極圖以爲佳、所揭諸門殆遍、現今門上、尚有存留此圖者、黃紙已變成灰色、硃砂已變成紫色。諸君有便道過我舍下者、可入內一覘、此最有趣味之舊作也。余初步研究易學、先從宋易入手、既而負笈毗陵、從舊肆中覓得虞翻易義、及李鼎祚集解、遂轉學漢易。家君自浙江攜歸古越藏書樓目錄一部、內關於易學諸書頗多。惜未能親臨其處、一縱覽圖書之宏富、心中耿耿、何日忘之。幸有武進圖書館、得充解渴之私慰。參以四庫圖書目錄。覺其所藏易書、雖不能全備、亦聊深於無。遂投宿旅館而遍讀之、及無錫圖書館成立、更得恣其所欲覽者。書又嫌少、不足饜其好學之心。每因事遊歷各處、必詢其地有無圖書館、有則必往覽焉。自是對於易學之感情、益形親密。隨時隨地、搜集易類專著、或購或借。所有易學書籍、除大半屬購置不計外、即親手抄摘之蠅頭細楷、現尚藏存書笥中者、凡百有餘十部。用余個人之心思、以整理而證明之者、有三十餘家學說。其大綱均詳載在楊踐形易學叢書中。俟有機緣時、余將印行此書、或可貢獻其一得之愚、以就正於易學諸同志、而供大衆之研究焉。

第四章　易學史分三大時期

余以個人之眼光、及研究之所得、分孔子而後之易學、爲三大時期。第一時期、爲漢易學、以施氏孟氏梁丘氏三家爲盛。餘則有京氏之災異、費氏之古文易等。惜不幸經晉王弼以老子之玄理學說、纂攘漢易之統緒、而漢易遂亡。雖唐李鼎祚有周易集解、搜集漢注至三十餘家、而囿於俗見、終未能稍振也。第二時期、爲宋易學、自邵康節發明先天卦位、更反劉牧九圖十書之說、立說與漢易迥異、遂開闢宋易學之新世界。而朱子擴本其說、注重象數、力矯王弼空談玄理之弊。惜以卜筮教人、立說未免辜負四聖之用心矣。元明諸易學、大都猶承宋易學之餘緒耳。惟來瞿塘集注、說超漢宋之上、悟徹象數之祕、發明錯綜之理、窺見文象孔序之本。洵明代之傑出者矣。第三時期、為清易學。惠棟周易述、張惠言鄭荀易義虞易義等、均昌明漢易、以視宋朱震之漢上易傳、其精勝多矣。毛奇齡之仲氏易、以分聚推移為演法。紀大奎之易問與觀易外編、能闡發性理與六十四卦之爻象變通化合。至焦循之易通釋、及端木國瑚之周易指、均能串合六十四卦之爻辭、無一詞一字不相貫通。實清易學之中堅人物也。其定例取象、宛若研究自然科學之各有條理系統、獨與物理化學之公理最似、而尤彷彿若算學定理也。其各個定象、猶如各個字母、其合成辭象、猶如字母之切音拚法。幻妙變化、秩然不紊、然非淺嘗者所能得其滋味也。信乎老子所云後來者居上。循進化之公理、則古今人類之智識、當如是也。研究易學、本不能私存門戶之見。宋後易學書、其能獨出心裁、別有發明者、當推來氏易集註、惠氏周易述、毛氏仲氏易、焦氏易通釋、端木氏周易指諸書。近時易學專家、能紹述前賢者、則有無錫黃星若先生、得來氏之心傳、海甯杭辛齋先生、得端木氏之神髓、均博覽羣籍、主一涵萬者也。胡適所著中國哲學史大綱、評論漢易學為方士易、宋易學為道士易。趣哉是說。凡拘泥於象數理氣爻變之說者、幸勿自陷於方士道士之說也可。幸各放開眼光、拓展胸懷、以掇攟宇宙間之法象也可。能如是、則天地間所有之道味、皆足以供我咀嚼。何至自蔽於一隅哉。余之先天後天交變圖象、即本此廣大精微之妙諦、而以無遮自在之心思運用之。故能得到此空前之奇觀也。

第五章　先天八卦圖象確解

諸君不見此先天八卦圖象乎。天在上、地在下、則乾坤定位矣。日東升、月西沉、則坎離對望矣。雨從天而下降、山根地而上峙、則艮兌通氣也。風起天而行地、雷出地以行天、則震巽相薄也。此說、卦、傳中、著陰、陽、對待之誼者、即先天八卦之方位是也。是故乾坤定上下之位、坎離列左右之門。兌巽二卦、在圖之上半而屬天、艮震一卦、在圖之下半而屬地。此儼然一、宇宙、之現象也。惟是雷出地奮之理、雖見於易象、而以自然科學之實驗眼光證明之、則頗覺此理之奧妙。如陰電陽電之感應、即為正負二性、以適當之機緣、互相調和激盪而成。雖電光發自雲中、而非有地氣上騰、則不能感應。蓋雲中電性、何時不具、無可導緣、則難猝發。故地氣不交、則閉塞而成冬、春雷驚蟄、伏蟲震動而咸起也。諸君欲知雷出地中、一陽來復之精妙、非頃刻間即能了悟。姑俟異日再講耳。踐形按、乾以純陽位正南。坤以純陰位正北。乾坤交而男女生。離為日象、位東、而得坤正性、故、中虛。坎爲月象、位西、而得乾正性、故中滿。四正既定。而後乾初變成巽、故巽居乾左。再變成艮、故艮居坎左。三變成坤。此陰儀居圖象之右也。坤初變成震、故震居坤左。再變成兌、故兌居離左。三變成乾。此陽儀居圖象之左也。震一陽進息爲離、兌二陽而離中虛。此陽儀中有陰也。巽一陰退消爲坎、艮二陰而坎中滿。此陰儀中有陽也。是故先天八卦之總象。可以合成一個古太極圖。至太極圖別有三式、理義精微、非易猝解。姑俟有機緣時、當爲詳講也。先天圖象。是謂立體。體立然後用行。即先天變成後天也。即余創製先天後天八卦交變圖象之所由也。

第六章　先天後天交變圖象

余今欲在諸君之前、一顯此奇妙不思議之神通。但余非幻術家、不必用遮掩法。自可當場出彩。使先天八卦圖象立刻變成後天八卦圖象、不必如前代之陽爻與陰爻相變、上爻下爻相去相生等繁難手術。竟能在一轉移間、使天地交泰、日月運行。（此時即取先天八卦圖在手、僅以兩卦易位、而先天圖象、倏忽不見、已變成後天圖象矣。遂以變成之後天八卦圖象、舉視大衆）諸君試觀此圖、天本在上、忽已旋下。地本在下、忽已騰上。陰符經云、天地反覆者、余此圖足以當之。諸君或慮天地之定位、不能上下倒易歟。蓋以我人自身之定在言之、則上天下地、固矣。而以地球之運行旋轉言之、則誰上誰下、迄難論定。況在東西兩半球之居人、立時足互相抵、在我爲下者、則在彼反爲上矣。而皆知上天下地、皆能戴天履地者、則地心吸力主之、物之重者均向地心而墜、墜者謂之下。是故地皆在下、天皆在上。研究自然科學者、類能知之。上下四方本無定位、以愛因斯坦相對論證之、則知假立方位、全由互比而有。如光學中之比色、尤爲顯著。如灰色本非黑也、然與潔白者較、則覺灰者黑矣。灰色本不白也、然與純黑者較、則覺灰者白矣。上下四方亦然。即以此講席論、我在席東、則席在我西。我在席南、則席在我北。而西之西復有西、北之北復有北。席復在西之東、北之南、果眞有四方之定位哉。東半球之西、即西半球之東也。地球各國、果誰爲極東、果誰爲極西耶。不過比較上有四方之方便名位耳。其與化學上之陽依翁、陰依翁、因互比而異其正負者、理同一揆。故以地球之四方無定位、可通於易象之八卦無定位。離因南方也、而南方非離。知其道者、須體味二用、六虛、三輪等至理、方能豁然貫通、而無所疑滯也。其說均詳見拙著之易象一貫中、茲不復贅。

第七章　後天八卦圖象略說

當在先天八卦圖象時、天地定位、日月對望、風雨自天、山雷出地、定象也。及既變爲後天八卦圖象則火性炎上、而得乾體、故居正南。水性潤下、而得坤體、故居正北。帝出乎震、萬物皆與。說言乎兌、萬物收成。說卦傳悉著其義矣。是故日月運行、一寒一暑、數起東震出卯爲春分。東南巽齊辰巳爲立夏。南離見午爲夏至。西南坤役未申爲立秋。西兌說酉爲秋分。西北乾戰戌亥爲立冬。北坎勞子爲冬至。東北艮始終丑寅爲立春。鑽簇一年四時八節、順現於一瞬之頃、豈不奇哉。是故先天爲立後天之體。後天爲致先天之用。此先天後天八卦交變圖象所由製也。至於其如何交變之理由及如何交變之方法。今日不及詳細講述、姑以俟諸異日有機緣時再講可也。

先天後天八卦交變篇一一

癸亥仲春九日在尚賢堂講凡十章

第一章　卦畫爲文化之發源

易學始自伏羲之畫卦象實爲中國最古之經書。祖龍一炬、諸經悉遭巨厄、惟周易以卜筮之書得存、故免而獨全。然則易經一書雖謂在中國諸經籍中、爲最完善最信實之本也可。而易理所涵、廣大、精微、義無不備。關于宇宙、觀人生、觀進化論、知識論、教育、哲理、政治、哲理、宗教、哲理等。古說尤覺簡、賅、靡、盡。觀其象、而玩其辭、可以修身、可以處世、可以進學、可以稽古。詢中國自有文化以來。最古之國粹也。研究哲學史者、分全世界爲東西兩大支。東支中震旦一分自兼攝印度一分後、勢更雄厚、說愈圓滿。而溯其發源所自、則實肇于邃古羲皇之一畫開天也。羲皇仰則觀象於天、俯則觀法於地。觀鳥獸之文與地之宜、近取諸身、遠取諸物。於是始畫八卦、以通神明之德、以類萬物之情、作易以垂教後世。其圖象則有如宋儒所命爲先天八卦方位、而乾坤坎離爲四正、震巽艮兌爲四維者是也。

第二章　述易含三義

嘗考鄭康成作易贊及易論云、易一名而含三義焉。易簡、一也。變易、二也。不易、三也。崔覲劉貞簡等並用此義云、易者、謂生生之德、有易簡之義。不易者、言天地定位、不可相易。變易者、謂生生之道、變而相續。周簡子云、不易者、常體之名。變易者、相變之義。踐形按易簡者、乾坤之元德。不易者、天地之常體。變易者、造化之效用也。常體者、即卦位之象。效用者、即交變之理。今日所講、即依常體、以致效用之方也。茲先就常體言之、即先天之定象、是也。

第三章　釋先天之定象

易曰、天尊地卑、乾坤定矣。乾鑿度曰、乾坤相並具生。天地既分、乾升坤降。是太極既生兩儀、陽氣輕淸者、上升爲天、故曰尊。陰氣重濁者、下降爲地、故曰卑。易曰、日月運行、一寒一暑。王夫之周易稗疏指以爲坎離。蓋日月往來、寒暑相推。日東升、月西沉、懸象著明、莫大乎日月也。故天地定位、乾坤辨上下之分。日月運行、坎離列東西之門。吳澄曰、左方起震而次以離、鼓之以雷霆也。右方起巽而次以坎、潤之以風雨也。離爲日、坎爲月。艮山在西北嚴凝之方、爲寒。兌澤在東南濕熱之方、爲暑。左離次以兌者、日之運行而爲暑也。右坎次以艮者、月之運行而爲寒也。韓園易說云、雷出地以行天、風起天而行地。山根地而上峙、澤從天而下降。故先天之象、天在上、地在下、則乾坤定位矣。日東升、月西沉、則坎離對望矣。兌巽二卦、在圖之上半而屬天、則風雨自天也。艮震二卦在圖之下半而屬地、則山雷出地也。是爲易之常體、儼然一宇宙之現象也。蓋乾以純陽位正南、坤以純陰位正北。乾坤交而男女生。離爲日象、位東而得坤正性、故中虛。坎爲月象、位西而得乾正性、故中滿。四正既定、而後乾初變成巽、故巽居乾左、再變成艮、故艮居坎左、三變成坤、此陰儀居圖象之右也。坤初變成震、故震居坤左、再變成兌、故兌居離左、三變成乾、此陽儀居圖象之左也。震一陽進息爲離兌二陽、而離中虛、此陽儀中有陰也。巽一陰退消爲坎艮二陰、而坎中滿、此陰儀中有陽也。是故八卦之總象、可以合成一個古太極圖也、即所謂先天卦位是已。

第四章　證明先天卦位不自宋始

踐形易論錄

維先天之說、歷來崇斥互競、是非難審、漢、宋之爭、實以此爲焦點。自朱子以河圖洛書、及先天卦位圓方各圖、弁於周易之首。本邵子之說、開宋學之端、遂爲後世言漢學者所抨擊。然豈知趙宋以前、雖亦有先天之圖、而乾坤坎離震巽艮兌之卦位、固早已散見於漢人之易注。荀爽注姤彖傳天地相遇下云、乾成于巽、即舍于離、坤出于離、與乾相遇。九家易曰、謂乾起子運行至四月六爻成巽、位在巳、故言乾成于巽。既成、乾舍于離、萬物皆盛大、坤從離出、與乾相遇、故言天地遇也。按乾起子、即復震一陽起自先天坤、即後天坎位也、乾成于巽、即先天息兌二陽在後天巽位而幾成乾也。轉舍于離、即先天乾位在後天離位也、是之謂乾升坤從離出、即姤巽一陰兆自先天乾、即後天離位也、與乾相遇、即先天坤位在此、與後天西北乾位相遇也。是之謂坤降而虞翻復援參同之說以注繫辭傳曰、日月縣天成八卦象、三日暮震象月出庚、八日兌象月見丁、十五日乾象月盈甲壬、十六日旦巽象月退辛、二十三日艮象月消丙、三十日坤象月滅乙癸、晦夕朔旦、則坎、坎象水流戊、日中則離、離象火就己、戊己土位、象見于中、日月相推而明生焉。試依六虛之序、順次排列之、而以日東月西、貞其二正、則儼然一先天圖也。是故荀爽之升降、虞翻之納甲、細按之、殆無不與先天之方位相合、即以經文上下二篇之卦論之、上經首乾坤、終坎離、非即先天位象四正之卦乎。下經首上兌下艮之咸、上震下巽之恒、非即先天位象四隅之卦乎。至孔子說卦傳之論先天象者、有如曰雷以動之、風以散之、雨以潤之、日以烜之、艮以止之、兌以說之、乾以君之、坤以藏之。又曰天地定位、山澤通氣、雷風相薄、水火不相射、則兩兩對舉、指陳先天卦位、更覺明白曉暢、而無餘疑矣。祇以唐宋以前易家之傳授、均未重視圖象、至邵康節始悟其妙、特爲指出曰、此伏羲八卦方位、乾南、坤北、離東、坎西、兌居東南、震居東北、巽居西南、艮居西北、自震至乾爲順、自巽至坤爲逆、所謂先天之學也。以上所說、僅就其象耳、更以數言之、則乾一、兌二、離三、震四、巽五、坎六、艮七、坤八、天地定位、一與八錯也、山澤通氣、二與七錯也、雷風相薄、四與五錯也、水火不相射、三與六錯也。其合數也、皆乾元陽九。（譬如鄙人前次在靈學會講、是孟春九日。此次在尚賢堂講、是仲春九日。其日皆在九數、合乎乾元。）此其數之妙者也。又更以五行之理言之、則先天象之五行、分爲五層、土最重濁、故坤艮在下、金氣輕清、故乾兌居上、天地之中、植物最蕃、而介乎兩間、巽震是也、水性潤下、坎故近地、火勢炎上、離故近天、此一定之象也。水行地底、日麗中天、亦潤下炎上之故、土氣最爲中和、故火金之交、有坤土、水木之間、有艮土也。又更以五行之氣言之、朱子謂先天象具五行相克之序、即火克金、金克木、木克土、土克水、水又克火、而植物間之、亦微意也。關于先天象之解釋、畧備于此矣。

第五章　證明先天卦位之得成立

晉許愼論易字之誼云、秘書日月爲易、象陰陽也。所謂秘書者、當時必有傳本。許愼與魏伯陽同時、決非指參同契也。杜預春秋左氏傳集解後序曰、汲郡有發舊冢者、大得古書、周易上下篇與今本同、別有陰陽說、而無彖象文言繫辭、疑於時仲尼造之於魯、尚未播之遠國也。由是觀之、上下二篇外、必尚有類於圖書之簡篇、漢時猶有流傳。或稱爲秘書、亦未可知。朱子所謂先天各圖、決非後儒所能僞造、必當初所本有、後來散逸、流入道家、至希夷傳出、得復還儒家之舊云云、殊非無所見而云然也。若漢學家必謂經傳無乾南坤北離東坎西之明文、以斷定先天卦位之未能成立、則又有說可徵焉。夫先王制禮、推本於易、固漢學家所公認也。乾天坤地、離日坎月、亦漢學家所公認也。禮記祭義篇曰、祀天南郊、祭地北郊、朝日東門、夕月西門、明是乾南坤北離東坎西之理、儼然一先天卦位象也、豈亦帝出乎震一章之方位所能推其誼耶。依是論之、當知先天八卦方位、確有是象、宋以後、雖加以羲圖先天之名、而宋之前、則非無此先天之象也。且以踐形個人之私臆言之、與其謂之先天卦位、無寧謂之天地之定象、卽天地之立體也。

第六章　有先天卽有後天之可變

體立、然後用行。有不易之定象、然後有變易之化運。先天既爲定象、爲立體、必更有爲化運、爲致用之後天與之同緣互存。當其寂然不動、天且不違之時。常无觀妙、中而未發、如如之性、刹那無量。此太極之藏諸體也。及其刹那變現、恒轉隨續、發而中節、常有觀竅之際、太極已顯諸用、則奉行天時、感而遂通矣。故先天即後天之未發、後天即先天之已現。有顯藏之異、而無先後之殊。若執先天是一象、後天又是一象、則天地造化、非一貫、非不二矣。唐孔穎達易疏曰、天地不交、水火異處、則庶類無生成之用、品物無變化之理。故云天地定位而合德、山澤異體而通气。雷風各動而相薄、水火不相入而相資。八卦之用、變化如此。豈非先天可變後天、後天變自先天耶。豈非體外無用、離用無體、先天外無後天、後天不離先天耶。

第七章　先天後天八卦交變圖象

夫先天後天之關係甚大。不明先天後天交變之義、則無以明八卦變化之由。不明八卦變化之由、則無以知六十四卦變化之序、與重卦名義、及各卦爻位當名辨物之妙。此鄙人所以玩索先天後天八卦交變之微旨、而精覃宋易、萬統各家之傳注專集外。兼參考唐李鼎祚作周易集解、宋朱震漢上易傳、明來知德易集注、何楷周易訂詁、清惠棟易漢學、周易述、張惠言鄭荀易義、虞易義毛奇齡仲氏易姚配中姚氏易焦循易通釋紀大奎易問與觀易外編端木國瑚周易指等言象之書晋王弼易說及略例宋程子易傳清任啓運周易洗心等言理之書乾坤鑿度易緯類漢焦贛易林京房易傳等言術之書宋丁易東數衍清江永河洛精蘊等言數之書旁及揚雄太玄經關朗洞極經司馬溫公潛虛數邵康節皇極經世蔡九峯洪範數等易學外支自周卜商僞傳以迄最近年來日本高島氏易斷博採三百數十家之學說酌取八十餘種易象圖釋參伍覈訂錯綜蘊變而創製此先天後天八卦交變圖象一具外形宛如車輪環以輪緣內分八觚即八卦方位是中心有一大圓形切之此其表面也其裏面則依先天後天八卦交變之理由及方法製就樞機應用之時祇須按其當然之經途一轉移間可以瞬息萬變而以之証明從先天可以變成後天之理尤爲易簡故易含三義而易簡居首惟此圖足以象之當先天卦位之未動固所謂不易也及定象已爲化運立體竟然致用則又正謂變易也故先天圖象一交變而三義備焉此聖人有以見天下之動而觀其會通也按世之言哲學者有謂宇宙之恒續唯動時空之存在唯數故依數爲動倚動成數勢如是也易涵象數固已經歷來治易者之所公認而易顯動用僅爲安排式之爻變卦變而已至於攬易象之全體成擬議於變化蓋未之前聞也踐形在辛亥暮春

夢謁羲皇於宛丘、覺而大有所悟、遂得易象全體之妙用、而後知吉凶悔吝生乎動之旨、維其議之而後動、故言天下之至動而不可亂也、安危窮通在此一動之頃、先天動而爲後天、後天不更動而爲非後天、故天下之動、貞夫一者也、是其所動也、非偶然、非安排、有天定之秩序、有必然之趨勢、所謂安其身而後動也、所謂待時而動、見幾而作也、若不然、先天可任意以變、後天後天何不可任意以變、非後天耶、先天可以變一後天、又何不可變多數後天耶、何以先天象祇許變此後天象、而未許變別一後天象耶、何以証知後天象之來自此先天象、而不可來自別一先天象耶、何以証知先天後天兩象之唯一無二、而由唯此一先天象、必變爲唯此一後天象耶、此皆鄙人先天後天八卦交變圖象之所由創製也、其理論與方法、均詳備於拙著易象一貫及踐形易學叢書第三十六種交變原旨兩書中、

第八章　先天後天交變之因

先天之象、乾巽相連、是天下有風、月窟之象也、邵康節曰、乾遇巽時爲月窟、巽承乾下、以陰消陽之始也、昔者殷紂嬖于妲己、而戮商容、比干、囚文王、奴箕子、甚矣、女壯之禍、故君子防漸杜微、戒慎于始也、又艮坤相連、山附于地、剝爛之劇也、剝象傳曰、山附于地、剝、是以柔變剛、以陰滅陽、小

人道長糜爛邦國紂惑于僉壬億兆離心三分去二碩果僅存猶未悔悟卒致剝廬無國詩有匪風下泉又曰慍于羣宵故君子戒之孔子曰易之興也其當殷之末世周之盛德耶當文王與紂之事耶是故其辭危又曰聖人囚于羑里明于憂患與故欲錯綜以濟天下之辜此先天圖之所以變爲後天圖也朱震曰聖人設卦本以觀象自伏羲至于文王一也史記周本紀謂西伯囚羑里益易之八卦漢書列傳謂西伯拘而演周易此宋學所以有文王後天圖之說也今依其先天後天交變必經之象而述之則泰否姤復之誼可得而詳焉

第九章　泰否爲先天後天交變之徵

禮記經解篇曰絜靜精微易之教也故孔子贊易自道而有假我數年五十以學易可以無大過之歎在易繫辭傳亦云繼之者善成之者性此易教之所以明于天之道而察于民之故繹之者能使人懲忿窒慾寡過日新而進德以修業也易之爲道窮則變變則通通則久易之爲教在革去故而鼎取新故曰大人虎變小人革面革而當時則順乎天而應乎人其義可思矣中庸篇曰其人存則其政舉其人亡則其政息人道敏政地道敏樹氣運之轉變全繫乎日新之盛德以感化也是以反覆其道七日來復自天祐之吉無不利矣在泰之彖傳曰泰小往大來吉亨則是天

地交而萬物通也。上下交而其志同也。內陽而外陰。內健而外順。內君子而外小人。君子道長、小人道消也。其在否之彖傳曰、否之匪人、不利君子貞、大來小往。則是天地不交而萬物不通也。上下不交而天下無邦也。內陰而外陽。內柔而外剛。內小人而外君子。小人道長、君子道消也。其象傳曰、天地不交否。君子以儉德避難、不可榮以祿。即所謂邦無道、富且貴焉恥也之旨乎。按易之于小人、更別有稱匪人者。比之匪人、黨小人之匪人也。否之匪人、害君子之匪人也。無論爲黨小人、爲害君子、其擾亂治安、阻碍和平、則一也。是故揚于王庭、以剛決柔而去之、孚號有厲、其危乃光也。來知德曰、從來君子雖多、小人用事、其象爲陰、小人雖多、君子用事、其象爲陽、蓋小人爲君子所制則治、而君子爲小人所制則亂。故泰卦不曰有君子無小人、而曰內君子外小人、謂處之得其道、用之得其宜、雖有小人、亦烏足爲害哉。

第十章　姤復爲先天後天交變之樞

夫初六履霜垂戒至深、馴致其道、必至堅冰。故女不可壯、陰不可長。君子防漸杜微、遏滔天之浪于涓涓之始、其惟于姤之初爻三注意乎。姤之一陰雖尚微、然能消陽而至于剝、卒變陽而成純坤。姤卦與復旁通、即對錯之卦也。復陽之至微者也。然動而以順行、則利有攸往。陽息而歸于夬終決柔而成純乾所謂多一小人則少一君子而多一吉人則少一凶人其姤復之謂乎在一國然在一家然即在一身理亦同然聖人有言勿以善小而勿爲勿以惡小而爲之河海始于泉流積小可以成大善不積不足以成名惡不積不足以滅身積善之家必有餘慶積不善之家必有餘殃過涉滅頂剝廬無國非一朝一夕之故其所由來者漸矣由辨之不早辨也復小而辨于物則辨之早矣故曰君子知微知彰其唯內文明而外柔順之聖人有以知之乎此先天之所以不得不變而乾坤之所以不得不交也在先天之時雖爲姤剝之象當交變之頃則轉復夬之兆剝而爲復姤而爲夬非初也碩果僅存而今也剛長利往乎非初也柔道來牽而今也剛決去柔乎至後天之時而否反爲泰則拔茅連茹有敎無類丕變之風被于上下所謂禹稱善人而不善人遠者此也是故危者使平亂者使治其道甚大百物所資懼以終始其要無咎此之謂易之道也

易有太極是生兩儀篇一

第一章　述宋易之說

昔者孔子贊易而作繫辭傳曰易有太極是生兩儀從來解此章旨者有漢易宋易之不同其爭端之點則漢易學者以此爲揲蓍之法而宋易學者以此爲畫卦之象邵康節曰太極無爲之本

也太極生兩儀兩儀天地之祖也太極分而爲二先得一爲一復得一爲二一二爲兩儀朱子本義曰一每生二自然之理也易者陰陽之變太極者其理也兩儀者始爲一畫以分陰陽徐在漢曰同一乾坤也以其一神則謂之太極以其兩化則謂之兩儀鄭維嶽曰繫辭傳中乾坤多指奇耦二畫言三畫六畫皆此二畫之所生而坤又乾之所生乾者一而已一者太極也此卽周易精義所謂無畫之易在太極先有畫之易自兩儀始是也宋易之說如是至清李惇羣經識小云易有太極是生兩儀所謂由一生二也易之太極所謂以一畫開天而其下變動皆自此生雖不信宋易之加一倍法亦用畫卦之誼也若漢易之說則異是

第二章　述漢易之說

乾鑿度託孔子之說云易始於太極太極分而爲二故生天地鄭康成注乾鑿度太極云气象未分之時天地之所始也其注繫辭傳太極云極中之道淳和未分之道也兩儀天地也此空言道之未分以加於未有天地之前有如韓康伯所謂有必始於无故太極生兩儀也太極者无稱之稱不可得而名取有之所極況之太極者也由此可知周子無極而太極太極本無極之說實出於此呂氏春秋大樂篇曰太一出兩儀又曰萬物所出造於太一化於陰陽禮記禮運篇曰禮必

本於太一、分而爲兩儀。虞翻易義曰、太極太一也。分爲天地、故生兩儀。此本禮運以爲說也。然謂兩儀爲乾坤云云、是又依附乾鑿度說、而屬入納甲、摘八卦之二以爲兩儀矣。孔穎達易正義曰、天地未分以前、元氣混而爲一。即太一也。周易述疏曰、太一者、極大曰太、未分曰一。太極者、極中也。未分曰一、故謂之太一。未發爲中、故謂之太極。蓋漢以前之說、太極與太一相並稱焉。故阮元揅經室集曰、太極即太一、太一即北辰、北辰即北極。四時本乎天地、天地本乎太極云。天地共以北極爲樞、天之所轉、地之所繫、其爲極心之中同也。馬融曰、易有太極、謂北辰也。太極生兩儀、兩儀生日月云云。即鄭康成乾鑿度註所謂、太一爲北辰之神名也。居其所曰太一、主氣之神也。夫太極既是太一、自是北辰。又曰、北辰居中不動、其餘四十九轉運而用。此蓋取京房注大衍之數所云其一不用者、天之主氣、將欲以虛來實、故用四十九之旨、而增出日月等義、是改京房、未合。之數以湊成大衍之用耳。於是唐崔憬撰探元、乃曰、四十九數合而未分、是象太極、分爲二以象兩儀。然既以四十九爲太極矣、又以五十莖捨一著不用者、象太極虛中不用、支吾遷就、亦莫能定。宋朱震漢上易傳合崔憬之說、與劉禹錫辨易九六論以解易、以四十九未分爲太極、而以大小陰陽之卦爲陰陽焉。又與邵康節先天之說頗似、僅以奇耦異誼耳。清惠棟周易述曰、太極大一也。分爲天地、故生兩儀。儀、匹也。陰陽氣交、人生其中、三才具焉。疏引乾鑿度曰、易始於一、分于二、通于三。鄭氏謂陰陽交、人生其中、故爲三才。太極函三爲一、相並俱生、故太極生兩儀、三才具焉。踐形按、劉歆三統曆曰、太極元氣、函三爲一。極、中也。元、始也。阮藉通老論曰、道者、法自然而爲化。易謂之太極、春秋謂之元、老子謂之道。故云云耳。惠棟易微言又曰、一、在易爲太極焉。毛奇齡仲氏易曰、未揲之先、合五十之數、聚而不分、有大中之道焉。說文、極、中屋。極謂之中、言不分於一陽也。崔憬之捨一蓍爲太極是也。而於是分之爲二、以象兩、則是太極生兩儀也。李氏易解云、祗四十九數而未分爲太極、分之爲陰陽是也。姚配中姚氏易曰、元也、大衍所減之一、爲四十九之主者也。鄭則言其用、即四十九是也。故崔憬云、四十九數合而未分、是象太極也。今分爲二以象兩儀矣。說蓋本鄭。分言之則有萬、合言之不過一。四十九、一之積數耳。一象太極、太極无所不通、而其神至精。四十九則太極流行之氣、无所不生者也。以上、皆仍漢易之傳說者焉。

第三章　述清易之說

有清學者、雖標漢易之名、實則各紓心得、別開清易一派。故其說不必盡同漢易耳。王夫之周易稗疏云、太極即兩儀、生者、於上發生也。如人面上生耳目口鼻、自然該具、分而言之、謂之生耳。故讀易者以不用先天圖說爲正，以其雜用京房、魏伯陽、呂巖、陳搏之說也。其說甚圓，然非淸易之中堅也。惟焦循、端木國瑚輩，始足當之。焦循易通釋曰：易謂變而通之也。太極猶言大中也。民雖不知變而通之，皆有大中之道。謂旁通而二五先交，是即有孚失是之是。旁通而大中，則有孚而不失是矣。儀，宜也。即其羽可用爲儀之儀。得大中，或以初四下應之爲儀，或以三上上應之爲儀。宜下成家人、屯，則不宜上；宜上成蹇、革，則不宜下。踐形寢饋於此數年矣，別有圖表證明其說，然覺太極兩儀之旨，不如是瑣碎也。瑞木國瑚述周易指一書，開宗明義，首標易是之旨，而謂易乾圜象，日月周之。極爲棟，上極南至，下極北至。日正爲是，始下正北方，正而上直，日從『丨』中分兩列，一至而二分，乾坤成列，而易立乎其中矣。乾幹立極，從坤乙兩儀所自出，陰陽始天一地二，天地漸而四而八，可用爲儀。極『一』陰陽分，天地設位，而易行乎其中矣。杭辛齋先生謂其文奥衍，似故爲艱深，不令人解者，特[illegible]其意曰：乾初爻之文言曰不見是而無悶，未濟上九之象曰有孚失是，此兩是字何故爲三百八十四爻之初終，爲全易之首尾，蓋即是生兩儀之是。於文日正爲是，立表日中，則天地定位，東西分焉。東爲陽儀，則西爲陰儀，故曰是生兩儀。乾初一爻於十二辰爲子，潛伏坎子之下，故曰潛龍。未濟上爻爲離午，日中立表，子午正，則影不見，故乾初曰不見是、而未濟上曰失是其初難知、其上易知。此全易首尾續終以是之義即是生兩儀之是云。按日光綫正射自屬無影。然南北半球、偏而斜對、無影之淨實非易有耳。焦與端木說字說義、全書條例一貫。此正唯清易之特技也。明來知德爲由宋渡漢之介、引而開清易之先聲者也。謂儀雖兩分、還是一個云。黃黑若先生得其旨、以六十四卦全圖爲一太極、用遞變疊變兩法、依本卦本爻陰陽而順逆數之、初爻得全圖之半、爲兩儀、乃至上爻變得定象爲六十四卦、六十四數太極也、六十四卦即一卦也、一卦一太極也。此易有太極是生兩儀之又一說也。

第四章　分釋各字之誼

夫易函三義、首在易簡、太極之理、本無費解故也。亦曰不易、常體之道也。亦曰變易、流行之用也。變易又兼五義、曰變易、謂陽變陰、陰變陽也。曰交易、謂陰交乎陽、陽交乎陰也。曰反易、謂相其順逆、審其向背而反見之。曰對易、謂比其陰陽、挈其剛柔而對易之。曰移易、謂審其分聚、計其往來而推移而上下之。易有之易、漢宋以來、雖有殊說、而以爲變易、則一也。至端木國瑚則以易爲乾圜之象焉。如前所述太極之義、漢易諸家尤各異其說。總漢宋殊解、則有爲大一、爲大中、爲元氣、爲中道、爲一神、爲立棟、爲北辰、爲無稱之稱、爲無爲之本、爲自然之理、爲未有之前、爲未分之一、爲未發之中、爲渾沌之狀、爲完全之體、爲全圖、爲初畫、爲五十蓍之捨一不用、爲四十九數之未分、爲兩儀之義、爲陰陽之性、爲奇耦之畫、爲乾坤之體、爲天地之本、爲日月之象、爲分二之數、爲初變之誼、生字之義、爲加倍、爲剖分、如分畫之奇耦、分畫之左右、分氣之陰陽等義、爲上疊、爲發出、爲表現、儀字之義、有象也、匹也、宜也之說、惟是字歷來作爲承接詞、或指示詞、從無有注意及之者。獨至端木國瑚則謂日正爲是、始下正北方、正而上、直日以六書解字、以表影釋義、於易象易理上、遂別開一新生面矣。夫是生之理、簡明易知也、何必故爲辭費哉。且兩儀無時不具、故太極無時不存、若陰陽顯現、必待臬晷之設、則太極有時而無矣。踐形年少、於易精微、曾未窺見、不知漢宋、何論清易、惟本繫辭易簡之旨、以玩太極藏體之趣、則素願也。

易有太極是生兩儀篇二

第一章　陰陽兩儀之本誼

易之爲書、最重陰陽、所謂陰陽之義、所謂一陰一陽之謂道、言象、言氣、言理、言數、莫非爲陰陽、舉也。而考其確指爲陰陽者、究何屬、將薈萃古來易學專家於一堂、而莫之能正也。許君說文解字阜部曰、陰、闇也、水之南、山之北也、從阜侌聲、陽、高明也、從阜昜聲、陰訓闇、故陽訓高明、陰陽相反。

之誼也。陰既言水之南、山之北、陽當言水之北、山之南、而不言者、互辭可錯見也、水經註、引伏虔曰、水南曰陰、公羊桓公十六年傳註曰、山北曰陰、穀梁傳曰、水北爲陽、山南爲陽、其註曰、日之所照曰陽、皆是也、夫山之北、何故爲陰、而其南何故爲陽耶、則日光所照與不照爲之、山峯巉然屹立、而日行黃道、向南則光面、向北則光背也、然水之南、又何以爲陰、其北又何以爲陽、而與山之方位相反耶、則山以水爲界、水以山爲限、兩山之間、必裹一水、兩水之間、必圍一山、水之南、即在山之北、故爲陰、水之北、即在山之南、故爲陽也、皆日之東升西沉、而南照也、是故毛氏傳曰、山東曰朝陽、山西曰夕陽、謂日光初出時、則照山之東、將入時、則照山之西、惟山南爲日光正照也、誼取於山、故從阜、而聲用侌昜者何耶、在雲部曰、霒覆日也、從雲今聲、侌古文霒省、案即從古文雲字之云耳、非省也、昜開也、從日一勿、一曰飛揚、一曰長也、一曰彊者衆貌、段玉裁曰、今人陰陽字小篆作霒昜、霒者雲覆日、昜者旗開見日、引伸爲兩儀字之用、今人作陰陽、乃其中之一端而已、蓋其論兩字之誼、則是、其論兩儀之用、則非也、其正餘字之俗、則可、其正陰陽兩字之俗、則未可也、雲覆日、雖與旗開見日相反而相成、然非陰陽兩儀之本誼、陰陽兩儀、自各有其本誼之字可用無事乎引伸之假借也、陰陽兩儀之本誼維何、即水南山北之陰、水北山南之陽、爲易象取材之本誼是也。

第二章　本質自具陰陽

本陰陽兩字之誼、而上推製字之初。或因山北不得陽光之照、疑陽於當山之蔽、猶陽於浮雲之蔽也。故取誼於雲覆日之霒、而合成陰字乎。然既爲陰矣。則必不復以雲之遮日爲象、而自以山之本質不照無光爲誼焉。是故謂之山之陰、而非雲之陰也。且所謂陰雲瀰漫者、謂人見雲之陰面布滿天空也。謂雲之陰面向地、而背日、故陽光不得照、是以命爲陰雲也。至雲之陽面向日而背地、則非人目所能見矣。故祇有稱陰雲、而決無稱陽雲者。正維此也。然則從雲今聲之霒字、其本誼且從雲之本質取背日無光之象。猶之陰字之本誼爲山陰之背日無光也。故從雲、正與從阜同。決非離雲而外、別有堪當陰象之物。即非以浮雲隔日、物不得受陽光、爲霒字之本誼矣。故雲號陰、物不號陰也。不第山與雲爲然。即樹陰屋陰、亦何莫不然。在樹之陰、在屋之陰者、物也。而謂陰、非謂物也。謂樹與屋也。謂物在樹與屋之陰面也。物固自有陰陽、不在樹與屋之遮不遮也。遮時物不稱陰、不遮時物不稱陽也。物遮物則稱影。故竹影在窗、人影在地云者、謂竹與人蔽其陽光、而窗與地當竹與人之陰面處、則陽光受隔、不及照到、致成闇虛之影。謂在窗在地、有竹與人之影、不謂其窗、與地、爲陰也。至雲之陰、人目所能睹者、在天蔽日、則稱陰雲。在地成影、則稱雲影。故以雲遮日光爲陰者、是陰在雲、非陰在物也。而易字之誼、則異是、取象於旗之飛揚、正撤除蔽障、雲開見日之意、雲覆則日不見、雲開則日可見、故会易二字、似具相對之理。陽字之從以爲聲者、蓋取陽光無遮、以方當山之得受其照耳、此即陽字自以山之本質得照有光爲誼、而非與雲之蔽不蔽有關也。故陰陽二字、同以山之本質受不受陽光爲取象之本誼、即一物而具異觀、一太極而分兩儀之旨也。

第三章　兩儀非分兩物

世以雲之蔽不蔽、喻光之到不到、謂物遮光爲陰、不遮爲有光、故光陰二字連舉、爲相對之名。則光陰自光、陰陽自陰陽、不相屬也。光謂當發光體之光處、而非稱物之陽也。陰謂當蔽光體之陰處、即物之影、而非稱物之陰也。其理可喻以月食、月體無光、受日之光以爲光、日體雖巨、而光之能及者、祇得其半、此即易有太極、是生兩儀之旨、月體向日之半面、固受光而爲陽、其背日之半面、則無光而爲陰、月之本體、自有陰陽兩儀之可分、實即陰陽兩儀之本誼也。故參同納甲以喻太極全圖八卦之陰陽、實爲至允。而月食必在滿望、猶之日食必在晦朔也。月食者、地形蔽日之光、投影於月體純陽之面、而成闇虛之象。此所謂影也、闇虛也、而與月體之陰陽兩儀無關。於此可證明陰陽之本誼、在此不在彼、在向不在蔽也。如謂陰陽之取誼由於陽光之受蔽不受蔽、而致物體之受照不受照、則其樞紐全在中間有無障隔之物。而物體與陽光之間、受隔不受隔、即爲陰陽兩象之標準。於是雲開則物體得照、雲蔽則物體不照。日光與物體皆無直接關係、而在雲之開蔽以主之矣。然則所謂陰陽者、非由物體也、非由日光也、而由雲也、亦非由雲也、由蔽不蔽開不開也。當雲之蔽也、則陰固由雲、及雲之開也、則陽非由雲矣。陽非由雲、將何由。夫稱日爲太陽、則陰雖不由日、而陽仍由日也。陰由雲而陽非由雲、陽由日而陰非由日、則將分日爲致陽之物、而雲爲致陰之物矣。致陽者受日照而爲陽、致陰者受雲蔽而爲陰、直且誤謂日即是陽、雲即是陰。陽是一物、陰又是一物。試問何物是太極、豈不謬哉。況陰陽既非一體、兩儀必分兩物、而太極之生兩儀、即太極之生兩物矣。而所謂一物一太極、物物一太極者、其誼何居。不將剖分太極而離爲陰陽兩半耶。不將因日爲陽、因雲爲陰、而物體竟無陰陽之可象耶。夫一物一太極、則一物即有陰陽矣。物物一太極、則物物各有陰陽矣。若陰陽不能完備、陰陽不能自具、而維聽命於中間物之隔與不隔、以爲或陰或陽之徵、則陰陽在隔而非在物矣。陰陽主彼而非主我矣。

直且謂物無陰陽、即無太極矣。

第四章　表裏兩面即陰陽兩儀

夫太極兩儀之理、以近取譬、如此其簡明易知也。故所謂太極者、祇是未分兩儀時之一物、即所謂兩儀者、仍是此太極一物、不過此時已生分別之相、而以我所能見者一面謂陽、他面所未曾見者爲陰、如此而已。而其所見者、仍有直觀斜觀正視側視之異、即有全見偏見淸景澀景之分。蓋日光正對、則物體淸晰、是爲太陽。日光斜對、則物體偏頗、是爲少陽。凡稱陽者、皆在表面也。而稱陰者、必在裏面。其與太陽相反而正對之面、目光最暗、視線最不可見、爲太陰。其與少陽相反而正對之面、爲少陰。雖亦未接光線、而介於少陽太陰之間、苟光線畧有轉移、則少陰必先受其光線、而漸轉成少陽。故少陰與少陽、其間相去一瞬耳。此四象之所由兩儀生也。更細分之、則八卦之情狀具。其在表面而受光之正者、乾之純陽也。輔其兩旁者、巽兌之陽多而陰少也。其在裏面、地處最暗、而正對純陽者、則坤之純陰也。輔其兩旁畧暗、而正對巽兌之陽多陰少者、則震艮之陽少而陰多也。至離坎介乎陽表陰裏之交、故陽中有陰、陰中有陽也。此先天八卦之象也。至後天八卦之離坎、所以代先天八卦之乾坤者、爲離明向南、著其陽在表面之誼、故曰麗也。坎幽潛北、著其陰裏裏面之誼、故曰陷也。於此以証兩儀爲陽表陰裏之象、尤覺明顯清切。即太極是生之趣、可無煩辭費、而無不曉喻矣。誠研究易理者所不可不詳審也。夫易理之不明於世也既久。太極兩儀之說、一誤於漢易之穿鑿、再誤於宋易之安排、以迄有清、卒未能是正、豈知簡明易知之理、不容穿鑿、無待安排、矢口即是、命名方正。所謂陰陽者、表裏相對之誼、萬有自然之理、並非虛無玄妙之想也。自易學家好鶩高奇、故爲衒耀、而後陰陽之義之謂道、遂出乎尋常日用範圍之外、一若非人智思慮所能及者。於是竟有欲改山南、山北從阜之陰陽、而爲覆日、開日、本無偏旁之侌昜、夫豈陰陽之本誼哉。蓋未明易有太極是生兩儀之旨、訛以傳訛、至於此極耳。故特於揣著易象一貫、備述其理。學者苟於易象之趣、玩索而有得焉、則陰陽兩儀之本誼、自能豁然而無餘疑矣。陰陽之本誼既得、則陰陽二字之從阜、去阜、亦無待於討論矣。

易有太極是生兩儀篇三（癸亥春分在靈學會講凡七章）

第一章　陰陽爲兩儀之異觀

易繫辭傳稱易有太極是生兩儀、以著陰陽表裏之誼。近世言哲學者、有以一元兩面之說、比擬太極兩儀之理。謂一元似太極之唯獨、二面似兩儀之異觀、謂之爲似則可矣、而究非其誼也。蓋一元已有二元或多元爲對待、而太極則本來絕對也。二面雖兼呈形神之異觀、而非含融形神之妙諦也。兩儀者、對待之名。纔說有陽時、即已有陰。纔說有陰時、即已有陽。非有陽不可見其爲陰、非有陰安能知其爲陽哉。漢易學者、以乾元統天、麗陽分陰爲扶抑之旨、雖於親遠懲勸間、有得治易之趣、而非兩儀之全體大用也。所謂過剛則折、過柔則屈、陰陽本來平等、在能各有所適、以得其宜耳。豈可意存軒輊於其間哉。孔子曰、智者見之謂之智、仁者見之謂之仁、百姓日用而不知、習焉而不察。是以與化爲一、各呈異觀、非物景之無故改度、實情感之有時變常耳。所謂景隨情遷、由觀者一瞬間之機會有不同也。試設喩以明之。

有鑑於此、而二人臨焉。其一人也妍、則鑑中所見之影也亦妍。其又一人也媸、則鑑中所見之影也亦媸。影之妍媸時變、而鑑之爲鑑、未嘗須臾改度以遷就也。人自妍耳、人自媸耳、與鑑乎何有。妍者自見其妍、媸者自見其媸、於鑑之受影乎何有。即旁人見者亦然。適値妍者之臨也、則所見者妍、或値媸者之臨也、則所見者媸。妍媸者、影也、非鑑也。影有妍媸、鑑無妍媸、不能執影之暫有妍媸、以計鑑之實有妍媸也。此景隨情遷、倏呈異觀之喩也。然猶異觀之在異物、而投影於現景者、更就在同一物體者言之。

夫物體之存在、每以位置有直斜正側背面之異、故其臨鑑也、鑑中成影、必不一例、使有二人於此立於非同一地位、各就其所見得者而錄之、錄之時不相謀也、錄竟互易而覽焉、則二人者各是其所是、各非其所非、不相合也、此猶屬於二人也、卽由同一人觀之、所處之地位異、則所見之情狀亦異矣、徵以攝影之方、概可想見、此猶有待於鑑也、卽直觀一物、其爲物也同、而其所見也未必全同、或者疑吾言乎、不妨實地以徵驗之。

第二章　瓜分黑白兩半喻陰陽兩儀

諸君欲觀陰陽兩儀之實驗耶、可卽此陳列之西瓜以証明之。（此時講檯之左、几上適陳有西瓜一枚、盛於高脚盤中、踐形逕趨至几旁、取瓜在手、高擎以遍視大衆）夫此西瓜、產自安南、乃由林君志鴻攜歸中浦、饋獻來茲、適在今日此刻送到、以仲春節令而有此偌大西瓜、實爲難得、用作演講材料、堪稱雙絕、合璧洵罕有之奇遇、希世之盛典也、（會場形式凡聽講者之座位、悉聯排成圜形、以講檯爲中心、各排座位爲同心各圜之周、使光線與聲浪有充足適宜之度、踐形手擎瓜盤、徇視一周後、卽安置於講案之正中、而以白粉塗西瓜向前之半面、以黑墨染其向後之半面）諸君試各就本人座位、以觀此西瓜、余決知諸君所見西瓜之狀、必非同一、何也、西瓜之半面既塗以白粉、而餘之半面則染以黑墨、成爲半面互異之色。故觀者正對其所塗之處、則見爲全白、而偏對則見白之外、尚見黑處。漸偏則白漸減而黑漸增、至旁對則見白與黑各半矣。如是、愈偏則白愈減少、而黑愈增多矣。若以西瓜轉旋之、使白處向內、黑處向外、則諸君今所見者、適與前所見者互反。何也、所可見者、在向外之表面、不在向內之裏面。表黑而裏白、故前見白者、今見其黑、前見白多黑少者、今見黑多白少。前見白與黑各半者、雖今所見亦白與黑各半、而白與黑之地位則互易。即前見爲白處者、今反見爲黑處、而前見爲黑處者、今反見爲白處也。此何謂乎、即性情之表示也。夫仁義之性、剛柔之辨也。公私之情、陰陽之別也。如以白處表示陽剛、必以黑處表示陰柔。人有優柔而寡斷者、偏於仁也。又有剛愎而狠戾者、偏於義也。猶之祗見其半面爲純白、或純黑也。書不云乎、沈潛剛克、高明柔克。傳不云乎、寬以濟猛、猛以濟寬。語云五味一之、其誰能食。調羹之能、水火劑平其白與黑之兼顧者乎。其於公私之際也亦然。向明則尚公、投暗則主私。公之至則循乎天理、私之極必徇於人欲矣。天理之公、猶瓜之純白處也。人欲之私、猶瓜之染黑處也。獨見其白、故心潔淨而無瑕。僅見其黑、故心鄙陋而多尤。苟權衡乎公私之輕重、則調和乎白黑之間、而無偏頗矣。此性情之正者也。

第三章　瓜臍瓜蒂喻兩極習染之偏反

嘗謂個人稟質。無不各有所偏。至於純粹之資、中和之質、蓋非至聖不能具也。故四科十哲、僅具聖人之一體。所謂天命之初雖未嘗不同、而氣稟之賦則或不能齊。此西方哲學所以有浮性熱性鬱性冷性四質之分、而劉邵人物志有木德、金德、水德、火德、土德五質之辨也。易曰、其初難知、其上易知。人之初生、氣質雖不齊、一而天性本來皆善。及受四圍環境之感染、朝於斯、夕於斯、而潛移默化、轉變於不覺。習焉而不察、於是習非成是、習與性成、遂有第二天性之名、與實相符、與初相違。所謂性相近、習相遠是也。試即以此西瓜喻之、性相近者、瓜臍與瓜蒂不離一瓜也。習相遠者、瓜臍與瓜蒂彼此偏着一面也。今假定瓜臍與瓜蒂爲特殊個性之兩極、或表示感情之聯異、則觀此瓜者諸君、能見瓜臍者、決不能復見瓜蒂、能見瓜蒂者、決不能復見瓜臍、何者、人之目光祇能及瓜體之半。故見其一面、不能更見反對之又一面也。故人之習性、每依偏面爲着處、着臍者、永以臍爲依、着蒂者、永以蒂爲依、安焉若素、而忘其全。執其所着以爲歸宿、至於所餘相反之又一面、則障而未窺、隱而未見。人即以實狀告之、深疑不信、詫爲虛妄、蓋心中以爲無是也。故曰、朝菌不知晦朔。蟪蛄不知春秋。偏於知也。此及於身者則知之。逹於時者則昧之。顯於表者則信之隱於裏者則疑之、坐井之窺、戴盆之望、將何以見夫大體之全哉。然而舉世宜之、習以爲當。然瓜臍瓜蒂、各執一是、已不能知其偏、他人更不能知其偏也。已不思求知其偏、他人更不必求知其偏也、而習性之違、終古難正矣。惟有攬宇宙之鑑、徹表裏之障、依乎中庸、造於一貫、庶幾可以和其中而濟其偏、則全體大用既得、而表裏精粗、自無不備矣。

第四章　瓜兼表裏喻善惡同具一心

夫人當心意之平、一太極也。或潛於無識之下、或顯乎有識之上。凡喜怒哀懼愛惡之情、無時不具、而刹那轉現、出入夫識域之上下。顯在表、則人皆得而見之。潛在裏、則惟愼獨之君子、嚴十手十目之指示者、始得覺其有存也。其發而皆中節也、謂之和、卽謂之善。其發而或失當也、謂之乖、即謂之惡。夫善惡者、性情和乖之名也。非截然異處之相所得有也。乃世俗昧焉不察、以爲善惡之行、必判若兩人、謬矣。聖人不云乎、以言取人、失之宰予、以貌取人、失之子羽。是故智者千慮、必有一失、愚者千慮、必有一得。賢不肖之分、夫豈天定劃然、亦每事適逢其機耳。故曰不見可欲、其心不亂、則見可欲、安知其心不亂哉。見不見者、偶然之機也。亂不亂者、作爲之事也。不得其機、不幹其事者、人情囿於勢也、非天性不爲也。既得其機、必幹其事者、亦人情囿於勢也、非天性樂爲也。凡當然之理、固有之良、含靈之屬、所同具也。孟子謂聖人與人同類。又謂聖人先得我心之同然。夫豈特人類云爾。推而至於毛羽鱗介、莫非同此食色之性。更擴而充之。蕊胞磁電、亦未嘗不同此消息之靈也。佛說、一切衆生、悉具佛性。卽孟子所謂、人皆可以爲堯舜之旨。王陽明云滿街都是聖人。夫果何所見而云然。豈非深識良知良能、聖凡同具、匹夫匹婦與知與能之趣乎。或言聖人之異乎人也。舉傳曰、人非聖人、誰能無過。似常人不免有過、聖人可以無過矣。然論語記孔子曰、假我數年、五十以學易、可以無大過矣。大過且有小過可知。誰謂聖人獨無過乎。傳又曰、人孰無過、改之爲貴。又曰過而能改、善莫大焉。是則貴爲聖人者、非以其無過、以其善補過也。故顏子之不貳過、而孔子歎其賢。所謂觀過斯知仁矣。夫是故依孔子所說、則聖人且有過焉。依莊子所說、則盜跖亦有道焉。善惡之分、夫豈天定截然、亦未嘗易地以觀耳。困而學之、及其知之、一也。勉強而行之、及其成功、一也。是人皆可以爲堯舜也。先進引後進、先覺覺後覺、先聖俟後聖、其揆一也。夫聖人豈不能爲盜跖之行哉。實能爲之、而能不爲耳。能爲者、聖人之全能。能不爲者、聖人之成能。惟狂克念作聖。惟聖罔念作狂。聖狂卽是一人、善惡卽是一心。猶之陰陽卽是一道、兩儀卽是一太極也。然何以有吉人凶人之辨、善積惡積之徵。則同出而殊途、分途以異觀耳。今命瓜之白處爲和爲善其黑處爲乖爲惡凡可見者皆表而出之也故以陽之白處向外則人見其善行所謂善人也善之能至純者爲聖人若以陰之黑處向外則人見其凶德所謂凶人也凶之能悔改者爲吉人善惡雖同具一心而或表或裏則君子小人異其稱矣是故閑邪存其誠正己以律身誠正之士可不於陰陽表裏三致意乎

第五章　變化氣質爲瓜旋善惡兩途

陰陽表裏之誼相反而相成也可就優生學之說以明之夫萬物之生同此一細胞而以取舍之不同人禽於以分男女於以別性情於以殊此即或得乎陽之剛或得乎陰之柔而當其未成之先固兼具有之也其所致異者得其半遺其半也得者表之顯也遺者裏之隱也遺傳之得不得即兩儀之見不見也有所謂隔代遺傳焉即一代隱而一代顯也隱之時藏於裏也顯之時現於表也無可顯之機雖不顯而隱而其有可顯之能則終古未嘗斷絕弱者受制於強劣者被擯於優小人丕變爲君子謂陰儀已轉爲陽儀則可謂陰儀從此滅絕則未可何者乾坤有毀則天地幾息陰陽均不能偏廢也所謂天行常健所謂至誠無息豈特十月純坤而稱陽已哉亦謂無敵國外患者其國恒亡也是故無君子無以治小人無小人無以養君子小人雖多而君子用事則

治、陽儀爲主也、君子雖多而小人用事則亂、陰儀爲主也、故有主陽主陰之效、而無廢陽廢陰之理。即如佛教禪宗之說曰、死却無量劫來苟且心死者、埋而藏之於隱也、得劇強之壓制、永不予以表出再現之機、謂之死也。宋儒所謂變化氣質者、氣質何能變化哉。陰變爲陽、即惡變爲善也。陽感化、陰即善感化惡也。我今以隻手轉旋西瓜、使黑者變化爲白、變化即轉旋之功也。即以化學論之、宇宙間所有之原質、未嘗增損也。而分析化合、萬變無常、合則方以類聚、析則物以羣分。聚則顯諸有、散則藏於密。顯諸有者、化得之質、衆所共知。藏於密者、消爲烏有、仍還太虛、以法取之復得、故非不存在也。夫如是、善惡甯有偏存哉。不過弗得可顯之機、則雖非不存在、而竟等效於零。昔賢以舊染之汙、蒙塵於鏡爲喻、而謂本體之明、有未嘗息者。夫豈特本體之明未嘗息哉。舊汙何曾染、鏡塵何曾蒙耶。陰儀爲主、而陽爲賓耳。使苟具旋乾轉坤之能、不將撥陰儀之亂、而反之陽儀之正、在一反手之間耳。佛氏之言曰、放下屠刀、立地成佛、何其易也。使未知陰陽之互根、動靜之倚伏、則屠刀雖放、宿孽猶存、月攘一雞、以待來年矣、又安能立地頓超、以証道耶。願世之失足而自墮沈淪者、迅[illegible]悔悟、力自振拔、則回頭是道、覺岸可登。其在易之復卦、周公繫爻之辭曰、不遠復、无祇悔、元吉。孔子繫象之傳曰、不遠之復、以修身也。可知陰陽兩儀、善惡對待具足。

萬物備我。萬化生心。求則得之。舍則失之。道不遠人、人自遠道耳。樞機在手、故曰復見天地之心。毫髮一間、故曰復小而辨於物。善惡兩途、要在辨之於早。勿使惡習浸膚、滋蔓難圖。故修身之道。旨在去惡務盡。芟夷蘊崇之、絕其根本、勿使能殖、則善者信矣。捷似鷹眼、斷以決心、有若快刀之斬亂痲。斯春園之草。可以日增其長矣。

第六章　探道家佛家說証瓜旋陰陽之變化

嘗欲考道家學說、而博求之於道藏全書。覽其載輯、雖詭異百出、雜純兼收。然仙家修養之法、丹家還返之方、凡所以修性了命、登假至道者、大體畢具於此矣。其間旁外甚衆、而正道唯一。丹經所謂唯此一是實、餘二即非眞。又謂得其一、萬事畢。修道之士、可以辨矣。易學家或謂日月相承、成易字。小學家或謂日月相並、成明字。而丹家又謂日月相合、成丹字。誼之是否姑勿論。然可以識丹道之秘、一本太極兩儀之旨、以丹字方易字、而喻太極也。來知德太極圖繫弄圓歌曰、我有一丸、黑白相和。雖似兩分、還是一個。來氏之丸、即仙家之丹。所謂圓陀陀、光爍爍者、此物也。黑白相和、即日月互合、是陰陽兩儀、同具一太極中。理欲兩關、兼存一心田內。而操縱權衡在人、不復在天。在己。不復在人。祇善自擇焉也可。道家又有軒轅神鼎九轉之方、喻常人之心爲全黑、漸轉則黑轉減、而補以白。愈轉、則黑愈減少、而白愈增多。轉至第九次爲末轉、則純黑之心、已成純白。佛家所謂白淨識者是也。以此半白、半黑、之西瓜、徵之、必易於會悟矣。蓋常人之心、既爲嗜欲所牽、而天理漸隱。尤甚者、至全傾嗜欲、而成純黑之儀。則天理已汨沒矣。眞如體性、已受無明業識熏習矣。本覺已爲不覺矣。然眞如體性不可斷、而無明業識必有終。刹那還熏、而無明即轉眞如。不覺還歸復覺。眞如與無明不二。若非無明、誰轉眞如。立異執障、無有是處也。是故無明無始而有終。復覺有始而無終。合而言之。實即眞如之無始無終也。而知眞始之無始無終、即知天德之不可爲首。天行之自强不息。知無明之有終、即知地道之无成而代有終。知復覺之有始、即知屯爲剛柔始交而利建侯矣。此六十四卦、自然之法象也。拙著易學叢書已詳明其理、茲不復贅。然於此可以徵知天理雖汨沒、而未嘗或亡。如西瓜初轉、則黑漸減、再轉則黑再減。至末轉而黑者不可得矣。即嗜欲之習已革盡矣。所謂小人革面是也。面何以革耶。知面字之誼與革字之誼、則知之面者、貌之表也。即瓜之黑白兩儀也。革之爲言更也、更其舊以來其新也。小人之革、即君子之變。革小人之面、以變君子之儀。革人欲之私、以反天理之正。是之謂變化氣質也。

第七章　月有晦朔弦望証瓜旋陰陽表裏之動象

以上所說、是置西瓜於一定地位、而旋轉之、以表現兩儀之方、謂之定象。然易之爲道、變動不居、周流無息、試以此西瓜循此講案而環行、則可得各種異觀、謂之動象。（此時置一燈於講案中心、使光線射向西瓜上、以手持盤瓜、循講案之緣而環行。）如置一燈於講案中心、則燈之光線向外放射、而西瓜之向燈一面、必受燈光之照射爲明、其向外背光之又一面、因不得光照、爲暗。如此、以西瓜之白處、爲向光之明、黑處爲背光之暗、而依方位、定桌之前面向諸君者爲南、上首爲東、下首爲西、所餘向後之面、爲北。現在西瓜正置前面南位、坐位正對講案之諸君、必見爲黑暗。猶之月在晦朔時也。而兩邊坐位旁對之諸君、必見瓜面爲白黑各半。但所見適相反、即坐上首者、則見瓜面對己身之右半面爲黑、左半面爲白。而坐下首者、則見瓜面對己身之右半面爲白、左半面爲黑。其狀既如前述矣、今使循講案之緣而環行、自南向西、順轉瓜、雖移至西位、其受光之白處、必向燈、背光之黑處、必向外、則與前同。無論移至北位東位、均如此、一例不變也。於是正對坐者、必見瓜面爲白黑各半、即對己身之右半面爲白、左半面爲黑。即上首半面爲白、下首半面爲黑、猶之月在上弦時也。而上首坐者、祇見其白、下首坐者、祇見其黑矣。更移至北位、則正對坐者、又見爲全白矣。猶之月在滿望時也。此時兩旁坐者、又見瓜面爲白黑各半。但所見適與前、次、相、反、即坐上首者、則見瓜面對己身之右半面爲黑、左半面爲白。而坐下首者、則見瓜面對己身之右半面爲白左半面爲黑矣。更移至東位、則正對坐者、又見瓜面爲白黑、各半。但對己身之右半面爲黑、左半面爲白、適與前見者、相反。即下首半面爲白而上首半面爲黑、猶之月、在下弦時也。而上首坐者、祗見其黑下首坐者、祗見其白、矣。復移還南位、則仍復原狀矣。如此周流不已。而日月之推、遷、以成、如以中心不動之燈爲日、則以圜周環行之瓜爲月、或爲地球也、均可。所謂天地宇宙一大太極也。信夫西瓜宇宙間一物也。陰陽兩儀之象、豈特取喻於西瓜爲然哉。即一切宇宙萬有之物無不可以是例之矣。

易有太極是生兩儀篇四

第一章　陰陽兩儀由物體有與交接時而生

近世言科學者專重實驗陰陽兩儀之說從來視作玄談有何可驗之資哉。而不知數之正負極之消積譬以磁電交以動植舉世所奉爲陰陽之象誼者皆別爲異性而非合爲異觀也。易曰陰陽之義配日月又曰懸象著明莫大乎日月日月者易象取誼之本旨也。易象何取誼乎日月也豈果以日爲陽月爲陰哉。蓋以日爲發光之體月爲受光之體分別言之則發者爲陽受者爲陰。

合一言之。則月體自具陰陽也。而月體之陰陽。實由日體之照射而得。故僅一月體。不能顯現陰陽之異觀。必藉日體爲交接。而後陰陽之異觀始具。夫豈獨月體爲然。凡物體莫不皆然。物皆具陰陽。而皆必待于有交接後。始顯。日光燈光目光。實爲物體交接之所資也。當物之未交接也。無分別相。即太極之渾淪象也。迨物之旣交接也。始有陰陽表裏之別。即兩儀之異觀時也。今試以一切圓形球體論之。當人與交接之時。則觀者目光。皆祇能偏見其半球之面。而不能得見其全球之面也。故同在一球之面。而有可見與不可見之異也。可見之半球。陽面也。不可見之半球。陰面也。陽面曰表。陰面曰裏。表裏亦對待之名也。又離去目光。而以日與燈之光論。光之射球面也。亦祇能及其半球之面。故有有光與無光之異。有光之半球。陽面也。無光之半球。陰面也。凡光線與視線之來。其線之外圍。無論較立體（兼包圓球體立方體而言）之周圍大或小或等。而線之射着者。祇能及體之半面。則一也。

第二章　依月體以証陰陽兩儀

陰陽之于球體。試更就納甲之說。以証明之。嘗謂清之漢易家。用納甲之說。竊取術數。兼採參同。似甚支離龐雜。然亦未嘗非喻陰陽之本誼。亦可名之謂漢易家之先天圖象也。先天圖象雖至宋而顯著、其前魏伯陽夙已用之爲參同契說、借周易八卦之象、以附會金丹爐鼎之理、其誣蠛易象之眞銓、雖重于罪戾、而於証信陰陽之本誼、啓引宋易先天圖象之捷徑、亦足以饒抵功過。獨惜後世治易專家、徒援此爲執障、未能藉以闡發兩儀之旨、不第埋沒其創作之苦心、抑亦未免令九原齒冷也、殆所謂人亡政息者非耶。是以其說愈盛、奉者愈衆、而其眞詮愈晦、古來有價値之學說、莫不如是、奚獨此也、夫維是納甲之原、取象于日月、易繫辭傳所謂懸象著明、莫大乎日月者、于此可以証之。月本無光、麗日之光而有光、然光之至也、祇能及其半面、月體有光之半雖明顯、其餘無光之半則晦隱、故月之全體、現爲半陰半陽、兩儀式之狀態。人自地上望月、目力所至、亦祇能及其半、而餘半不見、然於此即又有一問題生矣、月出光面與目之睹面、其爲同一面耶、其爲非一面耶、抑爲二者俱不然耶、將爲或然或不然耶、夫日之光線與目之視線、必不能在同一位置上、爲並行之方向、則光面與睹面、自不能得一致之吻合、而兩者之間、必自有其各異之中心矣、乃月之環行、逐漸遷變、其本身所在之位置、而屢示人以變換之體相、自哉生明以至入晦、其間盈虛消息、每日不同、此一月一周之晦朔弦望、所由來也。人目以一定之地位、觀測月體無定之遷變、而一月三十日陰歷以成、可就漢易宋易各家學說之有關參同納甲者、彙述而總述之自能了然于其間矣。

第三章　依參同納甲之理以証月體之自具陰陽

參同契曰、三日出爲爽、震庚受西方、言三日之夕、月見庚方、納震一陽之氣。即邵康節所謂震始交陰而陽生、蓋指乾與坤接、而震一陽生于下也。參同契曰、十六轉就緒、巽辛見平明、言十六日旦、月退辛方、納巽一陰之氣、即邵康節所謂巽始消陽而陰生、蓋指坤與乾交、而巽一陰生于下也。自震一陽進而納兌之二陽、至乾三陽而滿。兌納丁、乾納甲、此望前之候、明生魄死之月象也。自巽一陰退而納艮之二陰、至坤三陰而滅。艮納丙、坤納乙、此望後之候、魄生明死之月象也。此所謂納甲、雖出于參同契、虞翻說易、皆本于此、而與先天八卦方位之陰陽消長悉合。可見自漢以前、必有此說、魏伯陽得假之以明丹學耳。與火候屯蒙之序、同爲取資于易、非其所創造也。禮運曰、播五行于四時、和而後月生也。是故三五而盈、三五而闕、正合此意。播五行于四時、以一歲中四氣之流行言之、出震齊巽、後天之方位是也。三五而盈、三五而闕、以一月中月體之消長言之、乾南坤北、先天之方位是也。參同契曰、七八數十五、九六亦相當、四者合三十、陽氣索滅藏、此即懸象著明、莫大于日月之意也。

夫坎離、日月之精也。日貞乎東、月貞乎西、故列爲卯酉之門。由是而坎離二用、周流六虛、故位應中宮之土。晦夕朔旦、坎象流戊、日中則離、離象就己、月之三十日、日月交會、在卦純陰、爲坤象、越三日哉生明、始資日明而有光。即月之初三日、月朏而昏見、出于庚方。一陽初生、明自下出、由乾息坤、成震之象也。又越五日、資日而半明。即月之初八日、月上弦而昏見、現于丁方。二陽過半、明盛于下、由震再息、成兑之象也。又越七日、與日相對、資而全明。即月之十五日、月望而昏見、盈于甲上。三陽俱備、明滿全盛、由兑全息、體成純乾之象也。是爲陽息、日中則向昃、月盈則復虧、陽既極于上、而陰漸生于下矣。故越二日哉生魄、與日之望偏而陰魄始生。即月之十七日、月虧而晨見、退入于辛方。一陰復萌、魄生于下、由坤消乾、成巽之象也。又越六日、愈偏而半晦。即月之二十三日、月下弦而晨見、退消于丙方。二陰過半、魄盛于下、由巽再消、成艮之象也。又越六日有餘、復與日交會、而明全不資。即月之二十九日或三十日、月復晦而不見、退沒于乙下。三陰俱就、微明滅盡、由艮全消、體成純坤之象也。是爲陰消陽息、三卦由坤而震而兑而乾、陰消三卦由乾而巽而艮而坤。此六卦循環往復、即所謂六虛是也。而坎離二用、實周流之。故晦朔之間、日月藏于癸、合于壬、陰陽相通、以成坎離。坎壬離癸、兩相對照、爲日月合璧之機也。其圖象姑不論、即消息盈虛之理亦有確鑿可証八卦除坎離二用配日月外餘即消息盈虛之六虛矣故曰坎離二用周流六虛也其詳已見拙著易象一貫及易學叢書三十六種中茲不復贅惟以日之視線與日之光線不能必得平行方向而生光面與睹面上之各種差異遂令月體現相之感接視覺者有逐日之不同爲一月三十日之率此其大較也果細分之必不止此一時有一時之異乃至一刻一分一秒有一刻一分一秒之異其現相之變化豈不繁賾難數哉

第四章　特製巨骰以証立方體之六面

此上皆就圓體以立說耳更舉方體論之立方之體備有六面或光之照或目之睹祗能及其三面而不照不睹者亦有三面立方體之位置無論如何正側欹斜其照不照睹不睹者各居其半則一也最妙之証驗莫如用特製巨骰一顆以準六面立方體之模型而其六面亦各準骰子之式刻自一點以至六點以爲幖識上面爲六點取牙牌天牌之象天在上也下面爲一點取牙牌地牌之象地在下也五在後爲北土音長生寄旺于水鄉也二在前爲南火旺地也四在右爲西金旺地也三在左爲東木旺地也故六與一對天上地下之象其合數七也五與二對水北火南之象其合數亦七也四與三對金西木東之象其合數亦七也七也七也者蓍圓之數也來復之日也

亦即古圓徑之率也。宋祖冲之創圓徑法密率，用周二十二尺徑七尺爲法。以視古術徑一圍三之率，其精密多矣。即視淸定數理精蘊之徑一周三・一四一五九二六五者，亦所差微幾，允可爲圓徑古率中之最密者矣。故特製巨骰之法，取用此數，亦可爲正方之方邊五尺，方斜七尺之七。而自一順數二三四五迄六之六數，盈朒適當，配對巧合，洵奇觀也。更能將此諸數演爲各種奇妙不可思議之數理數象，別著于篇，茲不復贅。今依幾何測繪之理，圖其投影之狀于下。

巨骰六面投影畫圖

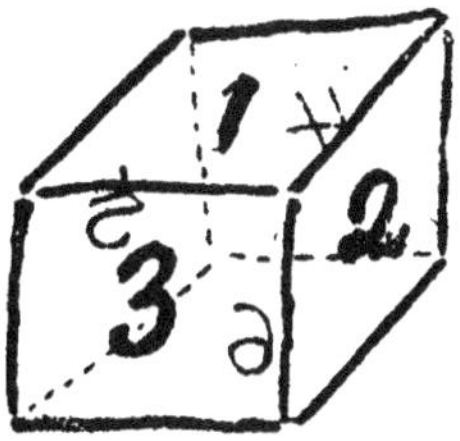

如上所圖，以六數自一順數二三四五迄六止，識巨骰之六面。則六與一對，以爲上天下地，二三四五以爲東南西北四方，而巨骰儼然一宇宙矣。其六面則不啻六合也。或以目睹，或以光照均可，及其三面而不能盡及其六面之全也。

第五章　立方體之六面自具陰陽兩儀

夫六面立方體之睹面與光面均以能及之三面爲表，爲陽，爲有象。以未及之三面爲裏，爲陰，爲无象。是以固可說有象之顯者爲完全，而不能說无象之藏者爲即無。何則无象實未即無，不過藏于裏爲陰，而未顯于表爲陽耳。面有六面，能及者祇半數之三。所謂三者，六面中之任何三面也。每因能及之三不限于誰何三面。于是所及之三面遂有種種之不同而成爲各式。試會各不同之式列爲簡表于下以明之。

六合兩儀聚數分組圖（十二內含四十八式）

上	左	右	下
6	5 4	2 3	1
6	3 5	4 2	1
6	2 3	5 4	1
6	4 2	3 5	1
5	6 4	1 3	2
5	3 6	4 1	2
5	1 3	6 4	2
5	4 1	3 6	2
4	6 5	1 2	3
4	2 6	5 1	3
4	1 2	2 5	3
4	5 1	2 6	3

以上所列諸圖名曰六合兩儀聚數分組圖。六合、即骰之六面。兩儀、即陰半陽半。謂之六合兩儀者。兼喻六合爲宇宙之上下四方。即渾淪一大太極也。此圖之作法、悉準亘骰之六面共計三組以六一爲對待者爲第一組。以五二、爲對待者爲第二組。以四三、爲對待者爲第三組。每組、各以四旁排列之不同分爲四圖。每圖、又以顛倒看法之不同合爲四式。所謂聚數分組也。共計四十八式。攝盡陰陽變化之象、由此可以類推一切不同之態矣。

六合兩儀聚數分組圖之看法、悉準各圖之排列、以對待者爲兩極、餘四爲旁周、而畫交叉之兩斜線爲界。四角相聚成圜象三百六十度。其每任何兩角之和等于平角一百八十度。此一百八十度即居圜象三百六十度之半。亦即此平角內之兩角中所含三數爲目力火光能緣及之三面。取此三面是陽半之一儀也。其餘即爲陰半之又一儀之三面矣。此皆投實體而以直觀証驗之法也。

第六章　六合兩儀之三面觀

六合兩儀之說明、最妙者莫若以幾何學之投影畫法、或就繪圖之理証明之、則將此六面之立方體、不論任何處置其畫得出者、祗有三面。不能更多一面、亦決不再少一面。爲其表在陽半故也。此又投物影而以畫理証明之法也。如六合兩儀三面觀圖所繪各種形式，總不能增損三面之値也。

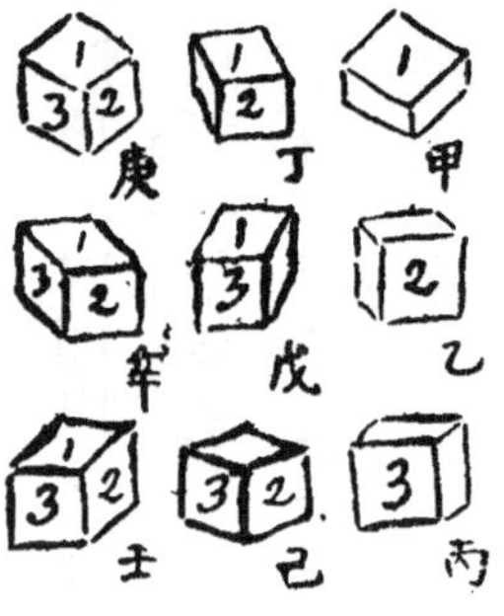

六合兩儀三面觀圖

試細察其兩儀與六合之關係，就上列諸立方體圖，可分三種觀法。第一種觀法，注意一面而兼攝餘二面者，如甲乙丙三圖是也。第二種觀法，注意二面而兼攝餘一面者，如丁戊己三圖是也。第三種觀法，平均注意三面者，如庚辛壬三圖是也。然總不外乎注意重心偏向三角相聚之近處，三角相聚所以能盡攝三面一角，代表一角之値也。注意最強度之面，其與他角相聚之角適幾九十度爲極，其角漸鈍，則所注意之度漸弱，其角最鈍而幾近平角者，其注意之度最弱。至三角幾近互等時，則三面之注意最平均，而注意之中心，即在三角相聚之點矣。每一種觀法又分三態，如注意一面之觀法，甲注意在1、乙注意在2、丙注意在3，此三態之注意之不同，則所得之實測精粗率必不同，而陰陽之中心及四周亦各不同。試有三人同時觀測此六合之立方體，其置骰之位依第一組也，同其注意之處在第一式也同其注意之法同第一觀也同。而因視線集合之中心略有不同精神之凝點或非一處。遂使三面觀現出之景象各異其態此一面觀之例如是也。其餘觀法均彷此例。如注意二面之觀法丁注意1 2兩面戊注意1 3兩面己注意2 3兩面此亦三態之異狀也。至于注意三面之觀法似已均勻視線當無異態之可能而不知非也。試觀圖中有庚辛壬三圖之三態此即物體對我或我對物體之簡狀。謂之簡者尚非繁圖其精細處也然已現出三態之異狀。若繁圖其精細處或每面各等分爲若干正方形乃至諸種形象則其視線中心點必在其中任何一形象之內即以此一形象爲中心而以周之長廣等距爲視線所能及之大圓則其態更不止三或竟現無量異狀。是故觀態不可膠執也。或說三面平均觀法其凝視點即視線之中心點同在三面會聚之三角聚點當無異態之理。然所謂中心點者其實點至澂細而目光之射斷不能恰如其位適定在直線射向此點如矢之中的。然略向上下左右則其位雖是而其點已非矣。故無論如何用機械式之注意總未能實証三態之不成立也。是每觀有三態之說確矣。

第七章　六合兩儀有無量變化

六合兩儀之變化凡三組。每組四圖凡十二圖。每圖四式凡四十八式。每式三觀凡一百四十四觀每觀三態、凡四百三十二態。若算其繁圖、則可得一元十二萬九千六百之總數。乃至無量不可曆算之義。此其變化精微、有異無同、而凡世間一切因果定律之關係于時、地、勢、位、財、境、情、望、等差異、以生無量殊途之歸宿、素爲懷疑者、非難卒未能得確實之解決者、咸可以此六合兩儀法之推算得之。蓋因目光注意之點、隨時隨地未能必同、則由此所得之景象自難一致。古語所云人心之不同如面、奚啻人心而已、即一己之心亦未嘗必同、而一己之威一己之業均左右于此、況復依時依地依勢依位依財依境依情依望、因諸種之緣而改其觀、即諸緣悉合、僅有一緣未符、而所得之成績結果、已非所擬、況復無諸緣同合之理乎。此所謂面面觀也。此所謂有異無同也。詳細說明已見拙著無同論中、且非此時所宜講、故不先述。

第八章　廣証各種正多面體以明萬物各自具陰陽兩儀之理

凡前所述諸說、不過正六面之立方體一種耳。今復以正八面體以上之各種正多面體、盡用上述之法、判其陰陽變化之妙、則數之繁複、雖巧曆所不能算矣。考形學定理、立體幾何部、多面體之種類甚多、而正多面體祇有五種。均用投影畫圖之于下。

正多面體之投影畫圖

（解）凡一正多面體，必有幾個立體角。而作一立體角，由三以上之平面角相聚于頂點而成。其立體角所聚諸平面角之和，必小于四直角。故正多面體之面，必爲等邊三角形之一，或正方四邊形之一，或正五角形之一。如圖是也。

以三個等邊三角形作一立體角者此例所成之正多面體爲正四面體如圖

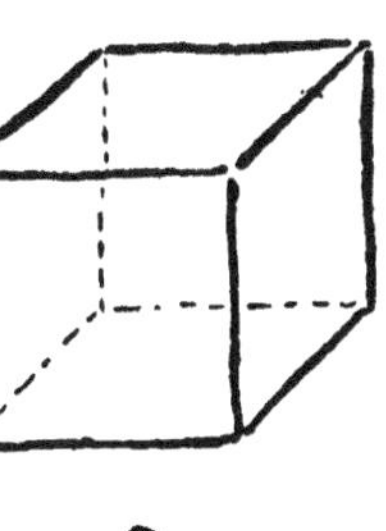

以三個正方形作一立體角此例所成之正多面體爲正六面立方體如圖

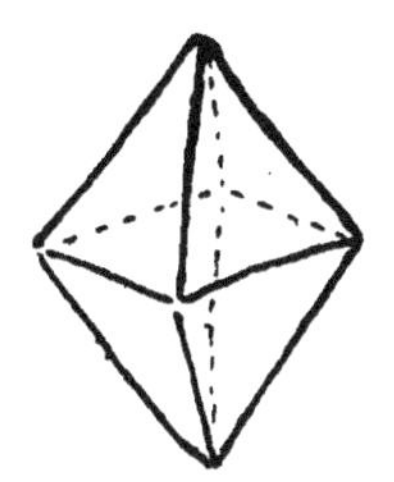

以四個等邊三角形作一立體角此例所成之正多面體爲正八面體如圖

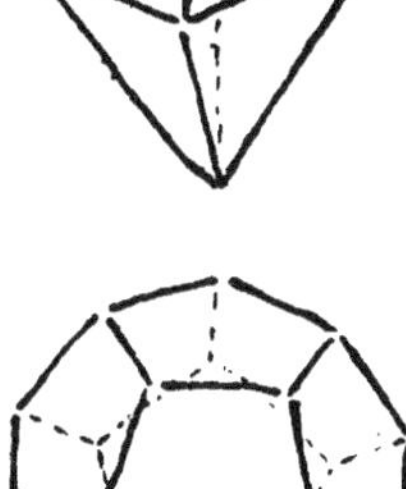

以三個正五角形作一立體角此例所成之正多面體爲正十二面體如圖

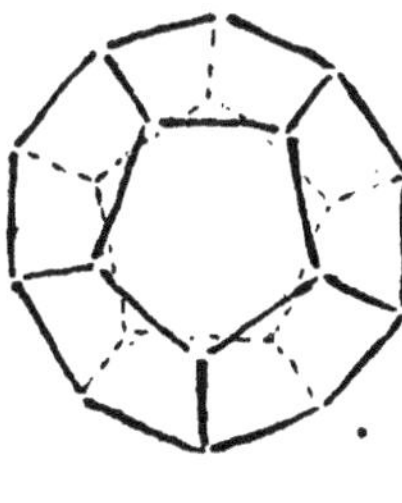

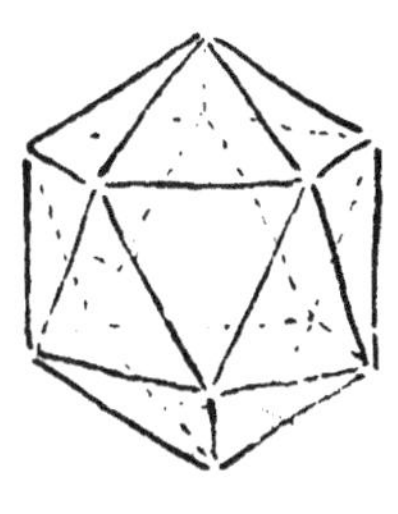

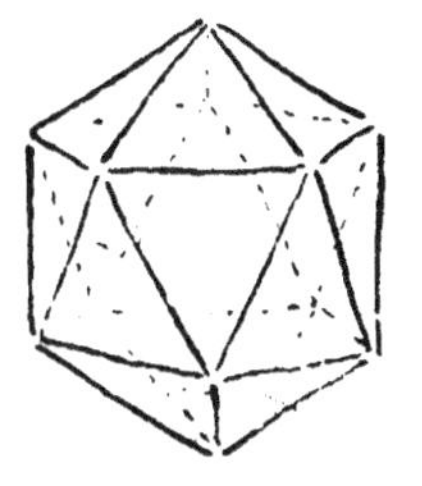

以五個等邊三角形作一立體角此例所成之正多面體爲正二十面體如圖

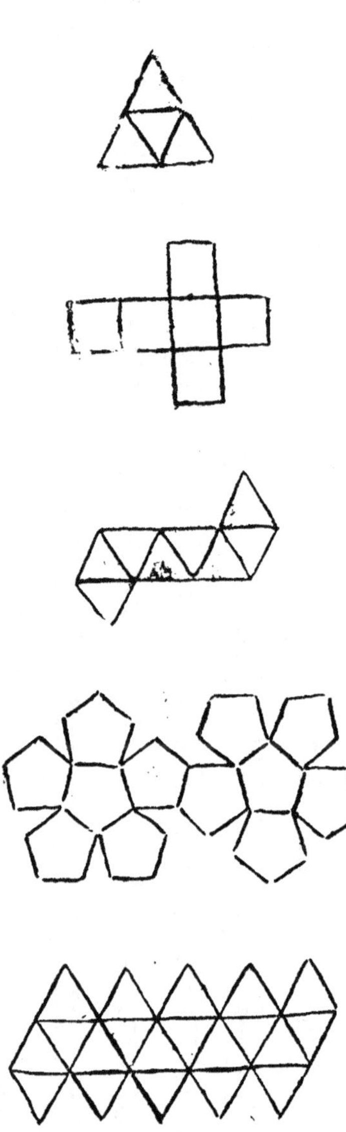

正多面體之製法型圖

（解）正多面體之製法、先照畫圖于厚紙上、割成各體所展開之平面形。次依各線疊摺爲稜。後將相對之各割口、以薄紙粘連、即成諸種正多面體形矣。

準以上正多面體投影畫圖及製法型圖、比擬觀之、則所謂陰儀陽儀適各得其半數之說、益彰證信。如各圖之實線以示陽儀表面、虛線以示陰儀裏面。無論何種正多面體、凡可以圖顯出其多面體之面數者、必有半數可以畫得出。其餘半數、則畫不得出也。且見其畫得出之半數作。如是狀、而竟可以想像得其未畫出之半數、亦同作如是狀、其理維何、則由所顯之陽儀表面、可以推見其所藏陰儀裏面也、如徒見其表、而不能得其裏、則陰陽之實何在、豈尚有闡發之可言哉、故知表裏一貫、則體用不二、顯微無間、即陰陽之義之謂道、亦將不言而自喻矣、陰陽之義之謂道、即易有太極、是生兩儀之旨趣也。

易有太極是生兩儀篇五

第一章　易爲最古哲學

易爲說理之書、含宏光大、品物流行、我中國最古之大全哲學也、言宇宙之本體、言人生之精義、言智識之淵泉、莫備于此書矣、獨惜歷來治易學者、見智見仁、以主觀眼光、膠執己見、不能融通萬法、解脫綱蔽、遂致彼此枘鑿、重增惑障、豈羲文周孔之本旨哉、或拘泥于卦象之滯迹、不惜削足以就履、或高談夫性理之玄竅、空想畫餅、以果腹、於是陰陽之義之謂道、遂日即于晦盲、四聖之言、本極平澹、自迭經歷來解易者之攙雜附會、其說日繁、嘖而不可厭、其誼日紛紜、而莫正、是易之象之言之理之數、於焉解體、儘極其辭支辭遁、曾未有須臾之實受其影響也、而太極兩儀之本誼、豈爲是哉。

第二章　太極即一陰一陽之道

易以陰陽爲對待、亦即以一陰一陽爲太極之兩儀。其形而上則爲之道、其形而下則爲之器。以器明道、由道制器、道器本非不一、陰陽實即同具。一陰一陽、合而言之道也。易有太極、是生兩儀、太極即道、道即太極、合陰陽而爲道、即合兩儀而爲一太極也。道不能離陰陽而有、即太極不能離兩儀而有。易有太極、是生兩儀、即易有道、以見陰陽也。道是陰陽之合體、其分而見諸用者爲器。即太極是兩儀之大本、其顯而著乎卦者爲象。道祇有此一道、故易道祇有此一陰一陽。太極祇有此一太極、故易有太極、是生兩儀。陰陽非道、一陰一陽合而言之、即易道。兩儀非太極、兩儀之渾淪、即易有太極。究竟陰陽不能互離、故道不可須臾離。究竟兩儀不能分開、故太極本無極也。道不可狀、以陰陽之發爲器用時、而見其狀。故太極本無極、以兩儀之見爲卦象時、而有其極。無極之時、本無太極之名、並無無極之名。太極以陰陽之流行而有、即太極以卦象之顯著而有。迨有太極時、已有兩儀卦象、故曰是生兩儀、兩儀生四象、四象生八卦。

第三章　易有太極實本無太極

夫宇宙之間、萬物紛陳、變化動靜、神妙不測、至賾而不可亂也。無恒而不可爲典要也。然提綱絜領導竅中肯、則宇宙間、止有、此、一、理、存、耳。宇宙間止有此一理、故宇宙間即止有此一象、亦即易道。止有此一理、故易道即止有此一象、夫此一象、便是太極、便是兩儀、便是四象、便是八卦、然既謂之太極矣、分之則一本散爲萬殊、合之則萬殊還歸本一。萬殊者、爲兩儀、爲四象、爲八卦、乃至爲六十四卦、爲三百八十四爻、皆是也。而一本者、則易有太極、爲生生之源也。易道、止有、此、一、象、故曰、易有太極、而不曰易有兩儀、易有四象、易有八卦者、即此一象、是太極、即此一象而爲兩儀爲四象、爲八卦、皆即爲太極也。然既謂之易有太極矣、則是太極固有極也、而既謂之易有太極矣、則是太極本無極也。故孔子繫辭傳、既贊太極之有、而曰易有太極、而周濂溪太極圖說、復闡太極之無、而曰無極而太極。夫太極果何嘗實有哉。太極者、八卦陰陽之全體大用、本無其物、安得于太極之上、更有無極者存哉。太極本無、而得仲尼一言、以爲有太極、雖有必得濂溪一言以見無、愛蓮之用心、即佩蘭之用心也。故孔子之言、得濂溪之說、而益彰、蓋本無太極、立先天之體、不可見也。易有太極者、致後天之用、大有功也。不可見、故謂之無極、而實非無、大有功、故謂之有極、而實何有、無者無其形質、有者有其理象。當太極圖象之未現也、無極也、而未嘗不具、夫可現之理象、及其既現、爲太極也、有極也、而何曾獨異于未現之時、空兩間、所謂宇、宙、間、止有此一理止有此一象、者無極時之太極雖無而不無、有極時之太極即有而何有。然既謂之太極矣、則現有太極矣。有太極時即有兩儀四象八卦之名、故曰易有太極是生兩儀、乃至生四象、生八卦、一時具現于有矣。

第四章　雖無太極而易有太極是生

是者、指示詞也、即太極也。亦承接詞也、即貫太極直到八卦、無一息間斷、無一瞬停滯。即太極時即兩儀、即四象、即八卦、有順說詞之先後、無遞嬗蛻之先後、且非過渡代傳也。故生非生娩之生、乃生進之生。許君說文解字生部曰、生、進也。象艸木生出土上。按出部曰、出、出也。象艸過屮、枝莖漸益大、有所出也。一者、地也。與此訓詞略似。出有訓同、是者皆實指之詞、謂顯諸用、則一時即具現于有而名太極、乃至名八卦、藏諸體、則一時即隱爲無極而無八卦、乃至無太極。無太極時無亦無、故太極之上、不可有無極之名。太極本無極、更何從而有無極哉。若太極之上別立無極之名、是太極之外別有無極存矣、是太極與無極對待矣、是太極非渾淪全體、必與無極合後方爲全體、而無極亦復爲全體之半矣。既不得爲渾淪全體、必與陰陽之各得其半等、何得有太極之名、更何得有無極之名哉。故欲于太極之上別立無極之名者、不特無極之名不能成立、即太極之名亦復不容有矣。繫辭傳曰、易有太極、何哉。故無極二字之誼、若曰無太極也。極即指太極言、斷非有一個是太極、別有一個是無極之謬說也。亦非如加一倍法一生二、二生四、四生八、爲太極生至八卦也。更非太極而外別有兩儀、乃至四象八卦也。實皆太極一、全體因功用之不同而有兩儀四象八卦、同出而異名也。不明乎太極兩儀之本旨、則陰陽之義之謂道、將何以着落哉。

第五章　易不言無

太極本無極也。水之平、風之定也。太極即兩儀、乃至即四象、即八卦。水之流、風之盪也。水之平、風之定、時非無水與風、太極之靜、時非無太極也。水之流、風之盪、時非剎那多此水與風。太極之動、時非剎那多此一太極也。易不言無極、而曰易有太極。太極易有、即太極常有、亦即太極不無也。太極不無、故易不言無極也。太極常有、故曰易有太極也。易是恒有之道、而非虛無之致、故言有不言無。老子之書曰、道盅而用之或不盈。當其無、有轂之用。當其無、有器之用。無時即常有、而非有、有時非無、無而不無、有無者相對之名、常有常無者絕對之詞。故易有以著常有不無而非常無。故凡易過非有書无不書、無无當未有之前、雖非有而具可有之機、無在既有之後、已反無而絕再有之理。其所無、同而其所以無、則異。易之爲道、自无出有、積極之誼也。物之大終由有反無、消極之誼也。陰陽雖由推移而不能斷絕、故易以有无互言、而不以有無對待也。无者易之藏諸體。有者易之顯諸用。有无境耳。當其无時已有有之用矣。所謂有生于无者、非有生于無也。無物不可以生有物、惟无象乃可以生有象耳。

第六章　無極爲太極之无象

易有太極者、其不無也。周濂溪所謂無極而太極、謂太極本無極也。非太極即無極也。太極爲名詞、而無極在修辭學中爲太極之語詞表詞、本則其副詞也。非動詞也。謂就達道之致用言之、易道雖有此泰最之極、至而就大本之立體言之、則本來無此極至之存在。故太極本無極也。非謂一個太極本于一個無極。更不得謂一個太極即一個無極也。無極非名詞。故無極非成實。故無極不得與兩儀四象八卦之有象等視。即太極之无象藏諸體者、以其無也。無則不可言矣。太極之有象、有而不可見、見之于兩儀四象八卦、皆即太極之有象也。故曰生。迨有象不見而太極之自身亦不得、即無極而爲太極之无象。謂無兩儀四象八卦時、即亦無太極矣。故曰太極本無極也。

第七章　太極是生之旨

試依詞氣設喻以明之。太極喻墨汁。無極喻無汁。兩儀四象八卦、喻種種深淺之墨色。磨以水以喻易象。則墨汁本來無汁、太極本無極也。由磨以水而有易有太極也。是生種種深淺之墨色、依時畢具、是生兩儀至四象八卦也。而種種深淺之墨色、豈非即墨汁之濃淡哉。墨汁與墨色各成一名。而無汁云者、僅爲墨汁之語詞表詞。不能析墨汁爲無汁、亦不能距墨汁有無汁也。故曰、易有太極、是生、起乃至八卦、一時同具、八卦、總象、即一個太極也。試復設喻明之。太極者、八口之象之總體也。乾坤爲父母、震坎艮爲三男、巽離兑爲三女。八卦也。父母爲老陰老陽、男女爲少陰少陽、四象也。父男爲陽類、母女爲陰類、兩儀也。故言八口之家、即總父母男女八人在內、太極、即八卦之總體也。夫道不過一陰一陽、雖曰太極生兩儀、而兩儀即太極之陰陽也。雖曰兩儀生四象而四、象即陰陽之老少也。雖曰四象生八卦、而八卦即陰陽老少之生生。全體分別詳言之耳。或分別舉其家有父母長男中男少男長女中女少女爲八人、即八卦也。或略敍其家有一父一母三男三女爲四象也。或統說其家有男四人女四人、即兩儀也。或總言八口之家、即太極也。所述之辭屢變、而所指之意不變。此即太極是生之旨也。

第八章　太極即易之總體

後世不曉太極之理、即昧八卦之象。一若天地之間、宇宙之內、有太極也者、有兩儀也者、有四象也者、有八卦也者、而不知任是何說、祇是指此一家也。說有此家、見有此家、知有此家時、即太極也。不說有此家、不見有此家、不知有此家時、即無極也。說有見有知有時、此家固然實有、不說不見不知時、此家何嘗即無、故無極者、太極之无象時、即不說不見不知者、說有見有知有之不曾時也、不曾非無也。是故易不言無極、而曰易有太極也。太極即兩儀、兩儀即太極、太極以兩儀而見、兩儀從太極而有、是生之是、即此易有之太極也、即此八口之家也、即此太極與家之指詞也。夫太極、本無極也、以見兩儀四象八卦、而有太極也、太極本非生也、以見兩儀四象八卦、而標說爲生也、分言之、則一太極、可分說爲兩儀四象八卦、諸異名、而總言之、則兩儀四象八卦之總體、即一太極也。然則太極之理、豈不簡明易知。聖人有言曰、能近取譬、可謂仁之方也已。吾於易道亦云。

易有太極是生兩儀篇六

第一章　極字之本誼

太極之誼、歷來易家之解說者衆矣。然而彼此是非、迄今未能定于一、是者何耶。蓋世人莫知極字之木誼、故歧說多途、而弗能中其肯也、今試反而求之于說文解字、則其誼可思矣、許君于木部棟字下訓曰、極也、又于極字下訓曰、棟也、棟之、與極、極之、與棟、互相爲轉注、故極者、即棟字之誼也、莊子則陽篇曰、其鄰有夫妻臣妾登極者、司馬彪注曰、極屋棟也、王筠說文句讀、依玄應引補說文訓作、棟屋極也、其注曰、棟爲正中一木之名、今謂之脊欜者是、而瓦部甍下云、屋棟、亦足徵也、然則司馬彪訓極爲屋棟、蓋本瓦部說、而王筠訓棟爲屋極、則依玄應引、是知極棟二字之誼同指屋之正中至高之一木、故皆得系之于屋、稱爲屋極、屋棟也、徵之周易、則于大過象有棟橈之說、而于繫辭傳又有上棟下宇之文、此棟之正誼、即極之正誼也、釋名曰、棟中也、居屋之中逸雅云、棟中也、居屋中也、蓋古者五架之屋、以正中爲棟也、棟爲屋之至高、故訓極也、是極有正中之誼、又有至最之誼也、所謂正中之誼者、已如王筠說、所謂至最之誼者、即如徐鍇說文繫傳曰、極者、屋脊之棟、今人謂高及甚爲極、誼出于此、又黃勉齋亦曰、極之得名、以屋之脊棟爲一屋之中、居高處盡、爲衆木之總會、四方之尊仰、而舉一屋之木、莫能加矣、此外又有訓極爲梁者、如李奇注五行志、薛綜注西京賦、皆曰、三輔名梁爲極、梁即棟也、今俗語皆呼棟爲梁、名梁爲極、即名棟爲極也、又孟康注漢書枚乘傳曰、西方人名屋梁謂極、又章懷注後漢書蔡茂傳、亦以極爲梁。又按搜神記、言漢蔡茂夢坐大殿極上有禾三穗。主簿郭賀曰、極而有禾、人臣之上祿也。此蓋亦指梁爲極也。即許君所訓棟也之誼、而正中之誼、至最之誼、則又皆極棟之引伸之誼也。夫誠知極字之本誼爲屋棟、爲正梁、而極字引伸之誼、爲正中、爲至最、則一切歧說多塗、自當在屏斥之列、而不容其穢蕪亂雜、以淆混境界、而衒惑意誼矣。

第二章　書洪範篇獨多極字

夫極字之誼、得見于經傳史子者、其爲解說本不甚懸殊也。故可就經傳史子之言及極字者、略舉如干、引以爲證。其例固隨處可得、然考言極字之多者、蓋無出于書經矣。書經之中、則以周書洪範一篇爲極字薈萃之區。而獨冠于洪範九疇者、尤以五曰建用皇極之文、凡八節所有極字爲最多也。如皇建其有極、惟時厥庶民于汝極、錫汝保極、不協于極、惟皇作極、時人斯其惟皇之極、會其有極、歸其有極、皇極之敷言、凡厥庶民極之敷言、計極字凡有十、連題共十一。此外八曰念用庶徵之文、有一極備凶、一極無凶。凡九曰威用六極之題、連總題兩極字、合前十字、計洪範一篇、共得極字凡十有六個。除不協于極不計外、實得十有五極字、合乎小衍之數、陰陽之交也。乾鑿度曰、易一陰一陽、合而爲十五之爲道。十五者、洛書縱橫之計數、亦卽九六二老之合七八二少之合也。是故、陰陽交合、而爲道、道卽太極、是也。夫洪範一篇、以十五極字一貫太極之道、此九疇之攸敘、所以合乎八卦之畫象也。而其所有極字之誼、則又不外以正中與至最爲歸、斯洪範所以與周易相爲表裏也夫。

第三章　經傳子史諸書摘引極字

書洪範一篇極字最多、其誼全與周易之極字相爲表裏、固矣。此外經傳史子之言及極字者、其誼亦罔弗與此相洽也。惟細參極字之誼、雖兼備正中與至最兩誼、而從來權衡兩誼之分量者、似尤以正中之誼爲主、至最之誼爲輔。故極字之誼、屢見于經傳史子者、大都以作正中之解說者爲常、而至最之解說、且或卽函于是焉。如洪範皇極二字、謂大中也。孔穎達書疏云、人君爲民之主、大自立其有中之道、是以皇訓爲大、極訓爲中也。而蔡沈周書集傳則云、皇、君也。極、猶北極之極、至極之義、標準之名、中立而四方之所取正焉者也。劉昭後漢書注又云、極者至而還之辭也。是又以極訓爲至最之誼矣。是故朱子語類有云、極不是中、極之爲物、只是在中、譬如燭臺中央簪處便是極、從此處比到彼處恰好、不曾加些、從彼處比到此處又恰好、不曾減些、然則、至最之誼、卽是正中之誼矣。故皇極二字、謂之大中也可、卽謂之君道之至也亦可、其要在于能建與不建耳。故曰惟皇作極、曰皇建其有極、書經以外言建極之誼者、則又有鴻範五行傳曰、王之不極、是謂不建。鄭注云、極中也。王象天以性質覆成五事、爲中和之政也。王令不中、則不能其事也。此豈非言極之不可不建乎。故禮有之曰、以爲民建極。傳有之曰、天子建中和之極。中和之極、即所謂中和之政也。中和者、即極字之誼也。此極字、所以爲中正之誼也。故鄭氏云、極中也。又漢書律歷志曰、太極元氣、函三爲一、極中也。極皆訓中。又如詩商頌曰、商邑翼翼、四方之極。周禮曰、體國經野、以爲民極。正言商周建都、豫州爲九州之中。又詩周頌曰、立我蒸民、莫非爾極。正言民于其時得其中也。曷謂四方之極、卽云四方之中也。易緯乾鑿度曰、四方之義、皆統于中央。故乾坤艮巽位在四維、中央所以繩四方也。荀子大略篇曰、欲近四旁、莫如中央。故王者必居天下之中。韓非子楊權篇曰、事在四方、要在中央。聖人執要、四方求效。淮南子原道篇曰、泰古二皇、得道之柄、立于中央。文中子周公篇曰、吾常守中、則卓然而無可動、感而遂通。蓋卽老子所謂不如守中、莊子所謂立乎其中央者也。故邵康節觀物外篇曰、先天學、心法也。皆從中起。張橫渠正蒙中正篇曰、極其大而後中可求、止其中而後大可有。眞西山亦云、事有萬端、未易裁處、惟揆之以當然之理、則舉措當而無一事之不中。大哉中乎。程子所謂不偏之謂中。又曰、中者天下之正道。故易家以爲中則無不正矣爻非其中則誼有不備耳。

第四章　易道之中

周易一書、象傳之言中正者固無論矣。而概其要、則所謂易立乎其中矣、易行乎其中矣、立乎其中者、亦謂之建中。商書仲虺之誥曰、王懋昭大德、建中于民、以義制事、以禮制心、垂裕後昆、卽荀爽對策曰、昔者聖人建天地之中而制禮、此則所謂建中也。而虞書大禹謨又曰、予懋乃德、嘉乃丕德、天之歷數在汝躬、汝終陟元后。人心惟危、道心惟微、惟精惟一、允執厥中。此則又所謂執中矣。至論語堯曰篇引堯命舜禪帝位之文、則又曰、咨爾舜、天之歷數在爾躬、允執厥中、四海困窮、天祿永終。舜亦以命禹。卽如大禹謨所云、比此又加詳焉、而允執厥中四字則未或少異也。至孟子曰、湯執中者、正是湯之私淑于禹、而得此允執厥中之旨也。故後世學者至以爲堯舜禹以來千聖百王相傳之心法、卽此執中之誼而已。執中之中、卽邵康節所謂先天學之心法者是也。故云皆從中起、觀物外篇又謂心爲太極、又謂道爲太極。夫心爲太極、允執厥中之謂也。道爲太極、道心惟微之謂也。而皆卽以極爲中、以太極爲大中也。太極爲大中者、卽皇極爲大中也。故又有皇極經世之作、其理相爲一貫也。觀物外篇又曰、天地之本、其起于中乎。是以乾坤交變而不離乎中人居天地之中心居人之中日中則盛月中則盈故君子貴中也君子貴中者即禮中庸篇所謂君子而時中也故中庸之道推而極之則曰致中和天地位焉萬物育焉中和之致者即所謂爲中和之政以建中和之極也建中和之極者即所謂建用皇極皇建其有極即所謂建中于民以爲民建極也亦即所謂允執厥中而易立乎其中矣易既可立乎其中即亦可行乎其中矣行乎其中者亦謂之用中孔子曰舜其大知也與舜好問而好察邇言隱惡而揚善執其兩端而用其中于民其斯以爲舜乎其斯以爲允執厥中乎其斯以爲舜得允執厥中之道于堯所傳授乎執其兩端者允執厥中之極也用其中于民者以爲民建中和之極也皆即易有太極而易立乎中矣而易行乎其中矣

第五章　聖德之中

易之太極書之皇極禮之民極其所以爲極者一也堯之執中舜之用中孔之時中其所以爲中者亦一也而極即中也中即極也乾坤成列而易立乎其中矣天地設位而易行乎其中矣大哉中乎此皆伏羲神農黃帝堯舜以來所以繼天立極而本太極一誼衍爲十六字之心法互相傳授以爲聖賢道統之一脈則大中之道豈不重與是以堯以之傳舜舜以之傳禹禹以之傳湯湯

以。之傳文武周公。文武周公傳之孔子。孔子之生、當周之亂世。是時聖賢之君不作、學校之政不修、教化陵夷、風俗頹敗。雖以孔子之聖、而不得君師之位以行其政教。徒手、執六藝之殘編、口誦先王之、陳迹、以躑躅于杏壇洙泗之濱。雖曰、天生德于予、桓魋其如予何。匡人其如予何。然而鳳鳥不至、河不出圖、吾已矣夫。天之將喪斯文也、與天之未喪斯文也、與文王既沒、文不在茲乎、何爲其莫我知也夫。知我者其天乎。道之將行也與、命也。道之將廢也與、命也。道其不行矣夫。道不行、乘桴浮于海。有美玉于斯、韞櫝而藏諸、求善價而沽之。沽之不得、至於徒與冠者五六人、童子六七人、浴乎沂、風乎舞雩、詠而歸。遂大興吾與點也之歎。君子之固窮、有如此者。然而孔子行道之。志。終。不已也。故如春秋緯全命沒所謂丘以匹夫徒步以制王法、又曰吾作孝經以素王無爵之賞、斧鉞之制。故稱明王之道。孝經緯鉤命訣曰、子曰、吾志在春秋、行在孝經。並舉互辭、可以見矣。故其後孟子私淑孔子之傳、嘗證孔子之心曰、世衰道微、邪說暴行又作、臣弒其君者有之、子弒其父者有之。孔子懼、作春秋。春秋、天子之事也。是故孔子曰、知我者其惟春秋乎、罪我者其惟春秋乎。夫孔子在位、聽訟文辭、有可與人共者、弗獨有也。至于爲春秋、筆則筆、削則削、至游夏之徒、均不能贊一辭。司馬遷史記稱春秋爲王道之大者、撥亂世、反之正、莫近乎春秋矣。史記又曰、子曰、弗乎弗乎、君子疾沒世而名不稱焉。吾道不行矣、吾何以自見于後世哉。乃因魯史記以作春秋。漢書藝文志亦曰、周室既微、載籍殘闕。仲尼思存前聖之業、乃稱曰、夏禮吾能言之、杞不足徵也。殷禮吾能言之、宋不足徵也。文獻不足故也。足則吾能徵之矣。以魯周公之國、禮文備物、史官有法、故與左邱明觀其史記云云。嗟夫、被圍于匡、絕糧于陳、周遊列國、僕僕風塵、而不遇于時君、皇皇若喪家之犬。孔子之不得志、壹至于此乎。然其刪詩書、定禮樂、雖曰徒託之空言、而在春秋之志、蓋一日未能自己也。故孔子不得已而自歎曰、明王不興、天下其孰能宗予。鄭注云、今無明王、誰能尊我以爲人君乎。鄭氏之說、是否有當、姑勿論。然即孔子口中之所謂王字者而觀之、則其意可思矣。說文王字下云、三者天地人也、而參通之者王也。孔子曰、一貫三爲王。字林曰、王者、天地人一貫三爲王、天下所法也。董子春秋繁露曰、古之造文者、三畫而連其中、謂之王。三畫者、天地與人也、而連其中者、通其道也。取天地與人之中以爲貫而參通之、非王者孰能當是。綜觀以上諸說、則知所謂王者、並非作福作威之專制暴君也。正是揚子法言君子篇所云、通天地人曰儒者是也。故聖功王道、相爲一貫。唯聖人然後能盡己之性、盡人之性、盡物之性、而與天地參。是以孔子爲時中之至聖、而位崇素王之尊號也。豈可如彼生時則榮、沒則已焉之帝王相與並論哉。

第六章　孔子之文章在贊易

夫天生孔子，爲欲繼衰周之德，上賡唐虞三代之盛，傳十六字之心法，弘先聖王之道統，以爲斯民建中和之極也。不幸時君不識，吾道不行，遂使聖賢衣鉢，止于孔子而不復傳。夫在孔子自身道集羣聖之大成，位崇素王之尊號，言行則師表于萬世，中國之言六藝者，均欲折中于孔子，至矣乎！斯誠爲生民之所未有乎！然而其如天下何，其如後世何，斯非孔子之不幸也，又不得不爲天下惜，後世悲矣。孔子之文章，子貢雖云可得而聞也，然後世欲求孔子之文章者，求之于春秋則魯史也，非孔子之文章也；求之于書詩禮樂，則皆述而不作也，亦非孔子之文章也。然則如之何而求之？論語不云乎：「加我數年，五十以學易，可以無大過矣。」論語讖曰：「孔子讀易，韋編三絶，鐵撾三折。」故史記曰：「孔子晚而好易，序彖、繫象、説卦、文言，讀易韋編三絶。」曰：「假我數年，若是，則我于易彬彬矣。」孔子獨于夫周易極深研幾之勤，至于如此，是則孔子之文章，蓋可見于孔子之贊易矣。即孔子所作之十翼是也。故孔子乃于易繫辭傳，獨著堯舜禹湯文武周公，歷聖以來相傳之道統心法，而爲一語以蔽之曰：易有太極。太極者，大中之誼，即洪範之皇極，實即歷聖以來繼天所立之極也言其體則謂之建中執中守中居中而易立乎其中矣言其用則謂之用中行中得中時中而易行乎其中矣至凡中正之說見于彖象傳者又皆孔子之微言大意所在也

第七章　太極之誼與周易全書諸極字一貫

世人之言極字也每因洪範有威用六極之文而以爲不祥又因洪範有建用皇極之文而以爲大美不知字誼無善惡隨所用而殊字誼之吉者用之于咎徵則反爲不美字誼之凶者用之于休徵則反爲大祥極字之誼未嘗可爲不祥亦未嘗可爲大美也言極字之誼而不失其本來者莫備于孔子之作易傳矣乾上九爻文言傳曰與時偕極節九二爻象傳曰失時極也未濟初六爻象傳曰亦不知極也易繫辭傳曰六爻之動三極之道也至最後乃曰易有太極此皆極字之用于名詞者也其亦有用之于動詞者如極數知來之謂占極其數遂定天下之象夫易聖人之所以極深而研幾也極天下之賾者存乎卦此皆極字之意誼同用于易傳者即極字之界說同定于孔子者其意誼同其界說同當無有亂雜紛歧之可存矣凡諸極字之意誼界說既彼此不能不一以貫之即彼此不能不同出一途何得獨于易有太極之極字而可以違異其他諸極字之誼乎乃世之人每好矜異而衒奇也于是竟有見易有太極是生兩儀之語遂發爲冥想創爲

異。解以過尊太極之名必欲力求超乎諸極字之誼爲勝、而極字之本誼晦、矣夫豈不思周易之爲書一字必富備衆誼故無隻字虛設而一字之散見于經傳各處者其誼必互相貫通絕無互相歧異之意故太極之極字、其誼自必與全書所有之極字、彼此一致斷不可隨便出入望文生誼、强令各作別解而紊亂周易經傳之凡例也余不忍見周易中最可寶貴之文字日就湮沒是以唏嘘歎息有不能言說者故就太極之極字而爲著其意如此。

第八章　太極是生兩儀即聖人執兩用中之道

極字之本誼明、則太極之本誼亦明矣太極之本誼明則易道之本誼亦明矣。故欲研究周易者、不可不知太極之說而欲解釋太極者尤不可不知極字之誼夫極字之誼如前所述者、厥有二、意一曰、因極棟之所居正中而引伸爲正中之誼其用于易道也、則以極中爲之本誼二曰、因極棟之所位至高而引伸爲至最之誼其用于易道也、則以極端爲之本誼極中者唯一而已中不可以有二也極端者對待而已端又不止于僅一也。今極字既有極中唯一之誼而又有極端對待之誼則太極之、兼有二、誼可、知矣。然則繫辭傳稱易有太極是生兩儀者果又何謂耶嘻此正太極之本誼、亦即易道之本誼也夫易繫辭傳既云易有太極矣。而又云易有聖人之道是以聖人之道爲即太極也。又云、易與天地準、故能彌綸天地之道。是天地之道即聖人之道也。惟聖人之道與天地相似、故知周乎萬物而道濟天下。孔子曰、易其至矣乎、夫易聖人所以崇德而廣業也。又云、夫易開物成務、冒天下之道、如斯而已者也。是故聖人以通天下之志、以定天下之業、以斷天下之疑。備物致用、立成器以爲天下利、莫大乎聖人。是故天生神物、聖人則之。天地變化、聖人效之。天垂象、見吉凶、聖人象之。河出圖、洛出書、聖人則之。聖人立象以盡意、設卦以盡情僞、繫辭焉以盡其言。聖人之情見乎辭。聖人有以見天下之賾、而擬諸其形容、象其物宜、是故謂之象。聖人有以見天下之動、而觀其會通、以行其典禮、繫辭焉以斷其吉凶、是故謂之爻。聖人之作易也、將以順性命之理。聖人以此洗心、退藏于密。聖人以此齋戒、以神明其德。故聖人之大寶曰位。天地設位、聖人成能。苟非其人、道不虛行。夫易傳之言聖人之道者、至矣、即言天地之道者、盡矣。天地之道者、陰陽之誼也、即易道之本誼也。試引古來著述、有言及易道之本誼者而證之、如禮祭義篇云、昔者聖人建陰陽天地之情、立以爲易。即史記自叙云、易著天地陰陽之誼。莊子天地篇亦云、易以道陰陽。而庚桑楚又云、寇莫大于陰陽、無所逃于天地之間。故內經素問云、陰陽者、天地之道也。陰符經亦云、天地之道浸、故陰陽勝。諸書所說、實皆即繫辭傳所謂一陰一陽之謂道也道即太極也一陰一陽者、兩儀之謂也一陰一陽之謂道者、猶言兩儀之謂太極也故林損云皆因偶以立名即陰陽也偶也者對待之誼也對待之誼兩極端之謂也兩極端者太極之二誼中所函一誼也太極兼有兩極端之誼、即太極兼有陰陽對待之誼也太極兼有陰陽對待之誼故太極是生兩儀也夫太極之訓爲大中其說已如前述大中者、一極中之謂也一極中者、太極二誼中所函之一誼也太極訓大中此即太極歸一極中之誼也太極生兩儀此即太極攝兩極端之誼也太極攝兩極端而歸一極中者、即大舜之執其兩端而用其中也執其兩端而用其中者、此歷聖以來相爲傳授之道統心法也即所謂聖人之道者是也夫太極是生兩儀即執兩用中之旨故易有太極即易有聖人之道也是易以太極爲聖人之道也是太極爲伏羲神農黃帝堯舜禹湯文武周孔以來所以繼天道立人極動而世爲天下道行而世爲天下法言而世爲天下則建諸天地而不悖質諸鬼神而無疑上繼往古下啟將來百世以俟聖人而不惑者也大哉太極乎斯其至矣夫易有太極之誼不明、則易有聖人之道亦不明而是生兩儀之說不明、則執兩用中之道亦不明禮中庸篇曰、道其不行矣夫朱子注曰、由不明、故不行也然則聖人之道不行于世者由太極之誼不明于世也若太極之誼既明、而聖人之道亦行矣有志于聖人之道者、其可不于易有太極是生兩儀之旨三致意乎。余故不憚煩縟、而爲世之志于道者、詳辨易有太極是生兩儀之說焉。亦期望于後世或有爲聖人之徒者至切也。

易有太極是生兩儀篇七

第一章　太極自有本誼

太極之誼本易明也。乃世之人每好矜異而衒奇、于是見繫辭傳有易有太極是生兩儀之語。遂發爲肊想、創立奇論、而太極之本誼晦矣。又或有假托周易之名、而陰行其別有所圖者、恒濫竽研幾之列、而邪說詭辯之馳逞、時或竟不能自掩其迹、而易道滋荒矣。良由太極之誼不明于世所致也。夫誠能明彰太極之本誼、以昭示後學、則彼邪歧詭惑之徒、無從附會依托其間矣。乃或過尊太極之誼、以太極爲至最無上之名、可冠于易之象數理義之上、而更力求一名、又可冠諸太極之上者、以爲勝。此道家無極之稱所由來也。逮周濂溪取無極之稱而入于儒典、遂歸之易家。于是易家乃有無極之說、而究其實、則易家之無極、已自成爲易家之無極、不復因仍道家之無極矣。故曰無極而太極、太極本無極也、乃解釋無極之誼者、復有因仍道家之說、而不辨其異同、以致淆亂易象之本誼、皆由不識太極二字之故、即不明極字有本誼之故、豈知以無極駕太極、則太極之本誼既失、而無極之名稱亦不能獨存、適相與同歸于盡耳。而誠能以太極証無極、則太極之本誼既當、而無極之名稱亦自然正確、實相與並存不悖矣。此踐形所以一再論及無極太極之辨而不憚唇舌之敝者、欲爲正本清源之計、俾歷來之荆棘瓦礫一旦翦盡掃淨、務期易道之本誼、太極之本誼、皎然皦然、如日月之當空、而雲霧之消散也。太極之本誼明與不明、固不能使少有增損于易道之大、聊可以告無罪于吾心之安已焉耳。

第二章　極字本兼二誼

極字之本誼明、則太極之本誼亦明。太極之本誼明、則易道之本誼亦明矣。然則繫辭傳稱易有太極者何謂耶。夫極字之誼、已有至最之旨、而復冠以太字、號爲太極者、不其將重架疊構嫌于樓閣耶。噫嘻、此正太極之所以爲太極也。太字之冠于極字者、非架構樓閣之類也、正别識分劃之辭也。夫極字之誼、厥有二意、一曰、因極棟之所居至中、而引伸爲正中之誼、其用在于易道也、則以極中爲之本誼、二曰、因極棟之所位至高、而引伸爲至最之誼、其用在于易道也、則以極端爲之本誼。極中者、獨一而已、中不可以有二也。極端者、對待而已、端又不止于僅一也。禮中庸篇有記孔子歎美大舜之辭、其言曰、執其兩端、而用其中于民。夫執兩用中、斯舜之所以爲大知也。

然則極端者即對待相反之兩端今謂之積極消極者皆即此兩端之極也有兩端之極必有一中之極斯即所謂極中也邵康節曰天在一中分造化人于心上起經綸此一中之所以建極而人之所以參爲三才也盛德大業之所以爲豐功沛烈其皆起于人心之所作爲乎是以孟子以正人心息邪說爲己任也此即所謂易道尙中中則無不正也而兩端者則所以成其中之爲中者也苟無兩端則何有于中凡中之名皆爲有兩端而立而兩端之名又爲成中而有也斯故極字所備之兩誼爲極端與極中皆相形而益彰者也夫極端有兩是謂兩端極中唯一是謂一中兩端者陰陽之所由兆分也一中者陰陽之所由交合也陰陽之兆分太極之現于兩儀也陰陽之交合兩儀之攝爲太極也總之太極不離陰陽陰陽不離太極也

第三章　陰陽因對待而有

夫天地之間一氣而已矣何以有陰何以有陽陰者理之屈氣之消位之虛數之乏也陽者理之伸氣之息位之盈數之正也屈消虛乏象之隱于无也伸息盈正象之現于有也隱于无者非實无也隱也現于有者是何有也現也隱者不可得而象然其理氣位數非不存也現者有可得而用然其理氣位數非忽增也是故體用一源顯微無間陰性之外別無陽性者存陽性之外更何

有、陰性、者在哉。陰陽之有異名現于對待之辭也、非果具陰陽二性也。使天地之間果具陰陽二性、則太極之生兩儀不將剖一爲二耶、宇宙之爲一元不將具有二本耶。語云兩姑之間難爲婦、兩國之際難爲民。使二日並出、二王並世、則天之曆數將誰依、土之踐食將誰歸。洵有卒無寧歲、求爲泰平之狗而不可得者矣。又誰能變理而調劑之。夫荀子議兵篇曰、權出于一者強、權出于二者弱。何承天答顏永嘉書曰、竊願吾子舍兼而遵一也。貞一之動見于易傳、得一之正詳于老子。蓋用一不紛、乃凝于神矣。若夫雙鵰齊發、雙管齊下、其勢蓋有所不能。故夷子二本、而孟子以爲譏。敎士二元、而學士以爲妄。儒者著毋貳之戒。釋氏開不二之門。道家之言有謂惟此一是實、餘二即非眞者。其殆即損六三爻繫辭傳所謂致一、而咸九四爻繫辭傳所謂一致者非耶。然則易以一陰一陽之謂道者何耶。蓋即老子所謂此二者同出而異名也。亦即張子所謂一故神、兩故化也。同出異名、則非二也。一神兩化、則本一也。一神故爲同出、兩化故爲異名。夫知一之可生二、二之生于一也、則奚啻其兩也。兩者不過指其消積之極端言耳。而其繁賾瑣縟、則一理可散爲萬事、亦萬事復歸于一理。蓋所謂一本萬殊、而萬殊一本者、其皆即易繫辭傳所謂同歸而殊塗、一致而百慮者乎。夫此致一之神、而形兩之化、有以見天地之間、宰生物而不測、妙萬物而爲言者、惟此乾元一氣，盈虛消息，健行周流己焉耳、而彼坤元者、卽指此乾元對待之偶辭、非乾元之外、別有坤元者存、亦非坤元之、實離乎乾元、而有也、夫果知坤元即是乾元之同出、坤元即與乾元爲同歸、而後知陰陽之誼之爲道、由于對待之後而有兩、亦分于殊塗之後而不一、其始非有異、實其終仍還一本、而屈伸往來、以爲數之正乏、此所謂一而二也、一而二者、蓋即陰陽之一神而兩化也、繫象傳又曰、君子以同而異、同而異者、蓋即陰陽之同出而異名也、

第四章　陰陽因分別而見

夫陰陽之理本自一致、雖形于正乏兩途、而强爲分別、逮其調劑中和、則陰者不可得而无、卽陽者亦不可得而有矣、陰陽之有无、由于分別之見、存而其所以爲陰陽者、不在分別之見也、今姑以分別之見說之、則陰陽者相與對待而敵體、故可以爲偶也、卽如乾坤與六子之爲象、乾坤者六子之父母也、由既有乾坤而後有六子、故乾坤者、陰陽之至純、亦至極也、乾爲陽之純、卽爲陽之極、坤爲陰之純、卽爲陰之極、純而極者、一于是而不少雜焉、屆夫乾坤之相交而六子生、乾以初爻交坤而震生焉、坤以初爻交乾而巽生焉、此震巽二卦、在陰陽之交、得乎初氣者也、乾以中爻交坤而坎生焉、坤以中爻交乾而離生焉、此坎離二卦、在陰陽之交、得乎中氣者也、乾以上爻

交坤而艮生焉，坤以上爻交乾而兌生焉。此艮兌二卦在陰陽之交，得乎終氣者也。故六子之始生，皆得乾坤之初氣、中氣、終氣，以構精而化成也。此即因陰陽之分別而有乾坤，有乾坤之分別而有六子，有六子之分別而有陰陽八卦之對偶也。

第五章　陰陽唱龢說

夫六子之始生，得乾坤之氣以構精而化成也。乾坤之構精，則本陰陽之絪縕也。而六子之配合，又復本陰陽之絪縕以構精也。于是陰與陽偶，陽與陰對。陰之所虛，陽必趨之；陽之所發，陰必應之。故震以初爻之陽爲唱，則巽以初爻之陰爲龢；坎以中爻之陽爲唱，則離以中爻之陰爲龢；艮以上爻之陽爲唱，則兌以上爻之陰爲龢。陽以何爻爲唱，則陰亦必以何爻爲龢，亦即陽唱之程至于何爻，則陰龢之程亦必至于何爻。此言一方既有陽唱于此，則他方亦必有陰龢于彼。而陰龢之所臻，其量即視陽唱奮發之量以爲量，而量必與之同等。故陰龢之量，亦即陽唱之量。然生陰陽之分別者，正以陰陽同出而異名也。所謂陽唱于前而陰龢于後者，即先因有陽而後方見有陰也。是之謂陰陽之唱龢。陰陽之唱龢，即陰陽所以由同出而生異名之一理也。

第六章　陰陽吸噓說

陰陽唱龢之說、既如前述。自其反者而觀之、則有陰陽吸噓之說焉。陰陽吸噓者、即六子之奇偶、相與應求也。是故艮下于兌、則二氣感應以相與。震下于巽、則同聲益志以偕行。凡陰之能受陽必施之。陰之時損、陽必益之。陰之所不足、必陽之所有餘。陰有所不及、必陽有所太過也。故以陽之有餘、補充陰之不足、則盈虛適平。而以陽之太過、調劑陰之不及、則消息相當。于是知君子好逑、必淑女之美德所感也。南針遙指、必北極之磁電所引也。陰陽之理、豈異于是哉。故凡陽之所由噓者、必本陰之所先吸也。陰無先吸之情、則陽更何由而有趨噓之緣耶。陰之爲陰、本由于謙之先吸而虛之能受也。是故有陰之名。陽之爲陽、本由于豐之趨噓而盈之必施也。是故有陽之名。陰苟非吸、則不成其所以爲陰。亦必至陽而非噓、乃不成其所以爲陽。陰不成陰、則失其陰之名。陽不成陽、亦失備陽之實。陰陽既失其名實、則陰陽之誼復何存。夫陰陽之摩蕩、即陰陽之吸噓也。故巽以初爻之陰先吸、則震以初爻之陽趨噓。離以中爻之陰先吸、則坎以中爻之陽趨噓。兌以上爻之陰先吸、則艮以上爻之陽趨噓。陰以何爻先吸、則陽亦必以何爻趨噓。亦即陰吸之程至于何爻、則陽噓之程亦必至于何爻。此言一方先有陰吸于彼、則他方亦必趨有陽噓于此、而陽噓之所臻其量、即復視陰吸能容之量以爲量。而量亦必與之同等。故陽噓之量、亦即陰吸之量然成陰陽之分別者，正以陰陽一神而兩化也。所謂陰必先吸而陽乃趨嘘者，即先因分陰而後方可分陽也。是之謂陰陽之吸嘘。陰陽之吸嘘，即陰陽所以由一神而成兩化之一理也。此陰陽吸嘘之說，故與前述陰陽唱龢之說相反也。

第七章　太極之名因陰陽之名而存在

夫陰陽唱龢者，陰陽之所由始生也。陰陽吸嘘者，陰陽之所由化成也。始生者，自无而著于有，自靜而出于動也。化成者，自有而返于无，自動而入于靜也。自无而有，自靜而動，此太極之兆分爲兩儀也。自有而无，自動而靜，此兩儀之復合爲太極也。太極之兆分爲兩儀，是太極之名因兩儀而動于有也。兩儀之復合爲太極，是兩儀之誼隨太極而靜返无也。動于有，則自微而著；靜返无，則由顯而隱。自微而著者，本無太極存在，而以兆分兩儀之故，乃權現其有太極存在。故周濂溪曰：無極而太極也。由顯而隱者，雖有太極存在，而以復合兩儀之故，知本來仍無太極存在。故周濂溪曰：太極本無極也。夫太極之名，因兩儀而有；兩儀之名，因陰陽而具；陰陽之名，因對待而生。陰陽未有對待之先，則陰陽之名不存。陰陽既無對待之後，則陰陽之名亦不存。陰陽之名不存，則誰復與爲兩儀者？故兩儀之名亦不存。兩儀之名不存，則誰復自爲太極者？故太極之名亦不存。太極之名不存，則無太極矣。既無太極，故謂之無極。猶之既有太極，方謂之太極也。

第八章　太極本來無極端

夫極之爲辭，由于對待之兩端而有象也。故繫辭傳曰，易有太極者，在易象則有太極也。有太極而後有易象，易象之成，由于有太極也。有太極而後有兩儀，乃至有四象，有八卦，因而重之，則有六十四卦，變而通之，則有三百八十四爻。其胚胎所自，則皆成始成終于易有太極，而後有卦爻也。苟非有太極，則卦爻于何生成。苟非有卦爻，則易象于何存在。是故謂之易有太極，所以著易之爲道，由于有太極也。太極者，兩儀之成始而成終也。兩儀者，陰陽也。一陰一陽之謂道，一陰一陽即兩儀，而道即太極，是故兩儀之謂太極也。有兩儀之名，故有太極之名，有太極之名，故有易之名。此易之所以必有太極也，此易之所以不無太極也。必有太極，故易可曰有太極，不無太極，故易不可曰無太極，易不可無太極，故自不曰無極。易雖可有太極，而亦不曰有極者，極爲對待之兩端，即相反之名稱。對待而相反之至，必各趨于極端。極端者，陰陽之所由判也。方其在太極也，渾然一體，本無對待，何有相反。逮至對待相反之兆分，則陰陽兩儀之既事，謂之兩儀而不復謂之太極矣。而得謂之太極者，時在兩儀之先，自是渾然一體，陰陽猶未判也。或在兩儀之竟，又是渾然一體陰陽已復合也兩儀之先兩儀尚未具兩儀之竟兩儀不復具兩儀既不具則對待之質泯相反之見消故極端亦不立極端既不立即無極端之可言矣是故號爲太極是太極者本來渾然一體了無極端之可言也太極本來無極端是周濂溪所謂太極本無極也此以極爲對待之兩端即相反之名稱是謂極端之爲極也

第九章　陰陽之極中濇和

極爲極端之誼既如前述而極又爲極中之誼鄭康成注乾鑿度之大極云氣象未分之時天地之所始也其注易經之大極云極中之道濇和未分之道也故極者正謂極中之道氣象濇和未分之時也然既謂之極中又謂之濇和則極字之象已可想見矣而又贊之曰未分者天地之始陰陽之未判也陰陽之未判者陰陽之名不可得而有也陰陽之名不可得而有是陰陽之極中即陰陽之濇和也陰陽當極中濇和之時雖不可有陰陽之名而未嘗不具可有陰陽之理且陰陽之名之得而有者正以具可有陰陽之理于不可有陰陽之名之時亦即陰陽之名之暫本乎陰陽之理之常暫者可有時而現于實有則亦可有時而藏于非有常者必無時而非藏于寂靜不動則亦必無時而非現于感應以通矣是故暫者有可實有亦有可非有而實有與非有必異

其境界。常者無可非無亦無可實無而非無與實無不二其意誼是故陰陽之兆分既有所始必有所竟。而所竟之後又必復還所始之先亦即所始之先已攝盡所竟之後之境界。而所竟之後仍不二所始之先之意誼自所始之後以迄所竟之前其陰陽之名之存在雖一時而暫現于有。然溯所始之先以推所竟之後則其陰陽之理之究竟仍同樣而永定不變故前所謂暫者即今所謂常也。暫之所以無異于常者暫即常之暫現常即暫之常定常爲悠久無疆之全程而暫則其中之一段也。以一段擬全程則全程不必因一段而全見惟以全程概一段則一段已盡在全程而攝入矣。故陰陽所始之先已可概見陰陽所竟之後。而陰陽所竟之後仍無異陰陽所始之先即同樣爲極中[illegible]和之道也。即陰陽之復合仍如陰陽之未分也故在太極之極中[illegible]和與其謂之陰陽之未分無寧謂之陰陽之既合也。

第十章　陰陽之名存于所交之一瞬

陰陽以兆分而有陰陽即陰陽以未分而未有陰陽亦即陰陽以既合而非有陰陽。此所以陰陽所始之先不可得而有陰陽之名。即陰陽所竟之後亦不可得而有陰陽之名而陰陽之名可得而有者僅在此始後竟前之際會一息備萬變萬變攝一息匪寇婚媾以氤氳構精而化成之所由者、即陰陽兆分後之所交也。陰陽所始之先、所竟之後、皆不可得有陰陽之名、而惟此陰陽所交之中、獨具得有陰陽之名者、非曰陰陽之存在、祇有此全歷程中極短期之一小段也、乃謂陰陽之名備于陰陽所交之中也。夫一陰一陽之爲道、道無時而不存、即陰陽亦無時而不在、道終古無息、即陰陽亦終古無息。道不必形于名而有、即陰陽亦不必形于名而有、陰陽不必形于名無時而不在、故終古無息。此陰陽之所以合道、而道即陰陽之全也。阮籍通老論云、易謂之太極、老子謂之道。蓋以道即太極、太極即道也。一陰一陽之謂道、即一陰一陽之謂太極也。道合陰陽之全、即太極合陰陽之全也。故言陰陽而道在其中矣。言道而太極在其中矣。言太極而陰陽也道也均在其中矣。故易以太極爲極中滔和之道、而曰易有太極、是生兩儀者、蓋謂陰陽之名備于陰陽所交之中、而陰陽所始之先、與陰陽所竟之後、未嘗不具陰陽之理、而陰陽之理、且終古無息、無時不在、即不必形于名而有也。陰陽不必形于名而有、斯正極中滔和之至道也。極中滔和者、陰陽具陰陽之理、或在所始之先、或在所竟之後、而實未嘗不在所交之中也。所始、未交也、所竟、已交也、所交者、始後、竟前之一瞬也。即道之所由、爲道、而太極之所由、爲太極也。是道之化成、由于陰陽之所交、而太極之渾具、由于陰陽之所始所竟也。道不可須臾離、故無適而非道。太極各正性命之全、故無在而非太極、即陰陽體道之撰、雖致太極之中和、故無時而非陰陽。陰陽不以陰陽之名而特存、亦不以陰陽之名而不存、故曰太極者極中滴和之道也。極中滴和則陰陽之境界盡泯、陰陽之意見消除、無論其爲未分之前陰陽之名不可得而有、或爲既合之後陰陽之名不可得而有、凡不得有陰陽之名則一也。不得有陰陽之名則兩儀不復具、然既謂之兩儀、不復具則自有兩儀可知也。既謂之不得有陰陽之名、則自有陰陽亦可知也。有兩儀而不得有兩儀之名、即有陰陽而不得有陰陽之名、更可知也。此所謂可有而不可名也。可有而不可名、是故謂之無名。老子曰、無名者天地之始、天地之始即陰陽之始所由未分也。故易文言曰、先天而天弗違、天且弗違、而况于人乎、而况于物乎。

第十一章　無極中而爲太極

夫道與太極通而爲一。中庸周易相與申說、是以知道之不可須臾離、而太極之各正性命者、皆所以盡化育而致中和也。方其未化育之先、則有化育之可盡、及其既化育之後、又無化育之可言矣。方其未中和之先、則有中和之可致、及其既中和之後、又無中和之可言矣。故萬物之生育化成、兩儀之極中滴和、皆方至其時之謂也、非已屆其時之謂也。如以淺語喻之、則所謂生產者、方其未生未產之先也、及其已生產嬰孩之後、更不得復云生產矣、然嬰孩則自生產而有也。而太極者、雖不可謂爲非方至其時之先、更不可謂爲非已屆其時之後。蓋太極之無在而不具、即道之不可須臾離也。道之不離陰陽、即陰陽之不離太極也。陰陽不離太極、亦即太極之不離陰陽也。太極不離陰陽、故陰陽亦無時而不存也。然陰陽之無時而不在者、即太極之無時而不在也。太極之無時而不在、故始自未分之先、竟至已合之後、陰陽之應用、其情狀雖萬變、而太極之本體、其渾然固如是也。是陰陽可暫變、而太極則常定也。陰陽之暫變、故有趨中趨和之勢、即亦有未中未和之時。未中未和之時、所謂陰陽之分、即兩儀也。趨中趨和之勢、所謂陰陽之交、即太極也。而太極即兩儀、兩儀即太極、此太極之常定、故無初分中交之變、即亦無始先竟後之異。始先固太極、而竟後亦太極也。初分本太極、而中交又太極也。初分始先、太極以陰陽之自微而著也。中交竟後、太極以陰陽之殊塗同歸也。初分中交、太極以陰陽之有名而顯于有、始先竟後、太極又以陰陽之無名而隱于無。顯有則極中之名非有而亦有、隱無則極中之名不無而亦無。太極之有、雖不爲極中之有而有、而極中之有實本爲太極之有而有。故陰陽、顯而極中有陰陽、隱而極中無陰陽之名。雖不爲極中立、而極中之名實本爲陰陽立也。極中之名、何以本爲陰陽立耶。有陰陽之兩端、而後方有兩端之極中。有兩端則自有極中、有極中亦必有兩端苟非陰陽則兩端不立兩端不立極中于何可得故無兩端即亦無極中矣夫陰陽趨于極中則陰陽之名有時而隱爲無極中既合陰陽則極中之名于何更須復有故陰陽至極中而兩儀不立即極中既成功而極中亦不立極中既以兩儀之不立而不立則亦無極中之可言矣無極中之可言者是極中之至也極中之至即太極之爲道也是故極中號爲太極是太極者本來渾然一體無待于極中而自無不極中即極中之至至無極中之名而號爲太極也無極中而爲太極也是周濂溪所謂無極而太極也此以極爲淯和之象即極中之道也是謂極中之爲極也

第十二章　太極之外更無無極

極爲極端之誼又爲極中之誼既如前述極端之與極中誼雖相反而意實相成皆一陰一陽之屈伸往來盈虛消息所謂交易之道也是故舉其偏辭而太極之誼已顯備其全旨則太極之意尤賅總之無不識其爲太極也乃世之言太極者不知太極即兩儀之極中而兩儀即太極之極端故孔子言易有太極而周濂溪又言無極以相足成其誼而太極之上陡然增添一無極之名一若兩儀既由太極以生而太極又由無極以生其不知太極即不知兩儀即不知無極也其不

知兩儀、且不能由太極而生、即太極更何能由無極而生太極、易有、尚不能生兩儀、無極本無、更何能生太極、太極與兩儀、既是一而非二、無極與太極、豈是二而非一哉。蓋所謂無極者、有二誼。一者、太極本無極端、故太極本無極也。二者、無極中而爲太極、故無極而太極也。然又可反其辭而言之、則太極本無極者、太極本來無極中也。太極本來無極端、無極端即無極中、故太極本來無極中也。無極而太極者、無極端而爲太極也。無極中而爲太極、無極中即無極端、故無極端而爲太極也。此太極之誼、實即無極之旨、而太極之外、更無無極、無極之實、不二太極也。世之言太極者、不知太極、即不知無極、因周濂溪一言無極、而驚駴莫名其狀、瞠目撟舌、不知措手、一若可怪之甚者、此罕見橐駝之類也。或懷疑無極之名、不可並太極而同認爲有、或迷信無極之實、更可超太極而駕乎其上、是皆不知太極之誼、故不識無極之旨也。誠能知乎此極端、極中之說者、始可與之言太極、卽始可與之言無極矣。

易有太極是生兩儀篇八

第一章　易象有三極

欲明太極之誼、須先明極字之誼。極字之誼有二。一曰極端、二曰極中。夫極端有兩、是謂兩端極。

中。唯一、是謂一中。一中兩端、厥有三極。兩端者、陰陽也。一中者、陰陽之交也。陰陽之交者、于三才爲人。而陰陽則天地也。天居至高、爲上之極、故在易象以天爲上極。地處至低、爲下之極、故在易象、以地爲下極。人受天地之中以生、而介乎天地之間、爲中之極、故在易象以人爲中極。上極、中極、下極、此三者、在易繫傳謂之三極。三極者、上天、下地、人介其中是也。其在三畫卦象、則以初爻爲地、爲下極、中爻爲人、爲中極、上爻爲天、爲上極。此三畫卦象之分配三極也。至夫八卦成列、因而重之、以爲六十四重卦。則三畫者重而爲六畫矣。故在六畫卦象、則以初爻二爻爲地、爲下極、三爻四爻爲人、爲中極、五爻上爻爲天、爲上極。此六畫卦象之分配三極也。故易繫辭傳上篇曰、六爻之動、三極之道也。六爻之動、何以分配三極之道耶。蓋宇宙雖號萬有、而不外三才。非天無以覆幬、非地無以容載、非人物無以育養。是故世界之成、由三才而立也。故繫辭傳下篇曰、有天道焉、有人道焉、有地道焉、兼三才而兩之、故六。六者非它也、三才之道也。道者、一陰一陽之謂、成于兩者也。兼三才而兩之者、謂三才之道各成于兩、是故六畫之卦、分配三極而有六爻也。故說卦傳曰、立天之道、曰陰與陽、立地之道、曰柔與剛、立人之道、曰仁與義、兼三才而兩之、故易六畫而成卦、分陰分陽、迭用柔剛、故易六畫而成章。夫所謂陰陽剛柔仁義者、舉互辭也。總之、凡三才之道各成于兩也。兩者、易道之所由成終而成終也。大兩之中含有小兩、小兩之中又有小兩、易道無盡、則兩亦無盡。凡兩之成、皆爲易道有也。易道卽太極也、太極即兩儀也、兩儀即無盡之兩也。兩無盡、故兩儀亦無盡。兩儀無盡、此即太極之所以無時、不在無物、不在、無不在而無在、無在而無不在也。三極之道兼三才而兩之、此三極之說也。此極之所以有三也。此三極之極所以有三極之極字爲之本誼也。亦即太極之極所以有太極之極字爲之本誼也。而乾之上九爻、則與時偕極、以言乎處上之極也。未濟之初六爻、則亦不知極、以言乎處下之極也。是皆上下兩端之極、亦即上下兩極之端、蓋所謂極端也。極端者、消極之失時、而積極之過亢也、蓋皆不得其中道者也。其介乎下上兩極端之中、以爲卦象之中爻者、即所謂極中也。極中即時中也。時中者、得位正當而無過不及之差者也。若失其位、卽失其時矣。失其時、卽失其極矣。故節之九二爻則失時極也。凡易傳之言極字之誼者、皆彼此同出、卽彼此一貫。是故其界說其意誼明了顯豁、初無奇怪奧衍之可存、故不容歧說多途以相衒惑也。故曰極字之本誼明、則太極之本誼亦明。太極之本誼明、則易道之本誼亦明矣。

第二章　自體之兼兩

夫易道之誼明、由于太極之誼明。太極之誼明、由于極字之誼明。極字之誼、用于易傳者、同出一貫、既如前述。而太極之誼、獨綰易道全象、以爲生生之本者、故既謂之極、而又謂之太、則其誼之尤爲重要、更可知也。夫太極道有三、而皆不能無偶、以爲絕對、上下兩極之爲對待無論矣、而中極又自爲兼兩、以取偶、上下兩極、復各自取偶、如此而名極端、固極端而又極端、如此而名極中、則雖極中而仍極端也。此說似矣、而實非也。何者、極端之所以爲極端、非有待于取偶、且亦不能取偶也。極端之于對方、如上之與下、如下之與上、互相反對、互相違背、至于其極、則猶可得而以對待之名名其極端。至極端之于本方、雖有級數狀之比差式、順序遞嬗、而進退變遷、互爲消長、然揆其所以、則全無對偶之可取。試即以六爻之象證明之。今命上下兩爻爲取偶之方、則上爻上、五爻下、此上極之自偶、天道之陰陽也。四爻上、三爻下、此中極之取偶、人道之仁義也。二爻上、初爻下、此下極之取偶、地道之柔剛也。說卦傳以陰陽自與爲偶、仁義自與爲偶、柔剛自與爲偶、故說者以三極之道、爲自相取偶也。喻以磁鐵、其象亦爾。如磁鐵之全體、一卦。六爻之畫也。其兩極、則正負不同之陰陽兩性也。上爻、喻如陰極、初爻、喻如陽極、而凡全體之陰性、必趨向陰極、全體之陽性、必趨向陽極。假使分爲三段、上段當上極、仍有陰極在上、當上爻、陽極在下、當五爻、中段當中極、仍有陰極在上、當四爻、陽極在下、當三爻、下段當下極、仍有陰極在上、當二爻、陽極在下、當初爻、排列整齊、仍舊不紊、儼如兼三才而兩之、三極之道、爲自相取偶也。

第三章　以位之比較明對待可遞變

夫三極之道、雖爲自相對偶、而不知此乃比較類擬之偶、以相對而見有也。非敵體配匹之偶、以永定而不變也。蓋六爻蟬聯而三極銜接、自上爻以至初爻、其間每兩爻毗連、則皆有上下、不獨每極之兩爻可各自爲類擬之偶、而凡毗連之兩爻、不論在本極非在本極、皆可互爲類擬之偶矣。是故若認上五之爲上極上下、四三之爲中極上下、二初之爲下極上下、則亦必認上極與中極銜接處之五四兩爻、以毗連故而有上下。中極與下極銜接處之三二兩爻、亦以毗連故而有上下。既彼此皆可爲上下、即彼此皆可爲類擬之偶矣。且當上五爲偶時、則上爲上極、五爲下極。五四爲偶時、又五爲上極、四爲下極。四三爲偶時、則四爲上極、三爲下極。三二爲偶時、又三爲上極、二爲下極。二初爲偶時、則二爲上極、初爲下極。此六爻之中、除上爲上極之上極、初爲下極之下極、更無遷變外、其餘自五至二之諸爻、皆可遞次遷變、本與上爻偶時則爲下極者、而與下爻偶時、則又爲上極矣。亦卽本與下爻偶時、則爲上極者、而與上爻偶時、則又爲下極矣。忽上忽下、忽下忽上、遞次遷變、而莫能永定、其究竟當爲上耶、當爲下耶、蓋亦在不可知之列耶。夫六爻之毗連相際、則上下之名分可以互移、此即禮大學篇所謂絜矩之道也。夫所謂道者、必由化成于兩、故絜矩之道、亦必在兩人以上方有之、此即仁之爲誼、起于相人偶者也。此即因遞變而取類擬之偶、非由永定以爲配匹之偶也。

第四章　以數之比較明對待可遞變

夫位之上下、固由比較而得、既如前述矣。即數之多寡、亦由比較而見。試更引六爻配六數以證明之。命初爻之數爲一、二爻之數爲二、三爻之數爲三、四爻之數爲四、五爻之數爲五、上爻之數爲六、則一爲極端少數、六爲極端多數。一二相較、固一少二多。二三相較、則二少三多。三四相較、又三少四多。四五相較、變四少五多。五六相較、更五少六多。此六數之中、除一六兩數處極少極多之兩端、更無遷變外、其餘自二至五之各數、皆可遞次遷變。本與下數偶時、則爲較多者、而與上數偶時、則又較少矣。亦即本與上數偶時、則爲較少者、而與下數偶時、則又較多矣。諺曰、比上不足、比下有餘、其斯之謂夫。由是證知類擬之偶、皆可遞變。對待之辭、與于比較。文言傳所謂上下無常、進退無恒、說卦傳所謂分陰分陽、迭用柔剛。故兩數相與之間、互有多寡、多于此者、又寡于彼。寡于彼者、又多于此。本無恆常、而由分爲迭用、實即緣于遞變。互相因循、而莫可端倪。亦隨時變遷、而未能泥執。呂東萊有言、使我先貴而後賤、我之爲我自若也、而奉我者遽變而見陵。又使我先賤而後貴、我之爲我亦自若也、而陵我者遽變而見奉。是先後之貴賤變遷、則今昔之陵奉遽移矣。嘗嘆東萊之形容世態、又何深極其妙以至于斯耶。吾于是始信榮辱之果無定名、亦不過相形之下、比較似有耳。人又何苦戚戚然斤斤然、空爭一日之是非、而自棄天爵于不顧、轉與鄙夫爲角逐之戲耶。然則世之樂而忘返者、蓋亦可以知所覺悟矣。

第五章　以電之比較明對待可遞變

夫世間、一切對待之辭、本皆由比較而有。不特位之上下、數之多寡然也。凡性之陰陽、勢之强弱、情之苦樂、物之美醜、事之善惡、理之是非、皆隨時、隨境、變遷不定。故孟子曰、禹稷顏回同道、易地則皆然耳。蓋所處之時地不同也。時地不同、則相對之不同、非絕對之不同也。相對之不同、斯一切對待之名所由起也。而以發電之正負兩性、極陰陽兩依翁證明之、則其理尤爲切近而易曉。蓋正負兩電本無絕對之性、極亦惟視任何兩體、能所之量、誰盈誰虛、緣比較以爲一時相對之偶耳。凡數物體並在、則能所之量必有强弱之差。故順其强弱盈虛之序而整列之、記其甲乙丙丁以爲識別。假使甲與乙之間、甲之量最强爲陽、乙之量弱于甲之量則爲陰。而在乙與丙之間、乙之量又强于丙之量則轉爲陽、而丙之量弱于乙之量爲陰矣。若在丙與丁之間、丙之量又强于丁之量而轉爲陽、則丁爲陰矣。此陰陽遞變之偶、剛柔迭用之較、莫如依翁正負之理最爲切近而易曉也。依翁之正負、全依比較而顯其功用、故能有相對之異性、而不必有絕對之異性也。相對之異性、非永定之對待、可遞變之對待也。可遞變之對待、隨時隨境變更其名、所謂比較類擬之偶也。

第六章　以光色之比較明對待可遞變

以上言比較之理備矣。然比較之易于實驗者、莫如光之與色。旭明者明之極也。黑暗者暗之極也。介乎其間者、則曚曨與爝火也。由旭明而入曚曨、則曚曨尙嫌其暗。由黑暗而見曚曨、則曚曨已覺其明。是故日月出而爝火息、昏夜至而燈燭燃。時地易則功用變矣。光之比較者如此。色之比較也亦然。是故黑之至極、黑更有黑。白之至極、白更有白。白黑相比、則白者益白、黑者益黑。黑與灰色較、則視灰爲白色。白與灰色較、則視灰爲黑色。黑白之間、亦豈有定論哉。不過因比較而益顯耳。言比較之理者、莫備于老子一書矣。林損曰、老子言無名天地之始、又言有名萬物之母。

言常無欲以觀其妙、又言常有欲以觀其竅。其意不出于舉隅以守中。故曰有無相生、難易相成、長短相形、高下相傾、聲音相和、前後相隨。又曰、天下有始、以爲天下母。既得其母、以知其子。既知其子、復守其母。有無相生、難易相成、長短相形、高下相傾、聲音相和、前後相隨、皆因偶以立名、亦即陰陽也。可謂知其用矣。可謂識比較之理矣。天下之事物、可以驗比較之理者、至衆也、而光之明暗、色之黑白、尤比較之實驗、顯而易見者也。故相與並論之。

第七章　以人之比較明對待可遞變

夫光之明暗、色之黑白、本無定論、悉由于比較而得也。豈徒光、色、無定論哉。即人之智、愚、賢、不肖、亦無定論、不過比較之中、而有假定之勝劣、相對之善惡耳。孔子曰、歲寒然後知松柏之後凋也。老子曰、六親不和有孝慈、國家昏亂有忠臣、相對比較之論、古人已先得我心矣。是故以堯舜之賢、爲之父、則難乎其爲子矣。此丹朱商均之所以視爲不肖者、相形之下、比較而得也。以舜禹之賢、爲之子、則難乎其爲父矣。此瞽瞍伯鯀之所以爲兇頑圮者、亦相形之下、比較而得也。至夫象之于舜、而爲形其傲、管蔡之于武周、而爲形其畔、此兄弟之相形、而難乎其爲兄弟也。且比較之辭、本無絶對、而賢能之程、豈有止境。善則更有善于此者、美則更有美于此者。故愈學愈見不足、而愈比愈覺有餘。所謂兩賢並驅，則相形而益彰者也。是故父賢而子勝于父，則子名或掩其父名。如顏繇曾晳，亦聖門之良也，而以有顏回曾參之聖爲之子，遂使其名弗如矣。又兄賢而弟勝于兄，則兄名反隱于弟名。如蘇厲蘇代，非弱于術也，而蘇秦之名獨著。復齋梭山，非讓于學也，而象山之名獨傳。豈或幸或不幸耶，亦比較而拔其尤者也。

第八章　兩極端之進退

綜前述諸說觀之，則凡一切可名對待之辭，類擬之偶，皆緣相對而遞變，並非絕對而永定。然雖不得謂之配匹之偶，又未嘗不是比較之偶也。配匹之偶，永定之偶也；比較之偶，遞變之偶也。天地定位，乾坤定矣，此永定之偶也。日月相推而明生焉，寒暑相推而歲成焉，此遞變之偶也。永定之偶，此易道所以有不易之誼也；遞變之偶，此易道所以又有變易之誼也。不易之誼，名分道器之所在也；變易之誼，絜矩時中之所由也。易道惟變所適，故尙隨時之宜也。隨時者，適中也。適中者，損益盈虛盛衰消息之數，由兩極端之過與不及，而約之于一極中之調和平均也。可以比差級數之理證明之。今假以自一至九之九數，順序爲等差級數，則一爲少數之極端，九爲多數之極端，是謂兩極之端，即謂兩端之極也。故取其極多之一端，則其餘者必爲極少之一端，亦即取其極少之一端、則其餘者必爲極多之一端、而過與不及之誼見焉。故凡可以爲對待之辭者、多半皆可使趨于兩極端也。今以數理證明之。凡數自極少之端、順序向極多之端進趨、則數漸增。進趨之位、向極多之端愈近、則數逾增。臻至極端之多而止。故九數中自極端最少數一、向極端最多數九進趨。則進一序、自一而二、而二之數已增于一。進二序、自二而三、而三之數已增于二、而尤增于一。進三序、自三而四、而四之數已增于三、而比于三二、則所增之數漸多。進四序、自四而五、而五之數已增于四、而比于四三二、則所增之數更多、且距兩極端相等矣。進五序、自五而六、則漸近極多之端矣。進六序、自六而七、則向極多之端更近矣。進七序、自七而八、則距極多之端至近矣。進八序、自八而九、則已由極少之端遷變極多之端矣。又凡數自極多之端、順序向極少之端退行、則數漸減。退行之位、向極少之端愈近、則數愈減。臻至極端之少而至。故九數中自極端最多數九、向極端最少數一退行。則退一序、自九而八、而八之數已減于九。退二序、自八而七、而七之數已減于八、而尤減于九。退三序、自七而六、而六之數已減于七、而比于九八、則所減之數漸甚。退四序、自六而五、而五之數已減于六、而比于九八七、則所減之數更甚、且距兩極端相等矣。退五序、自五而四、則漸近極少之端矣。退六序、自四而三、則向極少之端更近矣。退七序、自三而二、則距極少之端至近矣。退八序、自二而一、則已由極多之端、還變極少之端矣。

第九章　執兩用中之道

夫陰陽之理、可喻以數之多寡焉。蓋多數少數、爲兩極之相異、對待而陰性陽性、爲兩極之相異、對待理皆同也。是故數之少者漸增、則漸多、愈增則愈多、臻至其端而極多焉。蓋自陰極以進向陽極也、而數之多者漸減、則漸少、愈減則愈少、臻至其端而極少焉。蓋自陽極以退向陰極也。自陰進陽則數漸增、自陽退陰則數漸減、而數之增減、在理則互爲消長、在算可互相還原、故增至太過者、則酌損以節之、此以減爲還原也。而減至不及者、則斟益以晉之、此以增爲還原也。是故一之數本極端之少、由累增而漸進、以至于九、則爲九數之積極、而九之數本極端之多、由累減而漸退、以至于一、則爲九數之消極。積之還原則爲消、消之還原則爲積、是消極與積極、互爲反覆、互相循環、故消者可積、而積者可消矣。消者可積、而積者可消、是消者不消、而積者不積矣。消者不消、而積者不積、是兩極無端、而兩端非極矣。兩極無端、而兩端非極、是多寡平均、而陰陽調和矣。兩端之多寡平均、兩極之陰陽調和、是祇見平均、不見多寡、祇見調和、不見陰陽矣。祇見平均、不見多寡、祇見調和、不見陰陽、是太極之得其至中、而無分別相也。謂之無分別相者、非兩無可分別之實，乃兩泯可分別之迹，即不見有兩極端之存在，而祇見其一極中之自適。此大舜之所以執兩端而用其中，孔子之所以叩兩端而竭其中也。夫中之至者，和之至，即庸之至也。故易家之贊中也，曰：中則無不正矣。此孟子之欲正人心所以獨得易之用也。此太極所以攝兩極端之不平均、不調和者，而歸于一極中之祇平均、祇調和者，故超乎三極之名，而尊號爲太極也。三極之極，有極者也；太極之極，無極者也。有極者有極可迹，故有迹可極；無極者無極可迹，故無迹可極。有極有迹，此三極之所以歸太極，而不能偕太極，故在上則與時偕極，在繼則又失時極，在初則亦不知極也。無極無迹，此太極之所以攝三極，而不必爲三極。原其始則曰無極而太極，要其終則曰太極本無極也。是故三極與太極，其誼之關係如此；而太極與三極，其誼之勝劣又如此。證之以大學之絜矩、中庸之時中，其旨甚切，其誼甚信，審皆即易傳之太極也。而總綰三書之肯，弘通一貫之道者，其皆在一誠而已矣。是故大學言誠意，中庸言自誠，易傳言存誠也。大哉誠乎，斯其至矣。

第十章　一極中之平均

夫積極與消極，間數有多寡，如何能使平均也。性有陰陽，如何能使調和也。知多寡之可以平均即亦知陰陽之可以調和矣。陰陽之性，喩之以多寡之數也。故最多最寡者，數之兩極端也。適中之數者，數之一極中也。兩極端者，數之至差者也。一極中者，數之至均者也。數之至均者，其量爲兩端至差之折中數也。故中極之數，宜等于上下兩極之和之半數也。今姑就數之多寡者證之于前述九數之順序中，則數之多者莫逾于九，故爲積極之端；數之寡者莫少于一，故爲消極之端。試以盈虛損益之理平均之，則凡數之最多與最少者相和折中，即得適中之數，此兩最相和，必得其中也。又數之甚多與甚少者相和折中，亦即得適中之數，此兩最相和，亦必得其中也。更如數之近多與近少者相和折中，亦即得適中之數，此兩近相和，亦必得其中也。乃至數之僅少與僅多者相和折中，亦即得適中之數，此兩僅相和，亦必得其中也。而是諸數之和，彼此互爲相等，故其折中之數，亦彼此互爲相等。是以彼此互等之諸數，即彼此各數之平均，旣謂之平均矣，則彼此無弗互等者宜也。彼此互等，則無彼此之景，而分別之相泯；彼此互等，則無彼此之界，而畛域之見除。故卽無彼此之存在可得，故多寡平均之至，即陰陽調和之至也。茲引計數以證之。

夫積極之多數，無逾于九，故九數最多；消極之少數，無寡于一，故一數最少。一九相和得十，折中爲五，此兩最同序相和所得之平均數，即一極中數也。多端之次于九者爲八，距最多甚近，離少數甚遠、故八數甚多。少端之次于一者爲二、距最少甚近、離多數甚遠、故二數甚少。二八相和得十、折中爲五。此兩甚同序相和所得之平均數、即一極中數也。多端之再次者爲七、距多端較近、離少端較遠、故七數近多。少端之再次者爲三、距少端較近、離多端較遠、故三數近少。三七相和得十、折中爲五。此兩近同序相和所得之平均數、即一極中數也。多端之又次者爲六、僅視中五則多、故六數僅多。少端之又次者爲四、僅視中五則少、故四數僅少。四五相和得十、折中爲五、此兩僅同序相和所得之平均數、即一極中數也。由以上諸數觀之、可知凡屬同序兩數相和所得折中之平均數、無一不等于一極中數者、而此一極中數、必等于任何同序兩數相和所得折中之平均數、即悉與諸同序之平均數等也。

第十一章　兩極之和合

夫所謂同序者、即各距兩極端相等之位數也。如一爲最少數極端、九爲最多數極端、兩端皆處兩極、則爲同序、一進一序爲二、九退一序爲八、兩甚、皆距兩最一序、則爲進退同一序、而進二序爲三、退二序爲七、兩近、皆距兩最二序、則爲進、退、同二序、進三序爲四、退三序爲六、兩僅、皆距兩最三序、則爲進、退、同三序。如是五既爲進四序、又爲退四序、則進、退、同序萃于一身、故爲極中數、也。六本爲退三序、今又爲進五序。四本爲進三序、今又爲退五序。則六四兩數既爲進退三序、又爲進退五序。此數以六、四合而序以五、三合也。七本爲退二序、今又爲進六序。三本爲進二序今又爲退六序。則七三兩數既爲進退二序、又爲進退六序、此數以七、三合而序以六、二合也。八本爲退一序、今又爲進七序。二本爲進一序、今又爲退七序。則八二兩數既爲進退一序、又爲進退七序、此數以八、二合、而序以七、一合也。凡數之合皆得十、而序之合皆得八也。是故居中五數爲極中即多少兩極之際也。少于極中之爲少極、即少于五之數自四向一之四序爲少極、至極于一爲少之極端。多于極中之爲多極、即多于五之數自六向九之四序爲多極、至極于九爲多之極端。而自兩極端彼此相向、互爲進退、即自極少之端各進幾序、與自極多之端各退幾序、其所進、退序數彼此兩兩、各相等者得爲中和。如兩極端爲第一中和、則兩甚進退各一序者爲第二中和、兩近進退各二序者爲第三中和、兩僅進退各三序者爲第四中和、而第六中和即第四中和之反數、第七中和即第三中和之反數、第八中和即第二中和之反數爲中和之六、四合、七、三合、八、二合亦皆合得十也。是諸中和悉等于中五、故中五即中和之數也。中和即平均中數也。惟進退至于所差至微、所距至近、則得反復樞機、爲消積交會之際、進退序數卽萃于一身、即可爲消極之進幾序、亦即可爲積極之退幾序、位距兩極遠近互等。在己即爲中數、即爲調和、即爲平均、無須更有與之相和折中者、相和即其加倍折中即其本數故也。祇有此一數獨居中、更無彼此同序可與爲中和者在、如中五之兼爲進退四序而無第五中和、故即爲一極中數、而所謂一極中者、必距兩極端之位數序數皆等、而不偏不倚、處得正中也。略有偏倚、即非正中、不得爲一極中矣。故一極中者、致中和之謂也、即兩極之際彼此進退同序之諸和數所得之中數也、即無多寡無偏倚之平均數也。

第十二章　兩極之較差

夫所謂極者、上極下極也、亦即積極消極也、亦即陽極陰極也、皆即多寡之兩極端也。所謂際者、上下之中也、交會之間也、反復之紐也。由此而進退焉、進則漸多、可自消極而趨向積極、退則漸少、可自積極而趨向消極。適處消積多寡之間、互爲盈虛進退之紐、分其向、進之一端爲多極、即上極也。向退之一端爲少極、即下極也。是當多寡兩極端之中、衡而爲平均、一極中之分際、即兩極所緣以分極之處、故謂之爲際也。際者、一極中也。夫兩極以同序各數相和折中、可得平均之中數、而兩極以任何兩數相較、又可驗各序彼此之差數。多極與少極謂之異極、猶陰性與陽性謂之異性。凡異極兩數之序，距際愈近，則其兩數之較，所差愈微；而距際漸遠，則其兩數之較，所差漸著，甚遠則甚顯，至兩極距際最遠而極焉。故異極六四兩數，進退距中五一序，最近之差數皆一，即差之最微者也；而彼此相差數二，由是而進退之，則在異極中稍遠者七三兩數距中五二序之差數亦皆二，即差之稍著者也；而七四兩數，六三兩數，彼此相差數皆三；又八二兩數距中五三序之差數亦皆三，即差之漸著者也；而七三兩數，八四兩數，六二兩數，彼此相差皆四；又極端九一兩數距中五四序之差數亦皆四，即差之大著者也；而九四兩數，八三兩數，七二兩數，六一兩數彼此相差皆五，即差之更著者也。至九三兩數，八二兩數，七一兩數，彼此相差皆六，即差之深著者也。九二兩數，八一兩數，彼此相差皆七，即在異極中差之甚著，距之甚遠也。極于九一兩數極端彼此相差數八，即在異極中差之最著，距之最遠，而至極者也。差之最著，距之最遠，斯所以為消極積極之端也。由積而消，消至于無可消；由消而積，積之于無可積。斯誠發之于端，臻乎其極，而九數順序之所以假設起訖，即陰陽兩儀之所由兆分也。陰陽兩儀之所由兆分，發之于交會之際，距中最近，所差最微，而臻于兩極之端，相距最遠，所差最著。蓋微之時，雖未嘗不有陰陽，而不覺其有陰陽之辨；至著之候，乃可識其有陰陽之分。故陰陽不著于分際之中，而特顯于兩極之端。此多寡兩端之所以爲陰陽兩極之徵也。即陰陽爲對待之偶，由有極端之兩，或極之兩端，或兩極之端而顯也。若在極中之一，或中之一極，或一極之中，則不可得而有對待之偶也。故陰陽之調和，多寡之平均，謂之中也。

第十二章　陰陽之互變

或問前述之多寡喩數二例，一用卦爻之六數，一用籌算之九數。其取譬也，亦豈有說乎。曰，夫六，偶數之一也。九，奇數之一也。今取九六者，在易取象，則乾元用九，坤元用六，故以九六堪爲奇偶之代表耳。現今通用之阿刺伯數碼字，六書作6，九書作9，六似九之倒書，故書六而倒之則爲九。亦即九似六之倒書，故書九而倒之則爲六。是九六兩碼，可相綜合，爲互倒象也。在六書，倒人爲七，即今變化之化字也。是倒之者，變化之意。在易筮，遇九六必變。九，老陽也，變則爲陰。六，老陰也，變則爲陽。故乾坤全變，則有用六用九之說。是九之倒爲六者，即陽之變化爲陰也。六之倒爲九者，即陰之變化爲陽也。故坤元用六者，偶數爲陰，可變化奇數爲陽也。乾元用九者，奇數爲陽，可變化爲陰也。如何變化之，則可相間而去九數之間位，即去其一三五七九而剩二四六八，凡變四位，四即偶數也。亦可相間而插入六數之間位，則一二之間，二三之間，三四之間，四五之間，五六之間、皆插入小數五、即半數而得變十一位、即奇數矣。然等差級數之理仍舊也。如是、間入則六之偶數變爲十一之奇數、間去則九之奇數變爲四之偶數、亦奇偶之互變也。夫十一者猶一也。數在易象、過十須不用、凡河洛之乘除胥如是。蓋十者一之進位、故體數有十、用數無十。此圖書二象所以有體十用九之異也。十一之十不用、故十一猶一也。一者、九之餘數、十中減九、則餘一也。四者、六之餘數、十中減六、則餘四也。近世杭辛齋、邃于易者也、著有陽一陰四之說、謂陽以一爲體、陰以四爲體。一者奇數之奇、四者偶數之偶也。奇數極于九、故奇者九之用、偶數極于六、故偶者六之用。夫一之與四、猶九之與六也。一九皆爲太陽數、四六皆爲太陰數。乾用九、坤用六者、生數爲體、成數爲用也。故依前述之起迄順序等差兩數觀之、則變六數之偶序而化爲十一數之奇序者、猶之六可變化爲九也。變九數之奇序而化爲四數之偶序者、猶之九可變化爲六也。九可變化爲六、是陽可變化爲陰也。六可變化爲九、是陰可變化爲陽也。陰暗則爲小人、陽明則爲君子。陰可變其差數而化爲陽、是小人可革其非心而化爲君子也。故張橫渠有變化氣質之說。夫學者爲學、所學何事、亦不過變化其氣質之習性、而有以反復其天命之本性耳。大哉變乎、此易道之所以尙變也。雖然、陽亦可變化爲陰、故曰道心惟微、人心惟危。微者每易于汨沒、而危者尤易于放肆。是故理欲交戰于胸中、利義紛陳于目前、而公私之分、天人之辨、又非深體夫道者不能曉喻此也。風之所以難竄而危機之終古未息歟。嗟夫、生于憂患而死于安樂、禍兮福之所倚而福兮禍之所伏。一動一靜、互爲其根、可即九六之互變以證之。故人有逆取而順守者、亦有善始而惡終者、大都隨應環境之影響而變化者占其多數也。可畏哉、善惡之幾、即人禽之關頭也。知變化之道者、其知陰陽不測之所爲乎。

第十四章　兩極由異觀現

夫九、六之互爲變化、即陰陽之迭爲消長也。陰陽之迭爲消長、則易道之所以懸象著明、極數知來也。象數之形于天地間者、無適而非象數。土有華夷、俗有文野、至不齊也。而其可徵爲象數者、則無不同。故阿剌伯數碼字以九六兩象互相反復、而成爲綜合之一象、于是九字可倒變而爲六、六字可倒變而爲九。一正一倒之間、則九、六之體象變而九、六之功用亦變矣。故于九之倒變爲六、六之倒變爲九、更足以明太極之渾其一體、而顚之倒之、變九變六、則所謂見智見仁、隨存心之不同、而轉現異觀。其爲象也、則一而正象見其正、倒象見其倒、人自有正倒耳。陰陽豈有異理哉。故數之進、則自一而臻于九之積極、數之退、則自九而返于一之消極。列數者之雖有順、其序、逆其序、而自一至九之數、未嘗更爲異序也。然則多端少端、積極消極、可以喻有陰之必有陽有陽之必有陰、亦以見陰陽之本無其體、且本無其名、不過如磁針之指定南北而强別其相異之兩極、爲陰陽之兩性、彼固一體、何嘗自命爲陰陽之異名哉。且若執其此端爲陽彼端爲陰則分之爲兩段、宜若此段爲陽、彼段爲陰矣。而豈知此段又自爲陰陽、彼段又自爲陰陽、更分之爲若干段而各段、復自爲陰陽、乃至細分之爲無量數、而無量數、仍一一各自爲陰陽、所謂太極一陰陽也、陰陽一太極也、一物一太極也、物物一太極也、以磁針之全體喻太極、兩極之異性喻陰陽、則易有太極、是生兩儀之旨、可得而明矣。以磁性異極之感應、磁流循環之往復、解釋陰陽之理、則兩極端之爲多寡消積、一極中之爲調和平均、亦易曉矣。是故兩極端之誼明、而一極中之誼亦明、即一極中之誼明、而兩極端之誼亦明矣。兩極端與一極中之誼明、而三極之道明矣。三極之道明、而太極之極字、即三極、即二極、即一極之極字亦明矣。而老子所謂道生一、一生二、二三生三之生字亦明矣。生字明而後太極是生兩儀之理、始可以自詔而不昧于俗說矣。

易有太極是生兩儀篇九

第一章　孔子之太極即文王之乾元伏羲之一畫

昔者天垂其象、地成其形。伏羲則之而作易、自一畫以下、未嘗言有太極也。厥後文王因之而演易、自乾元以下、亦未嘗言有太極也。至于孔子繼之而贊易、始自太極以下、于是乎乃言易有太極也。是太極之名、造端于孔子。孔子即太極之誼、發明于孔子矣。故在孔子之前、易未有太極之說也。自孔子而後、則易有太極之旨、遂見于繫辭傳之文矣。嗣是後世之言易學者、莫不尊崇太極、一名以爲易道之樞要、而從來象數之爭、義理之辯、雖極其門戶鴻溝之深、亦胥無不以太極爲取準焉。至哉太極之爲太極也。夫太極之誼、以後世之說言之、則渾淪無端、立乎天地之先、無名可以名之、無象可以象之、殆似老子所謂有物混成、先天地生、獨立而不改、周行而不殆、執古之始以禦今之有。是以云神无方而易无體也。然其理之存在于天地也、充塞兩間、放彌六合、至費而自隱、闇然而日彰、大至天地而無外、小至希微而無內、綿宇宙亙古今、實有是理、畢竟常新而已。故太極者、天地萬物之實理也。在天地言、則天地中有太極。在萬物言、則萬物中各有太極。未有天地之先、畢竟是有此理、所謂太極即是有理。而聖人千言萬語、亦只是說個實理有理而已。恐人不曉、故又筆之于書耳。朱紫陽曰、太極只是一個實理、聖人一以貫之。陸象山曰、太極實是有理、聖人從而發明之、古之人所以讚揚太極、爲實理、爲有理者、何其至也。是故極者、至極無對之稱而太極者、又至尊無上之名也。非孔子之聖又誰能一貫而發明之。雖然、孔子之旨、即本文王之旨、文王之旨、即本伏羲之旨也。何以言之、夫伏羲初開一畫之文、而不言乾元、文王雖著乾元之誼、而不言太極、曷爲謂孔子太極之旨、即本文王乾元之旨、而文王乾元之旨、即本伏羲一畫之旨也。且孔子于文言傳則言乾元、于繫辭傳則言太極、是乾元一名、而太極又一名也。于何而知太極之旨、不異乾元之旨也。徵之史傳而知之。杜佑通典云、魏侍中繆襲議曰、元者一也、首也、氣之初也。是以周文演易以冠四德、仲尼作春秋以統三正。此以春秋元年之元、爲即周易乾元之元也。公羊氏隱公元年傳、何休注曰、變一爲元、元者氣也、無形以起、有形以分、造起天地、天地之始也。疏曰、元者端也、有形無形、皆生于元氣而來。此以元爲即始造天地之元氣也。後漢書方術傳序注曰、元氣、謂開闢陰陽。此以元氣爲即開闢陰陽之太極也。春秋命歷序曰、元氣正則天地八卦孳也。此以元氣正爲即太極之是生兩儀、乃至四象八卦也。故阮藉通老論曰、易謂之太極、春秋謂之元。此則逕以易之太極爲即春秋之元矣。綜前諸說觀之、是孔子闡揚文王乾元之旨、而自發明太極、以後乃既以太極贊周易之變化、而又以乾元正春秋之名分。此微言大義之所在、皆素王肩道之苦心也。是以知孔子太極之旨、即本文王乾元之旨也。夫太極之不異乾元、即孔子之道合文王、其說、徵諸、論語、而益信。是故孔子嘗自道其情曰、文王既沒、文不在茲乎。又自嘆後死者不得與于斯文也。此文琴日夢之來、豈非吾道之感與。夫文王之與孔子、所謂五百年間必有名世者出、而其時之相去、又若斯之近也。是道之私淑、猶易貫之。若夫文王之于伏羲、歷年既久、文化多聯。伏羲畫卦、尚無文字。文王乾元、演自心得。又于何而知乾元之旨、即一畫之旨也。亦徵之古說、而知之。莊子大宗師篇曰、伏羲得之、以襲氣母。司馬彪云、氣母、元氣之母。崔譔云、取元氣之本。夫元氣者、文王演易時所謂乾元者也。而伏羲已取之者、所以開一畫之文也。董仲舒春秋繁露曰、唯聖人能屬萬物于一、而繫之元也。是以春秋變一、謂之元。夫孔子之所以變一爲元者、亦猶文王之所以變一畫爲乾元也。是故孔子之心、尚文王之心。知孔子之心、即知文王之心矣。此虞翻故釋易繫辭傳之一、謂乾元。而高誘故解淮南子之一者、爲元氣也。謂元氣爲一、故知元氣、即一畫也。知元氣之即爲一畫、是以知文王乾元之旨、即本伏羲一畫之旨也。夫豈徒文王乾元之旨、即伏羲一畫之旨而已哉。其實孔子太極之旨、亦即伏羲一畫之旨也。更徵之、以李惇羣經識小曰、易之太極、所謂以一畫開天、而其下變動、皆是此生、未嘗以爲渾渾沌沌、莫可名狀之物也。如李惇所言、既可以證太極之實有、即可以知孔子之旨、不二伏羲之旨也。是故孔子之太極實即文王之乾元亦即伏羲之一畫先聖後聖豈不同條而共貫哉若于此有以灼然實見太極之眞體則知伏羲文王之不言太極者不爲少而孔子之言有太極者不爲多蓋道無不同其實一也

第二章 無極之誼出自道家

夫孔子贊易繫傳言有太極矣而不言無極也至周濂溪著圖立說而後乃言無極是無極之說不傳于漢唐而獨傳于宋也雖然無極之說不始于宋不創于周濂溪實已屢見于先秦諸子之書矣如老子云復歸于無極管子云慌慌兮若遊于無極莊子云遊無極之野列子云無極之外更無無極夫老子管子莊子列子之四子者皆東周道家之皎皎者也而同讚無極之妙以爲玄是無極之名固道家之所崇也駸駸乎有求勝于太極之上矣何以知其然耶間嘗殫研莊子一書而知之大宗師篇曰道在太極之先而不爲高夫太極者陰陽之所由兆分易之至也宜莫先于此矣而道家之言道尙在太極之先是有求勝于太極之名爲可知也故莊子一書既云在太極之先而又云遊無極之野彼此詞氣相爲呼應蛛絲馬跡脈絡顯然自能審知其意爲以無極之名冠乎太極之上矣雖然無極之名不必始于東周之後也其所由來者舊矣徵之于汲冢周

書命訓解曰、正人莫如有極、道天莫如無極。道天有極則不威、正人無極則不信。是可知無極之名、周初固已有之矣。雖地藏所發、固難確定爲眞贋、而汲冢之自身足徵與否、尚在不可知之列。然既有是書、則無極之名、已著于周初之說、或不能遺此而不引援以爲考據矣。有清之中葉、有端木國瑚者、窮五十年之精闡、而作周易指一書。嘗因天屈西北之說、而悟无字之誼、以爲天地之數、至乾而數爲无、故西北偏戌亥無陰無陽、主無生無死、佛教是也。天地南北、子一陽物出有、爲恒有象、道教始午一陰物入无、爲咸无象、佛教始。又以易是恒有之道、而非虛無之教、故言易有太極、而不言無極、是以無極與有極爲對待也。是佛教在無極之端、道教在有極之端、而儒教之建極、乃執其兩端而用其中者也。然道教之果屬爲有、而與佛教之無對待耶、是耶、非耶、姑弗論。總之有極與無極之必爲對待審矣。有極之與無極、猶積極之與消極也。消積固屬對待之辭、而有無尤爲對待之辭也。有極無極、信爲對待之辭、則汲冢周書所述者、良足以爲無極本誼之確據也。夫太極、絕對之名也。而無極乃與有極爲相對之名。相對者、兩儀之分別相也。則太極之誼、且足以全賅有無兩極、而無極之誼、又烏能偏冠太極之上耶。而道家乃以無極爲在太極之先、甚矣、名之不可執也。

第三章　極字有各種分別名相

夫太極者、至極無對之稱也。是故莫能與之爲偶。極而曰太、無字可與爲對待也。故杭辛齋曰、既有對待、即落于兩儀之地位、非太極之地位矣。試就極字略舉可以對待之名言之、曰無極、曰有極、無有相爲對待也。曰消極、曰積極、消積相爲對待也。曰正極、曰負極、正負相爲對待也。曰南極、曰北極、南北相爲對待也。曰陰極、曰陽極、陰陽相爲對待也。此皆既有分別之相、即爲對待之名也。是謂兩極。夫極而未至于太、固皆未能免乎對待之名、即猶有分別之相。在極有分別之相者、即生分別之誼。兩極之外、則又有三極、四極、五極、六極、八極等名焉。三極者、易繫辭傳云、六爻之動、三極之道也。陸績曰、此三才極至之道。初四下極、二五中極、三上上極也。此上中下三極者、三極之一說也。侯果則曰、兼三才而兩之、謂兩爻爲一才也。初兼二地也、三兼四人也、五兼上天也、依侯果之說、則初二地極、三四人極、五上天極也。此天地人三極者、三極之又一說也。四極者、爾雅釋地曰、東至于泰遠、西至于邠國、南至于濮鉛、北至于祝栗、謂之四極是也。五極者、周書呂刑篇曰、屬于五極、咸中有慶。此極字有訓爲刑、得其中者。王樵之說也。有訓爲標準之名者、陳櫟之說也。有訓爲各協其極者、徐僑之說也。而蔡沈書傳則曰、五極、五刑也。按五刑者、即苗民弗用靈而制以五虐之刑也。六極者、有二說。一者、周書洪範曰、威用六極、一曰凶短折、二曰疾、三曰憂、四曰貧、五曰惡、六曰弱。二者、莊子天運篇所謂天有六極、大宗師篇所謂在六極之下。此則合上下四方而謂之六極也。八極者、淮南子本經訓曰、紀綱八極、經緯六合。此則總四正四隅之盡處、韻會所謂方隅之極也。而爾雅釋天云、月在癸曰極、亦盡之意也。此外田藝衡混古始天易曰、帝王所居之都、曰四方之極。又曰、天體至高、物莫與並、其色青赤相同、曰紫極。而王蕃渾天說、則旣云北極出地三十六度、南極入地三十六度之下、又續云而嵩高正當天之中極。其他極字之分別異誼、有見于羣籍者、蓋不勝枚舉、悉與太極之說無關也。夫物各有極、極字固未嘗不可對待、即未嘗不可分別也。然而物物各一太極、萬物合一太極焉、則超乎分別對待之上矣。故以爲至極無對之稱也。而道家乃欲任太極之先、特著無極一誼、以求勝。豈不思無與有爲對待、則已落于分別之筌蹄、幾同兩儀之地位矣。尚能超駕太極之上乎。易有太極一語、此正孔子贊易之至極、盡精微之言也。非如孔子之至聖、其誰能知之、其誰能言之。降聖人一等、宜其日處夢囈之中、而不能明矣。或曰、無極之說、使信如汲冢周書所言、則是無極有極兩名、固在周初已成爲對待之詞矣。且先乎孔子之前也。安知孔子贊易之時、不因念及無極有極之誼、而發明此太極之旨耶。然則太極一語、安知非包舉無極有極之兩誼、而立一名以賅括之耶。故由前之說。是道家尊崇無極之旨。爲欲求勝于太極之上也。而由後之說。是孔子發明太極之旨。且竟超勝于無極之上矣。故在聖人未發明太極以前、則道家無極之誼可以冠乎一切衆理之上。而自聖人既發明太極以後、則道家無極之誼既因對待自降、而與有極分別爲兩儀同隸屬乎太極之下、而範圍于太極之內矣。此聖人發明太極之功所以舉世不可及也夫。

第四章　乾鑿度之說

易緯乾鑿度引黃帝之言曰、既然物出。始俾太易。太易始著、太極成。太極成、乾坤行。蒼頡注云太易、無也。太極、有也。太易從無入有。聖人知易有理未形。故曰太易。夫王莽好符命、光武以圖讖興、而讖緯之學獨盛行于東漢。如困學紀聞所云光武篤信緯書、諸儒習爲內學是也。故漢書藝文志不錄緯學諸書。至隋志始言漢代有郄氏袁氏說。並言七緯孔子所作。而江藩著經解入門、亦言緯候創始于孔氏。又東漢鄭玄最信緯學。亦謂爲孔子所作。而荀悅闢之、謂起于中興之前。即劉彥和正緯篇、亦有通儒討覈、謂起哀平之說。蓋即本諸張衡所云成于哀平之說也。緯學果出于孔子與否、姑弗論。總之、其書始盛行于東漢、則可必也、而不必前于孔子、又可知也。如是則易緯所引黃帝之言、與蒼頡之注、其爲僞託可想見矣。然漢人之說易也、無不據以爲寶藏、故余亦首引其說。如其所謂太易者、竟似後世所謂無極也。太易始著、太極成、即無極而太極之說也。太極成、乾坤行、即陰陽一太極之說也。乾鑿度又曰、有太易、有太初、有太始、有太素。太易者、未見氣也。太初者、氣之始也。太始者、形之始也。太素者、質之始也。易無形畔、易變而爲一、一變而爲七、七變而爲九、九者、氣變之究也、乃復變而爲一。一爲形變之始、清輕者上爲天、重濁者下爲地。清張惠言周易虞氏消息曰、易無形畔者、未見氣也。一七九曰氣變、是太初也。一爲形變之始、則猶太始也。有形而无質、是爲太極、分爲天地而有質、乃爲太素。天地既立、則太極之氣出陽入陰、變天化地、以生萬物、是乃所謂易也。如張氏之說、是太始有形無質、是爲太極也。然則太初太易必在太極之前矣。夫在太極之前、是必未有太極也。未有太極、則非無極而何。張氏清之漢易學者也、而無極之說、則宋易學者始言之。且漢宋之爭、實以無極爲主鵠、而張氏之說與僞蒼頡之注、何其酷與宋易學中無極之說彷彿類似耶。

第五章　列子之說

列子天瑞篇有論天地之所從生曰、有太易、有太初、有太始、有太素。太易者、未見氣也。太初者、氣之始也。太始者、形之始也。太素者、質之始也。且繼之曰、氣形質具而未離、故曰渾淪。渾淪者、言萬物相渾淪而未相離也。視之不見、聽之不聞、循之不得、故曰易也。易無形埒。張湛注曰、太易之義如無而已。然太易之說、未知是列子引乾鑿度之言耶、抑乾鑿度襲列子之言也。夫列子一書、學者有疑爲後世僞託者、謂莊子書中有列禦寇篇、故好事者因而附會依倣、贋成此書。或且謂莊子一書、人名人事、多屬寓言、安知列禦寇亦非寓言之一。而本無其人、故非特列子之書疑其贋、抑且兼列子之人、疑其無矣。彼列子之是否可疑、固非今日之所論。然使列子果無其人、或雖有其人而書非自作、則列子一書、或竟後于乾鑿度矣。即使列子果有其人、而書且自作、若乾鑿度果出于孔氏、而不始于漢、則列子一書、亦仍後于乾鑿度矣。列子後、則是列子引乾鑿度之說也。又使列子雖屬贋書、而乾鑿度之書、不先于劉向校書之前、則乾鑿度之說、或竟襲之于列子書中也。夫太易之說、誰引誰襲、固不可武斷。然不必出于孔子之前、似可無疑也。卽使竟出于孔子之前、其果與太極是否確有關係、又至可研究者也。然而近世朱謙之著古學卮言、竟謂太易卽無極之說、太初象太極之形、太始象太極之氣、太素象太極之質、似太極之先、確有後世所謂無極者存矣。至列子渾淪以下所說、正是老子所謂視之不見名曰希、聽之不聞名曰夷、搏之不得名曰微、此三者不可致詰、故混而爲一之意。而易無形埒一語、則又似即乾鑿度之易無形畔也。即易辭繫傳所謂神无方而易无體也。且一七九之數變、列子亦言之、與乾鑿度同。蓋列子之說、乘易老而有之與。

第六章　古三墳之說

古三墳河圖代姓紀云、混沌爲太始、太始者、元胎之萌也。太始之數一、一爲太極。太極者、天地之父母也。一極易、天高明而清、地博厚而濁、謂之太易。太易者、天地之變也。二爲兩儀、如其所說、又似以太始爲天地之始、太極其數也、合象數而爲太極之說也、以太易爲天地之變、兩儀其數也、合象數而爲兩儀之說也。其曰混沌云者、殆即老子所謂有物混成、先天地生、或即列子所謂萬物相渾淪而未相離也。至以混沌爲太始、太始變太易、朱謙之古學卮言以爲即周子無極而太極、太極而陰陽之說也。然乾鑿度與列子既皆以太易在太始之前、而古三墳又以太易在太始之後、然則太易與太始、果宜孰先孰後耶。若太易宜在太始之前、是乾鑿度與列子之說是、而古三墳之說非矣。若太易宜在太始之後、則又古三墳之說是、而乾鑿度與列子之說皆非矣。是二說者、互相背謬、未審其旨果誰合于理耶。且乾鑿度與列子以太易爲氣之始也、屢變而爲太素、雖氣形具而猶未離至古三墳則以太易爲天地之變矣依僞蒼頡之注乾鑿度與張湛之注列子觀之而更徵之于張惠言之周易虞氏消息則所謂太易者時在未有太極之前所有之名也然又依古三墳之說觀之則所謂太易者時在太極已變之後所有之名也夫太易在未有太極之前則正謂太極所本之無極也而太易在太極已變之後則又謂太極所生之兩儀也夫此太易一名既可以爲太極所本之無極又可以爲太極之所生之兩儀孔子曰必也正名乎名不正則言不順太易之名其殆似之或謂古三墳固僞書也烏足以爲徵然則徵之于周易之說信乎孔子作繫辭傳既曰易有太極又曰易與天地準是易即太極易即天地不聞易在未有太極之時也孔子贊易不言易之未有太極是易之不爲未有太極可知也故曰易有太極或謂孔子所贊者是易故有太極而與天地準乾鑿度所說者是太易故在易之先即在太極之先矣然太易之說孔子不言而易緯言之倘得謂七緯皆傳于孔氏耶不然孔子何獨隱秘其密意于易緯而竟不可顯露其宏旨于易傳耶是太易之說非孔子之所欲言也非孔子所欲言故列子于道家言之是以太易之名或似在太極之先或似在太極之後皆可證其與太極之說全無關也

第七章　諸家之異說

王砅玄珠密語曰、天地人俱生于太初。似即乾鑿度所云、太極成、乾坤行。古三墳所云、太極者、天地之父母也。皆即易繫辭傳所謂、太極是生兩儀之說。是太初、即太極也。而莊子天道篇曰、泰初有無、無有無名、一之所起、有一而未形。呂氏春秋大樂篇曰、一不可形、亦不可名。即張惠言所謂一七九曰氣變、是太初也。故曰未形、曰不可形。即乾鑿度列子所謂太初者氣之始也。張氏又言一爲形變之始、則猶太始也。有形而無質、是謂太極。即乾鑿度列子所謂太始者形之始也。古三墳所謂太始之數一、一爲太極。是太始之謂、太極也。而邵康節乃曰、象起于形、數起于質。是即張氏所云分爲天地而有質、乃爲太素之謂矣。豈尙不足爲太極耶。是以列子于太素下、又繼之曰、氣形質具而未離、故曰渾淪。孝經鈎命訣曰、質形已具、謂之太極。可知列子之所謂渾淪者、即太極也。然又在太素之後矣。綜前諸說觀之、則以太初爲太極者、王砅之說也。以太始爲太極者、張惠言與古三墳之說也。以太素爲太極者、又列子之說也。果欲辨其爲太極者誰耶。總之不可知而已。何爲其不可知耶。以其皆非孔子之說也。非孔子之說、斯其所以爲不可知之說也。

第八章　太極是無說

孝經鈎命訣曰、質形已具、謂之太極。如其所說、似尙有質形未具者在。夫曰質形已具、謂之太極、則質形未具、不謂之太極矣。而質形未具者、必在質形已具者之前。即不謂太極者。亦必在謂之太極者之前。是太極之前、竟有非太極者存也。以前例推之、或俗説論之、則此非太極者、似即後世所謂無極者也。試徵之于緯籍。乾鑿度曰、夫有形生于無形、乾坤安從生。列子天瑞篇曰、夫有形者生于無形、則天地安從生。淮南子説山訓曰、有形出于無形、未有天地能生天地者也。高誘注曰、未有天地生天地、故無形生有形也。皆即老子去用章所謂天下萬物生于有、有生于無之旨也。而王弼申其説曰、凡有皆始于無。又曰、有之所始、以無爲本是也。故莊子天道篇云、泰初有無。而齊物論篇又云、自無適有。此正道家之學説。所謂有之以爲利、無之以爲用、耳。故以無爲天地之始、而以觀其妙也。自王弼精研老子、兼通周易、而以道家崇無之玄旨、灌入易學、始爲作俑。嗣是易家學説中、遂含有道家虛無之玄旨。而易老二字、且爲並稱之連名矣。蓋老子著道德五千言、第一章開宗明旨、即首舉道之有無。而結論云、此兩者同出而異名。道化章又云、萬物負陰而抱陽、沖氣以爲和。是道之兩者、即陰陽之謂也。而孔子作繫辭傳、則直云一陰一陽之謂道。是道者固爲易老之所共尊也。故韓康伯承王學之緒、而注易乃釋一陰一陽之謂道曰、道者何、無之稱也。正義申之曰、以體言之謂之無、以物得開通言之謂之道。夫以道體爲無、晉之學者莫不有是說。蓋此時正玄風盛行之極也。故何晏注論語之志于道曰、道不可體、故志之而已。正義申之曰、道者、虛通無擁、自然之謂也。王弼曰、道者、無不通也。無不由也。况之曰道、寂如無體、不可爲象。是道不可體、但志慕而已。試更徵之、孫綽天台賦云、太虛遼廓而無閡、運自然之妙有。李善注云、大道運彼自然之妙、一而生萬物、謂之妙有者、欲言有、則不見其形、則非有、故謂之妙、欲言無、物由之而生、則非無、故謂之有也。斯乃無中生有、謂之妙有也。信如李善所說、妙有者、則道家所謂有生于無、即無中生有之旨、可得而辯矣。

第九章　太極是無中之有說

易繫辭傳云、神无方而易无體。朱子本義云、至神之妙、無有方所。易之變化、無有形體也。朱子所謂易無形體者、即乾鑿度所謂易無形畔。列子所謂易無形埒。亦即揚雄擬易而著太玄經、其玄攡第九、有云、謂之玄者、幽攡萬類而不見形者是也。不見形者、正何晏所謂不可體、王弼所謂不可象也。然孔子則云、易有太極、是生兩儀矣。明謂之有、不謂之無、何也。嘗試徵之于韓康伯之易注、其釋太極曰、夫有必始于無、故太極生兩儀也。太極者、無稱之稱、不可得而名、取有之所極、况之太極者也。孔穎達周易正義曰、易之三義、雖在于有、然有從无出、理則包無、而易象唯在于有。

故形而上者謂之道、道即无也。形而下者謂之器、器即有也。故以无言之、存乎道體。以有言之、存乎器用。方實孫讀周易記曰、易者、道也、象數也。言道則象數在其中矣。道果有耶、繫辭曰易无體、道果無耶、繫辭曰易有太極。是道自无而有也。何楷周易兼義曰、繫辭分爲上下兩篇者、上篇明无、故曰易有太極、太極即无也。又曰、聖人以此洗心退藏于密、是其无。下篇明幾、從无入有、故云知幾其神。幾者、離无入有、初之微、以能知有物之微、則能興行其事、故能成天下之事務也。綜以上諸說觀之、是易有太極者、無而有者也。故杭辛齋周易說无曰、易之爲道、自无出有、字作无、不作無。又曰、今欲說易、必須詮解此无字、得眞諦、而後易有太極之極字方有根據。學易筆談曰、有無之無、易經傳皆作无、乃易之特例也。又曰、斯時也、靜極而動未生、陰極而陽未形、孕育萬有而未見其朕、欲以一字盡其狀、而賅其義、故特以无字概之。此无字與有無之無音訓雖同、而意義殊別。有無之無、與有相對、而无則無對、超乎有無之上、蓋有無相對、則一陰一陽已成兩儀、而无則立乎兩儀之前、爲羣動之根、開萬有之宗、然則易无體、而有太極者、正是妙有之无、而非虛空之無也。故能是生兩儀。生者、劉𤩷周易義云、自无出有曰生、是也。蓋嘗論之、無物不可以生有物、唯無象乃可以生有象、是故乾鑿度列子所云有形生于無形、淮南子所云有形出于無形、老子所云有生于無、王弼韓康伯所云有始于無、孔穎達所云有從无出、莊子所云自無適有、司馬光方實孫所云自无而有、何楷僞蒼頡所云從无入有、劉巘杭辛齋所云自无出有、皆即李耆所云無中生有、謂之妙有者也。謂之妙有、則非實無、可知矣。妙有本非實無、而謂之無者、正如論語所謂有若無之無也。有而若無者、以不可形于象、而謂之無、非無其物、乃無其形也。故老子曰有物無形、夫宇宙之間、有物而無形者至衆矣。手之所摭、膚之所接、息之所營、皆無形之有物也。以爲有耶、則視之不見、聽之不聞、搏之不得、味乎無味、臭乎無臭、覺乎無覺、其體固虛寂也。以爲無耶、則出入營衞、生殺性命、造化人物、交易有無、消息盈虛、變遷景色、其用又至極也。而精闡科學者、且能設備各種機械、以實驗此無形有物之爲妙有矣。夫此妙有、在老子謂之有物無形、而易緯僞蒼頡注則謂之有理未形、有物無形者、道也。即太極也。有理未形者、易也、亦即太極也。而朱子則分別言之。其答陸子美書曰、周先生恐學者錯認太極別爲一物、特著二字以明之。太極非爲形器之物、無極即是無形、太極即是有理。如朱子之意、則是欲明易之有理未形、一全誼而分別無極、以代表無形之一偏誼、分別太極、以代表有理之一偏誼、不啻以無極與太極同立于對待之地位矣。夫與無極相爲對待者、有極也、非太極也。兩儀之一也、即太極之半也、非太極之全也。

豈得以明太極之本誼哉。

第十章　太極是有說

周易一書自孔子發明太極以來代有傳述、至于今不替。然而或雜于術數、或雜于佛老、其眞能私淑孔子而得孔子之薪傳者果有何人。此聖學之所以難明而道統之所難繼也。苟非極深研幾默識心通又烏能追契微言于簡編之間乎。此易道之所以尊貴也而學者之智識各有所偏、各有所蔽囿于一隅、不能窺見斯道之全者又比比皆是。無不見智見仁各就其所近者而造詣焉、此門戶派別之所以不能免也。而其以時期分派者、則有漢魏之易學焉晉唐之易學焉宋元明之易學焉有清之易學焉。漢魏之易學術數之說也。晉唐之易學老莊之說也宋元明之易學性理之說也有清之易學考據之說也、而皆不能上合天德復見天心致使精微之易道終古長夜、直至于今而未曉。悲夫夫漢魏之易學久已湮沒、今所存者、皆後世輯佚之殘簡耳晉唐之易學即前所引虛無之說、大暢玄風者也宋元明之易學、一變虛無說之玄風、而爲無極式之道學。故有評漢易爲方士易晉易爲隱士易宋易爲道士易者、洵至當也至于清易雖有漢宋兩派而大數皆考據之流耳、宜名之爲文士易其間固亦有翹然特出、獨樹一幟以自表清易之聲價者雖不乏人、而寥寥可數、抑又未必風行一時、尙也惟清易亦有足稱者、無他、即不信宋易無極之說、與晉易崇無之論者、頗多也、夫晉易崇無、以爲無在有先、有從無出、故以太極爲無也、宋易雖陽革其名、而陰奉其實、更以無極代其未有之無、而取其有以爲太極、反于太極之上多安一無極之名、至清易而後直以太極爲有、不以爲無矣、惠棟淸時漢易之代表也、其周易述有曰、繫辭言易有太極、不可言無。端木國瑚、又清易之中堅人物也、其周易指有曰、易是恆有之道、而非虛無之教、故易言有不言無、然言太極是有者、實不始于清易也、古之人已知之矣、可徵之于魏史儒林傳焉、北史曰、梁武帝問李業興云、易有太極、極是有無、業興對曰、所傳太極是有、是晉唐之世、固已明說太極是有矣、而晉唐之世、正玄風最盛、故稱太極是無、梁主之問、正爲此、而李業興之對、偏又如此、其後朱紫陽陸象山等、皆言太極是有理者、安知非即李業興太極是有之一語有以啟之耶、思至此、吾不禁拊掌而歎易道之未嘗一日亡也、不然何獨于晉易崇無之期、而偏有李業興是有之說、以對佞佛者梁武帝之問耶、吾于是知孔子韋編三絕、鐵撾三折之功、永遠綿延、直至于今、而未嘗有一息之間斷也、至矣哉、易有太極之說也、無以復加矣。

易學演講錄

丙寅春仲

俞復署

踐形易講錄第一編卷下目次

易有太極是生兩儀篇十四

易有太極是生兩儀篇十五

楊踐形易學演講錄 第一編卷下

無錫楊踐形講

易有太極是生兩儀篇十

第一章　太極之道

易繫辭傳云、一陰一陽之謂道。又云、易有太極、是生兩儀。兩儀者、即陰陽也。陰陽者、即乾坤也。即天地也。故云天地設位、而易行乎其中矣。又云、乾坤成列、而易立乎其中矣。乾坤毀則無以見易。故陰陽之象、易道之所以成也。易之象見于乾坤、乾坤即陰陽也。道之立本于陰陽、陰陽即乾坤也。太極之有、是生兩儀、兩儀者、即陰陽、即乾坤也。故知兩儀之太極、即乾坤之易、即陰陽之道、兩儀也、乾坤也、陰陽也、皆異名而同實也。太極也、易也、道也、是一而非二也。故凡繫辭傳中或稱太極、或稱易、或稱道、其旨皆同、指陰陽之變化言也。陰陽之變化見于六爻之動、而六爻之動、即三極之道也。三極之道、即易有太極也。易有太極之極字、即三極之道之極字。故易有太極、即三極之道。蓋三極是極、三極之道是極之太、即太極是道也。阮藉通老論曰、道者法自然而爲化、易謂之太極、春秋謂之元、老子謂之道。可知、道字之誼、即太極之誼也。世人每以易老並稱、可、即以老子言道之蘊而證周易言太極之誼矣易有太極是生兩儀即老子道生一一生二二生三三生萬物之旨道即太極二即兩儀一者極也三者三才即三極也道生一者自无象而生有象一即道也亦即極也故漢易有訓太極爲太一者道生一即太一生一也太一亦一一亦一太極亦極極亦極也老子分太一與一爲二先後講明之故先說道生一後說一生二周易知太極與極並無異誼故不必多分一層說即說太極生兩儀道非數二是數故不可說道生二必說一生二而一來自道故說道生一生即非生道生一者猶云道即一也而道體不即不異故不說道即一而說道生一耳二生三者實即二生萬物三生萬物者實說三時即已可函萬物在內三是天地人即三才而人爲萬物之靈三才中之人即已攝萬物在內矣三是古人表示數之衆者說三生萬物不啻說三即萬物因不可說二生萬物耳不說三則萬物之主人不顯故權說之周易則說二不說三以三與二同具有二即有三二是顯別之極三是中和之處即二之交處爲三也故周易則說兩儀生四象四象者兩大異之中又有兩小異者存所謂大同異小同異者故君子以同而異也三是說兩極之交處四是說兩極之交又有顯別即大兩之中又有小兩而兩無盡故四象又生八卦乃至六十四卦交則可以一字概無盡故但言生萬物可耳易以道陰陽故陰陽無盡

則兩亦無盡兩之中復有兩也故六爻之動即三極之道爲其兼三才而兩之也故爻六畫而成卦者既昉三才之爲兩異交而以一字概萬數又以陰陽之無盡著于兩中兩也

第二章　道一之舉證

老子所謂道生一許君所謂道立于一即有子所謂本立而道生也道不可形而形于一道不可立而立于本立于本者即立于一立于一者即生于一生于一者即生于本本立而道生即一立而道生亦即一生而道立也道即一一即本本即太極太極即人極本立者朱子所謂繼天立極周子所謂立人極焉故莊子天地篇引記曰通于一而萬事畢大戴禮保傅篇引易曰正其本萬物理即後漢書范升奏文引正其本而萬事理之言皆足以證萬殊之歸于一本矣是故孔子繫咸九四爻辭之傳曰一致而百慮又繫損六三爻辭之傳曰言致一也咸損上下兩象易咸四之一致即損三之致一也禮禮器篇曰經禮三百曲禮三千其致一也未有入室而不由戶也鄭玄注曰一謂誠也三百三千皆由誠也正義曰一誠也雖三千三百之多而行之者皆須至誠故云一也中庸篇曰知仁勇三者天下之達德也所以行之者一也朱子云一則誠而已矣又曰凡爲天下國家有九經所以行之者一也朱子云一者誠也即龜山文集答學者書曰中庸論天下國

家有九經、而卒曰所以行之者一也、一者何、誠而已。夫誠者、自成也、而道、自道也。未有入室不由戶者、即孔子所云誰能出不由戶、何莫由斯道也。故以、一爲誠、即以、一爲道、也。何以知、一之、必爲道、耶。稽之、古人之說、而知、之說文甘字下云从口含一。一、道也。呂覽論人篇曰、知神之謂得一。又曰、凡彼萬形、得一後成。高誘注云、一、道也。道生萬物、萬物得一乃後成也。是故劉歆三統歷云、道據其一。即韓非子楊權篇云、道無雙、故曰一也。淮南子精神訓曰、一生二。高誘注云、一謂道也。又俶眞訓曰、得一之道。高誘注云、一者、道之本也。故原道訓曰、道者、一立而萬物生矣。詮言訓曰、一也者、萬物之本也、無敵之道也。即文子曰、一也者、無適之道也。太公六韜曰、黃帝曰、一者階于道幾于神。故鬼谷子陰符曰、道者、天地之始、一其紀也。又曰、道者、神明之源、一其化端。更徵之、董仲舒對策、謂大一統者、天地之常經、古今之通誼也。顏師古曰、一統者、萬物之統、皆歸于一也。周易有殊途同歸之說、即此萬統歸一之誼。其在荀子儒效篇則曰、以一持萬。又曰、百王之道一、是矣。即孟子所謂定于一也。趙岐章旨言、定天下者、一道而已。孟子又曰、世子疑吾言乎、夫道一而已矣。荀子孟子、皆言道一之旨、實即皆本諸孔子之言也。孔子與參言之曰、吾道一以貫之。又與賜言之曰、予一以貫之。孔子之道一貫、故亦孟子荀子之道一貫矣。即亦天下之道一貫也。故易繫辭傳注韓伯曰、一以貫之不慮而盡矣。劉熙曰、慮及衆物以一定之也。以一、定之即天下定于一、也一以貫之即道本貫于一。貫于一即定于一。定于一即立于一。立于一即出于一。出于一即生于一。生于一即始于一矣。

第三章　始于一之舉證

曷謂乎始于一也。董仲舒對策曰、一者萬物之所從始也。王弼注老子曰、一數之始而物之極也。又釋易大衍曰、非數而數以之成斯易之太極也、一爲物之極即易之太極。故汲冢周書命訓解云其極一也。一爲數之始者、班固歷律志云元元本本數始于一。許愼說文士字下云物始于一。張晏曰數之元本起于初九之一也。莊子天道篇曰、泰初有無無有無名一之所起有一而未形。郭象注曰、一者有之初至妙者也。至妙故未有物理之形耳。故鶡冠子環流篇曰空之謂一。淮南子原道訓曰、肅然應感殷然反本則淪于無形矣。所謂無形者、一之謂也。所謂一者無匹合于天下者也。故呂覽大樂篇曰、一不可形、亦不可名。孟景翼論一曰、一之爲妙空元絕于有境神化贍于無窮爲无物而无爲處一數而无數莫之能名强號爲一。此即李善注文選云妙有謂一也。言大道運彼自然之妙一而生萬物。故孔子家語本命解所謂形于一、謂之性。而邵康節則又云象起于形、數起于質、夫質之始者、易緯乾鑿度以爲太素也。而太初者、則氣之始也。故鶡冠子曰、有一而有氣。陸佃注云、一者、元氣之始。是以莊子所謂未形、淮南子所謂無形、呂覽所謂不可形、即鶡冠子所謂空。孟景翼所謂空元、周書所謂極、王弼所謂物極、許慎所謂物始、亦即郭象所謂有初、所謂至妙、實即李善所釋之妙有也。其在周易、則謂之神无方而易无體。其在太玄、則謂之幽攡、萬類而不見其形。是故朱子云、易無形體、列子云、易無形埒。即乾鑿度云、易無形畔也。後即繼之曰、易變而爲一。一變而爲七。七變而爲九。九者、氣變之究也。乃復變而爲一。一者、形變之始。淸輕者上爲天、重濁者下爲地。張惠言周易虞氏消息曰、易無形畔者、太易也。未見氣也。一七九曰氣變、是太初也。說文解字之義、惟初太始、道立于一。一二三四、皆從積數。五象交午。六從入、而八分。七象氣出于一。八象分別相背之形。九象屈曲究盡。十象氣具四方、中央。易變而爲一者、太易動而有一氣也。積三午五、動七而出、故曰一變而爲七。至九而究盡、故曰七變而爲九。陰陽之氣相並、俱生易變而爲一、則二亦生矣。積四交午而動、一變而爲七、則二亦變而爲八矣。陽動而進、陰動而退、七上出、八當下入、故八象分別相背也。七上究而九、則八亦下究而六矣、故六從八入也。五交于中、十則具焉。函三爲一、故復變而爲一。此一爲形變之始、則猶太始也。有形而无質、是爲太極。分爲天地而有質、乃爲太素。天地旣立、則太極之氣、出陽入陰、變天化地、以生萬物、是乃所謂易也。張湛注列子曰、一變爲七九而不以次數者、全擧陽數領其都會也。按春秋元命包曰、陰陽之性起于一。又曰陽數始于一。春秋保乾圖曰、陽起于一。是知陰陽之性、皆起于一、即陰陽之數、皆起于一。而一實並陰陽之始也。然必謂之陽起于一、陽始于一者。正張湛所謂、擧陽數、領其都會也。總之一在易爲形變之始、是以乾鑿度曰、易始于一。鄭玄注云、易本無形體、氣變而爲一、故氣從下出也。而太玄經注則曰、玄始于一。玄道生神、故生神無先一也。夫乾鑿度所謂易始于一、即太玄注所謂玄始于一、亦即說文解字所謂物始于一、其實皆即漢書所謂數始于一也。朱震漢上易傳曰、凡有數者、莫不有一。一之所在、無往而不爲萬物之祖。故程大昌易原之論一也、曰易以一爲祖、爲至。又曰一能无爲、无不爲。夫一者、數之始、物之極、而道之本也。知一之說者、其知道之所謂乎。

第四章　道生一即无通于元

河上公老子注曰、夫道者、一元之至理。有經術政權之道。有自然長生之道。劉歆三統歷云、道據其一、一即元也。又云三統合于一元。乾鑿度曰、易一元以爲元紀。鄭玄注曰、天地之元、萬物所紀。

董子春秋繁露曰、唯聖人能屬萬物于一、而繫之元也、是以春秋變一謂之元。又對策曰、謂一爲元者視大始而欲正本也、繆襲曰元者、一也首也氣之初也。姚配中曰一者元也易之原也何休注公羊傳曰變一爲元元者氣也、疏曰有形無形、皆生于元氣而來高誘注淮南子精神訓曰、一者元氣也。陸佃注鶡冠子曰、一者元氣之始劉歆三統歷曰、太極元氣含三爲一。又曰、經元一以統始易太極之首也後漢書郅惲曰、舍元包一。皆言一元之誼而其意旨最明了莫如虞翻之注易繫辭傳曰、一謂乾元萬物之動各資天一陽氣以生、故天下之動貞夫一者也。嘗依虞翻董仲舒之說推之于此可知文王繫易以元者、貞天下之動也孔子繫春秋以元者、正天下之本也是孔子之心尙文王之心也是以繆襲議元字曰、周文演易以冠四德仲尼作春秋以統三正則豈非孔子即用周易之乾元以正春秋之名分乎。是孔子有得于乾元之旨者爲獨多也說文无字下云、奇字无通于元者。按奇字者、衞宏所撰古文奇字也。一切經傳子史、皆用有無之無、而不用此无字者、正以爲古文奇字也。或亦以此无字不恒見用于通俗、故謂之奇字耳惟周易經傳皆用此无字、而不用有無之無、則易之特例也。然六藝皆孔氏所傳、詩書春秋、亦皆孔子所删定何獨于易有特例而用字殊異餘經耶。此旨唯五經無雙之許叔重知之。故作說文解字時乃于无字下特筆書曰无通于元、所以表章孔子贊易之微旨者至矣、夫謂无通于元、則无之誼、未必即同有無之無、可知、蓋無與有反、則謬乎一元之旨、而元一以統始、爲首氣之初、萬物所紀、雖屬有形無形、而有形之實、固已含蘊于無形之妙、故老子云、無之以爲利、有之以爲用、因其費而隱時、闇然未彰、不可形名、故擬于無、則盈育萬有、而非無非此、通元之无、其誰堪稱、是以文王旣表乾元之德、又著无字之用、周孔繼之、竟成易之特例、而凡无咎无悔无尤无攸利无不利等、非無而不有之誼、竟可以一无字表著之、而後周易一書、可以教人寡過、而且可以導人補過之功用、益昭彰于後世矣、謂非无字之效、不可也、苟非然者、無則無矣、往者不可追也、尙何惡之足懲、善之足勸、而過之可補乎、正以无字之誼、現無而非無、不有而可有、是以爲善則禍孽尙可消、而福萌尙可植、爲惡則福基尙未固、而禍胎仍易伏、故有孚惠心、勿問之矣、所以使人趨吉避凶、就利遠害也、无字之用、不綦重乎、聖人明于憂患、與故而作易、此易之所以爲寡過之書也、文周憂世之心、唯孔子能識之、文周濟世之志、亦唯孔子能竟之、不觀之他、觀之周易經傳、特用无字之例、蓋可思矣、夫乾元之旨、發自文王、即无通于元之誼、亦必始自文王、而孔子贊易、旣闡明元字、有一統之旨、以作春秋、又足成无字、有補過之誼、以傳繫辭、苟非先聖後聖、默契而心印者、又烏能道

同揆一至于斯耶信乎可以上紹往古下啟將來百世以俟而無疑惑矣夫此之謂一也夫

第五章　无具非無可有之誼

踐形既嘗極深研幾以闡發周易經傳用无特例之旨知非此无字不足以融徹文王乾元孔子太極之道一以貫之也然非許君有无通于元之說則无字之誼不明无字之誼不明則文元孔極之道一以貫之旨亦不明文元孔極之道一以貫之旨不明此易學所以數千年來方士隱士道士文士之易纖武僭篡接踵攘竊致使易學之晦至于此極也今幸天牖其衷得睹此一線之光明庶幾易緒之綿延不絕即于是无字以見之矣无字之旨非有無之無即非空虛之誼乃盈育蘊藏之謂也盈育則不可言無蘊藏則安能見有縱曰无思无爲寂然不動寂之至似可云無也然其感而遂通且不疾而速不行而至矣感之至得不謂有乎于此似無忽有之際若不明覈其非無可有之實是將謂未樹而穫未胎而育寧有是理耶正犯無而爲有虛而爲實之戒矣是故後之可有者其先實未嘗無也列子湯問篇云殷湯問于夏革曰古初有物乎夏革曰古初無物今惡得物張湛注曰今所以有物由古有物故是故以今之有可以見古之不無凡有皆因是有而有也若本非有則因是者尚得有耶然而君子之道費而隱至費者又至隱也人之日處于

氣中而不見有氣也。魚之日遊于水中而不見有水也。此道之易有太極而不見有太極也。亦猶大氣之渾然一體、充塞兩間、無適而非大氣、莫與對待、卽不可分別也。不可分別、雖有而不能見、爲有矣非不有也、泯無分別之迹也。斯正有之至而似無也。似無非無、而又未形于有。踐形命之爲本有、李善釋之爲妙有、孔子則謂之无也。至夫可以形于有者、必有非有之無與爲對待也。皆有則不別其孰有、全有也。皆無則不別其孰無、全無也。莫與對待、卽不可分別也。惟彼無而此有、故見有無之相形而益彰也。是謂始有太極者本有也。本有則无也。兩儀者始有而與非有之無爲偶也。本有者未始有而有焉。列子以爲有生于無、老子以爲當其無有車之用、有器之用、有室之用。王船山曰、無者用之藏也。夫無物不能生有物、亦不能當有用、惟無象乃能生有象而當有用耳。故周易一書用无不用無者、正孔子繫辭而傳易之微意也。蓋無者與有對待絕無之辭也。无者介乎有無之間、可以偶有、亦可以偶無。雖未嘗有其形、亦未嘗不有其位。雖未嘗有其物、亦未嘗不有其性。雖未嘗有其事、亦未嘗不有其理。惟其名象則未可擬議執取耳。實有而無名稿有而無象、此所謂弗用之至而大用之、以通此无字之神妙、所以可見文元孔極之道一以貫之旨也。

第六章　一之幾微

周子曰、幾善惡。老子曰、摶之不得名曰微。周子所謂幾、卽文言傳所謂知至至之、可與幾也。老子所謂微、卽虞書所謂道心惟微也。繫辭傳云、知幾其神。又云君子知微知幾之微、卽知微之幾矣。而細闡幾微二字之誼、又各有不可混用之性在。蓋微者以言乎其量也。幾者以言乎其動也。具可量之實、而未嘗有可量之名、是故言乎微也。具必動之實、而未嘗有必動之名、是故言乎幾也。老子云道生一、則一已具矣。孔子云易有太極、則太極亦已具矣。一已具、卽太極已具、太極已具、卽一已具。一具卽道具矣、太極具卽易具矣、道具卽易具、易具卽道具、一具太極具、卽道具易具、曰易曰道曰一曰太極、不同其名也、非不同其實也。其實者、幾爾微爾、幾微焉爾。幾微者、一也。而非一也、亦非非一也。一者、道生一、道出于一、道立于一、惟初太極、自一點始也。非一者、一有數可計、即有量可得、一有位可定、即有動可象、而幾微皆不可也。無象無得、則非一矣。非非一者、一普乎萬、萬皆函一。故積數無量、數皆有一、以一乘除、數皆不變、誰不可一。夫一、卽道、道不變、故一亦不變。道不可離、故數皆有一、可知無適而非道、即無適而非一矣。至哉一乎。有若無、實若虛、謂之有耶。累乘之而不積、屢除之而無商、量而不可以爲名、動而不可見于象、則非有也。謂之無耶。

數由一起、進則爲十百千萬億兆京垓溝澗秭穰正載極十五名而至于無量大、退則爲分厘毫絲忽微秒纖維沙塵均埃渺漠十五位而至于無量小、正之則盈、負之則朒、則又非無也、非有、非無、斯一之所以爲一也、是故計數無窮、莫不始于由一、而一不成數、此王弼所謂非數而數以之成、斯易之太極也、一固數也、故數以之成、而不可形也、故似非數、孰知非數之數、此乃數之本也、夫至哉數、而無數、所以建諸數之本量、而無量、所以積多量之基、動而無動、所以統衆動之宗、此至妙之理、雖不可擬諸其形容、而非迹取諸實驗、又烏能顯現此幾微耶、試仍以一數喻之、夫一與一爲二、一與二爲三、乃至積數無窮、而此無量數中、必有一者存在、則一亦、諸數之一矣、是一數之果不可無也、是故任何數中、與一相加、則其數必多一、任何數中、以一相減、則其數必少一、是一之爲一、不徒爲積數之所始、亦所以爲積數之實也、故量之所以生、名動之所以成、象皆由此幾微之一點、建之本也

第七章　一之有若無實若虛

夫欲顯著此一之名象者、可就算術乘法中九數訣以明之、其初句曰一一如一、謂一與一乘、其積數仍爲一也、是一之數、固未嘗變也、然數雖未變、而名與象則均變矣、何者、上之法實兩一、與

下之積一、其數雖同爲一。而在名象言之、則一之爲一者、今之一、已非昔之一、比矣。蓋一一如一者一之平方也。上兩一爲平方之邊、下一爲平方之面、邊祗有長短之空名、而面更有大小之實象矣。空名無名、故法無象。實象有象、故積有名。所謂平方也。而易之初則無方體、即無名象。是以祗有上兩一之一者、不可形諸物也。而可形諸物者、以有下一故。是上兩一之一必以下一、始顯其有。然非上兩一之一、則下一無由生。故下一之有一、即由上兩一之一之有一。故是故一一如一者、由一與一生一也。由一一之無象無名而生一之有象有名也。無象無名者、雖不可擬諸其形容、而非此不能遍普于一切。即乾鑿度所謂易變而爲一、張惠言所謂太易動而有氣、皆指本一有之一也。是之謂本一。至成平方而爲有象有名矣、則是一與非一對待、此一與彼一分別、即乾鑿度所謂乃復變而爲一、一爲形變之始、張惠言所謂有形無質、皆指此始有之一也。是之謂始一。夫一一如一、由本一而變、始一、故曰乃復變而爲一。本一雖有動而未可量、始一則有形而亦可象矣。然謂之平方者、祗有面之大小、而仍無體之多少、亦猶邊之爲直線者、祗有線之長短而尚無面之大小也。故曰有形無質、而乾鑿度謂之太始焉。太始者、形之始也。形之始者、始可以見于形也。是故本一之不可形者、至此以可形、故謂之始一。本有之不可有者、至此以可有、故謂之始有猶之佛經所謂本覺始覺。本覺之不可覺者、至此以可覺、故而謂之始覺。始覺之于本覺、不一不異。故始有之于本有、始一之于本一、亦不一不異。謂之始一非即本一、故不一。而始一非離本一而有、故不異。道心惟微、此本一所以爲無念之心體、寂然不動、唯一無與偶也。人心惟危、此始一所以爲乍起之動念、幾萌善惡、有偶可分別矣。是故心體不可見、而動念能自覺。人心之危、豈外道心之微哉。亦不過本一、常如故、而始一則屢變耳。本一、常如、故者數以一乘、而積不變、與未乘等。數以一除、而商不變、與未除等。豈非有若無、實若虛哉。始一、則屢變者、如一之邊線也。一乘之則爲一之平方面也。其數之一、不變、而所以爲一者無不變。由線之一變爲面之一矣。再乘之則爲一之立方體也。其數之一、不變、而所以爲一者無不變、由面之一變爲體之一矣。體之一、非面之一、面之一、非線之一也。更進言之、則線之一、亦非點之一矣。試引乾鑿度之說以證之。點之一、者太易之未見氣也、線之一、者太初之動而見一氣也。面之一、者太始之有形無質也。體之一、者太素爲質之始也。故體之一、有質爲个一面之一、有形爲始一線之一、有氣爲本一。至點之一、尚未見氣也。然而竟有此位矣。于其未見氣也、所謂無也。于其有此位矣、所謂有也。乾鑿度所謂易無形畔、僞蒼頡注所謂有理未形、列子所謂無中生有、即周子所謂善惡之幾、老子所謂搏不得之微、蓋皆指此一點之一而言、在乎氣形質之先、而統氣形質之位、是个一始一本一之祖、是之謂太一。

第八章　一即太極之舉證

乾鑿度託孔子之說曰、易始于太極、太極分而爲二、故生天地。鄭康成注太極曰、氣象未分之時、天地之所始也。孔穎達周易正義曰、天地未分以前、元氣混而爲一、即太一也。惠棟周易述疏曰、太一者、極大曰太、未分曰一。太極極中也、未分曰一、故謂之太一、徵之漢魏以前之說、無弗以太極訓太一者、其說之所自昉、由來者遠矣、有以道之本于太一者、有以樂之本于太一者、有以禮之本于太一者、有以易之本于太一者、其實即皆以太一爲太極也。呂覽大樂篇曰、道者至精也、不可爲形、不可爲名、强爲之名、謂之太一。又曰、萬物所出、造于太一、化于陰陽、注云、太一道也、此道之本于太一之說、亦即太極是生兩儀之說也。又曰、音樂之所由來者遠矣、生于度量、本于太一、太一出兩儀、兩儀出陰陽、陰陽變化、一上一下、合而成章、注云、出生也。此樂之本于太一之說、亦即太極是生兩儀之說也。禮記禮運篇曰、夫禮必本于太一、分而爲天地、轉而爲陰陽、變而爲四時、列而爲鬼神。正義云、太一者、謂天地未分混沌之元氣也。此禮之本于太一之說、亦即太極是生兩儀之說也虞翻易繫辭傳注曰太極太一也分爲天地故生兩儀此易之本于太一之說亦即太極是生兩儀之說也按馬融有云易有太極謂北辰也太極生兩儀兩儀生日月馬氏不云陰陽而云日月者繫辭傳云陰陽之義配日月也云太極謂北辰者即鄭康成乾鑿度注所謂太一爲北辰之神名也居其所曰太一主氣之神也夫太極既是太一自是北辰矣故阮元揅經室集曰太極卽太一太一即北辰北辰卽北極四時本乎天地天地本乎太極蓋天地共以北極爲樞天之所轉地之所繫其爲極心之中正同也此則又以天地之本于太一矣天地卽兩儀也亦即太極是生兩儀之說也然鶡冠子泰鴻篇則謂泰一者執大同之制正神明之位而莊子天下篇又謂建之以常無有主之以太一此即王弼釋易大衍所不用之一云非數而數以之成斯易之太極也三統歷云太極元氣含三爲一又云經元一以統始易太極之首也故朱子曰一即所謂太極惠棟易微言曰一在易爲太極即汲冢周書命訓解云其極一也王弼注老子曰一數之始而物之極也是故邵康節有云道爲太極心爲太極合之古三墳河圖代姓紀所云一爲太極則知道心之微正道一之貫而極心之幾正一極之中也太一爲天地萬物之始此其至矣

第九章　一生二即太極是生兩儀

道之立立于一易之始始于一性之形形于一數之起起于一故天地萬物皆由此太一生也老子所謂道生一者即孔子所謂易有太極也老子所謂一生二者即孔子所謂是生兩儀也一者太極也二者兩儀也司馬光曰道生一自無而有一生二分陰分陽自無而有者夫道本無名無象必因于有而後有名可說有象可徵也墨子明鬼篇曰天下之察知有與無者必以衆之耳目所實知有與之爲儀者也誠或聞之見之則必以爲有莫聞莫見則必以爲無有無之辯莫若墨子所說詳且明矣是故緣道之無方無體視之不見聽之不聞而說爲無也無者非無此道也無此名象也而有者亦非離道而可有也有其名象也自不可名象而至可名象故說爲自無而有也此言道之立體雖似無而言道之流行則所有皆可因天地之有而有之干寶周易注曰物有先天地而生者矣今正取于天地天地之先聖人弗之論也故其所法象必自天地而還老子曰有物混成先天地生吾不知其名字之曰道莊子曰六合之外聖人存而不論即孔子曰法象莫大乎天地又曰天地變化聖人效之又曰天地設位聖人成能蓋莫大之象無如天地故必以言實有而後其可有者信天地者道之一陰一陽也即太極是生之兩儀也所謂太極不離陰陽陰陽不離太極也夫易繫辭傳既云易有太極矣而又云易有聖人之道是以聖人之道爲即太極

也。故阮籍通老論亦云、道者、法自然而爲化、易謂之太極。是道即太極、而太極即道也。是易也、道也、太極也、一實而異名也。易爲六經之首、亦即爲諸子之所本。實我中國自伏羲以來、闡研哲理、涵蓋萬有、唯一無二、獨最完備之學說也。故古來著述、每有引言易道之本誼者、如禮祭義篇云、昔者聖人建陰陽天地之情、立以爲易。史記自叙云、易著天地陰陽。莊子天下篇云、易以道陰陽。而庚桑楚篇又云、寇莫大于陰陽、無所逃于天地之間。內經素問云、陰陽者、天地之道。陰符經云、天地之道浸、故陰陽勝。陰陽相勝之術、昭昭乎進乎象矣。越紐錄范子曰、道者、天地先生、不名老、曲成萬物、不名巧、故謂之道。道生氣、氣生陰、陰生陽、陽生天地。管子四時篇曰、道生天地。正篇曰、陰陽同度曰道。鬼谷子陰符曰、道者、天地之始、一其紀也。淮南子云、道善規始于一、一而不生、故分而爲陰陽、陰陽合和而萬物生。蘇東坡云、陰陽一交而生物。呂氏春秋云、萬物所出、造于太一、化于陰陽。注云、太一、道也。許君說文云、道立于一、造分天地、化成萬物。皆即易繫辭傳所謂一陰一陽之謂道也。一陰一陽之謂道者、即一陰一陽之謂太極也。即一之生二、太極之生兩儀也。故林損云、皆因偶以立名、即陰陽也。故易之爲道、不外太極、即不外天地陰陽也。

易有太極是生兩儀篇十一

第一章　道生一之廣證

易即道也、道即太極也。道未始有數、而數生于道。易未始有象、而象生于易。太極未始有陰陽、而陰陽生于太極。太極者、未始有形之先、大道無名之際、而必先有此極微希夷之一點、以爲無始之始。由此一點所有之定位、化生萬品、形成萬狀、故無爲而至有爲、無欲而遂大欲、皆自此無名未形之一點所發動而延引耳。夫此一點、有位無象、天地于以造分、萬物于以化成、先天地而不違、妙萬物而爲形者也。古之哲人、皆知此一者之爲尊也、即知此一者之爲道也。自老子既有道生一之說、許君說文解字、則謂道立于一。荀子儒效篇、則謂道出于一。鬼谷子陰陽符、則謂道者、天地之始、一其紀也。又謂道者、神明之源、一其化端。莊子天下篇、則謂皆原于一。管子內業篇、則謂執一不失。揚子太玄經、則謂生神莫先于一。鶡冠子王鈇篇、則謂易一、故莫能與爭先。皆即漢書所謂元元本本、數始于一也。古之哲人皆知一之爲尊也、即知一之爲道也。道生一者、非先有道而後生一也、非一之數由道而生也。言道、即一已有、言一、即道已形、道即一也、一即道也、相與足成此誼者、許君荀子二說、可相參也。道立于一、道出于一、句法既已相類、語氣亦復近似、立也出也、誼非違異。是許君荀子二說、其相與、若合符節。至此可知並是古來相傳之舊說、而非許君荀子二人之私說也然此二說似與老子之說不同何者老子謂道生一不謂道生于一而許君謂道立于一不謂道立一荀子謂道出于一不謂道出一以俗見判之甯不然耶而不知非也謂道生一者不可謂道生于一也道生于一則道可名矣道未始可名故曰道生一欲知其生字之誼則必參之立字出字之誼故知道立于一者不可謂道立一也道出于一者不可謂道出一也不言立一出一者避不成辭也夫道一不異故可云道生一即可云道立于一道出于一不然道既生一即一由道生是道先一後可知何以道又能立于一出于一也立于一出于一則必一先道後既有一在而道即從一以立以出也豈不說相聯違乎或曰立者非先非後當一立道道立當一也而生者道先一後出者一先道後此三說互相足成道可先一而生一即一亦可先道而出道更可道一同時而立焉此以可先可後可當時爲況道一之關係其爲說雖巧合道一兩字之名然非道一有此關係也夫道不可須臾離也可離非道也使道若先時而一未生至一從道生時是道可離一而存矣道可離一則道非其道而一亦非其一矣使道若後時而一已在至道從一出時是一可離道而存矣一可離道則一非其一而道亦非其道矣以此證知道也一也不能有或先或後之殊有先後時則道一有可離時矣可離則非道也故道也一也祇許有不先不

後之同時耳。道有時。即一。有一有時。即道。有如是。豈非道。即一。一即道。耶。故鬼谷子以道爲天地之始。而以一爲道之紀。又以道爲神明之源。而以一爲道之化端也。道之紀。即天地之始。執道之紀者、即宇宙在乎手也、故天且弗違。道之化端、即神明之源。神者陰陽不測、明者陰陽縣象、皆即陰陽之變化也。邵康節曰、天在一中、分造化、即許君所謂造分天地、化成萬物是也。一爲數之始、故曰源、曰端。神之源者、道生一、一故神也。化之端者、一生二、兩故化也、莊子故謂之皆原于一也。原之誼、通乎源端二字之誼也。管子所謂執一不失者、即執道之紀、本之古始、以御今有也。揚子云、生神莫先于一者、道生一、一故神也。鶡冠子云、易一故莫能與爭者、一生二、兩故化也。兩化故易、兩化故莫與爭也。凡是諸說、一者其辭雖有深淺、其誼無不符合也。撮其要、皆以一爲尊、即以一爲道也。故老子極言一之爲道、爲尊也。而曰昔之得一者、天得一以清、地得一以寧、神得一以靈、谷得一以盈、萬物得一以生、侯王得一以爲天下貞、其致之一也。而王戎亦言之曰、天得一以清、地得一以寧、人得一以平、其意與老子同也。易繫辭傳曰、天下之動、貞夫一。即老子侯王得一以爲天下貞之意。蓋其尊爲侯王、以得一、故能制天下之動、而貞夫一也。

第二章　一生二二生三三生萬物合周易之廣證

今更廣證一生二二生三之說、易緯乾鑿度曰、易始于一。鄭玄注云、易本無體、氣變而爲一、故氣從下生。此即老子所云道生一、孔子所云易有太極也。乾元氣母一畫開始矣、又曰分于二、鄭玄注云清濁分于兩儀。此即老子所云一生二、孔子所云是生兩儀也。天地初分、變動由此生矣、又曰通于三。鄭玄注云、陰陽氣交、人生其中、故爲三才、此即老子所云二生三、孔子所云兩儀生四象也。陰陽和合而萬象興、矣、老子說三才、而孔子說四象、者、老子講道、而孔子講易也、孔子不云乎、六爻之動、三極之道也。陸績釋曰、此三才極至之道、即孔子所謂兼三才而兩之也。三才兼兩、則六爻成章。人居天地之中、一小天地也。是故乾坤爲大父母、復姤爲小父母、人有男女、所以象天地之兩也。故曰天地氤氳、萬物化醇、男女構精、萬物化生。盈天地間者、惟萬物、而人爲萬物之靈、故可舉人以概萬物、而位參天地、則爲三才、天地男女、則爲四象、是故四象即是三才、而人舉男女之全。三才即是四象、而物著陰陽之交、此所以老子于二生三之下、必繼之以三生萬物、而後三才之誼、益喻曉矣。程大昌易原論三篇曰、陰陽之交、有互體相入者焉、凡曰相錯相什、相得、相易相盪、相推、相摩、相資、相感、相攻、相逮、相悖、是皆合二以成其互者也。二其分也、互其合也、分之外有互焉、不得不三者也。原其始則皆陰陽而交焉者也、故老子于三之已生萬物之後、又嘗即其所形而明其始矣、曰、萬物負陰而抱陽、沖氣以爲和。夫且負且抱、是二之相交也、負抱之中有和焉。然則、老子三生萬物之說可得而明矣。即孔子贊易本天地陰陽之理而說四象。老子言道、述負抱陰陽之和而說三才、其旨亦可得而明矣。試更證之。淮南子精神訓亦曰、一生二、二生三、三生萬物。高誘注曰、一、謂道也。二、曰神明。三者、和氣也。如高誘所說、明以和氣解三才之誼矣。是老子之說三才、而不說四象、其誼取之陰陽之和氣、實即孔子所謂男女之構精也。豈不信夫。注又引或說、一者、元氣也。生二者、乾坤也。二生三、三生萬物、天地設位、陰陽通流、萬物乃生。所謂一者元氣、知一即文王乾元、孔子太極矣。所謂二者乾坤、知二即兩儀矣。所謂陰陽通流者、非即天地之氤氳、而男女之構精耶。三才之三于此無復遺誼矣。惠棟易微言解此曰、一、太一、天也。二、陰陽也。太一分爲兩儀、故一生二。二與一爲三、故二生三。三合然後生、故三生萬物。又司馬光則謂道生一、自無而有。一生二、分陰分陽。自無而有者、道在本一、不可形、故云無。變生始一而後形于有也。此一之所以爲太一、爲元氣也。劉歆三統歷曰、經元一以統始、易太極之首也。春秋二以目歲、易兩儀之中也。于春每月書王、易三極之統也。于四時雖無事必書時月、易四象之節也。此說既足以明春秋之元、即周易之元、又足以證三極之道、即天地人三才之統、而後知孔子之不言者未嘗不言也。與四象互辭以明之耳。知此者。則知三一之道矣。三一者。三統歷又云太極元氣。含三爲一。始于一而三之。所謂三統。含于一元。後漢書郅惲云含元包一也。春秋元命包曰陽數起乎一。成于三。乾鑿度則云三蓍而成體。老子則云此三者不可致詰。混而爲一。漢書郊祀志云以太牢祀三一。所謂三一者。天一。地一。及天地未分之元氣是也。天一。地一者。兩象也。天地未分之元氣。則正指陰陽交合冲和而言也。是故知三一之道。即知萬物之所由生矣。

第三章 老莊合證

此上所述一生二。二生三。三生萬物之說。皆廣喩諸天地萬物者也。今復由近取譬。而徵之于身心。邵康節曰。道爲太極。又曰。心爲太極。古三墳河圖代姓紀曰。一爲太極。是太極即道。道在心。心自一也。莊子齊物論曰。一與言爲二。二與一爲三。自此以往。巧歷所不能得。而況其凡乎。故自無適有。以至于三。而況自有適有乎。夫老莊並稱。莊子之說。誠有得于老子之旨者。即此論已可知矣。謂一與言爲二者。蓋一。以喩人之心。方靜止不動之時。寂然入于寥天一。故爲一。乍動則念起矣。有念則必有所念之對象。而對象與所動之念爲偶。故爲二。所以老子云一生二。即莊子云一與言爲二也。一者中也。正也。中庸曰。喜怒哀樂未發之爲中。一之時也。發則一生二矣。發而皆中節、或不中節、有兩端相爲對待矣。以對待之象、合對待之實、而與所言之名、則犄而爲三矣。所以老子云二生三、即莊子云二與一爲三也。寂然不動、無也。一念乍起、有矣。自無念而適有念、且必至名實與象之三數。況更自有念而適有念、則紛挐錯雜、其數豈止于此哉。莊子云巧歷所不能得、即老子云三生萬物之說也。微哉道心、本一之可見而不可見也、有形而未有迹也。其用不窮、其體不變、故君子之道費而隱也。危哉人心、始一之變、千態萬狀、苟非握道之樞而得其圜中、以應無窮、則鮮有不迷罔溺流者。雖然、人心不異道心、始覺即是本覺、眞如之外無無明、無明之外無眞如、故皆無始、本來即具、不過見太極之陽、則以爲人性皆善、此本來眞如也。見太極之陰、則以爲人性皆惡、又無始無明矣。所謂眞如無明、非異非一、不即不離。然其能所現緣、則必依對待而後陰陽之誼著。方喜怒哀樂之未發、謂之中、不可名象也。此本一也。及發而皆中節、謂之和、可名象矣。此始一也。而不偏不倚、則無過不及之差。時然後言、人不厭其言。義然後取、人不厭其取。樂然後笑、人不厭其笑。故君子大時中也。莊子云得其圜中以應無窮、此眞人之不着相也。釋典云應無所住而生其心。此菩提之無罣礙也。是以孔子絕四而從心所欲、孟子反身而萬物皆備、程子云廓然大公、物來順應。朱子云虛靈不昧、具衆理而應萬事。皆即大學篇云在止于至善、中庸篇云依乎中庸。實即易繫辭傳云寂然不動也、而知止有定、定能生慧、不感則已、感而遂通天下之故也。故能如明鏡當空、物無遁影。此太極之全、無偏、著、相也。是故泛應曲當、中節而和、若稍有執著偏倚之相、則失之毫釐、必至謬以千里、已自入于有對待之地位、而不自覺矣。故君子之動、純乎天理、則非人欲。本于公義、則非私利。而其從心所欲、能以美利利天下。則欲之必遂、利之必得、孰有加于君子者乎。故虞書十六字之心傳、將言執中、必言惟一。一乃能中、中即在一也。一即心、即道、即易、即太極。一變而生二、則爲對待之兩儀。陰陽交互和合、則二乃生三。三者古人以喻數之衆、由三孳乳、而萬物生、萬事應、萬理備、萬象具矣。故知老莊此言、深有得乎孔子易理之微者。古人有以爲老莊得易之體、得易之用、而或兼稱周易老莊者、豈即在此處乎。至其出世間外人事、而有類夫浮屠之虛無者、則非吾之所敢知矣。

第四章　形學合易之證

道生一、一生二、二生三、三生萬物。即易有太極、是生兩儀、乃至生四象、八卦、六十四卦、三百八十四爻。其理前已具陳、今更證以象數、尤覺顯著。而言象數者、莫備于形學、即算術中常數、代數、外之幾何學也。其基即建、自未始有始之空間中、有此一點、之定位、以立本。本立而道生、故此一點即開物成務冒天下之道非此定位則空間無所安頓易繫辭傳贊之爲无方无體者、正以其未可形諸名象耳方者、平面之、方也形之、始也體者、立體之、積也質之、始也此時僅有定位之一點尚未動變爲線、更何論方體然體本于方、方本于線、線本于點、點又未始不爲方體之所自故曰无方无體、非無方無體也无者、現未有而可爲有也妙哉、此一定之點所謂道未始有形、不可名象。故家語云形于一漢志云數始于一易緯云易始于一卽許君云道立于一荀子云道生于一老子云道生一至此則太一生本一矣太易變太初矣點動成線矣雖尚未形于有而爲名象、而名象由此有數可計矣即心中恍惚有形、窈冥有精、且甚信矣凡曰某物幾何長者有某物在故、非離某物可有長也長依物而形、離物則長不可得、徒曰長幾何者無之有之則已指有物矣故長不自形長度也豈獨度然權量圜制諸等數胥無不然是故知點動成線、則線之長、由極微希夷之一點延引展施而無形累積于空間雖未可執取而見其必有然已可擬議而知其不無矣于何徵之則流星因移動之速光接成線、此衆所共知也雨點因下垂之急、水連成絲亦衆所共知也此皆點動成線之驗也。

方此極微之點尚處未動之先已有其位即太一之點也及極微之點已經展動之後由一定之

點向一定之方位延長。則自未動而始動之點起。至已動而始靜之點止。其間謂之直線之定長。凡形學中之有數可度者。必其爲定長直線也。坤六二爻辭曰。直方大。象傳曰。六二之動。直以方也。謂乾之動也直。直即論語曰人之生也直。直則線之長度有數可計。而爲面之一邊。由此可求得方形之面。凡四邊等長之正方。即可由一邊之自乘而得其面。故坤文言申之曰。直其正也。方其義也。義者因方形之宜而施之。又指凡兩邊平行之長方形。即可由任何夾角之此一邊與彼一邊相乘而得其面。故曰義也。因時之宜也。方者僅有形可象。是面也。而大者已有量可舉。則體矣。故直方大者。即徵點動而爲直線也。直線變而爲方形也。方形立而爲大體也。

一生二者。即本一生始一矣。太初變太始矣。線乘而爲面也。乘者因也。因而重之。由此本一之線。有一定之長度可計。亦向一定之方位。以同長之線累積之。故因乘而得其積。即方形之平面也。

二生三者。即始一生个一矣。太始變太素矣。面立而爲體也。立者累層疊積。由此始一之面有一定之方形可名可象。亦仍向一定之方位。以同形之面累積之。故得立體積也。

此所述太一，本一，始一，个一，即太易，太初，太始，太素，喻點，線，面，體，四序者。以个體之立體爲本體言。指實物也。乃由形學平面而進于立體之幾何也。今更就虛象言。形學之幾何。用器畫法以顯易有、太極、是生、兩儀、之旨。則凡筆墨之施于紙上者、不外點與線兩者而已。而一切幾何畫、則皆可由點與線以形成。故點與線之自身、亦各具一生二二生三三生萬物之理、即所謂物物各一太極也。可分述之。

第五章　點之應用

首述點之應用于幾何畫者、有定點中點之別、凡分兩項述之。

第一項、以幾何畫之定點、爲應用、之基者、凡分三種。

一曰、定位、點雖有定位若止一點、則尚未分名象。此道生一。即易有太極也。

二曰、定形、點有定截與定取定切之別。凡命題、必有二點以上。故幾何定理謂通過二、點祇能引一、直線即任、何延長此直線至無量長而二、點之地、位仍如故。即知、幾何畫之一、直線必有二、點。方可形成。而欲在此無量長中截取一定長之直線、則以二點定其長度之兩端、即爲直線之起點、與迄、點總謂之定截點。然既有兩點之可、得即已在兩儀之地位矣。而始必由一點動展所成、故太極是生兩儀、一生二也。不止畫直線、則以二點定其長度即畫正方則以二點定其對角畫渾圓、則以二點定其半徑、畫勾股、則以二點定其弦長、畫等邊三角則以二點定其一邊一直線。

外置二點、即可求得交線、總謂之定取點、亦有不止二點者、亦有僅一點者、如垂直線是也、至于兩圓周相切、或圓周與邊線相切、即曲線與直線相交之點、總謂之定切點矣。

三曰定角點、凡三角形之畫法、除等邊三角、可有特例外、餘則必有三點矣、此三點者、一爲角之頂點、餘二爲旁夾二邊所節制之定點、然在一定長之直線外、置一點、即可求得一定三角形、或垂線亦爾、此二生三也、而凡一切可象之形、無論方形矩形菱形梯形、乃至畸斜傾稷多角等邊諸形、或圓形卵形弧形扇形、乃至內外接切弦矢交割諸形、無弗可由三角形以測知之、故三角形可計一切任何形、此三生萬物也。

第二項以幾何畫之中點、爲應用之基者、凡分三種。

一曰中心點、易繫辭傳曰、易簡而天下之理得、天下之理得、而易成位乎其中矣、鼎象傳所謂正位凝命、復象傳所謂復其見天地之心乎、需象傳所謂位乎天位以正中也、凡乾圜坤方、以及一切衆形、莫不有此天位正中之心、即莫不有此距四方最近之中、即易繫云、其靜也專、又云以言乎邇則靜而正也、而展規繪圓者、必依此中心以定其徑、轉輪運轂者、必依此中心以正其軸、故又云樞機之發、榮辱之主也。

二曰中交點、易繫云、天地設位、而易行乎其中矣。此則必有兩線、以定位起迄、而于此處交合。蓋歸妹傳曰、天地不交則萬物不興、故泰傳云、天地交而萬物通、上下交而其志同、即易繫云、二人同心也。二人同心者、謂兩線相交、必同會于一點之心、故古文五字書作「㐅」、如交字之下偏體。而河圖洛書均以五數居中、洪範以五建用皇極之大中、易衍天地之數、以五爲天地之中也。天地之交則爲五、亦作伍、而以五交天地則爲參、故易繫又云、參伍以變、錯綜其數、通其變、遂成天地之文、極其數、遂定天下之象。文者从「人」从「㐅」、亦交伍之意、與午之从「人」从「十」同也。故又云、道有變動、故曰爻、爻有等、故曰物、物相雜、故曰文、相雜即參伍錯綜也。而爻字即从兩「㐅」相重之象。故三角形之三中線（自角至對邊所引直線）、必相交于一點而爲垂心、三角形自各角向對邊所作垂直線、必相交于一點而爲垂心、三角形各邊之垂直二等分線（亦自邊之中點起）、必相交于一點而爲外心（即外接之圓中心）、三角形各角之內二等分線（與左右夾角邊等距離）、必相交于一點而爲內心（即內切圓之中心）、三角形任一角之內二等分線、與餘二角之外二等分線（與本角鄰成平角者稱外角、外角之二等分線、名外二等分線）、必相交于一點而爲傍心（即三角形之傍切圓之中心、在三角外）、此皆爻象之變動之誼也。故又云、八卦成列、象在其中矣。因而重之、爻在其中矣。剛柔相推、變在其中矣。繫辭焉而命之、動在其中矣。而更約舉其要曰、若夫雜物撰德、辨是與非、則非其中。中爻不備。中爻者、即中交也。
三曰中分點、易繫辭傳曰乾坤成列、而易立乎其中矣。列者、即所謂列貴賤者存乎位。謂乾坤並列、而參乎其中。中和以天鈞並行不悖、不偏不倚、無過不及。恒象傳著立心勿恒之戒、謙象傳褒稱物平施之美。陳平微時分社肉而均、識者知其有宰天下之志矣。其在形學、凡有兩用。一者用以爲中分定長直線之點、可引長爲三角形各邊之二等分線也。二者用以爲中分定長直徑之點、可由半徑以得圓周與中心也。

第六章　線之應用

次述線之應用于幾何畫者、有直線曲線之別。凡分兩項述之。
第一項以幾何畫之直線爲應用之基者、其先述線與點之關係有三式。一、凡過一點向一定方位、止能作唯一之直線。二、凡過一點、止能作唯一之直線與已定之一直線平行。三、凡直線外之一點、止能作唯一之垂線與之正交。復次述直線之應用、分爲二式、單線複線是焉。
單線有三種。一曰定直線、易繫辭傳曰、夫乾其靜也專、其動也直。專者、謂極微之一定點、尚處未動之先、已有其定位、即太一之點也。直者、謂極微之一定點、已經展動之後、不止有其定位、而兼有其定長成爲直線矣蓋一定之點向一定之方位延長則自未動而始動之點起至已動而始靜之點止其間謂之度之定長以其所向之方位不變直道而行故謂之直線兩端以二點定其長度故謂之定直線

二曰引直線幾何定理謂通過二點祇能引一直線可至任何延長論語曰人之生也直即乾之動也直兌上六有引兌之象萃六二有引吉之象萃傳曰中未變也可知雖引至無量長而方向終不變矣

三曰垂直線實即正交線也蒙彖傳曰亨行時中姤彖傳曰剛遇中正同人九五象傳曰同人之先以中直也其在形學凡自直線上之一已定點止能向之作唯一之垂直線又自直線外之一已定點向此直線正交止能作唯一之垂直線

複線有雙線與衆線之別雙線分三種第一全合線有兩線之理而無兩線之迹凡同向之二直線得通過二點故可全相合爲一直線序卦傳曰可觀而後有所合又曰與人同者物必歸焉繫辭傳曰同歸而殊途一致而百慮又曰一人行則得其友言致一也禮中庸篇曰車同軌書同文行同倫言徹迹合一交午合一次序合一也

第二交合線有三類。一曰交線。隨初九象曰。出門交有功。大有初九象曰。无交害。交則有功。无交則害。此其在形學。止有一直線。不能顯出命意。故必至二直線。方有作用。此一生二。即太極是生兩儀也。而直線止能相交于唯一點。此即天地之心。兩極之中也。二交線若構成銳角鈍角。各二對者爲斜交線。若構成四直角者爲正交線。或即于一直線外。置兩點亦可求得兩直線之交。或顯出一定角度之銳鈍大小。依兩點可引一直線。故兩定點一直線。即兩直線者。此二生三。亦兩儀生四象也。以三才之人。即兼具陰陽。故而亦兩線之交在中一點。故交乎其道至矣。

二曰接線。接猶交之截半也。交必通過一點。接則會于一點耳。凡兩接線必夾成角度。而爲之二邊。其正接者成直角。其斜接者視直角較大則爲鈍角。較小則爲銳角。而兩直線之會與一圓線密集一點者亦曰接。

三曰切線。切猶接之密邇也。凡一直線與一圓線。密切于一點者。是即圓形之外切。而方形角形之內切也。

第三平行線。前所述皆兩線彼此有相合之處。此則兩線完全分離。並無一點合處。而且二線儘各引至無量長。亦終不能相交。故二線之距離。任何部分皆相等。亦同向一定方位也。革彖傳曰。

二女同居其志不相得。睽彖傳曰、二女同居、其志不同行。又彖傳曰、君子以同而異。即禮中庸篇云、道並行而不相悖也。其在形學、凡二直線爲一直線橫截而所成錯角相等者、或可有公共之垂線者、是謂平行線。

衆線分二種。

第一交接線。繫辭傳曰、言天下之至賾而不惡也、言天下之至動而不可亂也。擬諸其形容、象其物宜。擬議以成其變化。蓋其線縱橫錯綜、遂成天下之文也。

第二集合線。說文解字云『亼』三合也。象三合之形。讀若集。徐鉉曰、此只象形。六書正譌曰、古集字、凡會合等字並从此。其在形學、三合線集成三角形、而爲其三邊。凡一切諸線合成任何衆形、無弗可以三角形測知之。此三生萬物也。三角形由三點連成、亦由三線集成。奇哉、點線俱三。此乾鑿度云、三著而成體。即三統歷云、太極元氣、含三爲一。春秋元命包云、陽數起于一、成于三。故天開于子爲一、地闢于丑爲二、人生于寅爲三。天圓地方人、即三角形也。亦即人參天地而爲三才、以此靈長萬物也。

第二項、以幾何畫之曲線爲應用之基者、有圓周線、拋物線、波狀線之別。孤線亦不能應用、必有交割等集合線相爲錯綜以成範圍易繫辭傳曰範圍天地之化而不過曲成萬物而不遺禮中庸篇曰其次致曲曲能有成故一切衆形有不能以直線闋者則必委曲以求其全而範圍之功尤必在曲線以成之矣

第七章　代數合易之証

前述形學諸說備矣今更就代數以證之代數者以字代數且以論數之關係也若非關係從何推測既稱關係則非獨數可知中國古有借根方程天元乃至四方（四元者、天元不敷用、乃增地人物成四元耳、太極居中爲實數、元分居四方爲虛數、若止天元、居上遞下（古或居上）爲根自乘平方居下一層、再乘立方再下一層、依此例推、）其代數之祖歟代數之項次指根正負消積綦關易理均已詳拙著易理數學茲不復贅老子云道生一一生二即孔子云易有太極是生兩儀之旨幾何之證亦明矣今取代數證者專爲老子云二生三即孔子云兩儀生四象之旨此說未明則終未能融會貫通也其太極無偶不必說可說者自兩儀有陰陽之對待起才說陰陽則一已生二惠棟易微言解漢書郊祀志所云三一者謂天一地一及天地未分之元氣是也夫天一陽也地一陰也天地未分之元氣則陰陽之沖和也舉其大凡固三也辨其細別且四矣欲證此理非代數之式不能明茲依代數公式逐一演其理如次

$$(陰+陽)=陰+陽 \quad (1)$$

$$(陰+陽)^2=陰^2+2陰陽+陽^2 \quad (2)$$

$$(陰+陽)^3=陰^3+3陰^2陽+3陰陽^2+陽^3 \quad (3)$$

（1）（本次兩項兩係式解）夫太極不可名象、無次無項。既生兩儀、始形于有。故陰陽首出、各爲本次、即肇建根數也。而已有陰陽對待、則偶爲兩項。今以陽表天元、陰表地元、陰陽二字、就兩儀之本誼作式。即用他字亦未始不可、顯出對待之理。至舊譯代數則用干名甲乙。近譯代數則仍西文AB。皆不過假爲代表耳。其間互相關係、則以正符號、繫聯之。代數者言乎關係也。不可無符號、以爲繫聯也。而兩儀之形于實有者、非嫌于缺乏之本有而今無、故符號用正而不可用負。用正則相加成陰加陽之兩項。陰陽二字、均不記係數、不注次數者。凡係數次數、必在二以上、始記始注。今陰陽各止有一、係數、一次數、無須識別、故不記不注、以示陰陽各有一次之象一個耳。

（2）（二次三項四係式解）既有陰陽、必有陰陽之交合、而在首出之後、即因而重之、故爲二次。如一奇一偶兩項也。奇與奇因重、則上下得兩奇、而其象仍爲純陽之奇。此三一之天一也。偶與偶因重、則上下兩偶、而其象仍爲純陰之偶。此三一之地一也。至奇與偶、偶與奇相爲因重、則陰陽相雜、遂成玄黃之文。于是陰中有陽。陽中有陰。是爲陰陽之冲和。此三一中天地未分之元氣也。其爲交雜雖同。然其象則各異。有上偶下奇之象焉。有上奇下偶之象焉。故復分二象。共爲四係。夫天一爲一項。地一爲一項。天地未分之元氣。又爲一項。故爲三項。其在代數公式。則陰加陽之自乘。其積得陰之乘方爲一項。故解注二字。爲陰之次數。以示兩陰字自乘之積。陽之乘方亦爲一項。故角注二字。爲陽之次數。以示兩陽字自乘之積。而其中間爲兩個陰陽之互乘者。又合爲一項。故記二字爲陰陽之係數。以示陰陽之互乘者不止一個也。依其二次三項言之。則老子云二生三也。依其兩個互乘之積言之。則純陰自乘者一項。有一個象。純陽自乘者亦一項。有一個象。而交雜陰陽之互乘者又一項。而有兩個不同之象焉。此孔子云兩儀生四象也。

(3)〔三次四項八係式解〕老子云三生萬物者。序卦傳云盈天地之間者惟萬物。而人爲萬物之靈。故參天地爲三才。則可以閱萬物。即嚴人物之辨。亦只是三生萬物耳。然以代數之理推之。則尙有三生四。乃至無量數。而其成象。則又適似邵康節之加一倍法。或且疑康節之杜撰。而不知康節之深有造于數學也。惟以乾兌同屬太陽。坤艮同屬太陰。必欲强合二卦生四卦。四卦生八卦。于是必强配八卦爲太陽之象二。太陰之象二。少陽之象二。少陰之象二。剪裁之使截然整齊、恐非天地間自然之法象也。宜程明道譏之曰、堯夫之數、只是加一倍法。而朱紫陽信之、遂採入啟蒙耳。癸卯歲踐形以研易之餘力、兼窮代數之精微、寢饋不懈、夢感羲孔、于是始發明太極兩儀四象八卦之旨趣。故知孔子云、四象生八卦者、即四象因重一次爲三次、而成四項八係。凡次數以代畫數、係數以代卦數、而項數則以代象數。于是純陽者、一項、角注次數三、以示奇畫有三、不記係數、以示象唯一。個此屬老陽、象父、即乾一卦也。純陰者、一項、角注次數三、以示偶畫有三。不記係數、以示象唯一。個此屬老陰、象母、即坤一卦也。陽角無次數、與陰角注次數二者相雜、凡一項、記係數三、以示陽爻一畫、又陰爻二畫者、有三個不同之卦、皆屬少陽、象男、即乾一索爲長男震、再索爲中男坎、三索爲少男艮、凡三卦是也。陰角無次數、與陽角注次數二者相雜、凡一項、記係數三、以示陰爻一畫、陽爻二畫者、有三個不同之卦、皆屬少陰、象女、即坤一索爲長女巽、再索爲中女離、三索爲少女兌、凡三卦是也。是以父母爲老陽老陰、各一、三男三女爲少陽少陰、各三、凡合八卦、而成四象、故謂之四象生八卦。

$$(陰+陽)^4 = 陰^4 + 4陰^3陽 + 6陰^2陽^2 + 4陰陽^3 + 陽^4 \quad (4)$$

$$(陰+陽)^5 = 陰^5 + 5陰^4陽 + 10陰^3陽^2 + 10陰^2陽^3 + 5陰陽^4 + 陽^5 \quad (5)$$

$(陰+陽)^6=陰^6+6陰^5陽+15陰^4陽^2+20陰^3陽^3+15陰^2陽^4+6陰陽^5+陽^6$　(6)

(4)〔四次五項十六係式解〕小成八卦爻凡三畫合成四象既如前解茲更進講十六互卦故云十六係合成五象故云五項爻有四畫故云四次依式解之則四畫純陰純陽之卦各一象故陽陰角注次數四者各一項不記係數陽一畫陰三畫者凡四卦合一象故陽角無注陰角注次數三者一項記係數四陰一畫陽三畫者亦四卦合一象故陰角無注陽角注次數三者一項亦記係數四陰陽各二畫者凡六卦合一象故陰陽角各注次數二者一項記係數六此十六互卦之象也

(5)〔五次六項三十二係式解〕十六互卦倍之爲三十二隱卦故云三十二係合成六象故云六項爻有五畫故云五次依式解之則五畫純陽純陰之卦各一象故陽陰角注次數五者各一項不記係數陽一畫陰四畫與陰一畫陽四畫者皆五卦各合一象故陽角無注陰角注次數四與陰角無注陽角注次數四者各一項皆記係數五陽二畫陰三畫與陰二畫陽三畫者皆十卦各合一象故陽角注次數二陰角注次數三與陰角注次數二陽角注次數三者各一項皆記係數十此三十二隱卦之象也

(6)〔六次七項六十四係式解〕八卦因而重之、爲六十四卦、故云六十四係、爻有六畫、故云六次。準十二辟卦、依卦變之説推演、凡合成七象、故云七項。六畫純陽純陰之卦、惟乾坤各一、故陽陰角注次數六者、各一項、不記係數。陽爻一畫者、剝復互爲反復、陰爻一畫者、姤夬互爲反復、各合六卦、共一象、故陽角無注、陰角注次數五、與陰角無注、陽角注次數五者、各一項、皆已係數六。陽爻二畫者、臨觀互爲反復、陰爻二畫者、大壯遯互爲反復、各合十五卦、共一象、故陽角注次數二、陰角注次數四、與陰角注次數二、陽角注次數四者、各一項、皆記係數十五。陰陽爻各三畫者、否泰反其類也、合二十卦、共一象、故陰陽角各注次數三者、一項、記係數二十。此六十四重卦之象也。

第八章　是生之旨趣

綜觀以上諸象、合得二例。一曰、任何式中、各項之次數、必互等。如一生二、既成兩儀、爲數根、其次數各一。兩儀生四象、其次數各二、純陽純陰之次數二、固是二、即陰陽雜者、陰陽次數各一、合之亦二。是二次式之各項、皆二次矣。以是例推之、四象生八卦、其次數各三、因三、固三、一二、一二亦三、是三次式之各項、皆三次矣。十六互卦、其次數各四、因四、固四、一三亦四、二二亦四、是四次式之各

太極是生圖

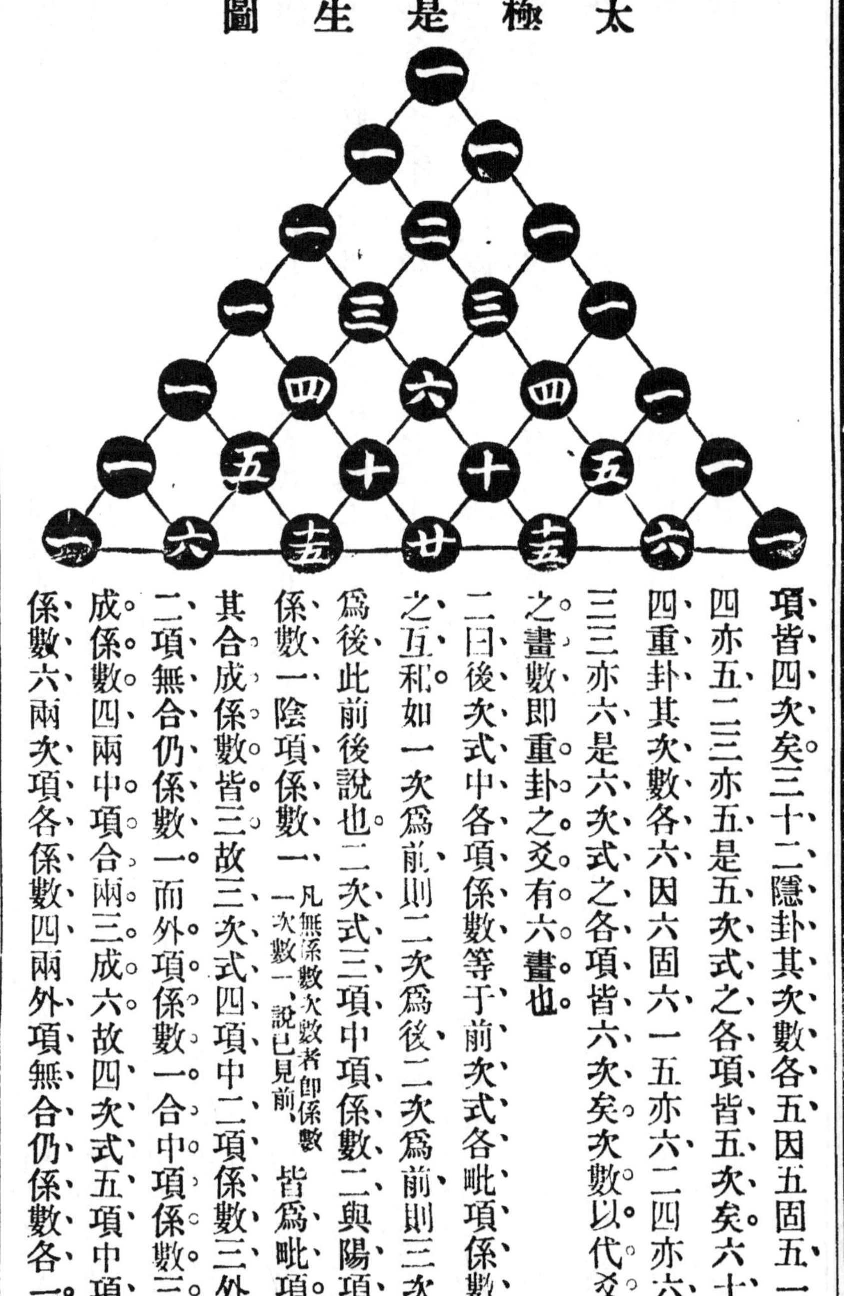

項皆四次矣。三十二隱卦、其次數各五、因五固五、一四亦五、二三亦五、是五次式之各項皆五次矣。六十四重卦、其次數各六、因六固六、一五亦六、二四亦六、三三亦六、是六次式之各項皆六次矣。次數以代爻之畫數、即重卦之爻有六畫也。

二曰後次式中各項係數、等于前次式各毗項係數之互和、如一次為前、則二次為後、二次為前、則三次為後、此前後說也。二次式三項、中項係數二、與陽項係數一、陰項係數一、（凡無係數次數者、即係數一、次數一、說已見前、）皆為毗項、其合成係數皆三、故三次式四項中二項係數三、外二項無合、仍係數一。而外項係數一、合中項係數三、成係數四、兩中項合兩三、成六、故四次式五項中項係數六、兩次項各係數四、兩外項無合、仍係數各一。

外項一合次項四成五、次項四合中項六成十、故五次式六項、兩中項係數十、兩次項係數各五、兩外項無合係數仍各一。外項無合、故六次式兩外項係數仍各一、五次式外項一合次項五成六、故六次式兩次外項係數各六、五次式次項五合中項十成十五、故六次式兩次中項係數各十五、五次式兩中項合兩十成二十、故六次式中一項係數有二十。此即六十四卦變之理也。參觀太極是生圖可知。今更就次六式計其共有次數、凡六次式各項之次數皆六、已如前述、各以本項係數因之、則外兩項純陽純陰者各一、一乘六仍各六、凡合得十二。其次外兩項一陽一陰者各六、六乘六各積三十六、凡合得七十二。二陽二陰者各十五、十五乘六各積九十、凡合得一百有八十。三陽三陰者共二十、二十乘六得積一百、有二十。合七項總計共三百八十有四、此即八卦因而重之、爲六十四卦、三百八十四爻之全數也。如是以觀、則宋易之倍二爲四、倍四爲八、倍八爲十六、倍十六爲三十二、倍三十二爲六十四、如朱子之伏羲八卦次序及六十四卦次序兩圖、强截整齊之、爲不可通、而老子所云道生一、一生二、二生三、三生萬物、即孔子所云易有太極、是生兩儀、兩儀生四象、四象生八卦、是生之旨趣、如是因而重之、爻在其中、則易象變化之神妙可得而明矣。

易有太極是生兩儀篇十二　闕

踐形自識曰、此篇凡十二章、詳述六十四卦三百八十四爻、何以即是太極是生兩儀之理。此乃踐形潛研默感時心得神會之妙諦。正擬貢獻同志以供研究。不謂過洩天機、大觸造物之忌、原稿已佚、致使歷年辛勤、未蒙表顯。豈天之不欲以秘理示濁世、而故使我韞之耶。或將有所待耶。特識數語、聊自解慰。

易有太極是生兩儀篇十三

第一章　乾坤爲陰陽之極

凡陰陽之在同體也、必集同性全歸同極、而俾異性全歸異極。是故同體之兩端、必成異性之兩極。譬如磁電陰陽異性、必臻夫兩端、而極是故號兩端爲兩極、謂陰陽二性、雖同具一全體中、而必分歸兩極。其兩極之性量、彼此盈虛適相埒。故以此極之陽盈補彼極之陰虛、適足爲同量故也。兩極之陰陽異性最著、漸近體之極中、則陰陽異性漸微。至極中而陰陽異性之界泯、極中濇和故也。極中濇和、故陰陽之界泯。極端歸極、故陰陽之極立。惟其歸極是以有陰陽之異極。惟其異極、是以有陰陽之歸極。惟其有陰陽異性之兩歸也、是以有陰陽異性之兩極。故書洪範篇曰歸其有極。此言陰陽之在同體者則然也。若夫陰陽之在異體也、又必合比異性、兩會異極、而分北同性、斷歸各體之餘極。是故異體之互會兩極也、必比異性而北同性、即合異極而分同極。比而合、仁之愛也。感應也。北而分、義之斷也。敵應也。感應者、二氣感應以相與也。敵應者、上下敵應不相與也。感應相與、陰陽正交而萬物通也。敵應不與、陰陽不交而其事睽也。質而言之、陰陽之理本無動靜而有感敵。凡有動靜、本非陰陽之所欲之能力爾也。愛斷之道、有不期然而自然者。自然天也。天者、非欲然也、非使然也。道之不得不然也。非然者、陰陽之動靜誰尸之、磁電之分合誰尸之。無有尸之者。是以知其非欲然、非使然也。是以知其天而自然也、道之不得不然也。孔子贊易道之至也、見于繫辭傳、既曰一陰一陽之謂道、又曰形而上之謂道。此道之同具于无象踐形自注、无象者、非無象也、弗混看。而未形者、則不可擬議、而可贊。必可擬議也。可贊者卦爻之象、則可擬議者亦必卦爻之象也。于是明示其旨曰、六爻之動、三極之道也。三極之至、是謂太極。三極之道、即太極之道也。立天地人之道、皆言陰陽之才也。而陰陽剛柔仁義、則各因其道而互辭以見耳。天者自然之理也、地者、大塊噫氣也。人者、天地之心也。故陰陽之動靜、見之于天道剛柔之屈伸、形之于地道、仁義之愛斷、獨著之于人道也。聖人之重視人道也至矣。舍人道則不可以言易也、即不可以言道也、即不可以言太極也、即不可以言陰陽兩性也。人道者、仁之愛、義之斷也。有仁之愛、是以陰陽異性相比也。此仁之德愛之理、始之于感之端也。有義之斷、是以陰陽同性相北也。此義之刑斷之理、始之于敵之端也。聖人贊易于咸象見二氣感應以相與之理、無間則仁也。于艮象見上下敵應不相與之理、無我能義也。仁義之實、在于無間無我而已。天地至大也、而人物孕息其間、自天地視之至微矣。而人自夸其力、利役萬物、多見其不知量耳。人能充其無間之心、則俯仰天地、皆一氣之滿形也、何間之可得。人能充其無我之心、則藐然中處、皆天地之委形也、何我之可爭。而其實有之存在于天地間者、無非陰陽而已。故曰、陰陽之誼無所逃于天地之間。而陰陽之極、則乾坤是也。

第二章　定象八卦之兩種畫法

夫乾坤其易之門耶、是以爲陰陽兩極。陽極于乾、故稱大父、言陽之極無以加于乾矣。陰極于坤、故稱大母、言陰之極無以加于坤矣。總全易六十四卦、三百八十四爻、無非一陰一陽之變化而已。而陰陽之極、既是乾坤、則舉乾坤而六十四卦、三百八十四爻、無弗在其中矣。先天定象以乾上臨、表陽之極、以坤下承、表陰之極、何以譬之、其殆如磁石之兩極乎。今試以磁石平置而正其

反覆變易四卦實止二象圖

一陰二陽爲巽兌互綜象

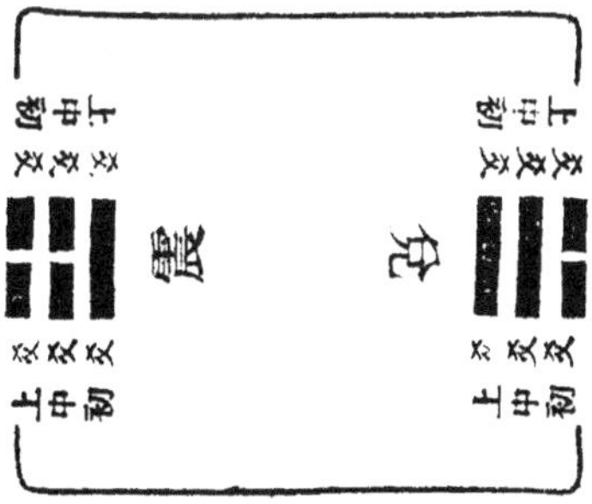

雷風同聲相應

巽　兌

初爻 中爻 上爻

震　艮

山澤同氣相求

一陽二陰爲震艮互綜象

陰陽兩極以與定象圖逐一比擬之則無弗吻合者是定象圖不啻即磁石圖也定象八卦既以乾爲磁石陽極坤爲磁石陰極其六子除坎離別當電流外尚餘四卦即當體表之磁流此四卦者正反各分一象即正反共合一象是名反易卦亦稱綜卦亦稱覆卦震艮反覆爲一象巽兌反覆爲一象四卦實止二象即二陽一陰者一象二陰一陽者一象也其列卦之序次方位悉仍定象之舊而列卦之向背正反則當如法象八卦圖（附圖見第九章）所示其式在乾坤坎離四正卦因反覆不變仍舊外其震艮巽兌四綜卦因可反覆變易互成綜象故震巽二卦內視外向艮兌二卦外視內向內視外向者以初爻向內上爻向外也即震之一陽在內二陰在外巽之一陰在內二陽在外外視內向者初爻向外上爻向

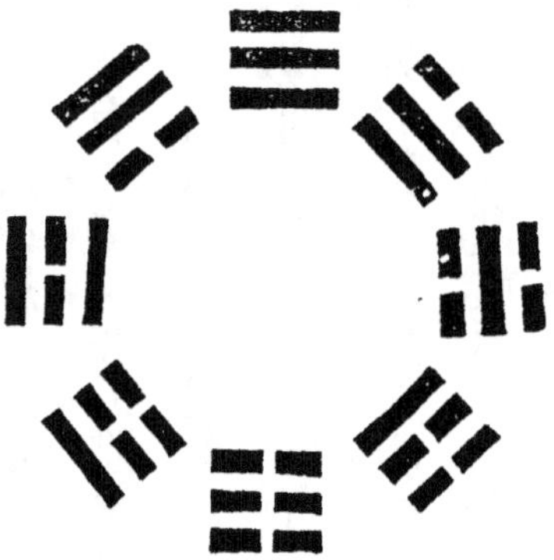

內也。即艮之一陽在內二陰在外。兌之一陰在內二陽在外。蓋前人之圖定象八卦也。本有二種畫法。一即八卦皆內視外向。如震、巽、二卦式。一即八卦皆外視內向

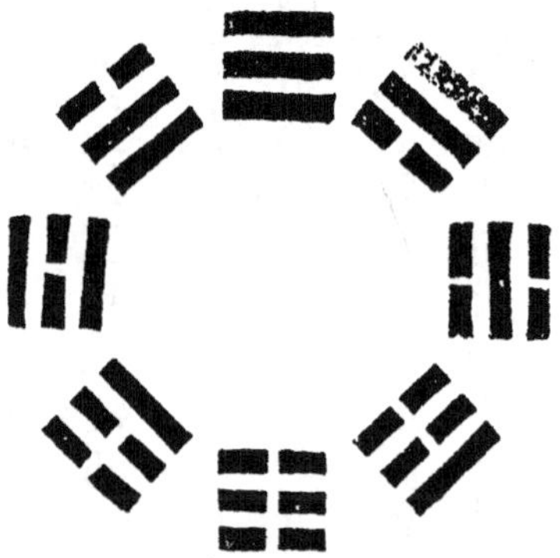

內視外向圖

外視內向圖(正面)

如艮、兌、二卦式。緣八卦中乾、坤、坎、離、四正。外內兩象。皆同。故命其象爲內視外向也可。即命其象爲外視內向也亦可。總之初爻即是上爻。上爻即是初爻耳。所以有內外兩象者。緣震、巽、艮、兌、四綜。正看是一卦。倒看又是一卦。及其圖之于定象也。內觀是一卦。外觀又是一卦。試以畫有定象圖之紙。正反兩面觀之。若正面是內視外向。其反面必是外視內向矣。若正面是外視內向。其反面必是內視外向矣。先天定象所以顯磁性感應之理者。正在此。所以即太極之全體者。亦正在此。故先天定象之畫法。宜用薄紙圖其正面。然後覆之表其反面。然紙雖薄。正面之墨汁未必能

完全滲透反面視反面之墨痕有未全滲透者。仍以墨汁迹其原痕而描之、遂成與正面原圖相反之一反象。但有一事勿忽。即反面之坎離二卦、坎不能就正面原有墨痕潤之。必仍照正面離東坎西重畫之。因坎離左右之位不能互反也。如是兩面之象、彼此互反。故正面是內視外向、則反面必是外視內向。正面是外視內向、則反面必是內視外向。無須安排、自然必然。故人而天也、

凡研易翫象、無非因其自然之妙、得其必然之趣而已矣。審知磁性之影響兩面也、斯亦知定象圖之綜覆兩面矣。其所以能綜覆兩面者、則震巽艮兌爲之也。震初陽而中上陰、與艮互反、故反初爲上、則震即是艮矣。艮上陽而中初陰、與震互反、故反上爲初、則艮即是震矣。是故震可爲艮、艮可爲震。震艮雖二卦、綜覆則一象也。總之皆有一陽爻在二陰爻之餘一端耳。巽初陰而中上陽、與兌互反、故反初爲上、則巽即是兌矣。兌上陰而中初陽、與巽互反、故反上爲初、則兌即是巽矣。是故巽可爲兌、兌可爲巽。巽兌雖二卦、綜覆則一象也。總之皆有一陰爻在二陽爻之餘一端耳。今磁象八卦圖之示式、以震巽二卦內視外向、艮兌二卦外視內向者、即緣此理。蓋合從來定象圖之兩種畫法而成一圖。正以震艮本在一象、故畫震而艮在、畫艮而震在矣。巽兌本在一象、故畫巽而兌在、畫兌而巽在矣。亦即正面與反面互爲綜覆、舉正面而反面即在、舉反面而正面

即。在。（學者于此章所說、必要語語精思、自有心得、幸毋以淺顯重複而忽之、）是故可于任何種定象圖、無論爲正面、爲反面、而依子午中縫截取其任何半面、爲定象半圖、將此半圖之正反兩面觀之、自有妙趣環生。何以故、此先天定象之所以爲造化樞紐也、所以爲太極一元也。

第三章　表陽表陰

夫以定象論其內視外向圖之左半、即外視內向圖之右半也。而外視內向圖之左半、又即內視外向圖之右半也。故若截取內視外向圖之左半爲正面、則其反面必爲外視內向圖之右半。同理反證、亦可截取外視內向圖之右半爲正面、則其反面必爲內視外向圖之左半也。若截取內視外向圖之右半爲正面、則其反面必爲外視內向圖之左半。同理反證、亦可截取外視內向圖之左半爲正面、則其反面必爲內視外向圖之右半也。今若以內視外向圖之左半、與外視內向圖之右半、合爲一圖、則除坎坤兩卦外、餘俱陽爻外向、是謂定象之表陽圖。又若以內視外向圖之右半、與外視內向圖之左半、合爲一圖、則除離乾兩卦外、餘俱陰爻外向、是謂定象之表陰圖。從來畫定象八卦者、因邵康節有言、先天學、心法也。圖皆從中起。而畫卦者始自下畫爲初爻、纍積而上、命終畫爲上爻、以證卦畫之自下而上、即禮中庸篇所謂登高必自卑之意、矧復之初九

合成表陽圖

外視內向圖（右半）卽內視外向圖（左半）

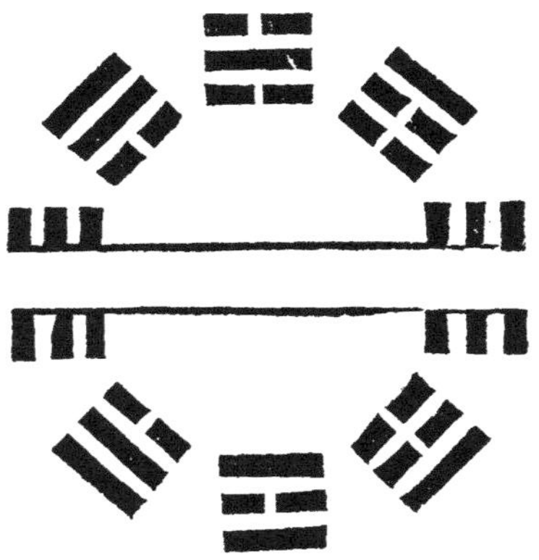

合成表陰圖

內視外向圖（右半）卽外視內向圖（左半）

爲天地之心、卽天地之中、以證先天圖之皆從中起、誠强有力矣。故內視外向圖之畫式、宜較爲有據。然外內出入、不可典要、惟變所適、聖人亦因言之矣。此易之不可以小道泥也。故外視內向圖之畫式、亦自有其適變之理在。且即定象圖觀之、內視外向者、誠合內蘊外發之妙、而外視內向者又合裏定表變之趣。各有其用、不可偏廢。故從來定象有此兩種畫式。其或取內視外向圖著之簡册、或取外視內向圖冠之著述。至云取者是否必有其觀象之旨而然、抑即隨意任畫一種以飾瞻觀。我非彼取者、又烏能知彼取者之心耶。雖然、兩種之並重、則可知矣。然踐形管見、以爲論生生之妙、自當以內蘊外發爲得其情而論流行之趣、又當以裏定表。變爲適其性。故于講卦爻處、皆主內視外向圖說。而獨于講陰陽處、則主外視內向圖說也。外視內向圖何以能講明陰陽之理耶、即于表陽表陰兩圖見之。表陽圖之雜以坎坤二卦也、坤在下本屬陰極、陰陽不能偏廢、故雖純陽、亦不能無陰也。惟坎則嫌雜處耳。又表陰圖之雜以離乾二卦也、乾在上本屬陽極、陰陽不能偏絕、故雖純陰、亦不能無陽也。惟離則嫌雜處耳。而外視內向圖之表面越而不雜、自震歷離兌至乾、凡四卦位居東而偏南、則表皆陽也。自巽歷坎艮至坤、凡四卦位居西而偏北、則表皆陰也。是故就其定象全圖觀之、則左方表陽、而右方表陰也。陰陽之分、儼然可識。于是將此圖中截爲左右兩半、左半爲陽儀、右半爲陰儀。謂之陽儀陰儀者、喻如太極之全而半也。蓋物物一太極、則事事一太極、即象象一太極矣。而此外視內向之定象圖、即一太極也。其全象即太極之全也。其半象即太極之半也。以是而彰表陽表陰之兩儀、豈非方類物羣、皎然明白者乎。故獨于講陰陽處、則主外視內向圖說也。

第四章 隱顯一理

夫外視內向之定象圖即一太極也、其全象即太極之全也。其半象、即太極之半也、雖然世間必無能睹全象之目、而偏有能識全象之心、（此兩句中、深涵至理、學者勿忽、）故無論何人、其目決不能見全象、即無論何象、亦決不能使全象畢見、即充極其目之能力所至、而凡象之所可見者、非其全也、必其半也。故所謂定象全圖、即太極之全者、非太極之全也、正太極之半也。又所謂其半象、即太極之半者、亦非太極之半也、正太極之半中半也。夫止稱定象大都指正面而言、正面全象既佔太極之半、則所餘太極之半、自必在反面可知。所謂一陰一陽者、以正面全象之可見于顯者爲一陽、則必以反面全象之幽覆于隱者爲一陰矣。一陰一陽、凡事物之有對待者、無不如是。所謂知幽明之故者以此。

外視內向圖（反面）

即內視外向圖（坎離易位）

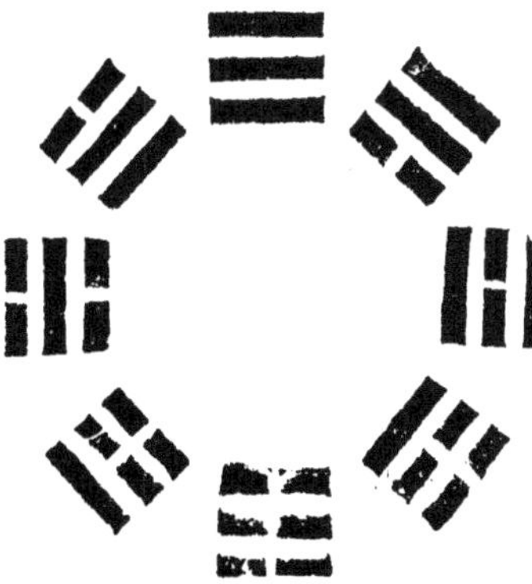

今以幽明之故推之、則知外視內向圖之反面、必與正面完全一致。故凡正面之畫一單一拆、無弗反映于反面、即反面之畫一單一拆、無弗悉同于正面、決無正面單、而反面拆、正面柝而反面單之處、其最可顯著者莫如用薄玻璃片、若將舊軟影片滌淨待用、尤稱便利。于其一面圖外視內向之定象八卦、是爲正面、然後反覆其餘一面、亦可見卦象單拆之畫、則爲反面。反面之卦象單拆、卽正面之卦象、單拆透映也、故與正面完全一致、所不同者左右之象互反耳。前不云乎、正面是外視內向、則反面必是內視外向、而今不然者、坎離二卦亦反也、彼則離東坎西、此則離右坎左、離坎之象有不同耳。若互易其坎離、則亦如前述之正反互變矣。然彼有彼之用時、此有此之用處、正不必其同也。茲爲便于分別敘述、命前紙上反面亦成定象八卦圖者爲異面、而今片上反面不成定象八卦圖者、爲反面、反面與異面、惟有坎離二卦彼此互易其位弗同、其餘六卦無弗同者。今既知反面爲太極全體之又一半、卽定象之幽覆于隱而不見于顯者、亦可謂爲覆面隱面、而正面則其當面顯面也。以隱顯之理本一致、故知正反之象亦本一致。以正反之象無不同、故知隱顯之理亦無不同。世人狃于正面之顯現、至可見者而每未信悟反面之潛隱不可見者、是皆未能極深而研幾耳。孰知此至粗淺至尋常之實相、卽極高明極精微之至理所存也。是故智者之得物情也、不待觀其全而知已無不周、識已無不貫、甯曰逐物而瑣屑紛紜焉。卽端木之聞一知二、顏子之聞一知十、亦豈有異術耶。

第五章　表陰陽儀

試將外視內向定象八卦圖片中截之、取其左半、則自坤之純陰起、而震之初爻一陽在表、離之初爻一陽在表、及兌之初中二陽在表、至乾而三陽全矣。故左半爲陽儀也。若取其右半、則自乾之純陽起、而巽之初爻一陰在表、坎之初爻一陰在表、及艮之初中二陰在表、至坤而三陰全矣。故右半爲陰儀也。雖然、所謂左半右半者、非左半右半之全也。此不過就其左半右半之可見者言耳、尙有不可見者在。可見者、正面也。不可見者、反面也。即覆面也。隱面也。據其全象而言、則有全象之正面、全象之反面。據其半象而言、亦有半象之正面、半象之反面。而全象者、合左右兩半象所成。半象者、分全象之半也。至半象之可見于正面者、又半中之半矣。而人目光之所能及者、至多必不溢于全象之半、至少亦決不減至半中之半。故通常半見半隱爲則。今定象之左半右半、皆正面之半中半也、則尙有反面之半中半在。合正反兩面之半中半、方成全象之半也。夫太極者、全象也。兩儀者、半象也。而左半之所謂陽儀者、乃其正面可見之半儀、尙有反面不可見之半儀。必合正、反兩面之半儀、方成陽儀也。如是可以外視內向圖左半之正反兩面合成一圖、是謂表陽儀圖。（參觀附圖） 其式起象始自下坤。左下右下各表一陽、初息震。左中右中各表裏一陽平分離。左上右上各表二陽、再息兌。洎乎純陽之極、盈于上乾。除坤維持陰極不絕外、其七象皆表陽

外視內向圖(左半)

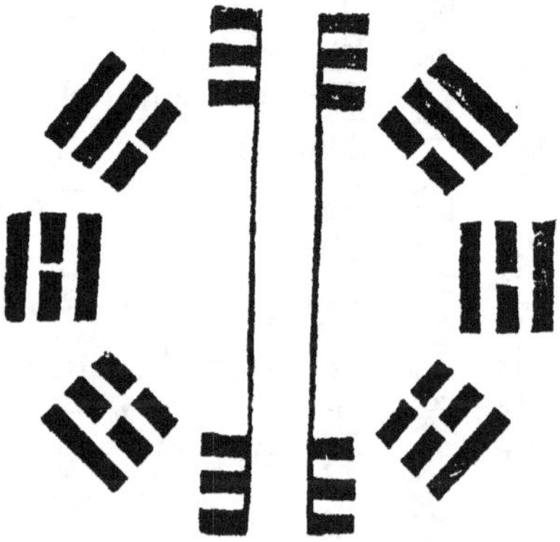

外視內向圖(右半)

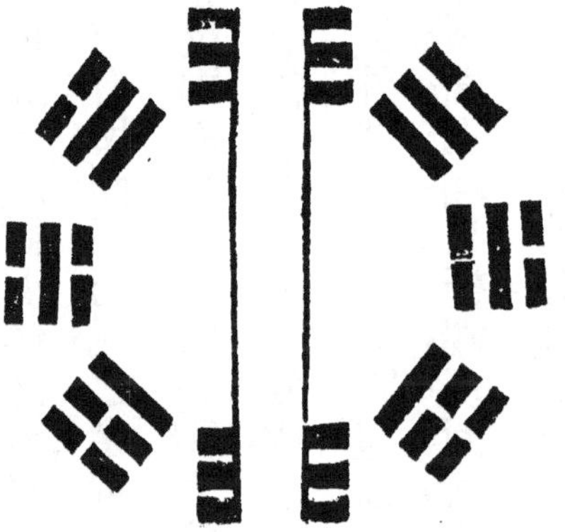

表陽儀圖 左半正反兩面合成

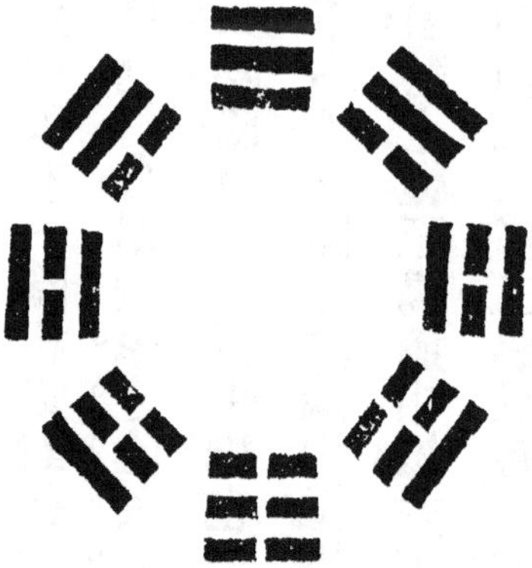

表陰儀圖 右半正反兩面合成

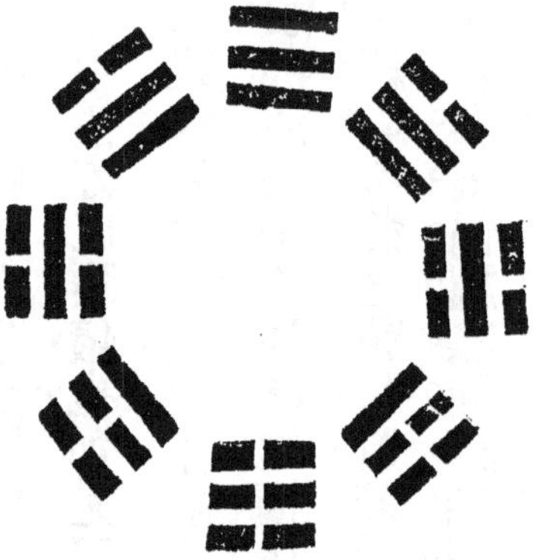

易學講錄 第一編 九十六一 學譯社發售

也。故謂之表陽儀。此于、絕緣、導體之、帶陽、電時見之。至外視內向圖之、右半、所謂陰儀者、亦其正面、可見之半儀、尙有反面不可見之半儀。必合正反、兩面之半儀方成、陰儀也。如是可以外視內向圖右半之正反兩面合成一圖、是謂表陰儀圖（參觀附圖）其式起象、始自上乾。左上右上各表一陰、初消巽。左中右中各表裏一陽、平分坎。左下右下各表二陰、再消艮、洎乎純陰之極、虛平下坤、除乾維持陽極不絕外、其七象皆表陰也。故謂之表陰儀。此于、絕緣、導體之帶陰電時見之。此二象極端反對也、亦極端調和也。極端反對者、表陽儀偏趨陽極、表陰儀偏趨陰極。極端調和者、表陽必裏陰、表陰必裏陽、而表裏陰陽之和、在二象適得其平均。是故可以表陽儀之陽極、與表陰儀之陰極、彼此相重、即以二圖一正一倒、對合貼切。此有一陽、則彼有一陰、相爲對待。此有一陰、則彼有一陽、相爲旁通。如是乾坤對合、震巽對合、坎離對合、艮兌對合、則兩象之陰爻陽爻、適盈虛相抵、祇見平均、不見歉溢。因陰陽之妙矣。即兩象各就自具陰陽計之、亦至平均也。如表陽儀之上極三陽、對下極三陰、適相抵。左上右上二陽一陰、對左下右下一陽二陰、適相抵。惟左中右中同屬離、則似陽爻溢二、陰爻歉二矣。又表陰儀之下極三陰、對上極三陽、適相抵。左下右下二陰一陽、對左上右上一陰二陽、適相抵。惟左中右中同屬坎、則似陰爻溢二、陽爻歉二矣。陽爻溢二、陰爻歉二，此殆所謂表陽儀之徵乎。陰爻溢二，陽爻歉二，此殆所謂表陰儀之徵乎。似矣非也。是蓋當徵之踐形式儀象太極圖矣。

第六章　儀象八卦

踐形式儀象太極圖之相符于定象八卦也，其陰陽爻畫之配列，實本諸互卦象理。據互卦法爻極上下，則應用者少，故有置身事外之象，所謂上下，不當位者，非不當陰陽之位，謂不當用事之位也。故乾之初九，則潛龍勿用。蠱之上九，則不事王侯。而需之上六，則雖不當位也，而爻之愈近中，愈處中者，則可爲一卦之樞，機具足象理，酬應萬變。是以雜物撰德，辨是與非，則非其中爻不備也。六爻之重卦，然三畫之八卦，亦莫不然。蓋三畫卦之初上兩爻，猶之六畫卦之初上兩爻也。全同其中爻，則重卦之中四爻，即繫傳所贊，爲非此不備之中爻是也。故中爻者，以一爻之象，而兼備衆爻之用者也。亦即肇分一卦爲兩象之中樞也。其在三畫之中爻，雖不必如六畫卦之中四爻重疊再三，然可分析爲二也。分析爲二，則合上下各成兩象，而有四畫。于何徵之，而知三畫卦之中爻可析爲二也。徵之繫辭傳合之道德經而知之。老子之所謂道生一，一生二，二生三，三生萬物者，非即孔子之所謂易有太極，是生兩儀，兩儀生四象，四象生八卦者歟。何以老子之說則二祇生三、而孔子之說、則兩又生四、耶合而徵之、非卽三亦四、四亦三耶、三四之數、不相侔而相埒、又何耶、苟不知中爻之理、則莫之曉矣、夫三畫卦者、上爻象天、中爻象人、下爻象地、非取法乎三才之象耶、而乾坤爲大父母、復姤爲小父母、天地氤氳、男女構精、非人卽小天地、故法象乎天地耶、非上下爲陰陽之極、而中爻爲陰陽之交耶、陰陽之交、故一爻而兼具二象、陰陽之極、故一爻則祇具一象、是上下兩爻各具一象、而中一爻兼具兩象、故爻雖止三、而象實有四、指其三爻而言、則老子所謂二生三也、指其四象而言、則孔子所謂兩生四也、是故知三爻之實有四象、即可知中爻之以一具二、以一具二者、二合爲一、一分爲二也、中爻之可以一分爲二、二合爲一者、則四畫之可合爲三畫、卽三畫之可分爲四畫也、而依踐形式儀象太極圖徵之、則三畫八卦之實、相均有四畫之隱象、如儀象八卦圖所示者、是皆以中爻因重而成象也、又依儀象太極圖理、坎離二卦之中爻、本即四畫卦之上三兩爻、而其上爻、即本二爻也、是故離以一陰居中者、三畫八卦之象也。

儀象八卦外視內向圖

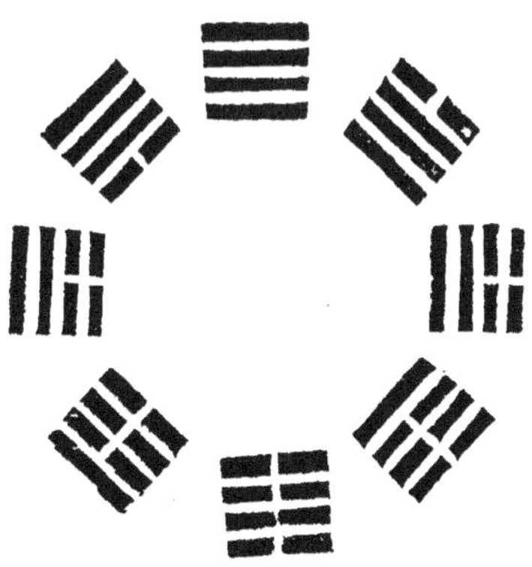

而其實相、則初二兩爻皆陽、三上兩爻皆陰、陽長于下、陰消于上、蓋上弦之象也。故稱陰陽平分、而以陽爲之表焉。坎以一陽居中者、三畫八卦之象也。而其實相、則初二兩爻皆陰、三上兩爻皆陽、陰長于下、陽消于上、蓋下弦之象也。故稱陰陽平分、而以陰爲之表焉。其餘六卦、則皆因重其中爻而已。欲明其所以然之故者、可參考儀象太極圖說、

第七章　表陰陽儀象

試將表陽儀表陰儀二圖之八卦三畫者、更依儀象八卦圖重中一畫、作四畫、而別造表陽儀象表陰儀象兩圖而觀覧之。則見表陽儀象圖之陽極四陽居上者、與陰極四陰居下者、對待而左上右上皆表三陽而裏一陰。左中右中皆表二陽裏二陰。左下右下

表陽儀象圖

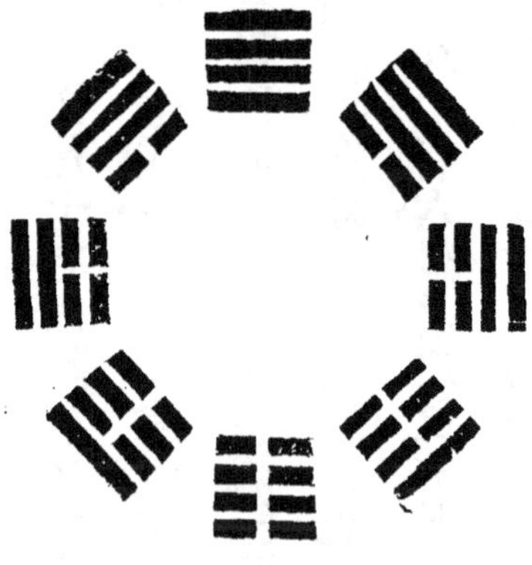

表陰儀象圖

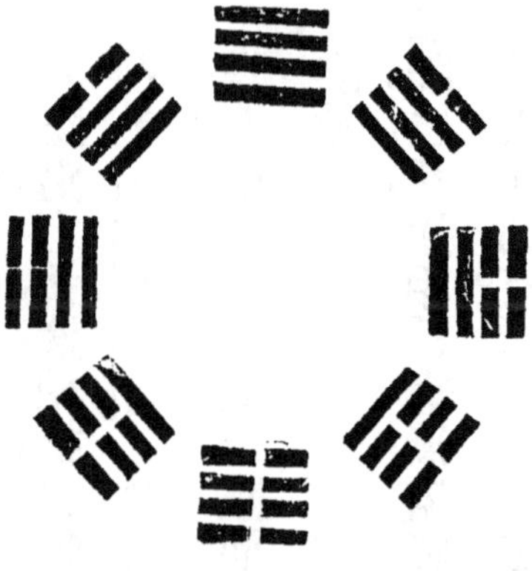

皆表一陽而裏三陰。陽漸消、則陰漸長也。如是計之、陽發于表、而歸極于上、則陰消于裏而歸極于下。陽發之爻凡十有六、陰消之爻亦凡十有六、陰陽之爻適相抵、盡無溢無歉。所謂表陽儀象者、不過陽爻悉在表焉耳、非陰陽可以增損也。又見表陰儀象圖之陰極四陰居下者與陽極四陽居上者對待、而左下右下皆表三陰而裏一陽。左中右中皆表二陰而裏二陽。左上右上皆表一陰而裏三陽。陰漸消、則陽漸長也。如是計之、陰放于表而歸極于下、則陽息于裏而歸極于上。陰放之爻凡十有六、陽息之爻亦凡十有六、陰陽之爻適相抵、盡無溢無歉。所謂表陰儀象者、不過陰爻悉在表焉耳、亦非陰陽可以增損也。視其表面、則有表陽表陰之殊、而判爲二象。察其實相、則表裏一貫、初無陽儀陰儀之分。蓋表陽儀象之陽極、亦即表陰儀象之陽極、而表陰儀象之陰極、亦即表陽儀象之陰極。初非有兩不同之陽極陰極也。奚啻陰陽兩極哉、其餘諸象皆一一相當。而陰陽兩極則其尤著者耳。是故印合兩象、則左下右下之震艮互綜、其象雖有表一陽裏三陰、與表三陰裏一陽之別、而其皆爲一陽三陰、則無不同、所異者在表在裏而已。左中右中之上下兩弦互反、（不云坎離者、坎離不可互反、而上下兩弦則互反、實即坎離也。）其象雖有表二陽裏二陰、與表二陰裏二陽之別、而其皆爲二陽二陰、則無不同、所異者在表在裏而已。左上右上之巽兌互綜、其象雖有表三陽裏一陰、與表一。陰裏三。陽之別。而其皆爲一。陰三。陽則無不同、所異者在表在裏而已。即不用儀象八卦、亦可證兩象之無不同、如震艮以一陽二陰互綜、巽兌以一陰二陽互綜、乾坤之位本不變易、惟坎離止有相錯耳、總之上爲陽極下爲陰極上之左右陽多陰少下之左右陽少陰多而左右之中則陰陽平分無論表陽儀象表陰儀象莫不皆然故不稱陽儀陰儀而著表字以見意抑以見陰陽之不能偏廢而任何變易其象所謂陰陽平均之實情者究未能須臾畧有更改也是故可變者其相不可變者其實而至變之中有至不變者存此所以物物各具一太極物物至異而物物未嘗不至同也

第八章　儀象在實相可證

表陽儀象表陰儀象之爲異相同實既如前述矣觀象之妙斯可以知太極如何生兩儀兩儀如何生四象矣即可以知太極生兩儀而太極即在兩儀則兩儀不異太極也兩儀生四象而太極兩儀即在四象則四象亦不異太極兩儀矣若曰太極是一個兩儀又是一個則太極自太極兩儀自兩儀矣夫儀字之誼亦象字之誼也故曰儀可象也而象也者像此者也所以擬諸其形容而象其物宜之謂也蓋取其相也是故兩儀者形容可異之兩相也四象者形容可異之四相也而天下之相至賾其始必起于可異之兩相故分而爲二迨其異相既立則異之中又有異焉此

四象八卦之所以繼判而不已也。欲詳其異、則林林總總者、有異而無同。有千萬則千萬異、有億兆則億兆異。事物而有之所在、即異之所在。事物而有之無窮、即異之無窮。然約其異、則又不出兩相之外。此所以舉凡一切可異者、而畢竟以兩儀攝盡其對待之相焉。故孔子曰、易有太極、是生兩儀、以易有而是生也。有之與生一字之妙、其神情躍然可識矣。何以有、物莫不有以易而有也。何以生、物莫不生以是而生也。當其未有也寂然、寂然則無所謂生、無所謂生、則亦無所謂有矣。及其既生也感通、感通則又非所謂有、非所謂有、則亦非所謂生矣。惟此寂而感、感而寂之中間一瞬、則易之所以有、而是之所以生也。于何證之、即證諸磁石之感應可矣。磁石之感應、于何象之、象諸太極兩儀之化定象八卦也。定象八卦者、磁石之模型也。磁石爲太極兩儀之模型、而定象八卦又爲磁石之模型。定象八卦爲太極兩儀之實相、而磁石又爲定象八卦之實相。太極兩儀不可見、見之于定象八卦、定象八卦不可驗、驗之以磁石。磁石可見可驗、而太極兩儀亦可見可驗矣。若不能見于模型、驗以實相、則杜門造車、嚮壁構思、于是一人有一人之太極、一時一地有一時一地之太極、一物一事有一物一事之太極。見智見仁、各以所見者而圖爲太極。自宋迄今、紛紛太極之圖、彼亦一是非、此亦一是非、駢黃驪綠、衒目驚心。果且有彼此是非乎哉、果且無彼此是非乎哉。非有同軌轍、安知合戾。非有試金石、安知眞贋。太極兩儀之徒資空談而不可見于模型驗以實相也。則人造一圖、互競是非、其孰從而正之。故在科學其理非證諸實驗者則其說不立。豈徒杜人之詭造妄作、亦以不虛此天賦之應用焉耳。而磁力之可證先天定象電流之可證後天本象、皆儀象自然具足、此妙用而未經前人道破者。至以先後天交變之關係證磁力電流之關係、則磁電之理切。以磁力電流之關係證先後天交變之關係、則交變之說確。此學說之所以尙有證也。此儀象在實相時所以可證也。

第九章　定象八卦妙符磁極

易以道陰陽。凡卦爻之象、無非一陰一陽之道已焉耳。而定象八卦尤爲磁石之陰陽兩極顯著者焉。乾上臨爲陽極、坤下承爲陰極、坎離正交、別當電流。其震巽二卦則分取諸內視外向定象圖、艮兌二卦則分取諸外視內向定象圖。實即兼用內視外向定象八卦中之六卦、而獨不取其艮兌二卦。亦卽兼用外視內向定象八卦中之六卦、而獨不取其震巽二卦。易言之、則全用內視外向定象八卦、而反其艮兌二卦之象。亦即全用外視內向定象八卦、而反其震巽二卦之象。遂別成一偏綜磁象八卦、即法象八卦也。謂之偏綜者、謂綜震巽則不綜艮兌、綜艮兌則不綜震巽、

法象八卦圖

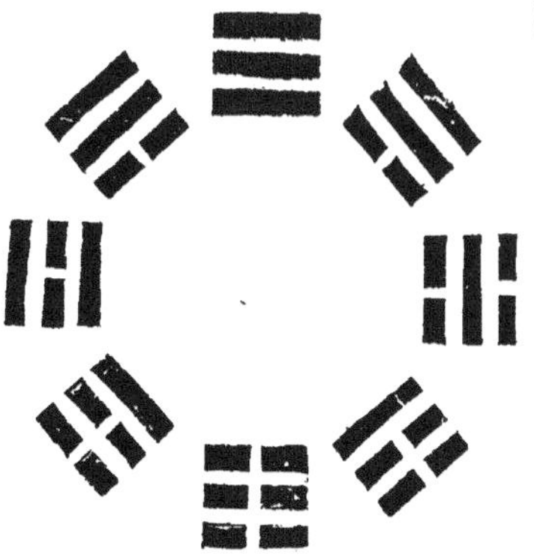

兩極六虛圖

故名偏也。謂之磁象者、磁石兩極之象如此、故名磁也。如是則坤以純陰下承爲陰極。左下右下震艮互反、皆一陽二陰。左中右中坎離對錯、流坎之實、行離之虛、與兩極正交。左上右上巽兌互反、皆一陰二陽。乾以純陽上臨爲陽極。此象上半與表陽儀極似、所略異者祗在有一坎卦耳。下半又與表陰儀極似、所略異者祗在有一離卦耳。即就此象觀之、自左至右四卦在下者皆表陰、自左至右四卦在上者皆表陽、儼然可識也。故除坎離二用爲電流不計外、專以六虛顯磁石之陰陽兩極、是謂兩極六虛圖。如是、則陽極九爻、陽居其七、僅雜二陰耳。陰極九爻、陰居其七、僅雜二陽耳。即彼坎離居中時、亦不過一陰一陽相躡、以調劑陰陽之中和、而成既濟、蓋能成磁石之諸微分子、一一悉全磁性、俱一一悉如磁石同。一一悉依定向整列、即一、一、悉以陽性、向陽極、陰性、向陰極。而

其兩兩比鄰也。又一一悉與異性極相接。如既濟六爻。然夫六爻之動。三極之道也。三極之奇爻皆陽。其偶爻皆陰。即三極之陰陽兩性。必兼全而其陰陽兩極。皆依定向整列。不可亂也。故彼此之間。以陽導陰。以陰承陽。悉本陰陽之異性。以比爻也。故觀于既濟之象。即可以識磁石諸微分子。彼此整列之相。自然如是。有非人力可由安排者。然惟其整列如是。三極之道。各以奇偶異性比鄰。調劑中和。則不專有陽。而陽性不獨顯。亦不專有陰。而陰性不特用。故磁石中部。因諸微分子彼此以異性比鄰。銜接其作用。互相中和。而不顯磁力。至在磁石之兩端。則諸微分子一一以同性之極。並列外向。無與妨抵其作用者。故顯其磁力。其以陽性並列外向者。則謂之陽極。以陽性皆歸此極也。其以陰性並列外向者。則謂之陰極。以陰性皆歸此極也。可就兩極六虛圖觀之。則知陽性之皆歸陽極。陰性之皆歸陰極矣。

磁石法象圖

故在磁石之兩極。其吸力最强。試投磁石于鐵屑中。取起看之。則鐵屑蝟集于其兩極。而中部無之。斯可驗也。試以磁象八卦順序而全衡之。作磁石法象圖。中以離坎互成既濟未濟。爲一陰一陽之比鄰。下以震艮互綜之一陽卦。與坎表一陰比鄰。而其中爻陰

即示一陽之彼極顯于異性者、其上爻陰合坤純陰、即示磁石陰極之表爲陰性之所歸極也。又上以巽兌五綜之一陰卦、與離表一陽比鄰、而其中爻陽即示一陰之彼極顯于異性者、其上爻陽合乾純陽、即示磁石陽極之表爲陽性之所歸極也。如此、則以八卦順序、全衡豈不儼然一塊磁石之象乎。此定象八卦所以合于磁力之理也。

第十章　磁電之異同

磁力合于先天定象之妙理、既如前述矣。今試更進而言電力。夫電之有陰陽二性、猶磁之有南北二極。異極相感則比、同極不感則北。此磁之力也。而電亦猶是異性相感則比、同性不感則北。可見陰陽感應之理、如是而已。故磁之與電、其有陰陽兩端也同、其能感應比北也亦同。然何以別以爲磁爲電之異名耶。此動靜之象也。磁極則靜而固定、電性則動而流行。靜而固定、故陰陽不能變易、所謂易有不易之誼也。動而流行、故陰陽可以變易、又所謂易有變易之誼也。不易者、陰陽之立其體也。變易者、陰陽之致其用也。故磁之久置也、若非因中和而失其性、則其陰陽之兩極不少變也。而電不然、時可以爲此之陰、時又可以爲彼之陽。緣兩體之關係不同、而陰陽之性之程均可隨在變易、必不能固定。何者爲陰陽兩性、祇能比較兩者間而權現其有陰陽感應之關係過此則又非矣且電之發也、兩物相感則忽然而陰陽具矣及其置也、苟非絶其緣則又倏然而逸矣有電之體倏然可無、無電之體忽然可有蓋電之流行無恒非如磁之固定有常也然磁之存在惟鋼鐵有保存之能故製磁者常用鋼鐵、而以鍛至赤熱急投冷水中使冷者爲良入旋進電流圈中、受磁力圈感應作用其法横置之几上、而手持兩磁石以異性極相對當鋼鐵片之中央壓向兩端分引摩擦之既成磁鐵即可保存而近以鐵鎳鈷鐵鎳等之微分子、均可視爲一個小磁石、必起感應、白銅與鋼雖能感應而力極弱、惟于銅燐鉍則反距離物理書中謂之反磁性體、耳此磁之感也而電不然物體近電皆可感應第感應于溼體金屬、則有傳導擴散之能、倏感而倏逸矣故感亦不覺也惟摩擦于燥體石質、尤以革、絨、牙、玻、絹、橡、蠟、脂、硫之燥者爲驗、而琥珀吸燈草、人皆知之、玻片下紙戲、又至可玩也、則因保持局部之感、絶緣而發電矣、故感且可覺也一匬一導不同如此、然導體而以匬者絶其緣、則亦不逸而感可覺矣凡非導體既因感應而發電必于局部止具單性故玻與玻近、必相距離、同性故也而與蠟近、則又感應異性故也非不若導體之兼具雙性也蓋既受異體之感應而發異性電矣凡陰陽兩體、因感應而生陰陽異性、是謂發電、發而有之、或絶緣授與、保存不失、是謂帶電、由此體以所有之電感應彼體、陰陽中和、而贏溢以帶電者、是謂授電、發電者若屬導體、雖感應而易擴散、喻如光熱之傳、是謂傳電、若帶電體異性兩極接近、互相中和、薄盪中間非導體空氣之抵抗而現火華、是謂放電、使電之流行、沿體馴達、是謂通電、截斷電流、積聚電力于指定器體中、保存待用、是謂蓄電、導電體而以非導體絶其緣、是謂絶緣體、與較爲陽性者感應、則雖現陰性與較爲陰性者感應、則又現陽性矣。

第十一章　磁電之關係

凡物體既受異體之感應而發異性電也、應者所發之量、必視感者所有之量同、亦即異性兩體互相摩擦而各發異性之電者其量必同。故彼體若發陽電至何量、則此體亦必發陰電至何量。或此體若發陽電至何量、則彼體亦必發陰電至何量。陰陽之量無不等者。其見驗之法以短絨套套長蠟棒之一端、而屢旋轉之、使摩擦發電。以觸金箔驗電器、(製驗電器法、以金屬棒插入玻瓶之絕緣栓中、上端成球形、下端懸垂金箔二、以帶電體觸球、驗分金箔所開角度之大、推知所含電量之多少、)金箔毫不開。若兩離絨蠟、則無論觸套觸棒、金箔皆開。以斯可證絨之陽電與蠟之陰電在異體。所發異性電量必同。即陰陽感應之程。所至必同也。或以絹套套玻棒代之、其理亦然。惟絹發陰電、玻發陽電耳。于何證之、以絲線懸帶電之玻棒近以帶電之蠟棒、必互感應。兩體之電陰陽異性故也。若玻棒與玻棒近、蠟棒與蠟棒近、必又距離。兩體之電或同陽性、或同陰性故也。今若先觸以玻棒授陽電、則見金箔開。更觸以蠟棒授陰電、則又稍閉。其理何居。蓋陰陽異性兩電互合、則電量平均而作用休。幾于中和也。(木金位絹緣間、且道體故然、)又假令以磁石北極吸鐵片、更以同量他磁石北極重之、其吸力必倍前。若重以南極、則鐵片忽落。由此見驗、可知異極相接、則陰陽中和、而失其影響外物之磁力作用矣。故以兩磁針互重異極而繞之、則不指南北、是謂無極針。陰陽中和、則無兩極可定也。夫磁電二者、理本相通、同有陰陽之異、卽同有陰陽之量、而量之所得以正乏之取準。正者盈于陽而有餘、乏者虛于陰而不足。以有餘補不足、適得其平、卽正乏之和、其量等于零也。零者無也。無盈亦無虛、無陽亦無陰、無異性極之現象、卽所謂無極者也。嘗就磁石之北極苟有幾許正磁量、則其南極亦必有幾許乏磁量以與之齊。故在一磁石、其正乏之和量必等于零也。今欲較兩個磁石之兩極間磁量有多少、可更用第三磁石使之作用、而測其力之大小。若二者之力相等、則所有磁量亦等。若作用于甲之一極之力為乙之幾倍、則甲之磁量亦為乙之幾倍。依同樣方法、可以考驗任一磁石兩極之磁均等。故知一磁石之兩極、必含有正乏反對之等磁量在也。而兩電體能相感應之正乏兩量、亦如兩磁極之正乏兩量。卽帶陽電體苟有幾許正電量、則帶陰電體亦必有幾許乏電量。因兩體所含電量有多少之差、故其感應作用亦因之而異。依法人哥倫布定律(Coulomb's Law)磁或電、其兩極間互相作用之力(卽感應之比力、與敵應之北力)、與兩極磁量或電量之相乘積為正比例、與兩極間距離之自乘方為反比例。是電磁二學、有密切關係也。故磁石兩極相重、則失其作用、而電體兩性相合、則互為中和陰陽調濟、盈虛抵消、其理正同也。

第十二章　定象八卦妙符電位

天地間無非陰陽一理而已。磁也、電也、皆同象之現于異觀者也。是故卽磁可以喻電、卽電可以喻磁、嘗徵之定象八卦矣。坎離平分陰陽、交爲既濟定位、奇偶相當、無盈無虛、故坎曰不盈既平、離曰麗正、得中坎不盈則中爻非乾、(此誼別詳)故九五祗既平矣。祗則不溢、亦不招損、其誼可睹矣。離麗正則中爻非坤、(此誼別詳)故六二得中道矣。得則不盈無事受益、其誼亦可睹矣。此坎離既濟、所以著中正和平之象、故爲定位。其在磁也、陰陽方合、而爲自在之無極。其在電也、正乏之相抵而當大地之零位。其在定象八卦也、則以坎離平分陰陽而上下之奇偶必兩、兩相等、此水準地平之象也。乾坤爲陰陽之極、磁喻夙見于前、電喻復著于此。乾高其上、位乎陽極、此正電位高于地之零位、亦冰點以上之熱度也。坤低其下、位乎陰極、此乏電位低于地之零位、亦冰點以下之熱度也。此四正之卦既合乎磁電之象矣。而在四維者、巽兌反覆、總是陽盛、是以傍乎乾極。震艮反覆、總是陰勢、是以傍乎坤極、周流上下、循環進退、故陽盛之卦、悉聚于上、以示電位之較高。陰勢之卦、悉聚于下、以示電位之較低。而凡兩方對待之卦、必陰陽相當、一方陽盈、則對方陰虛、一方陰消、則對方陽長。所謂伸于此者必絀于彼。短于彼者必長于此。故乾坤兩極上下對待。坎離兩中左右對待。四正之外。四維亦爾。如震巽以兩長對待。艮兌以兩少對待。消長盈虛之理。自然所致。未有一方既感而餘方不應者。所謂獨陽不生。孤陰不育。而天地之間。亦何嘗有獨陽而無陰。孤陰而無陽哉。故即就定象八卦以爻論。凡陽極有一陽爻。則陰極必有一陰爻。以爲對待。而陰極有若干陰爻。則陽極亦必有若干陽爻。以爲抵當。總合陰陽爻之全量。仍不外陽十二陰十二之和爲二十四耳。

電之感應作用成兩極對待圖

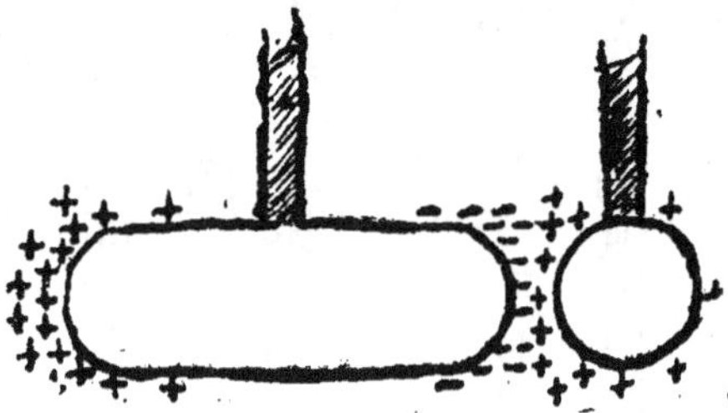

地逸電成偏性圖

離電場偏性擴全圖

試觀絕緣導體之感應于帶電體而近端發異性電。感陽則應陰。感陰則應陽也。復因自體

感應而遠端發與近端異性之電。如近端是陰、則遠端必陽。近端是陽、則遠端必陰。而遠端所發電實與帶電體爲同性。蓋因感應作用、既會異性電而集歸于近端、自必距離同性電而隔睽于遠端矣。凡物體固莫不具足陰陽兩電量。其兩中之一、既類聚而歸極于一方、則所餘之一、自必羣分而別趨爲一物。是其本體具足陰陽之量、固永無增損也。今姑無論近端之或爲陰或爲陽也、而遠端發電必與之異性、卽所謂自體感應者、可必也。然則、絕緣電體之兩端、或兩面、（如此面是陽、則他面必是陰、若此面是陰、則他面必是陽之類）凡在對待之方向者、必爲對待之異性電、又可必也。證之以定象八卦、則陰陽之理、昭然若揭、無所疑惑矣。

第十三章　磁電體質之微分子

磁電之理、悉符定象八卦、已如前述。就法象八卦觀之、尤覺顯著易見。坎離平分以上、卦皆陽性向上而外發。坎離平分以下、卦皆陰性向下而外發。然就其各個微分子、卽各卦自象者觀之、無論在上極、在下極、莫不陽高而陰低。蓋卽陰陽感應之驗。陽性必歸一極、陰性必歸又一極也。據英人紀爾罷（Gilbert）之學說、謂磁石之各個微分子、皆小磁石也。其陰陽兩極均依一定方向而整列焉。然磁石之兩端、其作用特著、而中部不顯著。實因磁石中部之諸微分子、各以異極比鄰、互成中和而磁量彼此抵消、故不顯磁力。在兩端則皆以同極並列、無與消抵、故顯磁力也。證之以法象八卦圖則其象尤確、其理尤信。援是可舉例以明之。試將數寸長之鋼鐵磁條任折爲數段。雖折至極細、而投入鐵屑中、仍感應叢集可驗也。故磁微分子一一悉具足獨立磁性、乃能集成磁石也。而後得愛詠（Ewing）改進學理、其說尤備。謂鐵鎳等之磁性體、無論帶磁與否、其微分子均可視同小磁體。當未帶磁時、各微分子之兩極方向錯亂。一旦帶磁、而全體各微分子之作用、保持平均、故不顯磁性。惟在磁場、受感應作用、則各微分子悉依一定方向整列、故顯磁

磁電兩性會歸表面兩極圖

（磁）

（電）

性也。總之、磁性本自具足、顯與不顯、則感與不感爲之。猶之電性、亦本自具足、發與不發、亦感與不感爲之。其理一也。磁性不在磁體中部、而磁歸兩極、亦猶電性不存電體裏質、而電發表面也。是故法象八卦圖之陽極、必以陽爻外向。其陰極、必以陰爻外向。即就物體之表面所發陰陽之電、而定爲陰陽之何極也。此即窮上反下、物極于上之意。故陰陽之生也、必由內而馴致、即姤

復之由初爻而浸長也。其陰陽之極也、則向外而發展、即剝而坤夬而乾之亢乃有悔、其道窮也。試通電于導體而使擴散全體以驗之、則可知發電僅在其表面、與法象八卦圖之象正同也。可就法象八卦以說明其理。蓋電體裏質陰陽兩電、雖本自具足、而全體異性、互相中和。今既帶電、則過猶不及、而裏質一一諸電分子、仍維持其平衡。故距離表面既受感應之同性電而外發也。卞昔爾（Covencish）曾以金屬兩半球殼包覆絕緣金屬球、既授電即離殼驗裏球、則不帶電、以證電之擴散于導體表面而不在裏質也。第導體表面形狀非一、則電之擴散所播集量密度亦非一。故球形則勻布全體。卵形柱形則兩端較多。方形則集于廉隅。概言之、則扁平處少、灣曲處少、而尖突處密集最甚。故尖端近傍之物體、若浮遊太虛之塵埃、每因感應作用爲所吸引、逮受有同性電而復距離、又吸引其餘、成新陳代謝之象、是謂分陰分陽迭用剛柔。而尖端之電漸奪而消、是謂電之對流。近以燭、則炎傾似風吹者、即其驗也。

第十四章　磁電場內之指力線

兩異性電感應時、互相平均而減作用。若陽電與陰電之間有一溢乎其量、則陰陽之合不啻即正乏之較矣。正量多、則猶餘陽電、如因授而帶陽電也。乏之量多、則猶餘陰電、如因授而帶陰電也。

試以發電體近電擺、（製法用玻管、端繫絲線、懸小木球、）必感應甚密、初授電于絕緣導體、俾帶同性電也。更試則反距離者、旣帶同性之電、敵體又烏能交耶。帶電體之相與感應而距離也、此電之對流所以成、而指力曲線之所以可象也。帶電體之周圍、其作用之力所及感應者、謂其幅員爲電場、亦猶帶磁體之周圍、其作用之力所及感應者、謂其幅員爲磁場。同理其所指電力曲線、亦與指磁力曲線一也。故磁場之作用、爲磁力之感應。電場之作用、爲電力之感應。磁電二氣、豈有異道哉。研究磁場、欲識其指力線之情狀、有一簡法。在可用玻片或厚紙置磁石、而將細篩撒敷鐵粉。微叩其板、則鐵粉整列成曲線紋。蓋因鐵粉受感應作用、而爲各個小磁體。各就其所在點、循磁力之方向而指、卽從正位北極出發、向乏位南極進行。故指力曲線、可視爲出于北、而入于南也。其近兩極之處、磁力强、故指力線較密。遠兩極之處、磁力弱、故指力線較疎。至磁石之位置與形狀有異時、則所顯指力線亦異也。夫定象八卦合于磁力、卽八卦全圖儼然一磁場全象也。出陽知生、由乾而發、入陰懼死、迄坤而藏。今以磁流法象圖印證之、則如體應流象、兌巽反覆相綜、而接于乾。出陽而將入于陰也。故兌巽皆以陰爻向坤、而陽盛反爲陰卦。艮震反覆相綜、而奮于坤、入陰而將出于陽也。故艮震皆以陽爻向乾、而陰盛反爲陽卦也。如兩磁石以異極相向、則所顯指力

磁流指力線圖

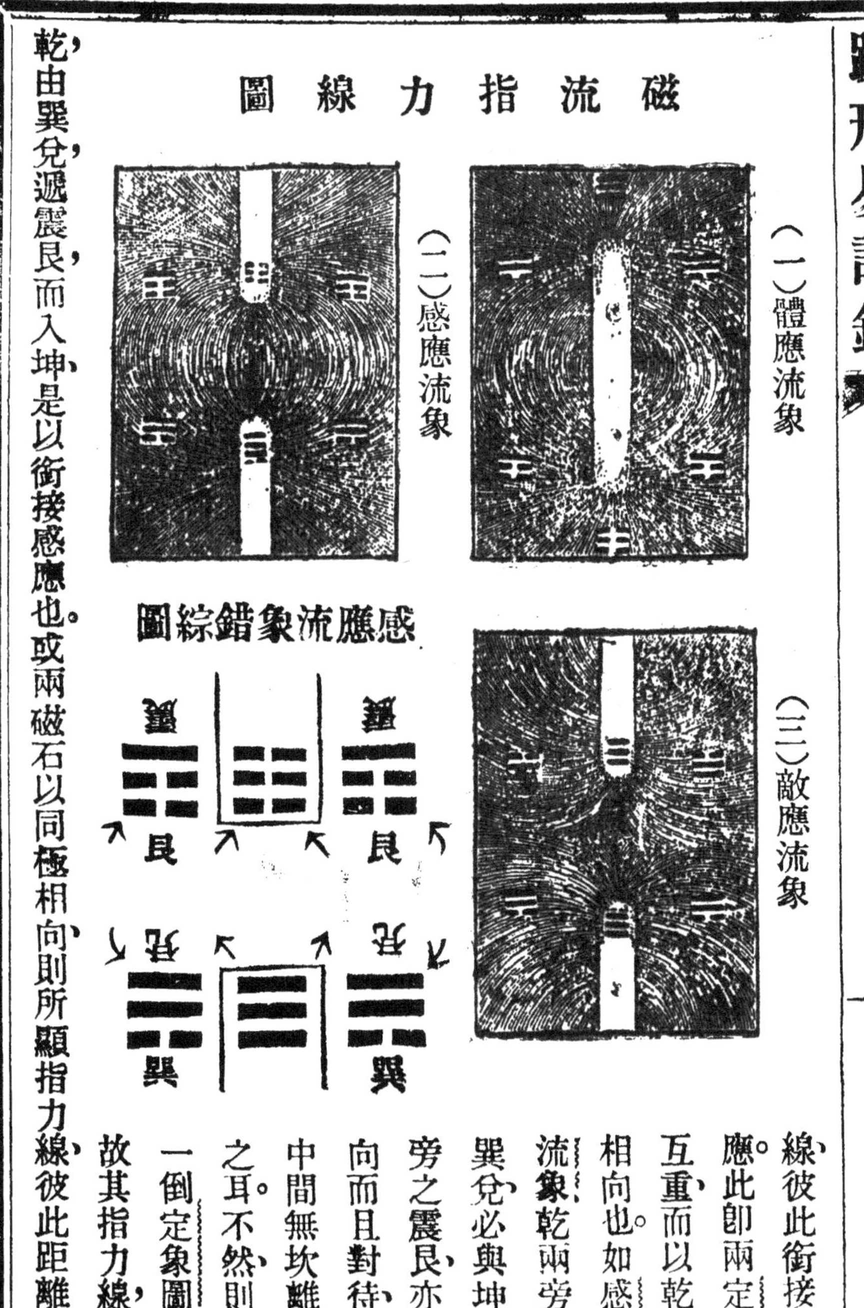

(一)體應流象
(二)感應流象
(三)敵應流象
感應流象錯綜圖

線，彼此銜接感應。此卽兩定象互重，而以乾坤相向也。如感應流象，乾兩旁之巽兌，必與坤兩旁之震艮，亦相向而且對待。惟中間無坎離介之耳。不然，則似一倒定象圖矣。故其指力線，出乾，由巽兌遞震艮而入坤，是以銜接感應也。或兩磁石以同極相向，則所顯指力線，彼此距離背馳，此即兩定象互置，而以乾與乾相向，或坤與坤相向也。如敵應流象發出乾兩旁之巽兌，必經坎離，而傳遞震艮，以返入坤，兩定象之指力線，彼此背馳而不銜接也。又磁體或爲棒狀，或爲線狀，或爲蹄狀，則所顯指力線亦各有微異。要之其北出南入，現爲感應距離之曲線狀則不易也。

電流指力線圖

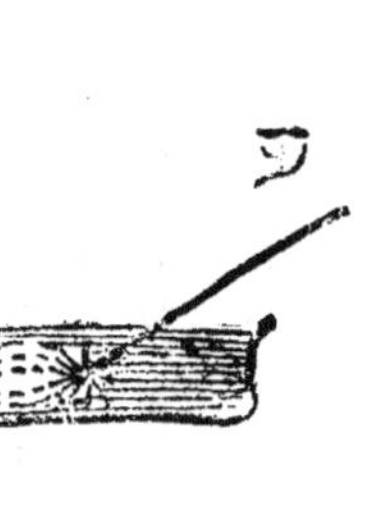

指磁力線圖云然矣，指電力線豈亦不爾耶。研究電場，欲識其指力線之情狀者，亦有一簡法，在可注松香油于淺玻盆，加少量之硫酸雞那而攪拌之，將發電機之兩極導入油中，通電後，硫酸雞那亦于兩極間整列成指力曲線，以指電力，與撒敷鐵粉于磁石上所顯之指磁力曲線相似，由此可以知磁場與電場磁力線與電力線，其象全相一致。故亦如兩定象互重而乾坤相向，兩旁之巽兌與震艮各以陰陽相感應也。此磁、電之理，皆本于陰陽感應之象，所以不二也。

第十五章　陰陽之感應

既準前述各章之理，而知磁電之象矣。今更明電之感應。試置絕緣導體于帶陽電體之電場內，則近端必因感應電體而生陰電、遠端亦必因感應自體而生陽電。而陰陽兩電之量、又必適等。苟離電場則陰陽兩電、調濟中和、毫無電迹、至可徵也。若以指觸絕緣導體之陽極、或緣導線以聯地。則遠端陽電必逸流入地、祇餘近端陰電。復去指絕緣出離電場、則所餘陰電必擴散全體。是因感應授電而永帶異性陰電也。徵之太極兩儀之理、則其旨可翫矣。方其在電場自體感應而兩端自具異極、陰陽之量適等、此太極之象現于有極也。試稽諸法象八卦圖、則陰陽情狀宛然心目之間矣。此法象八卦、即磁象八卦、亦即電象八卦、此磁電之所以一理也。及其離電場而兩性中和、陰電陽電了不可得、此太極之象寂于無極也。謂無極無陰陽、兩極則可、謂無陰陽之實理、未可也。倏然而陰陽感、忽然而陰陽寂、使寂之時、而陰陽之實理不具、則感之時、又烏能乍現耶。至觸指緣導而陽電逸地者、蓋其近端固因感應關係、密如膠漆、即所謂仁之愛也。而遠端半體、別在兩儀之又一、喻如日光或目光之所未及、周適爲正電羣分之象、陽性歸極之聚爰本其中和之素衷、而會有緣可導、又烏能不推誠交孚、有無相通耶。于是遠端遂爲無極、而近端偏成有極、出離電場、則不偏倚感應、故有極之陰電、擴散全體、徵諸表陰儀象圖之理之狀、蓋可得矣。至表陽儀象圖者、則因感應而帶陽電也、理亦無異。今使帶電體與導電體互近、則兩體間、必發微光微音、而電乃消失。是即薄盪其間空氣而相中和也、俗謂放電。則復自有極而還無極矣。若欲簡取少量電氣爲驗、用金屬圓盆盛樹脂、擦以絨、則上面發陰電。（下面盆底、因感應而生陽電、）持玻柄絕緣之金屬圓板覆之、感應（與脂僅數點接觸故、）使板下面生陽電、以指觸板上面陰電、使逸流入地。舉離則陽電擴散全體、可供用矣。總之一陰電或一陽電擴散全體、是謂偏、有其在人也、喻如氣質之偏性。（世之學者不深悉科學諸定律、哲學諸原理、每有偏疑朱子之理學說多支離者、不思朱子學問、全從格物實驗得來、豈若心性學派之嚮壁虛構、無可捉摸耶、）然此皆絕緣錮識、環境囿見之咎、非其罪也。一日革其非心、發以天良、去其舊染、悟以本性、則太極之全、未嘗不具、所謂虛靈不昧者、豈有異時耶。亦在緣導線以聯大地、俾其自然中和而已。水無有不下者、高于地平、水之偏也。下流就平、則水得其中正矣。電無有不散者、殊于地零、電之偏也。感應爲零、則電得其中和矣。總之物物無不自適中、即物物無非一太極。其有不得其中而倚于偏有者、錮囿之也。撤其錮囿、安有不自趨于無偏無黨之大道哉。然則飽熏墨染、誤觸羅網、而陷邪僻者、良由庭訓之失、誨敎育之非法所致。是以聖人得其情、則哀矜而勿喜、不敎而誅、是棄民也、豈徒殺不辜而已哉。仲尼觀過知仁、子思率性修道、聖人之敎、無非納民于軌物、裁成天地之宜、是以有敎無類、誨人不倦、中也養不中、才也養不才、善乎此所以變化氣質之偏、而復反天命之全、調濟陰陽之和、而馴致

太極之中也

第十六章　易象自然中和

易繫辭傳曰易有太極是生兩儀孔子之言何謂耶夫易者陰陽之變而太極者陰陽之象也有陰陽之變而後有陰陽之象陰陽之象即生于陰陽之變也故曰易有太極太極具而兩儀可分由于時也故稱是焉由无出有言之太極之前本爲無極太極之後方爲有極由有返无言之太極之前本爲有極太極之後方爲無極有者感而現于可象者也无者寂而隱于無爲者也無爲者無不爲也无而非無也若無則既滅矣又烏能復有耶如磁電之不顯也无之象也非無此磁非無此電也寂也若無此磁無此電雖感之亦必不顯何者無決不能生有也知無之不能生有即知无之所以生有矣亦即知无之具足萬有而非無矣盈天地間者無非此一陰一陽之至理而陰陽不可見磁體無不具足陰陽兩極而不與感應時磁力不顯磁性何嘗即無哉電體無不具足陰陽兩位而不與感應時電力不顯電性亦何嘗即無哉徵諸磁子之一一獨立電子之物物具足而知天地間無非陰陽之化育流行舍陰陽之外更何有天地哉夫大易垂教聖人寡過之書也易講陰陽之理感應之象所以使人趨吉避凶得其中正也懸磁針焉而觀之其北極必

北指南極必南指雖未嘗不可以人力變更其所向而所加之人力一去則南北之天定自正可知天命之性本至善也其不然者人力之勉强而非自然也自然者水之平電之勻也故絶緣導體雖可以人工之僞而錮圉其電俾成偏陰偏陽之象一旦錮圉撤去則冰解雪融雖欲禁其爲善而不可得矣况導之者乎聖人觀于磁體之常指而有以見命分之自有定本性之必至善故云人無有不善也聖人觀于電體之中和而有以見教育之果無類氣質之可變化故云人皆可以爲堯舜也是以範圍天地之化而不過曲成萬物而不遺驗諸磁場電場而後知陰陽之所以範圍天地矣徵諸磁電之指力曲線而後知陰陽之所以曲成萬物矣豈徒曰知幽明之故死生之說鬼神之情狀而已哉鬼神者二氣之良能卽陰陽之消長氣之來伸磁息爲神氣之往屈反消爲鬼即原始可以反終其皆磁電場內之指力曲線矣乎出陽知生所以神也入陰懼死所以鬼也合鬼與神所爲人也太極之半現于可見者儀象之明也其不可見之半則幽也幽明一理隱顯同象是以得其一可推而知也聖人觀于磁電之體必具陰半陽半而各有極庸知太極是生兩儀之象而在本體必歸其有極在異體必會其有極此有極者一極備凶一極無凶趨焉避焉在人而已暨乎皇建其有極乃建用皇極一極中立而兩極端泯復歸于無極其所以爲磁爲

電者、性非不存、而迹象寂然。正是不識不知、順帝之則、何思何慮、其殊途而同歸乎。在止于至善乎。君子、所學何事、亦以見善則遷、有過則改而已。劉宗周人極圖說有言曰、遷善改過以作聖。其斯之謂歟。善者、中和之至、定分之常、當然之則、天命之性也。俾我趨避、自適其宜、所謂遷也。過者、各偏所好、各倚所嗜、過中之僻、氣習之蔽也。革去非心、滌其舊染、所謂改也。遷焉改焉、則中和可致、氣習可變、嚮也偏而今也中、嚮也蔽而今也徹。聖人觀乎磁電之陰陽感應、而天地萬物之情狀、可見矣。聖人極深研幾、以邃于易。尚何憂夫聞義不能徙、不善不能改耶。學而不厭、誨人不倦、猶其自道焉耳。

易有太極是生兩儀篇十四

第一章　二氣感應以相與

盈宇宙間、一氣也。分陰分陽、迭用柔剛、往徠詘信、動靜感應、彰于變化。斯太極之全、非有二氣也。本無陰陽之異、而有陰陽之名。斯皆一氣之流行、而然一氣何以有流行、斯皆感應而殊動靜、緣動靜而見乎往徠詘信。是以剛柔迭用、而陰陽分。不觀夫波之平、風之定乎。此一而不紛、陰陽無極之際也。陰陽無極、中和之至也。未始有陰陽之可象也。迨夫水波旋渦、高下起伏、而水動。水動而陰陽分矣。煮水合沸、投細屑以觀旋渦、則潮紋顯然。氣亦猶是。寒則收歛、熱則放散、散極則稀且乏矣。而大氣之量遍無溢乏、乏于此者必溢于彼。乏以有溢、溢以有乏。皆以氣之溢而過多、補充氣之乏而不足、斯損益盈虛、歸于自然。故有氣之流行、而風息相吹矣。此水之所以有波與氣之所以有風也。其可驗者淺、固不足以喩陰陽之至理。然陰陽之所以有陰陽者、豈異是盈虛之象哉。夫太極之寂然也、陰陽之異象不可得。此波平風定則然也。波平風定、不見有波與風、而未嘗不有水與氣。陰陽之寂然不可得、陰陽之異、而未嘗不可說有太極也。波由水之動而有、風由氣之動而有。陰陽由太極之動而有也。太極者實無太極、非若水與氣之果有水與氣也。于何而能動、于何有所動。能動者、陰陽也、非太極也。所動者、亦陰陽也、非太極也。能所皆陰陽之自然、而誰復爲之太極耶。自然即太極也。自然者、一陰一陽之謂道也。自然謂道、故自然謂太極也。陰陽之自然者何耶。二氣之感應以相與也。當二氣之未感應也、本無二氣。以感應、故而有二氣也。故二氣之前無二氣、暨二氣之旣感應也、仍無二氣。以感應故而無二氣也。故二氣之後無二氣、一氣之前無二氣、二氣之後無二氣、所以有二氣者、在此二氣感應以相與之一瞬焉耳。雷迅光倏、其有二氣者至速也。故孔子贊易于彖傳曰、咸感也。于雜卦傳曰、咸速也。而于序卦傳、獨咸無贊辭、與乾坤同其誼可思矣。

第二章　序卦獨不舉乾坤咸三卦名

夫乾坤者陰陽之極也。乾爲陽之極、坤爲陰之極、易以道陰陽、而陰陽極于乾坤、故乾坤毀則無以見易、所謂乾坤其易之門耶。故序卦傳不贊乾坤。不贊者、非不贊也。二經十傳無一誼非明陰陽、即無一字非贊乾坤、故序卦傳不贊、以爲贊也。序上經曰、有天地然後萬物生焉。序下經曰、有天地然後有萬物、此乾坤之未嘗不贊、亦易曉也、而以男下女之咸冠之下經之首、序卦傳獨不舉其名、其爲禮義之所錯者、何其重也。彖傳曰、天地感而萬物化生。繼之曰、聖人感人心而天下和平。又繼之曰、觀其所感而天地萬物之情可見矣。連用三感字、而詣益深、學者于此有所得焉、則庶乎陰陽之理可通矣。不然者、聖人贊易、豈誨淫之書耶。繫辭傳曰、男女構精。序卦傳曰、有男女、然後有夫婦。雜卦傳曰、女歸待男行。而于咸彖傳曰、男下女、取女吉。其他匪寇婚媾之辭、更不止一見。聖人亦何心之愛而樂道此男女之情、津津娓娓、再三不倦、以聳人聽聞耶。豈以食色皆天性、而二南爲齊刑之始基故耶。是不然矣。聖人爲明其道、正其誼而贊易、獨不爲明其道、正其誼。而說男女之情可乎。咸其感也、咸其速也。感者、速也。速者、感也。惟其速、是以感、惟其感、是以速。

倏然而感焉速斯感矣感焉而忽然感斯速矣不速則不及感也不感則奚以速也豈不足以明陰陽之感而寂感之速耶是故不感則已感而遂通天下之故觀其所感尙不可見天地萬物之情耶奚啻曰男女之情而已而即一陰一陽之絪緼者觀之未始有感而感焉斯不感之速耶忽然既感而寂焉斯又不速之感耶是故未感之前無陰陽而陰陽皆始于感既感之後無陰陽而陰陽又畢終于感是感也者陰[illegible?]陽之所以成終而成始也而所以有陰陽也則在此一感是故一感之頃而陰陽之終始備焉[illegible?]不亦速之至耶本無陰陽二氣而倏然之間陰陽俱本有陰陽二氣而忽然之間陰陽寂焉[illegible?]亦感之至耶感于是卽速于是速于是卽感于是陰陽之誼至矣而陰陽未始有陰陽也未始有陰陽者即未始有二氣也未始有二氣是陰陽之本自一氣也故曰盈宇宙間者一氣也一氣者何氣也此陰陽之氣也所以成始陰陽而成終陰陽者也非是一氣而尙有所謂天地萬物之情者乎天地萬物之所以成象成形成才者皆陰陽之變化爲之實卽此一氣之變化爲之而此一氣之所以變化者則感應之謂也是故宇宙一感應也而天地萬物者則感應之可見于情者也學者欲知此一氣之所以流行而爲陰陽觀其所感斯可矣

第三章　雷電之字說

欲明一氣之流行而爲陰陽、必先明一氣之感應而速二氣。欲明流行之本于感應、必先明感應之關乎天地而天地之間、有懸象著明、不疾而速同聲相應、足以爲陰陽感應之確證者其惟雷電矣乎。按許君說文解字雨部雷下云、陰陽薄動雷雨、（段玉裁本、依韻會刪雷雨二字、）生物者也。从雨畾聲。（嚴可均本依韻會引作畾聲）『□』古文雷。『□』亦古文雷。（本作畾回畾、依嚴氏云當作此、按汗簡本所引韻會本所引古文宜如此作）象回轉形。（此四字本在正文下、依王筠本移在此處、）『□』籒文電。畾（此一字依桂馥本補、）間有回回雷聲也、（按徐鍇本、先引籒文、後引古文、此依徐鉉本、故先引古文、後引籒文耳、）按楚公鐘銘曰楚夜雨雷。其雷字作『□』。吳大澂說文古籒補曰古雷字𩂣𩂣如連鼓。是以田字爲鼓形也。按以雷形鼓聲者、實始于讖緯之謬說。河圖帝通紀曰、雷者天地之鼓。據山海經大荒東經曰、橛以雷獸之骨。按以美丁韙良電學入門云雷䲭發電殺物自衞、雷魚搰之輒發電震物剖視體中有脆骨若干如鼓形然。意卽天生之電機所謂雷獸、雷䲭、雷魚、蓋皆卽發電之動物耳、而具鼓形之骨。豈讖緯之說不盡誣罔耶。周官地官鼓人鄭注云、雷鼓八面鼓也。說文句讀曰、雷動八方、故以八面象之。是鼓者、形況之意也。然鼓雖實字、可名字動用。不必解作鳴鼓之鼓、亦可用爲鼓舞之鼓。雷者正天地之鼓動萬物者也。易繫辭傳曰、動萬物者、莫疾乎雷。解彖傳曰、天地解而雷雨作、雷雨作而百果草木皆解坼。洪範五行傳曰、雷者、人君之象。又曰、雷二月出地、百八十日、雷出則萬物出。八月入地百八十日、雷入則萬物入。禮記月令篇曰、仲春雷乃發聲。仲秋、雷始收聲。即同此意。又春秋繁露曰、雷者、土之氣也。論衡曰、雷虛、雷火也。太陽之激氣也。白虎通曰、雷者、陰中之陽也。春秋元命苞曰、陰陽合爲雷。朱駿聲說文通訓定聲曰、雷者、天地間陽氣也。地中之陽、爲地面陰揜、則破地而爲雷。其列者爲辟歷。按王筠說文釋例于『□』形已有證引。而文字蒙求雷下又云、本象形字也。籒文整齊之而加兩回、小篆又省爲三田。其形遂不能確象。故以雨定之。按王筠有云回爲雷聲。其說甚是。然踐形謂非止雷聲、竟是雷形之回旋。第非電光耳。光與聲本在一源。而化學作用之紫外線、熱力作用之赤外線、與光線又屬異程同實。而皆于雷電見之。易象傳曰、雷電皆至、豐。信矣大哉。又說文解字同部電下云、陰陽激燿也。段玉裁注曰、許意則統言之謂之雷。自其振物言之謂之震。自其餘聲言之謂之霆。自其光燿言之謂之電。段說甚是。按玄應云、關中名䨚電。又孔仲遠引河圖云、陰陽相薄爲雷、陰激陽爲電。董仲舒雨雹對曰、雷其相擊之聲也。電其相激之光也。朱駿聲說文通訓定聲說電字曰、陽氣之發、硫石之精、與地面陰氣格鬬成光。其說不如河圖陰激陽之說精也。說文申部下古文、徐鍇本作『□』。段玉裁本改作『□』。王筠謂段本小誤。且『□』『□』皆古申字、不可偏廢也。又曰、申、電之古文也。電光閃爍、有長有短、字形象之。按說文電下云、从申。虹下云、申、電也。皆可證知申是古電字、電則後起之分別文也。至籀文作『[illegible]』、篆文作『申』不復成爲象形矣。今試以電學之說證之。

第四章　電光種類

依電學理、凡陰陽兩電體、由發電機或感應器、在空氣中放電中和、有三種。一曰雷華。薄洞中間不導體、因塵埃爲介。集電兩球多、則形成直線、爲短火華。或爲長火華。集電少、故形甚屈曲分歧多條、帶有爆音、即空中閃電也。二曰電流導體尖端集電、則周圍空氣分子皆帶電、同性分子反撥而去、他處異性分子來補其缺、遂起衝突、或生感應、成對流現象。三曰電帚、即爲相對兩極、一端球狀、其一有尖端、帶電至多時所生、形如拂帚、靜不發音。又河圖陰激陽之說、可于放電驗之。弧燈、用二炭素棒相接、通以强電流、接處抵抗烈、乃生熱。稍離兩棒、則飛火華、光如弧狀、在陽極呈凹形、光較强。在陰極呈凸形、光較弱。故陽極之消耗二倍于陰極。由電磁作用、使兩棒間距離不變、則光亦不變。又電華通過空氣、不如稀薄氣體之易。以尺長玻管、兩端設陰陽極、以抽氣筒抽氣剩少許、密閉之、通以電流、兩極間呈微光、明暗相間、駢列如鱗。以分光器可析出管中氣體特有之輝線、是名蓋司來爾眞空管（Gerssler's tube）若氣體密度漸減、則鱗狀之光間隔漸大、次第消滅、惟陰極玻上微現青或綠色之螢光而已。此驗法別用克路克司眞空管(Crook's tube)近世學者研究眞空管之放電、知元素之原子、非不可復分、乃自帶電氣之極細電子所成。其陰極所以放螢光者、由陰極帶陰電之電子、以大速度射出、與玻璃衝突時攪亂以太所放之光輝也。此由陰極射出之電子微粒行列、名曰陰極線。如眞空管內置輕風車于陰極線、能令其旋廻轉、或近磁石于管旁、恰如受電流之作用、陰極線變其進行之方向、而玻管發螢光處之位置亦變。又德人朗根(Rontgen)發見螢光之玻壁外、有一種輻射線向空氣中、是名X線、即陰極線與物體衝突時、在以太中所生之脈動。即橫波其波尤短小于化學線、而功用同、能令氣體導電、試以帶電之金箔驗電器、金箔即閉、知電已空氣中逸去。能令螢質發螢光、能攝影、通過竹木紙肉等不透光質、惟金玻骨革等密度則難通過。然法人培克來爾(Becquerel)及其他學者、發見放射電子之質、尙有鈾(Uranium)釷(Thorium)銠(Rodium)等、周圍皆生導電體、又作用攝影片、生螢光。此輻射線有三種、名α線、B線、γ線。α線爲帶有陽電之微粒、B線與陰極線同。此兩線皆受磁石作用、γ線與X線同。踐形按段玉裁謂統言爲雷、當依王筠作『□』、此通電也。而雷聲之雷、當依嚴可均作『□』。至雷雨之雷、當依許君古文作『□』。其電光之電、則曲線電華、當作『□』、旋進電流、當作

『[illegible]』。電帚當作『[illegible]』。陰激陽成鱗光、當作『[illegible]』。陰極光當作『[illegible]』。通電用、當作『[illegible]』。電話電信用、當作『[illegible]』。以申字古文諸異體、分用于電學中各種專名學語、所謂分別文也。踐形自齠齔時、即嗜鐘鼎古籀、曾手錄各種象形文字、彙爲古籀象形文一編、約分十類。嘗蓄志欲改革現行一切俗體、別體、譌體等紕謬文字、今在舊篋中猶保存童時手纂之墨蹟焉。偶因及之、豈幼時童心至今尚在耶。信乎程明道之言曰、但此心潛隱未發、一日萌動、復如初矣。此喻亦足以知所自警也夫。

第五章　坎離二用可見陰陽之感應

雷電製字之成誼、及其感應而現于有象者、既如前述矣。今更進論其流行之妙、深有符合于易象變化之理。而先天定象與後天本象兩圖所以互相關鍵者、其樞機亦正在此處。夫先天定象乾坤定上下之位、後天本象坎離正南北之方、而後天坎離之方、何以即在先天乾坤之位耶。噫、此即先後天之所以同而異、異而同也。此亦即坎離二用所以可代乾坤二體、爲主事之樞機、而見陰陽感應之妙也。蓋嘗論之矣。乾坤者、陰陽之二體。盈兩間者、無適而非、陰陽即無適而非乾坤。故六子者、各得乾坤之一體、而六子之有象、無非乾坤之有象也。即六子無異乾坤也。故六子皆卽以乾坤之體爲體。又坎離者、陰陽之二用也。有其體者必有其用。用無體不立。體無用不顯。有乾坤立萬古不易之體、而無坎離顯萬古常新之用、則亦何貴有乾坤者。而乾坤之性不能不氤氳而爲坎離、卽二五之精不能不妙合而凝戊己。此先天之所以變爲後天、亦卽後天之可返先天也。不然則天地死物耳。止有天地而無人物孕育其間、亦何必有此天地哉。亦何能知有此天地哉。人物本天地之孕育。而不得不有。卽二五本陰陽之流行。而不得不用。方其陰陽之在乾坤也、陰自陰而陽自陽、陰陽之儀、截然。及其陰陽之交坎離也、陰中有陽陽中有陰陰陽之儀昭然。截然者其定體、故先天象之乾上坤下、則號爲定象。昭然者其本體、故後天象之離南坎北、則號爲本象。定象者其萬古不易之體。本象者其萬古常新之用。先天定象以乾坤立其體、故天在上而地在下。後天本象以坎離行其用、故火就燥而水流溼。而後天坎離之位實卽先天乾坤之位。壯謂後天以坎離用事而二老退休者、正以先天之體、乾陽流入坤中、而爲坎中實、坤陰就應乾中、而爲離中虛。乾本陽極也、而今交變爲離、陰其位、雖是其性、則非矣。坤本陰極也、而今交變爲坎、陽其位、雖是其性、則非矣。陽以交而忽變陰、陰以交而忽變陽。何位之仍其舊而性之非其故也。此正所謂陰陽之交也。夫乾雖陽極也、陽而交感于陰、則陽非其陽矣。坤雖陰極也、陰而交應于陽、則陰非其陰矣。陽非其陽、陰非其陰、其殆所謂中和乎、未也。蓋陰陽之交、謂其必至于中和也則可、謂其即至于中和也則未可。乾坤之交、乾陽即變離陰、坤陰即變坎陽、此交則變也、即極則變也。以筮蓍計之、遇九則變八、老陽變爲少陰、陽數主進、進極則反退也。遇六則變七、老陰變爲少陽、陰數主退、退極則反進也。然何以老變而少不變、少者方長未盈、老者過盈將消。日中則昃、月盈則食、盛衰之理必然也。是以君子戒滿溢而尙虛受也。過中則極矣、極則窮矣、故曰窮則變者、即極則變也。變則通矣、一通一復、而誠明出矣。故周濂溪既于通書著其意、復于太極圖說盡其辭、所謂太極動而生陽、動極而靜、靜而生陰、靜極復動、一動一靜、互爲其根、此可以形容二五之構精矣、即可以形容既濟之交泰矣。

第六章　先後兩象可見陰陽之交變

天地氤氳、二五構精、方其未動之先、則太極也。當其適動之時、則兩儀也。及其既動之後、則陽變爲陰、陰變爲陽、動者反靜、勞者反逸也。靜者復動、息者復作也。是謂第一交、即第一變也。其符識在未交變前、則乾自乾陽、坤自坤陰也。在第一交變後、則乾中畜陰、變爲離、坤中孕陽、變爲坎。本陽位者、而今陰性、此即動極而靜也。本陰位者、而今陽性、此即靜極復動也。陰者根于陽、動而之靜、陽者根于陰靜而之動、故曰一動一靜、互爲其根、如是第一交變已、即繼以第二交變、此時坎本坤而變陽矣、陽成則必動、離本乾而變陰矣、陰成則必靜、（學者注意、陽非不靜、陰非不動、而陽成必動、陰成必靜、）故在第一交變之動、則乾陽自南動而流入坤陰北靜、若在第二交變之動、則反是、乃坎陽自北動而流入離陽南靜、忽自南而往北、忽自北而來南、此交相往來之誼也、夫禮尚往來、來而不往、往而不來、均非禮也、在泰之九三曰、无往不復、象傳曰、天地際也、在復之彖曰、反復其道、七日來復、傳曰、天行也、在乾之九三曰、終日乾乾、象傳曰、反復道也、曰往、曰復、曰來復、皆即反復道也、皆即大象傳曰、天行健者是也、故天地之際、一往一來而反復之道成、所謂天下雷行、物與无妄、雲行雨施、品物流形、而大明在兩極之終始、此陰陽之往來、所以旁通而不窮也、故第一交變、在南爲往、在北爲來、而第二交變則反之、在南爲來、在北爲往矣、何者、陽施爲往、陰受爲來也、即陽盈故施、陰虛故受也、如是第二交變已、更繼以第三交變、此時坎陽既施而又非坎陽矣、離陰既受而又非離陰矣、然則其符識宜如何、曰、先論其成卦之主、坎中之一陽、非自乾乎、乾爲大乾、則坎中之一陽爲小乾矣、離中之一陰、非自坤乎、坤爲大坤、則離中之一陰爲小坤矣、何以辨其大小、大乾坤者一卦之全體也、小乾坤者一卦之分體也、坎中一陽得坎三爻之一、離中一陰得離三爻之一、是小乾坤者各得本卦三分之一較諸大乾坤之三分全故名小也然大乾坤有三爻今小乾坤止有一爻如何以二五交精耶。有人聽至此句、即大皷其腦、似代余構思者然、當知三分全與三分之一此分數相較之比例也今嫌小乾坤不有三爻者止據大乾坤之定象耳若以小乾坤之本象計既稱乾坤未始不可有三爻廣一爲三則一者三矣小乾坤亦可自具三爻之象也夫胎兒之未離母腹也其具五官四肢豈有不全而自殊于父母者故人類之胎兒即備人類肉體之全形物類之胎兒即備物類肉體之全形其形非不同也而大小有異耳譬諸攝影攝入之影部位情狀一一悉與固有者全同絲毫無異而縮小者則可較實物小放大者又可較實物大大小之度可萬變而部位情狀決不畧變也誰謂大乾坤之三爻不可縮小而爲三分之一又誰謂小乾坤之一爻不可放大而爲一之三倍今因等量關係則大小之比視三之一者亦可視九之三各以三倍放大即是矣是故第一交變後第二交變前之坎離中小乾坤與未交變前之大乾坤比視等量則各以九畫計之大乾坤各九畫以三倍于小乾坤之量而坎九畫上下各三畫陰中三畫陽爲小乾得大乾三分一之量離九畫上下各三畫陽中三畫陰爲小坤得大坤三分一之量其形雖放大而其所以爲坎離之象者部位情狀不少殊也。有人聽此一段、頻肯其首、有旁聽者、爲計其頷數凡三百六十五次云、後此人出語人曰、此講正是得未曾有、發前人之未發、說前人所不敢說者、至此方知易理之微數觀止矣、小乾坤爲大乾坤三分一之量亦不少殊也如是第二交變時坎中小乾復以小中爻與離中小坤之小中爻彼此感應于是小乾中復涵小中爻陰而成小離于大坎之中小坤中復含小中爻陽而成小坎于大離之中則其象爲大坎中有小離大離中有小坎矣而所謂小中爻者即全象九分之一也小坎離者亦大坎離三分之一也如是以小坎離之中爻放大爲三畫即可名爲第二小乾坤以與前之第一小乾坤別而第二小乾坤當第一小乾坤三分之一即當大乾坤九分之一也既成乾坤復有動靜既有動靜即有交變遂爲第三交變而第二小乾坤之第二小中爻復彼此感應而第一小坎離中復有第二小坎離其第二小中爻即成第三小乾坤而第三小乾坤當第二小乾坤三分之一即當第一小乾坤九分之一亦即當大乾坤二十七分之一如是循此三分之一之比例而一往一來互相交變以生較小乾坤由第四交變以至無量數之交變即由第四小乾坤以至無量數之小乾坤而所生小乾坤必當毋小乾坤三分之一無不同也小乾坤之交變無窮則小坎離之生出亦無窮小坎離之生出無窮則小乾坤之交變愈無窮

孔子有言曰天地之大德曰生又曰生生之謂易生無窮故易亦無窮易無窮故生愈無窮講至此、樓下鼓掌如雷、既出、皆云得未曾有、乾坤坎離以如是交變即所謂一動一靜互爲其根也如此發明、方有着實、然此陽極陰生、

陰極陽生之交變于何證之？證諸放電之振動，而其象可知也。

第七章　舉電流證陰陽之交變

雷電之倏現而倏逝也，此卽兩體之異性相交而驟貫其間太虛，故發爲聲光，現于耳目。坎中乾陽移入離中坤陰，此電流之徑途也。而其交也，陰陽兩性不直中和而爲過中和之象，爰由第一交而然，則南陽反帶陰電，北陰反帶陽電，爲第一變。復由第二交而亦然，則南再爲陽，北再爲陰，爲第二變。如是反復多次，而電性漸弱，終至中和而放電之期滿。至振動之週期，則視導體之電量及感應之大小、抵抗之多寡而異，通常極短，不逾數十百萬分秒之一。故多數之電華繼續往來于相對兩異性極之中間，而人目視之，似覺一電華耳。而振動之變化，又視導體之電位、電勢、電流而異。其傳播電浪與磁浪、光浪、熱浪、聲浪等一理，同有反射、屈折等變化，而波則較長也。然電華之往來，電性之交變，何以漸弱而終歸中和也？此卽所生之小乾坤，當母乾坤三分之一故也。其初大乾坤時，兩性絕異，純全無雜，故電力最强。一交而互變，減至三分之一；再交而互變，又減至九分之一；三交而互變，更減至二十七分之一；四交而減至八十一分之一；五交而減至二百四十三分之一。如是每交一次，則電力必減少一次，減至所生小乾坤之陰陽兩性所差極微而電力之作用遂屆期滿終成中和而已中和即太極也故陰陽未交以前未始有陰陽未嘗不中和而爲太極及其既交之後陰陽反復動靜互根而畢竟仍歸中和仍爲太極而無陰陽之極矣故曰無極無極者無陰陽兩極而爲太極也及其有陰陽兩極則又爲兩儀時矣故兩儀者太極之有極時也而無極者太極之無極時也無極之與有極其間不能一瞬一瞬即已非矣蓋陰陽之往來不及數十百萬分秒之一其期非倏然至速乎是故惟神也不疾而速不行而至其陰陽感應之妙歟故咸感也又咸速也惟速故感惟感故速也電力感應之神速其見于易象之理有如此者奈何世之學者不格物理而徒妄逞玄思以致易學淪于空虛雖王弼之尚玄風不能辭其咎要亦後世自不知博學反求故耳易道之在人尋常日用須臾不能離也豈有太極之至理而不能舉爲實證徒供見智見仁之射覆耶蓋亦學而不思思而不學而已

第八章　寡過在致中和

乾坤一交變而乾爲離坤爲坎坎中有小乾陰含陽也離中有小坤陽分陰也陰含陽則坤且爲乾矣陽分陰則乾且爲坤矣乾坤往來旁通不窮此易道之尚變也故乾上而坤下此陰陽之定象也及其一交而變則離上而坎下既過中和反變陽爲陰變陰爲陽矣及其再交而變則又過

中和復互變陰陽反初交而復未交之位及其三交而變則更反再交而復初交之位凡毗交必反間交必復一反一復而陰陽之往來井井不窮矣夫寬以濟猛猛以濟寬寬猛之相濟而不直調勻者即陰陽之相交而不直中和也所謂矯枉過正雖天地陰陽猶不可免則人事之興革宜若之何審慎使其利必遠而弊自杜也作易者其能無所殷憂乎雖然惟其過中和也而後有尙變易致中和之功不然已中已和矣今日之天地何自而存在耶今日之人物何自而孕育耶終古太極即終古無極也天地陰陽不能無過天地陰陽之過正天地陰陽之妙用也天地陰陽且不能無過是故聖人盛德亦不能無過人之過也各于其類觀過斯知仁矣觀過可以知仁故君子之過如日月之食焉人皆見之及其更也人皆仰之故君子見善則遷有過則改所謂人孰無過改之爲貴過而能改善莫大焉過而不改斯爲過矣陰陽之偏勝即陰陽之過也乾過于剛則陽極而反變陰故曰高明柔克坤過于柔則陰極而反變陽故曰沈潛剛克此調劑之功所以致中和而非直中和也若既中和則聖功之能事已畢矣何以學然後知不足而進無止境也何以孔子贊易之至而僅曰學易可以無大過非天縱之至聖尙以不能無大過自惕耶則小過之不能無又可知矣是故易爲寡過之書者過而曰寡不曰無也天地聖人尙不能無過而況其他乎

所謂過者、略有偏倚、即非中和之道也。中和之道惟一、外此則皆謂之過矣。謂易能寡過者、人一己百、人十己千、求必至于聖人之域、所以致其中和也。雖然、夫陰陽之相交也、亦爲其馴致于中和之道也。而動、動而不能。無過不動、則不能交、不過則不能動、交必動矣。動必過矣。陰陽之動、猶未離乎道也。而過中和、君子之動、能無慎乎。藏器于身、待時而動、孔子固已垂教萬世矣。然不知而妄作者、何其庸人之多、自擾也。不有寡過之書、以爲懲忿窒慾、則何能致性之中而致情之和耶。聖人于此、章編三絕、鐵撾三折、其亦有所不可已歟。

第九章　乾坤一變爲天地交泰再變爲水火既濟

交變之理明、則感應之理亦明矣。感應之理明、則交變之理亦明矣。夫乾坤者、陰陽所以建其體也。坎離者、陰陽所以顯其用也。而本象之坎離位、即定象之乾坤位也。不過南極之在先天本乾象、陽至後天變離象、陰中分坤矣。故附坤其旁以示位、雖乾而象已坤也。北極之在先天本坤象、陰至後天變坎象、陽中含乾矣。故附乾其旁以示位、雖坤而象已乾也。夫後天本象以坎離用事、而乾坤老退、世舉知之矣。然何以乾自上降下、坤自下升上耶。謂陽以順爲進、逆爲退、故乾退則向右逆旋、而自北以處西北。陰以逆爲進、順爲退、故坤退則向左順轉、而自南以處西南。此本象乾坤所以旁附坎離也。然乾坤之退也，將退一卦乎，退數卦乎，其退而處于西北西南也，孰主之。何以乾不可逆退一位而處西南，又必間二位而定西北耶。何以坤不可順退一位而處西北，又必間二位而定西南耶。若其玄空虛無之說，非能舉證實驗者，又烏足爲取信定論耶。且子女用事，而父母退侍其旁，似非情理之實，亦不見于聖人之說也。當知先天後天象不可泥，而理自有實。其在法象垂訓，則本諸人倫之重，而溯其合天垂象，又自有必然之理存，夫當然之實，蓋所謂人法天者，必先有天然之象，而後法之以爲人事之方。易以道陰陽，而乾坤爲之門，故陰陽之感應，則天然之象也。乾坤爲父母，則孕育之喻也。先天象之乾上坤下，此天地定位，男女正也。後天象之坤上乾下，此地天交泰，男下女也。男下女者，即離上而坎下也，即二氣感應以相與也。故坤乾上下之位，即離坎上下之位，而坤乾即離坎也。後天之坤乾，即後天離坎中之坤乾，所以示陰陽兩性者也。此第一變也。及夫天地交泰而後，既成坤上乾下之象，而乾坤二五之精，又復升降妙合，乾之中爻往坤，坤之中爻來乾，更成坎上離下之象，所謂水火既濟是已。此第二變也。然後天八卦象後更無後天之後天，如此象者，則以上坎之中有乾，下離之中有坤，已復返先天定象之乾上坤下也。故漢易家謂之爲既濟定位，即定象之位也。蓋乾坤一交而爲地天泰，此離坎中之坤上乾下也。再交而爲水火既濟，此坎離中之乾上坤下，即定位也。夫全易之體，無非一乾一坤也，故六子皆即乾坤旁通之象也。全易之用，無非一坎一離也，故六虛皆即坎離流行之象也。是故定象建體，則正乾坤之位；本象顯用，則正坎離之位。斯其在定象，必乾坤縱而坎離橫；而在本象，必乾坤與坎離並縱也。一縱一橫，則乾坤自乾坤，坎離自坎離，乾坤與坎離分二也；並縱，則乾坤即坎離，坎離即乾坤，乾坤與坎離合一也。而其所以如此者，異觀然也。總之不外陰陽感應而已。

第十章　陰陽感應在致其平

夫陰陽感應，一氣之所以流行也。有感必有應，相因而至，勢有所不可免也。是故聖人之戒人也屢矣：曰滿招損，謙受益；曰弗損益之；曰滿而不溢；曰以虛受人；曰水流而不盈；曰坎不盈，祇既平；曰天道虧盈而益謙，地道變盈而流謙；曰裒多益寡，稱物平施；又曰无平不陂，无往不復；而要之曰城復于隍；曰否終則傾。是聖人之戒人也至矣。何爲而知其必然也？驗諸陰陽之理，感應動靜之際，而知其不得不然也。淺證之于水之流動，熱之傳播，氣之調和，夫人而知之矣。盛水之皿，一高一低，通以管，則水必由高趨低，流至兩皿水面平衡而後已。夫水激而行之，可使在山，然其必至奔騰湍瀉以勢趨下者，豈實水性就下云哉。不得其平。故流，流而至于平則止而定。就下者，勢也，非性也。水之自求其平也。水之定，無不平也。不得其平則鳴，韓子夙已言之矣。不得其平，此水之所以流動也。又以熱加諸物體，則溫度上昇，增氣體于密閉器中，則壓力漲大。溫度不同之二物體相接，則熱由高溫之物體，趨向低溫之物體，必至兩體等溫而後已。壓力不同之二容器相通，則氣由高壓之容器趨向低壓之容器，亦必使兩器等壓而後已。是故令熱流者，熱度之差也。令氣流者，氣壓之差也。令水流者，水面之差也。差者，不得其平也。不得其平，故熱流，氣流，水流以自求其平，而與熱量氣量水量之多少概無關也。其在電流也，亦然。輸電于導體，則變其電位，授以陽電，則帶電位高而正。授以陰電，則帶電位低而負。連通電位不同之二導體，則起電流，亦如熱流，氣流，水流之理，高低交換。陽電必由高電位之陽體趨向低電位之陰體，同時陰電必由低電位之陰體反向高電位之陽體。于是陽體之電位漸降而低，陰體之電位反昇而高。陰陽二氣，一昇一降，務使兩體之電位歸于平等而後已。故電之所以流，亦由電位之差也。是謂電壓。凡帶電之體與地聯時，常有逸電現象。故以地之電位爲零。視此高者名正電位，喻如高于地平之水面，又如冰點以上之溫度，故謂之陽盈。視此低者名乏電位，喻如低于地平之水面，又如冰點以下之溫度、故謂之陰、虛盈虛之際、電勢所生電壓不平。為夫任何多量之水、水面相同時則不流、任何多量之熱、熱度相同時必不傳、是故任何多量之電、電位相同時亦無用也。蓋電壓不顯、則電勢不生矣。例每因導體之形狀不同、雖授同量之電、而其電位亦非一。是謂物之電容量有異。電容量者、能容所授電之量也。喻如注水于容器、器之容量大時、水面昇少、容量小時、水面昇多。是因容器有大小而水面有高低。又如加熱于物體、亦因物體有大小而溫度有高低。于電亦然。測電容量者、莫若相對極近二平行金屬板、其電容量最大。蓋電容量與兩板面積之大小正比例、與其間距離之遠近反比例。關係介入絕緣體之物質、而無關板是何質。他板通地、此板聯金箔驗電器、令其電位為零。授電于此板則金箔稍開、遠他板則更開、近他板則閉。開知其容電大、閉知其容電小也。驗面積同理。若介入玻板、可增電容量比空氣五六倍、此物質關係也。是知導體之電容量大時、亦電位昇少、即電壓微、電流無、而免逸電之虞。宜于蓄電用矣。

第十一章　物物一太極

夫陰陽之所以動現、由于不得其平也。不得其平、故一氣轉似二氣、而渾淪者鑿矣。至陰陽之既經感應也、則不平者仍復趨歸于平矣。試以導線聯異電位之二導體、則沿此為電道而生電流、至兩導體之電位互相平衡而止止乍流也。若保持兩導體之異電位、則電厭常著、是成永流或交互爲週期變化者、則交流也。凡同質二導體聯絡則兩者之電位必同一。若異質之接觸、應各生一定電位之差而極微。試以異質金屬雖有電壓而無電流、若以炭爲陽極、鋅爲陰極、浸導液中、因化學作用而生電流、絶流時常保一定之電勢、（即動電力、）是電池也。電池兩極聯以導線爲電道、則電流亦以導線或電池之異質而異其強弱。依德人歐姆定律（Ohm's Law）電流強弱、正比例于電池之電動力、反比例于電道之抵抗。電流生于電位差、即電壓兩極之差既定、則電道中電流無強弱之異。由位差一變爲動勢、再變而生熱、其抵抗大處受熱特甚、以玻瓶盛油、曲入極細之鉑或鐵絲爲導線、兩端連電池插銳敏寒暑表驗之、則瞬時油之溫度必上昇矣。依喬爾定律（Joule's Law）電道各部、一定時間中所發熱量、正比例于此部分之抵抗與電流強度自乘方之相乘積。又于鹽類或酸類之溶液中、插入金屬板二、聯雷池通電流、則生化學作用分解爲二成分、是謂電析、或曰電解、近稱電離。其分解度關于溫度及濃度。從陽極（Anade）（此指近電池之陽極、入電流者、）發出之物質名陽冐。（Anion）從陰極（此指近電池之陰極、出電流者、）（Kathode）發出之物質名陰冐（Cation）總號冐涤（讀若依洪、）（Ions）（或易稱陰冐陽冐二名、謂陰冐帶陰電羣集陽極、陽冐帶陽電羣集陰極、各至極後所有電與極中和而全失、）試溶稀硫酸、則陽極羸一陰極氫二試溶稀鹽酸、則陽極氫、陰極氧、同量也。英人法賴代（Faraday）發明二定律、謂電析之質量、正比例于通過析質之電總量。即通電流之强度及時刻之乘積、又由同電流所析質量、正比例于析質之當量。即原子價除原子量所得數、以上皆電學諸定律、備此篇矣。雖然、豈講電學哉。講陰陽之感應流行、而以電況之耳。每一物質也、電析之而爲陰陽二質。是故物物一太極、即物各自具陰陽也。不可離陰陽而成一物。即不可離陰陽而爲太極也。是故一陰一陽之謂道。道不可離、可離非道也。誰爲陰者、有陽在也。誰爲陽者、有陰在也。以對待而見陰陽、以感應而著流行。風靜水平、則陰陽之象兩寂而非無。此一陰一陽也。雷迅電掣、則陰陽之象速感而非多。此一陰一陽也。寂象與感象之迹兩泯、則無極與有極之名可免矣。然則易有太極是生兩儀之旨、豈不彰著而易知耶。

易有太極是生兩儀篇十五

第一章　定象本象妙符天地

天地造化之妙、其惟陰陽感應之理乎。而陰陽感應之理、其惟先後天八卦之象乎。是以極深研幾、觀于八卦之象尚矣。惜從來研易者、于辭變象占之外、術數誼理之辨、既紛然雜出、而圖書義文之訟、尤爲漢宋門戶之爭端。雖然、所學何事、驗諸身心而有益、且不廢夫蒭蕘之貢、曾謂學如昔賢前哲、而蒭蕘之智不若夫多見其不知道耳。是故先天定象後天本象諸圖雖盛于趙宋、傳自方外、未嘗非易道所固有也。試以天地垂象之理徵之、則其象自有確然不拔者在俯仰可察、信非誣也。先天定象以乾坤定上下之位、坎離列左右之門、後天本象以坎離定子午之位、震兌列卯酉之門、夫人而知之矣。豈識先天所以象天圜而位地平之上、故爲定象、後天所以象地圓而列北半之分、故爲本象。如以坤爲地心、而上下覆幬載承之日月經緯焉、星雷耀其彩、風雨順以行、斯誠周天之全體無不備矣。此定象之所以妙也。又以離爲赤道、而上下顛倒對距之、則冰洋之不毛、熱帶之蕃殖、而溫和所在、說以動焉、斯誠大地之全體無不備矣。此本象之所以妙也。而世之人莫有識者、不知即就定象本象以翫其妙、而多方歧說、以尚玄無空虛自詡爲高、甯知物理不在奧渺艱深、正在尋常日用間也。天圜地圓之象、理似至淺、而至深之道、精微不外是矣。天地垂象、俯仰可察、此以見先天定象後天本象皆易道所固有也。如是更試以陰陽感應之理徵之、則其象之正確無疑、自非浮膚之徒所可擬議也。驗之磁電之流行、益可信矣。

第二章　衡直正交爲先後天轉變之樞紐

本象方位見于說卦傳曰、震東方也。離、南方之卦也。坎、正北方之位也。惟兌言正秋也、而不言正。

西日在西爲秋日在正西爲秋分則知日在東爲春日在正東爲春分可互辭以見也故在曆象南北正冬夏二至東西平春秋二分試連貫二至爲線則形一直連貫二分爲線則形一衡一直一衡縱橫正交而成十字此本象四正以衡直互交也世人咸知本象四正之即東南西北四方也而不知二至二分之以衡直正交也卽有知本象之震兌坎離以衡直相交而莫知定象之震兌坎離亦以衡直相交也試就定象言之蓋自太極始判陰陽肇分輕淸者上升爲天重濁者下凝爲地故乾天在上坤地在下也若夫坎正位乎左離正位乎右日月對望而並明焉聖人固嘗言之法象莫大乎天地縣象著明莫大乎日月此坎離所以爲先後天之樞紐（欲詳其故可參觀識形發明先後天交變頁旨及圖說）而在先天則橫貫雷雨在後天則縱貫雷雨也而先後天之所以互相交變亦惟此坎離震兌四卦爲一縱一橫之衡直正交而已試就定象連貫離左坎右爲線則形一衡連貫兌上震下爲線則形一直一衡一直縱橫正交而成十字與本象同此卽所謂先後天轉變之樞紐也而定象之衡直正交與本象之衡直正交所有不同者則在一衡一直之本身也定象以直爲衡本象以衡爲直本象之衡者而定象直之定象之直者而本象衡之是故坎離在定象爲衡而在本象爲直震兌在定象爲直而在本象爲衡其爲衡直也不同其所以爲衡直正交也則無不同是

故云定象之坎離震兌亦以衡直相交也。衡直相交者、一縱一橫、徹上下、盡邊際、宇宙之所以無極也。而定象本象同此十字。卽定象本象同此無極也。定象象天、本象象地、天地同此十字、卽天地同此無極也。天地同此無極、故天地一太極也。天地一太極、故天地一陰陽也。天地一陰陽、故天地一感應也。天地一感應、則天地亦一氣而已。天地一氣、而萬物之孕育于天地間也、有非一氣者乎。天地萬物之爲一氣、斯太極之所以一元也。今請就定象本象之有關于感應者而述之。

第三章　衡直正交先後天異觀非異型

定象本象皆以坎離震兌爲衡直正交而成十字、此從來研易者所未知也。正交之中、卽天地之心也。人受天地之中而爲萬物之靈、與天地合其德也。不識感應之至理者、且見定象之坎離衡而本象之坎離直、竟疑本象之坎離若非定象之坎離者。不知坎離、此一坎離也、八卦中止有此一坎離也。卽天地間止有此一坎離也。此一坎離之外、更無一坎離。在然何以定象衡而本象直、此定象與本象之異、其觀象而非坎離與坎離之異其型也。坎離象也、衡直位也。位以運象、而象非滯位。若曰定象之坎離必位左右、本象之坎離必位南北、是以左右南北之位滯坎離之象矣。至定象與本象所以更其衡直之位而仍其連貫之線者、此聖人既象而識其要也。亦以俾後世學者。知坎離之位。不可滯。而坎離之象。自連貫也。其于震兌也。亦然。定象之震兌直而本象之震兌衡。疑本象之震兌若非定象之震兌者。不知震兌此一震兌也。此一震兌之外更無一震兌在。然定象直而本象衡者。亦定象本象之異。其觀象而非異其型位也。若曰定象之震兌必位乎離之上下。本象之震兌必位乎東西。是以上下東西之位。滯震兌之象矣。惟定象本象直衡之位可更。而連貫之線必仍也。夫先天後天兩象八卦既交變矣。鼎革不相因襲。序次方位悉非仍舊。而坎離震兌四卦之相互配列未嘗稍異。疑若膠刻然。其間豈無因而必然耶。研幾極深者。顧不能于此等處有所發明。則讀書又烏能得其間耶。是則衡直相交。不第爲先後天轉變之原旨。學易者。正宜于此盡思覈索。以得其必然之因。自然之趣。鑽譽既邃。必有豁然貫通。左右逢源之樂。興會所至。發憤忘食。自有欲罷不能之勢。眞積力久。知周理圓。神合天地爲一。有感斯應。感應之來。澎湃滂薄沛然若決江河而莫之能禦也。雖然非從此中過來者。不能知。亦非從此中過來者。不能信也。學問之道。豈淺嘗耳食者所可剽竊而販售歟。

第四章　周易上下二經皆終坎離二用

嘗就衡直相交論。何以此坎離震兌四卦先後天配列皆同。而不可改其相互之關係耶。何以餘四卦之序次方位、又不可不改耶。凡此皆已于先後天交變之原旨中述之、非本篇之誼、茲姑勿贅。然學者當知定象之坎離震兌衡直互交、卽本象之坎離震兌衡直互交、是一非二。不過一則顯其用于定象、一則顯其用于本象、其所顯用者有不同耳。顯用于定象、則乾坤爲主、而坎離爲輔、故乾坤縱、而坎離橫。顯用于本象、則坎離、與乾坤、並主、故坎離、與乾坤、並縱、坎離與乾坤並主者不第謂後天之坎離、卽先天之乾坤、而所得象位如此、實緣後天之坎離、卽後天之乾坤也。蓋後天之坎離、與乾坤合一。坎卽是乾、離卽是坤、故乾附于坎、而坤附于離、非曰附也、坎離卽是乾坤也。故後天以坎離用事、有父母在、子不自專、稟親順命、承天時行。凡坎離之動靜、卽乾坤之動靜也。乾坤坎離、豈有二乎。有二、則乾坤自乾坤、坎離自坎離矣。惟其坎離之不違乾坤也、斯知坎離之全合乾坤矣。乾坤者、坎離之建表、坎離者、乾坤之在裏也。方在本象、乾坤、與坎離、合、故乾坤、與坎離、並縱。而在定象則不然、乾坤非坎離也、坎離非乾坤也、乾坤者坎離之磁極、坎離者乾坤之電流也。乾坤坎離雖互爲影響、而乾坤自乾坤、坎離自坎離、乾坤、與坎離、分、故乾坤與坎離一縱、一橫、正交、互垂、而成直角。此乾坤與坎離之關係也。若夫震兌之與坎離、則因是以示坎離之二用、在定象如此、在本象亦如此。而定象之坎離、卽本象之坎離也。前哲有言曰、坎離二用周流六虛。是坎離二用所以周流六虛者也。故坎離獨稱二用焉。周易上經終于坎離，下經終于旣濟未濟。旣濟未濟亦坎離也。終于旣濟未濟，卽終于坎離也。上下二經皆終于坎離，作易者其有微旨乎。惟孔子備聖人之資，識聖人之心，故其作序卦傳也，序上經之首曰有天地然後萬物生焉，序下經之首曰有天地然後有萬物。是上下二經之序首皆以天地萬物始也。夫上下二經皆以天地萬物始，而皆終于坎離，是天地萬物之所以爲坎離，而坎離之所以爲天地萬物也。聖人之心，豈非明示天下萬世以大易之全誼乎。蓋嘗論之，天地者陰陽之二氣也，坎離者陰陽之二用也。二氣者陰陽之所以感應也，二用者陰陽之所由感應也。凡言陰陽之極者，以乾坤爲至，故乾坤毀則無以見易，所謂法象莫大乎天地也。而言感應之妙者，以水火爲顯，故人非水火不生活，所謂縣象著名莫大乎日月也。上經終以坎離，而下經首繼以咸，豈非有坎離而後有咸，卽有二用而後有感應耶。下經本首咸卦，而序傳偏言天地，豈非陽極陰生，陰極陽生，有二極而後有感應，而感應者卽二極耶。乾坤坎離縮大易之全誼，故此四卦獨號四正，顚之倒之，其象終自不變也。惟其反正不變，是以獨縮大易之全誼，而以一縱一橫與並縱二象爲先後天交變之原旨焉。交變之原旨在此，而陰陽之感應尤無不在此矣。

第五章　坎離二用可證磁電在先天後天之關係

感應者、陰陽之流行也。其懸象著明之至者、蓋可以見乎坎離二用矣、夫坎離在定象則橫貫雷雨、在本象則縱貫雷雨。橫貫縱貫、其爲衡直之象也不同、而其以正交互貫成十字之象也無不同。今若以衡者直之、則定象之坎離、卽本象之坎離也。或以直者衡之、則本象之坎離、亦定象之坎離矣。蓋坎離震兌四卦之正交互貫也、不必認定是坎北離南震東兌西安排成四方不變之象、而不可不認定是水流火就雷感雨應交貫成十字不變之型。故先天後天之八卦象可變易也、而此流行交貫之十字型、不可變易也。試以先天定象之方位、轉上爲右、轉右爲下、轉下爲左、轉左爲上、使其十字型與後天本象十字型之方位相符合、則先天象之坎離震兌、卽後天象之坎離震兌矣。夫坎離者、陰陽之流行、而非陰陽之兩極也。陰陽之兩極在乾坤、而不在坎離也。是故坎離謂之二用、明其非體也。坎離何以爲用而不爲體、凡易皆爲乾坤而有、故繫辭傳曰、乾坤其易之門耶。又曰、乾坤毀則無以見易、易爲乾坤而有、故易有太極、卽易有乾坤也。舍乾坤之外、無太極。太極者、道之象也。一陰一陽之謂道、卽一乾一坤之謂道也。一乾一坤、卽一陰一陽也。故莊子曰、易以道陰陽者、卽易以道乾坤也。乾坤者、天地之象也。故法象莫大乎天地、卽法象莫大乎乾坤而爲陰陽之兩極也。夫定象可證磁力。即以乾坤喻磁力之陰陽兩極。而本象可證電流。亦卽以乾坤喻電流之陰陽兩極。故乾坤二卦在定象卽喻磁力之兩極。在本象則喻電流之兩極。其喻磁力喻電流雖異。而以乾坤二卦喻陰陽之兩極則一也。然則本象之乾坤既卽電流之陰陽矣。而何以電之流行又別稱坎離耶。噫此即先後天之所以同而異異而同也。

第六章　後天本象攝盡先天定象

夫先後天所以可證磁電之關係者。不外乾坤坎離四象。是謂四正。而乾坤即坎離之體。坎離即乾坤之用。體之立極。用之流行。仍非有二也。若夫震巽艮兌四象在乾坤之體則爲六子。在坎離之用則爲六虚。是謂四輔。而震艮相綜爲一象。巽兌相綜爲一象。不第在先天象則左右可互反。即在後天象亦未嘗不可互反也。試觀後天象之震兌二卦並列東西可知矣。凡畫卦象不出内視外向外視内向二式。先以内視外向論震兌。若從象東面西觀之。則兌仍是兌。震綜即艮而爲澤山咸之象。或從象西面東觀之。則震仍是震。兌綜即巽而爲雷風恒之象。又以外視内向論震兌。若從象西面東觀之。則震綜即艮。兌仍是兌而爲山澤損之象。或從象東面西觀之。則兌綜即巽。震仍是震而爲風雷益之象。夫爲咸爲損。是謂山澤通氣。爲恒爲益。是謂雷風相薄。皆陰陽之

一衡攝四輔法象圖

（一）內視外向圖看法

兌　澤山咸　艮

巽　雷風恆　震

（二）外視內向圖看法

兌　風雷益　巽

艮　山澤損　震

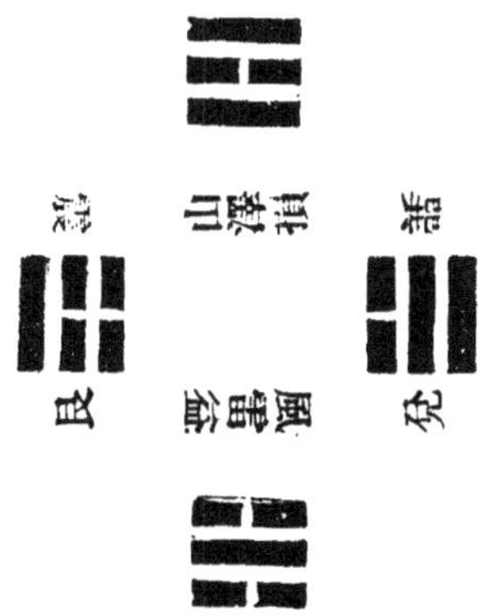

正偶也。是故後天八卦震兌之東西對待者，猶諸離坎之南北對待，正以反復明先天八卦之象皆兩兩對偶也。而其左中與右中反復者，亦正以明先天象左上與右上反復，左下與右下反復之樞也。然則後天象既以離坎一直代表先天象乾坤離坎四正卦，而又以震兌一衡代表先天象震巽艮兌四輔卦，故後天本象之意誼，不二先天定象之表式，而且既攝盡定象之旨趣，又復有所廣益也。此坎離震兌四卦，獨據本象四正者，良有以也。而乾坤艮巽之爲四維者，亦可以知其象已攝入四正之中，僅以充其四維而已。故乾坤即離坎之中爻而附于離坎也。後天艮巽之位，即先天震兌之位，不第以此表示艮震相綜，巽兌相綜而已，亦即可見震兌一横之相關也。故本象以乾坤爲離坎之輔，體而附其旁，又以艮巽爲震兌之輔，相而與正交焉此在未成本象前言之則先後天之樞紐與陰陽感應而一變再變以至通久不窮之象有如此者若在已成本象後言之則橫直正交之十字型既爲本象之樞紐而以震兌表示互相反覆之二綜卦即以表示定象可有反復之象又以離坎表示互相交變之二錯卦即以表示定象兩兩對待之象此本象八卦成列之理也本象八卦坎中有乾實爲後天之陽極離中有坤實爲後天之陰極是坎卽乾象離即坤象矣而凡六子皆乾坤之象也豈獨坎離爲然震艮皆乾象也巽兌皆坤象也而震艮一象見震卽亦見艮見艮即亦見震巽兌一象見巽卽亦見兌見兌即亦見巽已如前說震兌可兼攝艮巽矣今坎離旁附艮巽者亦可兼攝震兌也如此則本象坎離一直中立顯用其右旁附乾坤坎離卽乾坤也其左旁附艮巽艮互反震巽互反兌以艮巽攝震兌而艮巽震兌皆乾坤也乾坎與震艮綜象是謂四陽卦皆列北方坤離與巽兌綜象是謂四陰卦皆列南方豈不曰後天本象北方以類聚陽南方以類聚陰乎而凡陽實皆施陰虛皆受故其二氣之流行皆由北而南語云地氣由北而南則治陽順也地氣由南而北則亂陰逆也而在卦象則陰陽皆以順行故易言逆數而不言逆象惟以上下言之則由下而上似亦逆象矣然由遠必自邇登高必自卑積小以成高大皆地中生木以時升也象逆而理順非逆也邵康節之言後

天圖象曰、震兌橫而六卦縱、易之用也。六卦縱者、即乾、坎、艮、在下、坤、離、巽、在上、以陽下陰、以男下女、二氣感應之象、即以循環流行爲易之用也。若震兌橫者、即如前說、與坎離正交爲十字型也。其垂象之可示者、則莫若磁電相互之理矣。

第七章　衡直正交顯磁電流相互之關係

磁電相互爲影響也、據耶士堆之實驗（Oerstedt's experiment）可知。磁針靜止、水平北指常也。而電流通過其近旁、則磁針之方向、必因電流而變。如磁針之下有自南向北之電流、則磁針之北極偏東、若磁針之上有自北向南之電流、則磁針北極之偏亦爾。或在磁針下、則北極偏西。或與磁針在同一平面之東側、則磁針之北極下伏。維正交自東向西之電流在磁針上、則反指在下則正指南北矣。其所以成此象者何耶。震兌一橫與坎離一縱正交成十字型、爲之蓋電流自坎、向離、則磁流必自震向兌、可參合定象本象兩圖以明之、必自得矣。此句學者幸三復之、其理云何、蓋以電流之有作用、凡在導線之周圍、必成一磁場。可實驗之、以導線直貫厚紙之中央、而勻撒鐵屑于紙面、通以強電流、則見鐵屑因電流之關係而顯出磁流之圜形集圈。愈近導線處、則集圈愈密、其象如衡直正交兩圖所示、導線若爲直線、則磁流與電流適正交、而成直角、即成十字型也。然

衡直正交成十字型圖

衡直正交顯中字象圖

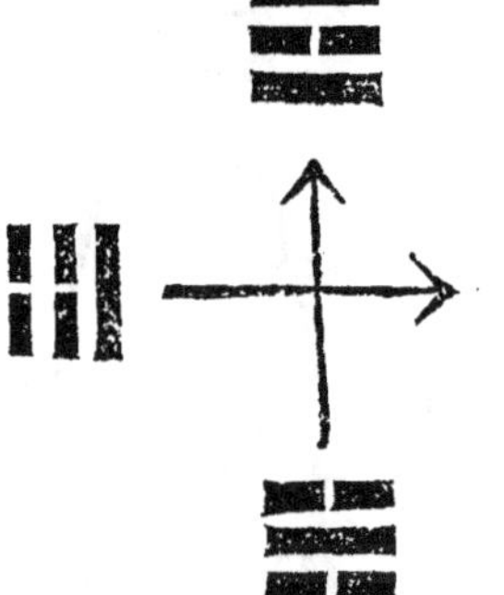

就其在平面上圓形言之則電流與磁流適如直外有圈圈中有直即中字象也夫離坎二用可以爲衡可以爲直可以爲圓可以爲旋本不泥于一隅故凡電流之運行所經無論何狀皆得以坎離象其象今即就電流之直行者言坎離如周流六虛定象圖坎離連爲一直即電流導線也而橫直猶之縱直故坎離在先天而衡即橫直也六虛者自坤而起震一陽息兌二陽盈乾三陽全盛復自乾而入巽一

周流六虛定象圖

周流六虛成中字象圖

陰、消艮二陰、虛坤三陰盡沒。如以坎離爲軸、則坎當軸之北極、離當軸之南極。又以六虛爲輪、則乾當上向天處、坤當下向地處。今使沿輪緣而旋。則下起坤方出震、東歷離方息兌、上登乾方、入巽西經坎方消艮、返坤、是爲旋轉一周。設命坎離爲導線依此循環往復不已、可集成磁流圈焉。

今試旋此圖、使符震兌一衡、坎離一、直、正交成十字型之式、而觀之、如周流六虛成中字象圖以定象之坎離合一于本象之坎離、則坎離一直爲導線、可示電流由下而上升象以定象之震兌合一于本象之震兌、則先天震兌卽與後天震兌是一非二。亦照前式周流六虛定象圖起震向兌環繞導線而旋轉、卽以前圖之衡軸立輪者、更爲立軸衡輪觀之、是故由震向兌而周旋電流自下而上、則磁流由東而北而西而南而復東、似逆轉矣。若電流自上而下、則磁流由東而南而西而北而復東、乃順轉矣。以是周流六虛而旋成磁流集圈、此卽顯出電流之直與磁流之圈可成中字象也。若就電流之圜運者言坎

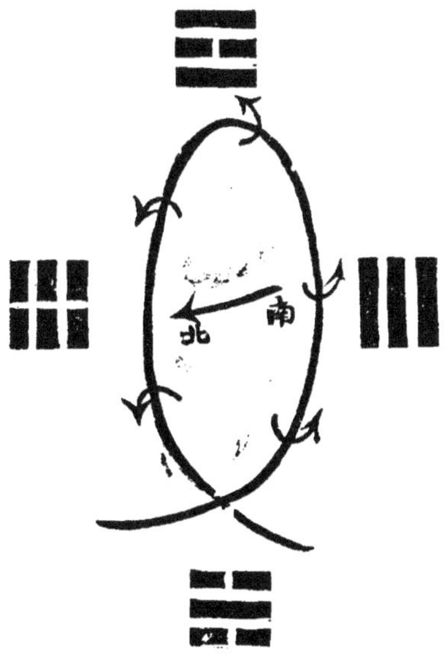

圜運電流合定象圖

離、則旋定象之坎離使離上而坎下也、使乾當坎右、坤當離左、如圜運電流合定象圖置磁針于圖中、乾爲南極、坤爲北極、則電流各部皆依同方向薄之、俾與圜流正交、即與圜面成直角也。何以乾爲南極坤爲北極耶。以先天言則乾南坤北、以後天言則離南坎北也。更就電流之旋進者言、坎離、如旋進電流圏合本象圖、震兌橫而六卦縱也。六卦縱者適成三直、乾坤一直、坎離一直巽艮一直、均陰陽感應、自下而上、升電以同方向流也。自每一圈言之、則爲圜運電流在象以一直代一圈也。如定象震兌例、若自電由一導線流而依螺旋狀進行言之、則爲旋進電流在象以

旋進電流合本象圖

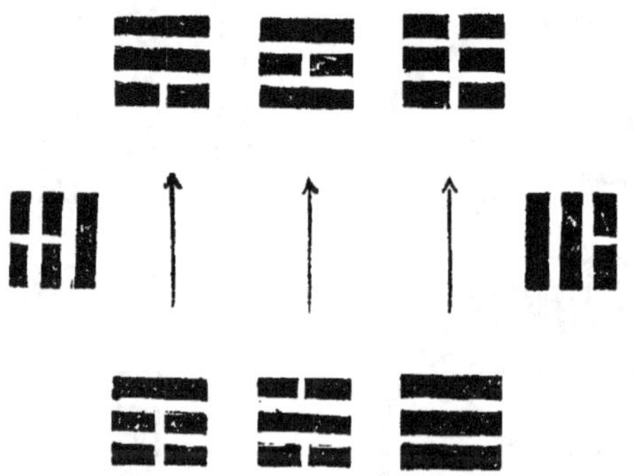

三直代多圈也。何以三直不限作三圈、而可代作多圈耶。此即古人以三表衆多之象也。說之見于老子道德經及許君說文解字者可資取信也。凡導電體在電流之直行者、是謂電線。其圜運或旋進者、是謂電圈。本象之六卦縱爲三直者即示旋進電圈也。而旋進式之多圈、實無異圜運式之單圈相駢列、以導線卷繞圓筒之上、即其象也。其震兌橫爲一衡者、即示磁力之在旋進電流圈中、皆與圓筒平行也。而在其

外、則層層圜旋、近密遠疏、其狀如磁體之磁流圈焉。

第八章　中直外圈實磁電流異觀之隨象

今稽諸旋進電流成磁流圈圖旋進電流圈外何以層層圜旋近密遠疏、其狀如磁體之磁流圈耶。仍不出中字象之故凡電流必為中字之中直磁力必為中字之外圈合電流之中直與磁流之外圈而後中字之象可成。而電流與磁流永相依現萬無一存一亡之理若偏有電流、偏有磁流、則是偏有豈能成中象哉。天地間至理無偏、無偏者、所以成其為中也。方電流之緣直行也、則顯層層疏密之磁流集圈、徹上徹下、毫無間斷、依沿導線、如貫于管、其管之

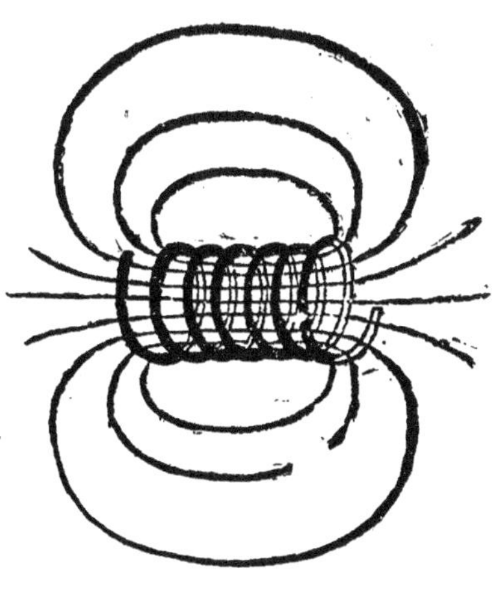

旋進電流成磁力圈圖

度如線齊長、而管外復有管、重層疊套。愈外愈疏、即內管與外管之距離愈遠、終至其距離之間甚遠、而磁力亦漸衰、以迄失其磁性之勢而為磁力之所不及焉。此直行電流之成磁力、如此而圜運、旋進之電流、其成磁力、亦豈外是。試以此層層疏密之套管灣曲之即為圜運電流周圍所

成之磁流圈也。又若更以導線之電自同方向流者若干條駢合或駢列之、則其與磁流圈所集成之中字象仍屬一個。蓋中祇有一中、無二中也。有二、則非中矣。中豈可有計數耶。合多數之導線而爲中字中直之一大軸、合多數電流之磁力圈而爲中字外圈一大輪、其象自不變、其勢宜益强矣。今將此駢列導線一排、灣曲成圜運電流圈、即爲旋進電流圈之同理矣。蓋旋進電流圈、既無異多數圜運電流圈駢列、即亦無異多數導線駢列之圜運電流圈矣。故其所成之磁流圈、亦無異中大軸之外大輪。爲假如長管灣曲成圜運式之例。今以薄板若干廣、爲旋進電流繞筒之長度。以其若干袤爲筒周之度。而以無量長之紙條、其廣與板廣同度者、層層繞卷其外板、以喻駢列之導線。紙卷以喻大軸外之大輪。以大軸之不圓而扁、故大輪之周圍亦不必渾圓而成扁圓、漸外乃漸圓也。今灣曲此紙卷之板、令袤之此端與彼端綫接膠合無縫、其紙卷亦層層兩端膠合無縫、此即旋進電流圈所成之磁流圈也。然何以旋進電流圈中之磁流與繞筒平行而直至筒外方成圜旋狀也。蓋駢列電流所成之磁流圈既密近者扁圓、漸外而疏漸幾渾圓、故筒外之磁流圈亦爾。至筒內之磁流圈、則以擠軋緊湊之故、變形而成平行且直也。故電流之直行圜運、旋進、雖有不同、而其與磁流圈爲正交十字型、即中字象者、實相未嘗二也。亦可驗之以圜

圜運電流顯磁力圖

運電圈貫于厚紙、通以電流、而撒布鐵屑于紙、則其磁力線如圜運電流顯磁力圖所示、亦足以見電圈中磁力線之幾于平行且直、而外則圜曲成磁力圈也。而旋進電流即圜運電流之多圈駢列相似、故所成之磁流圈如此。計一個、旋進、電流圈、實符如一個磁體也。第就導電直線言之、則電流爲中直、磁流爲外圈、若就磁條、或旋進、電流圈、所成之擬磁體言之、則又磁流爲中直、電流爲外圈矣。然其所以相與而隨成中字之象者、固然也。

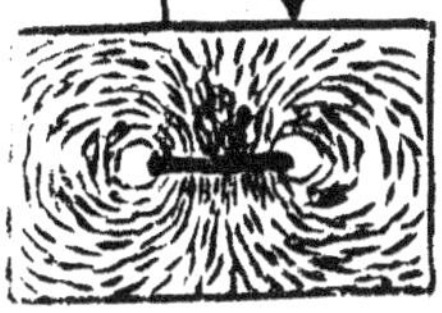

第九章　磁電可互相感應造成

今欲驗旋進電流圈周圍所成層層圜旋狀之磁力圈、云何知符如磁體、可以磁針之一極近此電圈、則由其端或比或北而知之。或使電圈可旋轉靈活者、即以電圈兩端之導線、支于凹處爲轉軸、自成。近以磁棒、則電圈亦因或比或北而自轉也。故電圈可比北磁針、即磁棒亦可比北電圈矣。又電圈受地磁力之作用、亦能指子午、如磁針、故能自動之電圈、必至以一端指子午之方向而靜也。然電圈之何端與磁石何極相當、則依先天定象驗之、起自震一陽、歷兌二陽、以至乾三陽、經巽一陰、歷艮二陰、以至坤三陰、爲旋轉一周。以是旋進周流六虛前有周流六虛圖、是以指電流外之磁力圈、此以喻旋進電流之繞筒順旋之方向、其所取象者同、其所取喻者不同也。

勿混看、即如法學者安培定律（Ampere's Law）假設電流由肩向指依捻旋螺釘時轉手之方向繞旋手腕則小指端必爲磁針之北極北極既定則彼端必爲南極可無煩言矣夫電圈之兩端既與磁石之兩極相當而電圈即有磁石之用矣磁石既與電圈間有比北之作用則電圈與電圈間亦必有比北之作用可知而電圈之兩端以電流之旋進而定故其兩圈電流若在同方向時必互相感應何者以一圈之端是陽極一圈之端是陰極故也或兩圈之電流在反方向時必互相敵應何者以彼此相向之端是同性極非異性極故也凡曲導線所造旋進電流圈即甚短如圈環亦有比北作用或電流圈半徑甚大幾如直線乃至逕成直線亦能因電之同方向與異方向流而顯比北作用總之相同方向電流必相比相背方向電流必相北蓋上下依順則相親而感應上下違逆則反悖而敵應人情之親悖亦悉本諸天理之感敵而已此自然之勢非可施力其間而作爲之者也是故爲天垂之象爲天然之理易之所以先天而天不違者卽象卽理有非人力所能强也而陰陽感應之妙範圍天地之化而不過者豈人情私意所可增損于其間哉

今于旋進電流圈中入以鐵棒則由感應作用可變成强磁鐵其南北極如强磁鐵圖所示又以馬蹄鐵形之軟鐵依電磁鐵圖所示兩端如法繞以導線通電流時可顯磁力電流絕時則全失

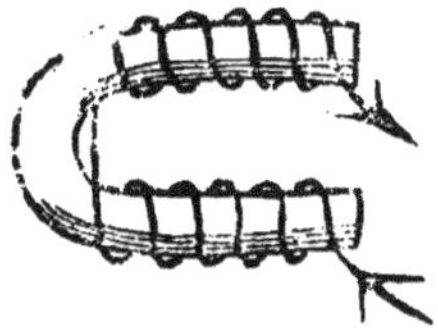

磁性，是謂電磁鐵。其爲用甚多，如電鈴、電信機等，卽其例也。如此言之，則電圈不第甚似磁石，且竟卽磁石矣。故其作用無二磁石之作用者以此，而能感應以造磁鐵者，亦以此。依林慈定律（Lenz's Law）由感應作用所生之電流，其方向如互相

強磁鐵圖

電磁鐵圖

阻礙其運動者然。試迭變甲乙兩旋進電圈之距離驗之。或以甲插定乙中而斷續甲之電流，則見續時乙生反對之電流，斷時乙生同向之電流。若插軟鐵于甲中，其感應電流尤强。或用磁石故插入，故拔出于旋進電圈中，亦生感應電流，與甲之一出一入于乙中同。斯以見磁電二者之感應，卽此陰陽一理之現于異觀而已。

第十章　磁電兩流互成環中

磁電之流相互以成中字象者也。磁流爲中直，則電流爲外圈；電流爲中直，則磁流爲外圈，而其方向，且彼此一貫。如就人身喻之，以自背向胸爲中直之流，則其外圈之流，必自左足經左手，向左耳，復自右耳經右手向右足，與旋螺釘轉時表相似，是謂圜中律。設磁流電流彼此皆爲圈形，

將如何形況之。亦有最簡便之方法、以自己左手之食指尖與拇指相接如環狀、而衡其環如水平、以表磁極之流、自虎口向食指達其尖、復自拇指尖向腕流還爲一周。又以右手之食指尖與拇指尖亦相接如環狀、而立其環如垂直、以表電位之流、亦自虎口向食指達其尖、復自拇指尖向腕流還爲一周。今以右手之立環交互左手之衡環、卽可以表磁電兩種圈流之關係。蓋左環之衡、必拇指向身、食指向外、而右環之立、又必食指向上、拇指向下。所謂交互、卽暫離右手拇食兩指尖、使相開而插入左環中接之也。故其兩個合成連環相銜、而磁電兩流之方向曉然可睹矣。後復以左環之衡者立之、右環之立者衡之、其磁電兩流相互之關係終無變也。或用篠鐵絮成兩圈、其外黏紙條各一、一依先天定象四正卦書之、一依後天本象四正卦書之。然後立其定象之圈、衡其本象之圈、亦使兩圈成連環相銜、而以兩圈之離與離合、坎與坎合。惟當注意者、定象天上地下、故爲立圈、則以坎插入本象衡圈中、而其離在圈外。本象東南西北、故爲衡圈、則以離插入定象立圈中、而其坎在圈外。如是兩圈合成球形矣。如磁流電流環中圖所示。立圈喻磁流之由坤而離、而乾而坎、而復坤、衡圈喻電流之由坎而震、而離而兌、而復坎、其意甚易曉也。亦卽徒以定象圖縱立之、而以本象圖衡之、使本象圖坎離二卦合一于定象圖之坎離二卦、可就大地以證磁電之理，命本象之出震齊巽見離役坤說兌戰乾勞坎成艮爲電流之力自東而西，又命定象之出震麗離息兌盈乾入巽陷坎消艮虛坤爲磁流之力自南而北。故環中圖亦可名爲定象本象參合磁流電流圖。左離右坎，上乾下坤，悉仍定象之舊，其中本象震正值定象坤上，與艮互爲反復，本象兌又值定象乾下，與巽互爲反復，止取四正，仍不啻一個完全定象也。抑

定象本象參合磁流電流改環中圖

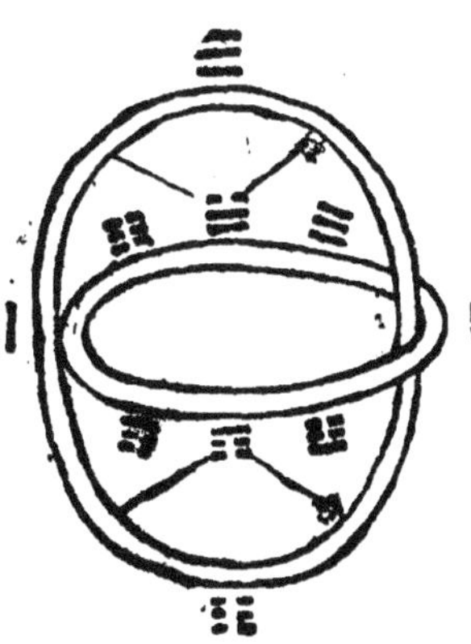

亦奇妙矣哉！然其定象本象所以參合者，其理何居。試證之大地之圜中，先定南極北極及居中赤道，據近代地學家言：地球依地軸每日右旋自轉一周，故見日月左旋東出西沒，是光華之臨地必自東向西，循環無已可必也。惟日有南至北至之極，而冬夏四時以成。蓋日光繞地，如紡紗繞管，由南端繞至北端，復由北端繞至南端，如是往復不已，其力之感應于大地者，有造成地磁之能，即以日光爲電流之外圈，而地體實其磁流之中直也。亦順前圜中律之方向，而以大地之南爲陽極，北爲陰極，則乾坤二卦之位，日月東西圜繞，則坎離二卦之位，一如定象圖所定象焉。定象圖之確合地體，妙

符磁理、有如此者。不識定象之妙而致疑、是皆無科學常識也。

第十一章　先後天互爲體用

地體者、一至大磁石也。其磁流成象、可卽磁石以喻之。南陽、爲磁流所出、北陰、爲磁流所入、故地表之磁流、由南向北。故磁針之在地磁塲者、陽必北指、陰必南指。中國以軒轅之征蚩尤、得發明磁針指南而不迷、故名指南針。歐西則以磁流自南向北、故名指北針。其名異、其實同也。嘗考磁針之兩極、非正指南北兩極也。有偏東偏西之變焉。其磁子午線與地子午線間所成之角度、是謂偏角、亦曰倚角。以地位言、其在中國、則拱向中州、故本部多偏西、新疆西藏又偏東、而在外國、則拱向中國、故日本偏西、英又偏東也。以時辰言、則卯後漸增大、至午正最大、由是復漸減、小夜間常保一定角度、至曉再減小。最大與最小相差十分。指角度言、至磁針之靜定、亦非如水平衡也。其磁力與水平間所成之角度、是謂俯角、亦曰伏角。凡倚伏兩角、大小互爲反比。繪地圖而聯倚角相埒之處爲曲線、名等倚線。聯伏角相埒之處爲曲線、名等伏線。聯磁力相埒之處爲曲線、名等磁線。又聯伏角零度之處爲曲線、名磁赤道。而以伏角九十度之處爲地磁極。據磁學家言、地磁極北半球有二點、一在東半球之西伯利亞、一在西半球之美洲。其南半球二點、則與之遙對。何以地磁極不在地之兩極耶。則以日行黃道斜交地赤道故也。總之、地體、一至大磁石也。磁針所指、則其磁場內之指力線也。故統全地言、則電流之至大者、無逾日光繞地左轉之旋進電圈矣。磁流之至大者、無逾地體受日光感應、造成地心自北而南地表自南而北之磁力圈矣。今以定象圖立而觀之、固上乾、下坤、儼然天地定位之象也。又以定象圖衡而察之、則南方位乾爲陽極、北方位坤爲陰極、確然地磁陰陽之極也。其象一定不易、是故謂之定象。此易之體也。體不可見、而凡所言易者、言其用也。是故易圖之可傳者、本象尙矣。本象離南爲陰極、坎北爲陽極、適與定象之陰陽兩極南北相反者、定象喩地體、地心之磁流由北向南、故北入爲陰極、當坤位、南出爲陽極、當乾位也。本象喩其用、地表之磁流由南向北、故磁針以南爲陰極、當離位、北爲陽極、當坎位也。後天離位當先天之乾者、地磁南極爲純陽之乾、此先天定象立其體也。及磁之流行而爲用、自乾出者、即入磁針南極而成陽中有陰之離、地磁之南極純陽也、磁針之南極、受地磁之感應而爲異性極之陰、卽在此乾陽體中、忽生此中爻之一陰、而成離也。故離之初上兩爻、卽地磁之乾陽體、所以立大磁極之全整也、其中爻卽磁針之一陰、用所以行小磁極之偏分也。于乾陽之中、得坤一陰而爲三女、此三爻之全整與一爻之偏分也。後天坎位當先天之坤者、地磁北極爲純陰之坤此先天定象立其體也及磁之流行而爲用自坤入者即出磁針北極而成陰中有陽之坎地磁之北極純陰也磁針之北極受地磁之感應而爲異性極之陽卽在此坤陰體中忽生此中爻之一陽而成坎也故坎之初上兩爻卽地磁之坤陰體所以立大磁極之全整也其中爻卽磁針之一陰用所以行小磁極之偏分也于坤陰之中得乾一陽而爲三男此亦三爻之全整與一爻之偏分也是故舉後天本象之離南坎北而先天定象之乾南坤北已在其中矣

第十二章　磁電流正反自對

先天定象立其體地磁極也後天本象行其用地表磁流之磁針兩極也磁體兩極入陰而向陽也磁用言磁流之進行兩磁體出此體之陽極入彼體之陰極似電流之出陽而向陰也故磁流在兩磁體之自陽向陰入與在一磁體之自陰向陽出似相反而實不二也坎爲陽極離爲陰極其在定象由離而兌乾而巽坎此磁體之自流也由坎而艮坤而震離此磁用之對流也其在本象由離而坤兌而乾坎此磁體之自流也由坎而艮震而巽離此磁用之對流也自流卽磁心之流對流卽磁表之流亦卽磁場內之指力線也而電流亦然在自體則先由陰極入後向陽極出在對體則先自陽極出後向陰極入以坎離喻之其象亦爾今試以厚紙條定其一端爲坎他端

爲離。此面、爲磁體、之心、自離、向坎、畫矢、爲識。彼面、爲磁、用之表、自坎、向離、畫矢、爲識。兩面可互爲正反、或書乾坤、其理無殊。然磁電兩流、每指用之表、言其正面、故以自陽出向陰入者爲常。卽出乾向坤、由坎向離、由震向巽、由艮向兌、是也。先天定象固如是矣、後天本象豈不爾耶、坎離一直震兌一衡、正交成十字型矣。震兌者主震。觀之則震巽也、主兌觀之則艮兌也。以二卦左右觀之反覆成四象。實以震兌兼攝二長、二少、兩偶、凡定象之四隅、胥在于是矣。非僅以震兌相對爲一衡也。總之、卽以震表陽、以兌表陰、耳。今以坤乾示磁電之陰陽二極、又以坎離示磁電進行之流、則其在定象、以乾坤爲中直、坎離爲外圈。無論正反兩面、其指力方向無不全合也。其在本象則以三縱當旋進電流圈、皆自下而上、始由乾向坤、經反面、復由坎向離、經反面、復由艮向巽、依如是方螺旋進行、爲旋進電流圈。然後電流圈中感應而生磁流、則先入兌後向震出、其圈外磁流則先出震後向兌入、故震者、磁之陽極、兌者磁之陰極、又就蹄鐵磁言、則乾者北極之陽、而鄰近坎艮皆陽。坤者南極之陰、而鄰近離巽皆陰。是本象儼然一蹄鐵磁象、亦猶定象儼然一長條磁象也。夫周易卦象、無非陰陽感應之理、而其可徵之實驗者、莫磁電之迹若。故先後天卦象以磁電爲喩、則陰陽感應之理明。而易有太極、是生兩儀之旨、于是乎曉然昭著、無復疑惑矣。

易學演講錄

丙寅春仲

俞復署

華序

會長楊踐形先生。現代易學家。亦中國哲學家也。聖質天授。夙慧生知。益以好學不倦。博覽多能。齠齡即馳譽鄉里。弱冠已推尊師友。年甫而立。著作等身。德風所播。莫不遠企雲樹。想望丰采。然性情孤高。雅不願隨流俗伍。杜門研幾。謝絕應酬。以故仰韓雖衆。識荆非易。即有緣邂逅者。僅覩其謙恭遜讓。無不當面錯過。苟非入門弟子。莫能窺見宗廟之美。百官之富。然其諄諄善誘。誨人不倦。未嘗不各因其材而篤焉。雖以膺之愚魯。自受業以來。茅塞頓開。時方再閱寒暑。而自覺已非故吾矣。先生之誘掖後進。其德昭然如日月。受其賜者。類能知而道之。膺感恩罔極。愧無圖報。今值先生易學演講錄書成。膺拜而讀之。恍然有動於中。學未卒業。不敢妄談。謹述其所欲言者如此。即以求正於先生。乙丑臘月渝城華齊膺敬書。

太極圖説考原篇目次

太極粹言卷全

太極圖說考原篇

梁溪楊踐形講

第一章　太極有圖說始于周濂溪

羲文作易垂教、不言有太極也。自孔子贊易繫傳著易有太極是生兩儀之文、而後易蘊之寶藏大發、實總挈全易之綱領、且明示後聖以道揆也。夫則象作易、固始于伏羲之一畫開天、而一畫以前、則伏羲未嘗示其象、文周亦未嘗繫以辭、後之學者其聰明睿智、苟有一間未至于聖人之程、將何從而測之、是故以孔子之至聖、出類拔萃、自生民所未有、本天縱之生知、而用功之勤、必至于鐵撾三折、韋編三絕、足徵易道之廣大精微、非潛心玩象、極深研幾者、決不能啟易蘊之鑰而發寶藏之粹、此仲尼太極之闡明、豈第箕裘先聖、孩提後覺而已、實其悲憫之弘願、將以手援天下之溺、不得已而托之易也。是以進溯文王演易以前、伏羲畫卦之始、而得易道所由之大本于是立乎其大本、以亭毒萬象、涵蓋一切、則瀰綸充周、範圍不過、實在此一畫之先、有非筆舌所能形容、物象所能擬議者、而聖人秉造化之筆、振木鐸之舌、法非物之物、則无象之象、于無可形容擬議之中、而極意形容擬議之曰、易有太極是生兩儀、夫極者至極而無對之謂、物各有其極故陽之至曰陽極，陰之至曰陰極，六爻之動則有三極。三極者，天極、地極、人極也。謂之太極者，所以尚乎三極之誼也。極既無對，極而益之曰太，則更無可與倫，而造乎道之極端矣。是以太極之爲誼，立乎天地之先，超乎陰陽之上。形容之以筆舌，而筆舌不能達其微；擬議之以物象，而物象不能通其情。豈可以尋言得，按圖索耶？故孔子雖盡他人所不能形容者，而竟形容之；盡他人所不能擬議者，而竟擬議之，以發明易有太極之旨，然未嘗有圖，亦未嘗有說也。自周濂溪始爲太極圖而爲之說，于是所謂太極者，竟可以說明，且竟可以圖見矣。夫使太極而果可以圖見，果可以說明者，則伏羲又何必畫卦，文王又何必衍易？不且將如後世之河圖也、洛書也、後先天也、方圓象也，著一語以破的，明一貫以見道，豈不簡便易曉之至耶？又何必羲畫變而爲連山，連山變而爲歸藏，歸藏變而爲周易。自注：周禮太卜掌三易之法，一曰連山，一曰歸藏，一曰周易。杜子春謂連山伏羲易，歸藏黃帝易。鄭康成謂夏曰連山，商曰歸藏，周曰周易。而先儒又皆言夏易連山，本之神農；商易歸藏，本之黃帝。路史發揮又言，伏羲易爲小成，神農易爲中成，黃帝易爲大成。故世謂神農因伏羲之易而作連山，故號烈山氏，又號厲山氏，聲近也。連山首艮，夏易因之。黃帝因神農之易而作歸藏，歸藏首坤，商易因之。文王改商人黃帝之易，而仍用伏羲之易首乾，周易因之。故踐形云，羲畫變而爲連山，再變而爲歸藏，復變而爲周易也。然顧炎武日知錄則云，連山、歸藏，非易也。文王繫卦辭以象，周公繫爻辭以象，孔子繫易辭以傳，如是千言萬語，何以爲之？多詞迷說，而終不能得其究竟也。亦可知圖之不能見，說之不能明，有如是者。而自太極圖說出世以來，驪黃駢綠，五花八門，繼武接踵者層出不窮皆自號為太極圖太極說也夫太極固未可圖未可說也一形容便錯一擬議便非而一圖一說之不足乃至各圖其圖各說其說彼亦一是非此亦一是非果且彼是此非乎哉果且此是彼非乎哉果且彼此皆是乎哉果且彼此皆非乎哉夫孰從而正之夫孰從而證之啟朱陸異同之門戶釀漢宋象理之爭執指原其端未始非周濂溪太極圖說為之厲階也雖然在太極圖說未有之先固不可為之圖為之說以增多此一重執障而自太極圖說既行以後又不可不為之圖不為之說以消除此一重執障此踐形所以重解疊演此易有太極是生兩儀一語至于十有五篇而尤未敢自謂得其究竟也

第二章　太極圖說是周濂溪個人心得

嘻孔子以前易未嘗有太極之名也自孔子而後易始有太極之名矣然趙宋以前易家雖有太極之名尚未嘗有太極之圖說也自趙宋而後易家始有太極之圖說矣蓋自周濂溪始採道家之太極圖而為之說以入儒家朱紫陽又詳為之解釋以廣流傳而後之學易者復因孔子繫傳有太極之名適與之相符遂扨道入易傳此太極圖說之聲譽矣夫濂溪之太極圖說自有濂溪之心得也亦猶康節之先天圖說自有康節之心得也謂之為周邵之心得則可謂之為易道

之蘊也則未可。乃自宋以來、相傳之太極、皆有圖有說、且圖不一圖、說不一說、是非競起、枘鑿互格作俑之咎、濂溪固不能自辭焉、然終宋之世、正易象圖說盛行之時也、學者各出其極深研幾之心得而各自造心得之太極圖說、以自發揮易道之精粹蘊微、雖未必竟當于理、要亦非具苦心孤詣者不敢造次、豈能胸無成竹、鑿壁虛造也哉。故謂濂溪啟太極有圖有說之端則可、遂謂濂溪荒太極之實、誼則非也。惟自朱明以來、又有所謂古太極圖者、繪入八卦之中、以風行海內、至使習俗相沿、家喻戶曉、雖村夫俗子、幾無不能舉太極圖之名、而識其狀者、竟使此無方無體之神妙、一若有迹象之可指、實物之可況、而言語筆墨之可形容也。是太極者、有色可見、有聲可聞矣。何以文王望而未見、子貢嘆而不聞也。豈非變太極之本而加之厲、將易有太極之精蘊淪胥殆盡、習非浸以勝、是而使易道之大本、更無人能識焉、耶夫伏羲則天垂象、開此一畫之先正兩儀之未判、陰陽之無始、而渾沌之中、自有此肫穆之實相、爲造化之主宰、斯誠太極之本然矣。

而孔子知其然也、故于繫傳既述天垂象、至聖人則之一段、以贊聖人之作易、復述法象莫大乎天地變通莫大乎四時、縣象著明莫大乎日月、三語以贊聖人之取象、而其文即承于易有太極是生兩儀一段之後、學者豈不可由此以辨聖人則象作易之本旨哉。夫聖人則象作易之本旨、至平至常至中至正簡便而易曉也。非若後世之驚新奇高遠、而拒人于荒忽玄渺不可識之表也。其道所謂百姓日用而不知、習兮而不察焉者。即縣象著明一語、已解釋太極之精蘊而有餘矣。後世學者、莫不欲詳爲解釋太極之本誼、而連篇累牘、千言萬語、形容擬議之而不能盡。惟孔子純用神化之筆、約之以四字、爲贊語、極簡明、意亦確當、而太極之本誼皎然如揭日月之運行、使有目之人、皆能識之。蓋非至聖、不能也。奈何後世學者、猶紛然雜出其一己之太極圖說、而置孔子之言于不顧耶。言非出于孔子者、無論如何設辭、終覺似是而非。若讀者不善體會、以辭害意、是將使太極之實相、終無由了解、而差以毫釐、必至謬以千里矣。今欲詳證太極之本誼、不得不明辨太極之實相、表而出之。知我罪我、一俟後世之識者焉耳。

第三章　濂溪太極圖出自釋家說

夫太極之有圖可說、厥始自周濂溪之太極圖說。請先述太極圖說傳授之源流焉。歷來各家記載有關濂溪學說之所自來者、凡有二說、一曰出于釋家、一曰出于道家、分別述之。

其謂濂溪之學說、出于釋家者、大都雜出于禪流之記載、其間不無故爲附益之詞、以聳學者聽聞。然摘錄其說、亦足以備辨夫涇渭、證夫誣信之助。所謂存之正以廢之也。寒山臥雪記談曰、春陵有水曰濂、周公茂叔所居。于時佛印禪師元公按佛教自達摩東來、遂與禪宗、傳至五祖弘忍門下、有神秀慧能二大師、分立南頓北漸之別、而南宗經唐五代、又分爲臨濟、潙仰、雲門、法眼、曹洞五宗、宋時臨濟宗方會出、開楊岐宗、又慧南出、立黃龍宗、前後共成五家七宗、宋初諸宗、雲門宗最盛、有契嵩者、著書論儒釋合一之旨、又作非韓論三十篇、力詆韓文闢佛之謬、當時文人皆驚其才、雲門宗又雪竇重顯、圓通居訥、佛印了元三人、居訥與歐陽修善、此即佛印了元、又周濂溪所契者也、寓鸞溪之上、相與講道、爲方外交、由是命印爲作青松社主、追媲白蓮故事云。又贅鑑及佛印語錄跋云、濂溪扣佛印元禪師曰、畢竟以何爲道。元曰、滿目青山一任看。濂溪擬議、元呵呵笑而已。濂溪脫然有省。云說者有謂濂溪雖究理學、而佛印爲社主、又就質問、苟道之不同、豈能相與爲謀耶。此濂溪與佛印交遊之說也。歸元直指曰、濂溪初扣黃龍慧南禪師見上文注教外別傳之旨。南諭濂其略曰、只消向你自己屋裏打點。孔子謂朝聞道夕死可矣、畢竟以何爲道、道名死可乎。顏子不改其樂、所樂何事、但于此究竟久久、自然有箇契合處。此又濂溪與黃南關係之說也。宏益紀聞又稱濂溪與張橫渠同詣東林論性、總按即黃龍宗門下、大東林之常總也。曰、吾教中多言性、故曰性宗。所謂眞如性、法性、性即理也。有理法界、事法界、理事交徹理外無事、事必有理。諸子沈吟未決、濂溪毅然出曰、性體冲漠、唯理而已、何疑耶。橫渠曰、東林性理之論、唯我茂叔能之。濂溪問太極、總曰、易在先天、無形有理、蓋太極即易也、無形之理、即無極也。天地間只是一氣、進退而爲四時、以一氣言之、皆元之爲也。又言總論濂溪曰、吾佛謂實際理地即眞實無妄。眞而無妄即誠也。大哉乾元、萬物資始、資此實理。乾道變化、各正性命、正此實理。天地聖人之道、至誠而已。必要著一路實地工夫、眞至于一旦豁然悟入、不可只在言語上會。云性學指要、又謂濂溪初與東林總遊久之、無所得。總教之靜坐、月餘忽有得。以詩呈曰、書堂兀坐萬機休、日煖風和草自幽、誰道二十年遠事、而今只在眼睛頭。總肯之、即與結青松社。云此又濂溪與常總交遊之說也。信若斯說、則游廬山有周茂叔窮禪客之語宜矣。又晁公武讀書志則謂濂溪受學于潤州鶴林寺僧壽涯、傳其太極圖、而得有物先天地、無形本寂寥、能爲萬象主、不逐四時彫之偈。淸初黃宗炎所謂得先天地之偈于壽涯者、即本此說也。此實濂溪太極圖說出自釋家壽涯之說也。其說非出于禪流、故信者獨盛。然于壽涯本人之傳授、亦已有異議矣。或謂國一禪師以道學傳于壽涯禪師、師傳麻衣、麻衣傳陳摶、摶傳种放、放傳穆修、修以所傳太極圖授之濂溪周子。已而周子扣問東林總禪師太極圖之深旨、東林爲之委曲剖論、周子廣東林之語而爲太極圖焉。說見謝无量所著朱子學派一書中。所引禪流記載此說、以爲太極圖本屬釋家、所有由釋家渡入道家、復渡入儒家耳。或謂太極圖創自河上公、本名無極圖、魏伯陽得之以著參同契、鍾離權得之以授呂洞賓、洞賓後與陳圖南同隱華山、而以授陳、陳刻之華山石壁、陳又得先天圖于麻衣道者，皆以授种放，放以授穆修與僧壽涯，修以先天圖授李挺之，挺之以授邵天叟，天叟以授子堯夫，修以無極圖授周子，周子又得先天地之偈于壽涯，說見宋元學案黃梨洲子百家，引其叔父晦木憂患易學中太極圖辨，此說以爲太極圖本屬道家所有，由道家渡入釋家，復渡入儒家耳。所可疑者究竟壽涯在陳摶之先，而太極圖自壽涯再傳而至陳摶耶。究竟壽涯在陳摶之後，而太極圖自陳摶再傳而至壽涯耶。先後分明，蓋可辨也。然其不能不出陳摶之傳則一也。信出陳摶之傳，則與其謂之出自釋家者，無寧謂之出自道家，較爲可信也。次述出自道家之說焉。

第四章　濂溪太極圖出自道家說

其謂濂溪之學說出于道家者，大都分爲二派，一者推原宋易，尋其有所自來，二者反對宋易，斥其無非邪說，其用心雖不同，其考據則一也。此說始見朱震漢上易傳，有叙易圖授受之源流，謂陳摶以先天圖傳种放，放傳穆修，修傳李之才，才傳邵雍，放以河圖洛書傳李漑，漑傳許堅，堅傳范諤昌，諤昌傳劉牧，穆修以太極圖傳周敦頤，再傳至程灝程頤，厥後雍得之以著皇極經世，牧得之以著易數鈎隱圖，敦頤得之以著太極圖說通書，頤得之以述易傳。是宋易之原與太極之有圖可說、固無一非出于道家者。豈老子西行爲關尹所要、僅留道德五千言傳于中土、其餘秘書法象爲三代所傳而藏于柱下者、皆隨之而去、即朱子所謂本儒家故物散佚而落于方外者乎。夫禮失求野、古有明文、宋易之原與太極之有圖可說、雖曰出自道家、然陽貨之言、聖人不廢芻蕘、可取、理惟求是而已。而周子太極圖說之出自陳摶也、宋儒獨諱之甚深、蓋恐出自道家、則有異端之嫌、故諱陳摶而不言、以爲周子之所發明焉。雖然陳摶此圖、亦非自作也、實本諸參同契耳。

葛洪神仙傳稱魏伯陽作參同契五行相類凡三卷、其說是周易、其實假借爻象以論作丹之意、世之儒者不知神丹之事、多作陰陽注之、殊失其旨云。今考其書、隋書經籍志不著錄、舊唐書經籍志始有周易參同契二卷、周易五相類一卷、而入之五行家、殊非其本旨。而朱彝尊經義考則又列周易之中、亦覺不倫。豈未注意葛洪之言耶、鄭樵通志藝文略爲參同契別立一門、載注本一十九部三十一卷、然今多佚亡矣。惟後蜀彭曉所注有周易參同契通眞義三卷、曉自撰明鏡圖訣一篇附下卷之末、又作前後序、闡發其誼甚詳、諸家注參同契者以此本爲最古、至明嘉靖中、楊愼所稱南方有發地中石函者、得古文參同契、以爲伯陽眞本云、亦好異者信之耳。按彭曉序謂伯陽先示青州徐從事，徐乃隱名而注之。至桓帝時，復以授同郡淳于叔通，遂行于世，而傳其訣者頗尠云。按徐名景休，所注有周易參同契三卷，今亦已佚亡矣。後世有所考據，非依彭曉之本，將復何求。夫參同契爲道家作丹之古書，而彭曉注又爲參同契一書之古本，注釋之外，復繫圖象以示指掌。然則明鏡圖訣不第爲彭曉個人之心得，亦以表道家總綱之指掌也。而周子太極一圖，實出于此。爲彭曉以前注參同契者，宜亦有圖，然不可考矣。即如毛奇齡云：參同契諸圖自朱子注後，踐形按：陳振孫書錄解題，稱朱子以參同契詞韻皆古，奧雅難通，讀者淺聞，妄輒更改，比他書尤多舛誤，因合諸本更相讎正，朱子自跋亦稱，凡諸同異悉存之，以備考證，故名周易參同契考異，跋末自署，隱姓名爲空同道士鄒訢，蓋以鄒本邾國，其後去邑而爲朱，故以寓姓，禮記鄭氏注，謂訢當作熹，又集韻熹虚其切，訢亦虚其切，故以寓名耳。學者多删之。徐氏注本已亡，他本龐雜不足據。惟彭本有火水匡郭圖、三五至精圖、斗建子午圖、將指天罡圖、昏見圖、晨見圖、九宮八卦圖、納甲圖、含元播精圖、三五歸一圖。今周濂溪太極圖說之第二圖，以黑白分三層者，即水火匡廓圖也。其第三圖之水火金木土，即三五至精圖也。惟圖式雖同，尚未有太極之名耳。其同稱太極之名者，則見于唐眞元妙經品焉。庚申冬，翻閱道藏全書，知洞眞部本文類有上方眞元通仙妙經三篇，其上篇曰太極降德，又洞玄部靈圖類有上方大洞眞元妙經所附五圖，有虛無自然之圖、二儀冥有之圖、道妙恍惚之圖、太極先天之圖、氣運之圖。其太極先天之圖，實合三輪五行爲一，而以三輪中一圓圈，五行中一圓圈爲太極，又加以陰靜陽動，男女萬物之象，凡四大圓圈，陰靜在三輪之上，陽動在三輪之下，男女萬物在五行之下。則與濂溪之圖名誼皆同矣，但多先天二字耳。杭辛齋易楔亦舉引眞元妙經之太極先天圖以證濂溪太極圖確自道家傳出，云周子但爲之說，并將上下次序略有修改而已。

踐形按朱彝尊經義考謂太極一圖，遠本道書，圖南陳氏演之爲圖，爲四位五行，其中由下而上，初一曰玄牝之門，次二曰鍊精化炁，鍊炁化神，次三曰五行定位，五氣朝元，次四曰陰陽配合，取坎塡離，最上曰鍊神還虛，復歸無極，故曰無極圖。乃方士修鍊之術，當時曾刊華山石壁，相傳圖南受之呂嵓，嵓受之鍾離權，權得其說于魏伯陽，伯陽聞其旨于河上公，在道家未嘗詡爲千聖不傳之秘。周子取而轉易之，爲圖亦四位五行，其中由上而下，最上曰無極而太極，次二曰陰陽配合，陽動陰靜，次三曰五行定位，五行各一其性，次四曰乾道成男，坤道成女，最下曰化生萬物，更名之曰太極圖。仍不沒無極之旨。是濂溪太極圖卽道家無極圖也。由朱彝尊之說，則濂溪用道家之圖，而又不用其名。由杭辛齋之說，則濂溪用道家之圖，兼且即用其名矣。而由顏習齋之說，則濂溪得陳摶，僧壽涯傳，以魏伯陽水火匡廓三五至精爲太極圖，兼出于道釋兩人之傳，即彭曉之明鏡圖訣也。今更不必論其圖之或符于明鏡圖訣，或同于眞元妙經，或原自漢之河上，或創自宋之華山，總之其爲出自道家也可無疑。

第五章　太極圖說之尊信與懷疑爲漢宋異同之辨

夫易道周偏，本無不備，象數義理，兼以明之。然其末派之支離，則有若漢易至焦而流爲方術，晉易至王韓而遁歸空門，宋易至陳邵而歧入道家，學者失其初旨，彌推衍而轇轕彌增矣。是故清初黃宗羲著易學象數論六卷，以排斥宋儒象學之謬，而病邵朱先天之學爲添一障，其說實爲毛奇齡胡渭諸氏之先驅。乃弟宗炎復承家學之風，著周易象辭二十一卷，附尋門餘論二卷，圖書辨惑一卷。其尋門餘論謂四聖相傳，不應文王周公孔子之外，別有伏羲之易爲不傳之秘；周易未禁秦火，不應獨禁其圖，轉爲道家藏匿二千年，至陳摶而始出。說雖似苛，信篤論也。其圖書辨惑謂陳摶之圖書乃道家養生之術，則與元陳應潤之說合。（見應潤所作爻變義蘊）又謂周子太極圖說圖雜以仙眞說，冒以易道，亦與朱彝尊毛奇齡所考略同。（彝尊說，見經義考二百八十三，奇齡說，見所作太極圖說遺議）嘗考宋自陳摶執易界牛耳以來，後之學者莫不盤旋于脚下，其能毅然首破陳摶之學者，實始自元之陳應潤，撰周易爻變義蘊四卷，有謂義理玄妙之談，墮于老莊，先天諸圖，雜以參同契爐火之說，皆非易之本旨又謂周子無極太極二氣五行之說自是一家議論不可以釋易云而有清一代排擊陳摶之學最力繼二黃之後者則有毛奇齡之圖書原舛編及胡渭之易圖明辨而能窮溯本末一一抉所自來者尤推易圖明辨其書十卷卷一辨河圖洛書卷二辨五行九宮卷三即辨周易參同先天太極皆引據舊文互相參證以藉依托者之口使學者知其圖雖言之有故執之成理乃修鍊術數二家旁分易學之支流而非作易之根柢也上述皆反對者之說耳亦有尊信其說者如張栻南軒答問云周子生乎千有餘年之後超然獨得大易之傳所謂太極圖乃其綱領也推明動靜之一源以見生化之不窮天命流行之體無乎不在文理密察本末該貫非闡微極幽莫能識其指歸也（按宋儒學案栻著有太極圖說等書）眞德秀亦曰元公直指無極太極以明道體殆與伏羲始畫八卦同功又元劉因記太極圖說後曰太極圖朱子發謂周子得于穆伯長而胡仁仲因之遂亦謂穆特周子學之一師陸子靜因之遂亦以朱錄爲有考而潘誌之不足據也（按陸象山與朱紫陽書曰潘清逸豈能知濂溪者明道伊川親師承濂溪當時名賢居潘右者亦復不少濂溪之誌卒屬于潘可見其子孫之不能世其學也兄何據之篤乎靜修之說蓋指此）蓋胡氏兄弟于希夷不能無少譏議是以謂周子爲非止爲种穆之學者陸氏兄弟以希夷爲老氏之學而欲其當謬加無極之責而有所顧藉于周子也然其實則穆死于明道元年而周子時年十四矣（王梓材云蓋年十六矣作十四誤）是朱氏胡氏

陸氏不惟不攷乎潘誌之過、而又不攷乎此之過也。然始也、朱子見潘誌、知圖爲周子所自作、而非有受于人也、于乾道己丑已叙于通書之後矣。後八年、記書堂、則亦曰不由師傳、默契道體、實天之所畀也。又十年、因見張詠事有陰陽之語、與圖說意頗合、以詠學于希夷者也、故謂是說之傳、固有端緒、至于先生、然後得之于心、無所不貫、于是始爲此圖、以發其秘爾。又八年而爲圖書注釋、則復云莫或知其師傳之所自。蓋前之爲說者、乃復疑而未定矣、豈亦不攷乎此、故其爲說之不決于一也、而或又謂周子與胡宿、邵古同事潤州一浮屠、而傳其易書。此蓋與謂邵子之學因其母舊爲某氏妾、藏其亡夫遺書以歸邵氏者、同爲浮薄不根之說也。然而周子、邵子之學、先天、太極之圖、雖不敢必其所傳之出于一、而其理則未嘗不一。云踐形按靜修之言、何其尊信太極圖說之篤耶。夫謂先天、太極之圖、其理未嘗不一、是即認周子、邵子之學、其出未嘗不一矣。而以證諸考據家言、則邵之先天、周之太極、其源同出陳摶、即其學同歸道家、故朱子作易學啟蒙亦同採二說、其解易有太極、是生兩儀也、一則云周子曰、邵子曰、再則云周子所謂、邵子所謂、是認周、邵之圖說同關易理可知矣。故指周、邵同爲易外之支流則可、必辯謂先天是說易、太極非說易、則不可也。且太極二字、明明著自孔子之筆、見于繫傳之文。濂溪所說、果非易理、何以必用太極而不可用餘名耶至說中皆累集十翼之詞又無論矣是濂溪亦自認太極圖說即繫傳之易有太極也濂溪自認之而學者否認之則失其著述之本旨矣故踐形述太極圖說而必冠以周濂溪式者職是故耳

第六章　太極圖說之尊信與懷疑爲朱陸異同之辨

夫周濂溪之作太極圖說也遠源于河上近傳自華山二程之來學實手是圖以授之故二程之言性與天道多出于此然卒未嘗明以此圖示人也逮朱紫陽推尊其說贊云易之爲書廣大悉備然語其至極則此圖盡之又曰聖人作易其大意蓋不出此故釋太極圖說者甚衆而紫陽實爲之導始焉張栻（南軒）有太極圖說晁說之（景迂）有周易太極傳明史儒林傳稱曹端讀太極圖說曰道在是矣篤志研究坐下著足處兩甎皆穿端實有明一代大儒也著有太極圖說釋文一本題名太極圖說述解有清孫奇逢序跋焉有仿大學章句之體者清孫子翊之太極圖說集註也有謂太極圖不本于易而本于河圖者明舒芬之太極繹義也有與參同契同講陰陽五行之說者清陳兆成之太極圖說註解也至黃宗羲力闢陳摶之學者也而亦有太極圖講義焉則濂溪太極圖說之深入人心也蓋可知矣然元何中撰通書問其附記有謂竊窺朱子之意同時學者陸

有疑圖說非周子之書、而朱子主張甚力、遂以圖說爲主、而以通書爲發明圖說而作云。踐形按疑圖說非周子之書者陸梭山也。梭山與紫陽書云、太極圖說與通書不類、疑非周子所爲，不然或是其學未成時所作，不然或是傳他人之文、後人不辨也。蓋通書理性命章言中焉止矣、二氣五行、化生萬物、五殊二實、二本則一。曰一，曰中、即太極也、未嘗于其上加無極字。動靜章言五行，陰陽太極亦無無極之文。假令太極圖說是其所傳、或其少時所作、則作通書時不言無極、蓋已知其說之非矣。其弟陸象山亦與紫陽書云、太極圖說以無極二字冠首、而通書終篇未嘗一及無極字。二程言論文字至多、亦未嘗一及無極字。又與陶贊仲書云、太極圖說乃梭山兄辨其非是、大抵言無極而太極、是老氏之學、與周子通書不類。通書中太極不言無極。易太傳亦只言太極不言無極。若于太極上加無極二字、乃是蔽于老氏之學。又其圖說本見于朱子發附錄、朱子發明言陳希夷太極傳在周茂叔、遂以傳二程、則其來歷爲老氏之學明矣。周子通書、二程言論、絕不見無極二字、以此知三公蓋已皆知無極之說爲非矣。踐形按、此圖說之辯、即朱陸異同所由也。始而朱子與梭山辯、繼而象山與朱子辯矣。朱子答梭山書云、不言無極、則太極同于一物、而不足爲萬化根本。不言太極、則無極淪于空寂、而不能爲萬化根本。又云、無極即是無形、太極即是有理。周先生恐學者錯認太極、別爲一物、故著無極二字以明之。象山答朱子書云、夫太極者、實有是理、聖人從而發明之耳。非以空言玄論使人簸弄于頰舌紙筆之間也。易大傳曰、易有太極。聖人言有、今乃言無、何也。作大傳時、不言無極、太極何嘗同于一物、而不足爲萬化根本耶。洪範五皇極列在九疇之中、不言無極、太極亦何嘗同于一物、而不足爲萬化根本耶。易大傳曰、形而上者謂之道。又曰、一陰一陽謂之道。一陰一陽、已是形而上者、況太極乎。自有大傳至今幾年、未聞有錯認太極別爲一物者、何煩特地于太極上加無極二字以曉之乎。朱子答象山書云、伏羲作易自一畫以下、文王演易自乾元以下、皆未嘗言太極也、而孔子言之。孔子贊易自太極以下未嘗言無極也、而周子言之。夫先聖後聖、豈不同條而共貫哉。若于此有以灼然實見太極之眞體、則知不言者不爲少、而言之者不爲多矣。又曰、大傳豈以陰陽爲形而上者哉。正所以見一陰一陽雖屬形器、然其所以一陰一陽者、是乃道體之所爲也。故語道體之至極、則謂之太極。語太極之流行、則謂之道。雖有二名、初無兩體。周子所以謂之無極、正以其無方所、無形狀、以爲在無物之前、而未嘗不立于有物之後、以爲在陰陽之外、而未嘗不行乎陰陽之中、以爲通貫全體、無乎不在、則又初無聲臭影響之可言也。象山則曰、無極二字出于老子知其雄章、吾聖人之書所無有也。紫陽則曰、老子復歸于無極、無極乃無窮之義。如莊生入無極之門、以遊無極之野云爾、非若周子所言之意也。象山則曰、繫辭言神無方矣、豈可言無神。言易無體矣、豈可以言無易。老氏以無爲天地之始、以有爲萬物之母、以常無觀妙、以常有觀竅、直將無字搭在上面、正是老氏之學、豈可諱也。紫陽則曰、老氏之言有無、以有無爲二。周子之言有無、以有無爲一。計朱陸辯駁之書、前後往復共有七次之多、然太極之實相不在、更何從辨其是非哉。夫朱陸異同、有宋學術之大辨也。鹿洞（宋淳熙五年、出知南康軍、訪白鹿書院遺址、奏復其舊、爲學規俾守之、八年象山來訪、請其登白鹿洞書院講席、講君子喻于義小人喻于利一章、即此地、故稱朱門爲鹿洞。）之敎多窮理之功、象山之敎以踐履爲主、其入手初步固非一致也。元吳澄曰、朱子于道學問之功居多、而陸子以尊德性爲主。鄭玉曰、陸子之質高明、故好簡易、朱子之質篤實、故好邃密、各因其質之所近、故所入之途不同、及其至也、仁義道德、豈有不同者。又曰、朱子之說敎人爲學之常也。陸子之說、才高獨得之妙也。二家之說、又各不能無弊。此草廬師山權衡二子之說也。至明而有朱陸始異終同之說云。豈不思鵝湖之泛在淳熙二年、鹿洞之講在淳熙八年、而象山之辯則在淳熙十五年。（淳熙十五年、易應天山名爲象山、學徒各來結廬、相與講習、故稱陸門爲象山、按是年四月望日、十二月十四日、計與朱紫陽辯太極圖說之書、凡兩次、故踐形云、象山之辨也、以上各說、可參考朱子年譜、東萊年譜、象山年譜也、）時紫陽已五十九歲矣、象山亦已五十歲矣、所謂始者安在耶。逾三年而象山卒、（紹熙四年十二月十四日象山卒、壽五十四歲、見年譜、又豈非所謂終乎太極之辯、即可證朱陸之終異矣、惟二公于學術雖有爭辯、而交誼固甚篤耳。明羅鶚范氏天一閣書目、作羅鶴、作太極圖分解一卷、其書列周子太極圖說、朱子之注、而申象山之說以駁之。清王嗣槐作太極圖說論十四卷、謂聖人言易有太極、未嘗言無、不應于太極之上、復加無極二字。疑此圖授自陳摶、非周濂溪作。朱陸互相辨析、朱子不得已、作無形有理以解之、而無極二字、總流入二氏之說。其逐條辨駁、各爲一篇、亦力申象山之說者也。夫信認太極圖說以爲千聖不傳之秘、周子說人所不敢說者、朱派之學裔也。否認太極圖說以爲吾聖人之書所無有、吾聖人之門、正不肯如此道者、陸派之學裔也。而元孫自強有太極辨三卷、則謂其說明焉而未純、學者因其辭之紛紜、不以異端傳會于聖經者鮮矣。其說雖非徇陸、要亦懷疑濂溪之太極圖說者也。至明嘉靖南禺豐坊作易辯辯太極圖說、滔滔八千餘言、故索垢瘢、此又不足述者矣。

第七章　濂溪太極圖說之來源及其內容解剖

欲明濂溪太極圖說之原理、不可不追溯此濂溪太極之母圖母說、及其造作之準、則宋元明清之學者論者亦衆矣、然非極意頌揚、則空言排斥。其能處心研究、而推原其本來眞相、發揮其造作前因、則莫若黃宗炎之太極圖辯、其言曰、周子太極圖創自河上公、乃方士修鍊之術也。其圖自下而上、以明逆則成丹之法。其重在水火、火性炎上、逆之使下、則火不熛烈、惟溫養而和煥。水性潤下、逆之使上、則水不卑濕、惟滋養而光澤。滋養之至、接續而不已。溫養之至、堅固而不敗。其最下圈名爲玄牝之門。玄牝卽谷神、牝者竅也、谷者虛也。指人身命門兩腎空隙之處、氣之所由以生、是爲祖氣、凡人五官百骸之運用知覺、皆根于此。于是提其祖氣上升、爲稍上一圈、名爲鍊精化氣、鍊氣化神。鍊有形之精、化爲微芒之氣、鍊依希呼吸之氣、化爲出有入無之神。使貫徹于五藏六府、而爲中層之左木火、右金水、中土相聯絡之一圈、名爲五氣朝元。行之而得也、則水火交媾而爲孕。又其上之中分黑白而相間雜之一圈、名爲取坎塡離、乃成聖胎、又使復還于無始。而最上之一圈、名爲鍊神還虛、復歸無極、而功用至矣。蓋始于得竅、次于鍊己、次于和合、次于得藥、終于脫胎求仙、眞長生之秘訣也。周子得此圖而顚倒其序、更易其名、附于大易、以爲儒者之秘傳。蓋方士之訣在逆而成丹、故從下而上。周子之意以順而生人、故從上而下。太虛無有有必本無、乃更最上圈鍊神還虛、復歸無極之名曰無極而太極。太虛之中、脈絡分辨、指之爲理、乃更其次圈取坎塡離之名曰陽動陰靜。氣生于理、名爲氣質之性、乃更第三圈五氣朝元之名曰五行各一其性。理氣既具、而形質呈、得其全靈者爲人、人有男女、乃更第四圈鍊精化氣鍊氣化神之名曰乾道成男坤道成女。得其偏者蠢者爲萬物、更最下圈玄牝之名曰萬物化生。願就是圖詳審之、易有太極、夫子贊易有至極之理而言也、不可云無極。无方者神也、无體者易也、不可圖圓相。有者无之、无者有之、恐非聖人本旨。次圈判左右爲陰陽、以陰陽推動靜、就非貫穿不淆亂之處、指之爲理、此時氣尚未生、安得有此錯綜之狀、將附麗于何所。觀其勢白之文、實坎離兩卦成既濟之象。中含聖胎、謂之取坎塡離、則明顯而彰著。謂之陽動而陰靜、則陽專屬諸離、離專主動、陰專屬諸坎、坎專主靜、豈通論哉。五行始于洪範、言天地之氣化運行、若有似乎木火土金水者然。其實木火土金水、萬物中之五物也、非能生人者也。此時人物未生、此五者之性、于何而辨。易繫言乾道成男、坤道成女、亦謂乾之奇畫成男之象、坤之偶畫成女之象、非云生于天者爲男生于地者爲女也。且天之生男女萬物、在一氣中無分先後。其下二圈、在方士爲玄牝鍊化自屬兩層、乃男女萬物亦分二圈、恐重出矣。如此說、力足以證明太極圖之果原于道家也。雖然辯太極圖之果否出于二氏者、此第推原之論爾。惟評其學理之是非者、方屬究竟之論也。如黃宗羲濂溪學案之說至允矣。其言曰、後世之異論者、謂太極圖傳自陳摶、其圖刻于華山石壁、列玄牝等名、是周學出于老氏矣。又謂周子與胡文恭同師僧壽涯、是周學又出于釋氏矣。此皆不食其胾而說味者也。使其學而果是乎、則陳摶壽涯亦周子之老聃萇宏也。使其學而果非也、即日取二氏而諄諄然辯之、則范縝之神滅傅奕之昌言無與乎聖學之明晦也。踐形按梨洲有太極圖講義、晦木有太極圖辯惑、昆弟之間幾若各分左右袒。夷考其說理之精、據證之確、蓋實互相輔益堪並行而不悖也。然則知濂溪之深者、孰能不推二黃乎。故周學之出于道家、實可無諱、而能變道家之陋、以歸聖學之純、此正善化之功也。集大成者于是能無所取。姑言道家、踐形生稟素弱、尊長誨以修養衛攝之道、三十年來已非故我、惟性好博稽、每以不能讀盡天下奇書爲憾。居室別無長物、經子科哲之書數千餘種而已。玩索自得、恒至徹夜不寐、而精神無少倦、似非修養不至此。庚申冬、遍覽道藏全書、共分三洞、四輔、七藏、爲書七千八百餘卷、而詭異可燬者、實占百分之九十五。至所採周易諸子修養等書、其中儘有精粹處、均詳見拙著修道纂要黃庭發篇康壽實習中。而其關鍵所在、則河上公之圖、黃宗炎之說、已盡洩而無餘蘊矣。然方士歛錢、皆詭託道家、宋派複雜、門戶繁多、莫不是己爲正宗、誹人爲外道旁門、以秘傳自居、奇愚夫愚婦、迷信盲從、至傷風化、害治安、而不悟、豈不思方士之多所造作、衒惑瞻聞、其去老莊致虛守靜之教也、實

甚遠。黃氏此辯、不第揭太極圖說之幕、尤足發方士販道之秘、使世之販道售姦者、口不屈而心
自服也。然則黃氏此文、豈止藥陰老莊而陽孔孟之罪哉、亦兼救陰方技而陽老莊之禍矣。杭辛
齋易楔曰、老子曰、有物無形、先天地生、即謂太極也。以孔子十翼告成、老子已出關西去、故未知
孔子有此假定之名、而曰無以名之、強名曰道。究竟道字實未能妙合無間、老子亦無可如何、而
強名之耳。使老子得見孔子易有太極一語、必舍其名而從之、道德經更可省却無數語言矣。信
如杭說、則老莊之去孔孟也、遠矣。夫老莊後儒素稱為知易之體用者、尤不能得孔子太極之旨、
況下此者乎。雖然、非所以語濂溪太極圖說也。太極圖說解者至衆、而濂溪之心獨無人識、以易
象解者、即未必當、亦不甚失、以陰陽五行解之、則流于支離、至若指為釋家之禪、道家之丹、則更
悖乎作者之本旨矣。數百年來、善能紀述濂溪之志、闡發圖說之微者、厥維明季劉宗周一人、得
其主靜立人極焉一言之旨、遂倣太極圖而為人極圖、更濂溪之五為六。其一曰、凜閒居以慎獨、
注圖下云、無極太極、此即最上圈無極而太極也。其二曰、卜動念以知幾、注圖下云、動而無動、其
三曰、謹威儀以定命、注圖下云、靜而無靜、此二皆即次圈陽動陰靜也。其四曰、敦人倫以凝道、注
圖下云、五行攸叙、此即第三圈五行定位也。其五曰、備百行以考旋、注圖下云、物物太極、其六曰、

遷善改過以作聖、注圖下云其要無咎、此二者即第四圈乾坤道成男女最下圈萬物化生也、又倣太極圖說無極而太極云云而爲人極圖說曰、無善而至善、心之體也、繼之者善也。成之者性也。繇是而之焉達于天下者道也云云、此明人性至善爲萬善之所由所出致其愼獨之功則可去其不善而繼于至善矣、劉宗周學出陽明之緒、故首句取陽明四句敎之語而廣之。（四句敎者、陽明以無善無惡心之體、有善有惡意之動、知善知惡是良知、爲善去惡是格物、四句敎人也、）其謂無善而至善固未免語病、然倣無極而太極之趣則顯然也。（踐形採蹟自三代迄近今、經史子集所有各家論性之異同、旁及歐竺之說、著性中論一書、已備論之、）是可謂善祖述者矣、夫知劉宗周之善宗周旨而變太極圖爲人極圖之善祖述也、即亦知周濂溪之善規道術而變無極圖爲太極圖之善改革矣、彼河上公之無極圖本方士修鍊之術耳、一變而爲周濂溪之太極圖、遂開理學之宗、再變而爲劉宗周之人極圖、竟作入聖之梯、非善變者、又烏能至此、而後儒斤斤焉計其舊、執其往、何不究其事之實相也。故太極之圖雖取材于道家、而其說則固發于心得、即謂太極圖爲濂溪所自創亦無不可也。是以名此爲濂溪式太極圖焉。

太極圖說考原篇卷終

太極粹言卷全

梁溪楊踐形述

太極粹言

周濂溪太極圖說曰、無極而太極。太極動而生陽、動極而靜、靜而生陰。靜極復動。一動一靜、互爲其根。分陰分陽、兩儀立焉。陽變陰合、而生水火木金土。五氣順布、四時行焉。五行一陰陽也、陰陽一太極也、太極本無極也。五行之生也、各一其性。無極之眞、二五之精、妙合而凝。乾道成男、坤道成女、二氣交感、化生萬物。萬物生生、而變化無窮焉。惟人也、得其秀而最靈。形既生矣、神發知矣。五性感動、而善惡分、萬事出矣。聖人定之以中正仁義、而主靜、立人極焉。故聖人與天地合其德、日月合其明、四時合其序、鬼神合其吉凶。君子修之吉、小人悖之凶。故曰、立天之道、曰陰與陽、立地之道、曰柔與剛、立人之道、曰仁與義。又曰、原始反終、故知死生之說。大哉易也、斯其至矣。

〔踐形識〕太極之有圖可說、自濂溪始也。欲明太極兩儀之實相、必先明濂溪太極圖之意趣。欲明濂溪太極圖之意趣、必先研究其太極圖說、與歷來各家之解釋、而後方可有所會悟也。故首錄濂溪太極圖說全文於前、次摘錄各家之解釋、有相關處、俾愛聞濂溪之學者、或藉以得其指歸也。雖然、余非爲濂溪太極圖說作集注也、余爲明太極兩儀也。余爲因太極兩儀之明、而學者各自有得於切近身心之實益也。庶乎富有日新、始自寡過而終至入聖、此易之所以爲教、而孔子之所以翼傳也。故亦兼採及宋後各家心性諸說有關太極兩儀、而非泥于策數奇偶卦畫者、或依年代或依學統、叙述於次。

朱紫陽太極圖說解曰、上天之載、無聲無臭、（按陸象山與朱子書云、若懼學者泥于形器而申釋之、則宜如詩言上天之載、而于下贊之曰無聲無臭可也、豈宜以無極字加于太極之上、今首二句即用此、）而實造化之樞紐、品彙之根柢也。故曰無極而太極、非太極之外復有無極也。太極之有動靜、是天命之流行也。所謂一陰一陽之謂道。誠者聖人之本、物之終始、而命之道也。其動也、誠之通也。繼之者善、萬物之所資以始也。其靜也、誠之復也。成之者性、萬物各正其性命也。動極而靜、靜極復動、一動一靜、互爲其根、命之所以流行而不已也。動而生陽、靜而生陰、分陰分陽、兩儀立焉、分之所以一定而不移也。蓋太極者、本然之妙也。動靜者、所乘之機也。太極、形而上之道也。陰陽、形而下之器也。是以自其著者而觀之、則動靜不同時、陰陽不同位、而太極無不在焉。自其微者而觀之、則冲漠無眹、而動靜陰陽之理已悉具于其中矣。雖然、推之于前而不見其始之合、引之于後而不見其終之離也。故程子曰、動靜無端、陰陽無始。非知道者孰能識之。又曰、五行之變、至于不可窮、然無適而非陰陽之道。至其所以爲陰陽者、則又無適而非太極之本然也。又曰、五行異質、四時異氣、而皆不能外乎陰陽。陰陽異位、動靜異時、而皆不能離乎太極。至于所以爲太極者、又初無聲臭之可言、是性之本然也。又曰、自男女而觀之、則男女各一其性、而男女一太極也。自萬物而觀之、則萬物各一其性、而萬物一太極也。蓋合而言之、萬物統體一太極也。分而言之、一物各具一太極也。又曰、聖人太極之全體、一動一靜、無適而非中正仁義之極、蓋不假修爲而自然也。

〔踐形識〕造化之樞紐、即在天地生生之大德。復見天地之心、故至誠不息、悠久無疆。天者、自然而然、不期然而然之謂也。命者、當然而不容辭、不得不然而莫可免焉者也。天命者、自然所致、莫或使之、若有使之然也。陰陽之流行而不已、天命然也。變易之誼也。陰陽之一定而不移、天分然也。不易之誼也。而此一陰一陽、繼之者善、成之者性、天道然也。簡易之誼也。故曰易有三誼、見于孔子之傳、稱易誼者三。曰易行乎其中矣、曰易立乎其中矣、曰易成位乎其中矣。中即極也。此所謂三極之道也。紫陽之解、實與濂溪圖說相表裏。苟非邃于哲理、深入聖門者、斷不能道隻字、亦斷不能贊一詞也。靜極而動、動極復靜、此所謂反復道也。亦所謂往來不窮也。其問名之曰天地際也。窮上反下、極則反也。易窮則變、變則通、通則久、是以流行而不已也。靜則因受漸畜矣、惟其靜極則受之至而畜之大、虛者不得不盈、靜者不得不動矣、所謂息也。動則因施漸散矣、惟其動極則施之大而散之至、盈者不得不虛、動者不得不靜矣、所謂消也。以靜而息、以息而動、動而生陽。復以動而消、以消而靜、靜而生陰、此陰陽之轉環、則誠明之通復也。感應旁通而陰陽分立、是謂兩儀。既感既應而陰陽調和、與未感未應時等、是謂太極本然之妙。一故神也。所乘之機、兩故化也。著者理見于氣、氣聚成形、有物可象也。微者原子微分、微乎其微、沖漠無朕也。然有形之物所以有是理者、非有形之物而後具是理也。實無形之原子微分夙已具是理、特人之見聞思擬不能感覺其有是理耳。故老子名之曰夷曰希曰微、三者不可致詰、混而爲一。然以科學之試驗、未嘗不可證明實有是理之確鑿。故即至至微之沖漠無朕而動靜陰陽之理已悉具其中、亦正惟動靜陰陽之理悉具于沖漠無朕之微中、發爲造化之樞紐、藴爲品彙之根柢、故能資始資生、俾萬物各正其性命也。使非此至微具有此實理、則天地何以位、萬物何以育、而宇宙何以存。或其著者固有動靜陰陽之爲、以成此著者、而非此微者具此本然之妙、則主宰之者誰、樞機之者誰、造化之者誰也、將別有一物焉、而主宰之、必墮于宗教家說之所謂神矣、而孰知形既生矣、神發知矣、有形而後有神、非有神而後有形也、形在則神存、形消則神滅、形神本不兩離、宇宙既無離神獨存之形、安得復有離形獨存之神耶、至微如原子、而一一悉具形神之妙、無形之形、有形之所以形也、不神之神、至神之所以神也。（道德經云、以道蒞天下、其鬼不神、陰符經云、不知不神之所以神、踐形按不神之所以神、此正神之妙萬物而不測也、）無形之形、太虛之所以充塞、是氣瀰綸而無間也、此無形之氣一旦乘機而聚、則成有形之質、斯無形者于是乎有形矣、不神之神、太極之所以實有是理、造化而不測也、此不神之理、終古本然、而發則為至神之妙、斯不神者于是乎至神矣、故至著如人物、而一一悉仍原子之形、聚以為形、一一悉仍原子之神、發以為神、形雖萬化、而所以形是形者、不能外、神雖殊用、而所以神是神者、無或二、不明科學之原理、僅以見聞思擬自闞者、又何能深窮宇宙之繁賾、上探造化之精微、而得哲理之解悟哉、況淵乎其若周易之難知、芒乎其若太極之難識、前不見始、後不見終、（老子曰、迎之不見其首、隨之不見其後、朱子曰、推之于前而不見其始之合、引之于後而不見其終之離、詞氣互）似、此一陰與一陽、同時必全有之謂道、而不可須臾離也、耶非知道者、其孰能識之、

陳普論無極太極說曰、道理當然、所以千古萬古、無一毫變易、蓋理至此止、不可得而易也、止此。

謂之。極無以加。謂之。太極、不過道理之總名稱。物有去來生死、而此道理常在人間耿耿人心目中。所以聖人提出、濂洛畫出。其所提出畫出只是一。箇所以爲物而已。思之而見察之而得。然則形迹聲臭。可以耳目。聞睹、故謂之。無極無極太極、只是一。箇非有二也。又曰周子圖最上一圈是太極不可以耳目聞見。故曰無極而太極。意謂太極不可以形氣言也。蓋雖無而實有也。緣後之儒者將太極作一塊混沌之氣、故立此二字以示人使知其理而非氣。其辭則張南軒所謂莫之爲而爲者最證得。好又曰太極之上無所謂無極上一圈即太極太極即是無極別作一體不得第二圈是半白半黑是陰陽二氣、不可以太極言。但其圈之大之圓與上圈同則又見不相離之妙中一小圈謂太極、即在陰陽中、（其意是、而有語病、若在陰陽中間、畫一太極以表示太極在陰陽中亦猶胎兒在母腹中、胎兒與母各一人、太極與陰陽豈各一物耶、）常生常死常有常無自中央一箇分開作兩箇（如此說來、要變成三箇了、）只是頭上一大圈但取在其中常爲主非又別有一箇小底。（此句極是、）故文公云其中圈者其本體也。本體即上文本體小大不同本非有異亦猶五行下一箇小圈見二五之合爲一者。又是大彌六合小不滿一掬（但豈一掬、）之義畫出成此一箇亦是妙處非有意爲之也。圖下二圈只是一體一太極圖義深最當看男女非指人之男女謂天地之生氣化之初合下只有兩端一陰一陽一牝一牡人之男女草木禽獸之雌雄牝牡皆在其中。

橫渠所謂陰陽兩端、立天地之大義、亦此意也。二體旣成、則形感之生、散爲萬殊、猶一男一女分爲子孫支庶百代、不知其極、又含一意、謂生物或有窮時、而乾道坤道之生、常不息、只要天在地在、則人物皆無憂。此理又當意會、難以言語詳也。

〔踐形識〕當然之理、止此無加、只是所以如此而已、思見察得而非耳目可求、故惟無極、乃所以爲太極也、若有極時、已落兩儀地位矣、蓋形象雖無、而太極實有、但不可混與陰陽二氣爲太極言耳、然太極未嘗非陰陽二氣之全、太極終古無變、則陰陽二氣亦終古無變、哲學分派、由是而區主陰陽無極、則說一元、主陰陽二氣、則說二元、總之莫之爲而爲而已、莫之爲而爲者、此物之所以爲物也、古來聖哲、諄諄誨世、無非發明所以爲物而已、知物之所以爲物、必知人之所以爲人、知人之所以爲人、則可以踐人之形、盡人之性、而無所自歉矣、故提出畫出、只是一箇所以爲物、謂之太極也、可謂之無極也、亦無不可、太極無極、其名字也所以爲物、其實理也、有是所以爲物之實、方能有是物、物其形氣之可見于象者也、所以爲物則不可以形氣言之神也、太極也、即無極也、不可以形氣言之神、微如諸原子、一一悉同、具以是理、故一一相與感應、愛惡情僞之間、而分合聚散、以造化成形氣之物、物成後之形神、既不能不異于原子之形神。物毀後之形神、又不能不異于物質之形神。形依神而立、神依形而存、以諸微分所存之神、關係如何、而構造所成之形、亦隨現如何、復以如何之形、而轉發如何之神、故形既生而後神發、知未有形未生而神已發、亦未有形雖死而神仍發者也、是故形神不能須臾互離也、豈徒不能離哉、亦未始有合焉、凡稱合者、必本有二物而後可相合也、可合亦即可離矣。形神本非二物、形是神之全體、神是形之妙用、形外無神、神外無形、將誰與合、非形則神何自發、非神則形何能生、將誰與離、故形神二者同實而異名也、非異物也、形造形化、是形也、而所以造化、則神也、形之代蛻遞嬗、歷千態萬變而無窮、而神之發揚表彰、則隨德業偕日月以俱進、亦歷千態萬變而無窮、是故天地生生萬物之德、形是形而神是神者、亦以形神之無窮而相與無窮、夫萬物者、形神之微渺且倏忽者也、而天地者、形神之至大且悠久者也、然萬物之有成毀生死、則形變而神遷、是形神雖無窮、而生物或有窮時也、物窮則變、變則又通、通則可久、物雖有窮、而形神終于可久、實與天地相終古、故即（自注、雖也、）無成而代有終也。（有不信者、試徵之物理化學之說、自可豁然矣。）乾道成男、坤道成女、乾坤毀、則天地或幾乎息、天地在、則生生之造化、終古無已時矣。

謹按周邵之學、同出一源。故以康節之說、次于濂溪之後、而凡言術數者以類附焉。

邵康節先天圖說曰、乾以分之、坤以合之、震以長之、巽以消之。長則分、分則消、消則翕也。乾坤定位也、震巽一應也、兌離坎艮再交也。故震陽少而陰尚多也、巽陰少而陽尚多也、兌離陽浸多也、坎艮陰浸多也。無極之前、陰含陽也、有象之後、陽分陰也。陰爲陽之母、陽爲陰之父。故母孕長男而爲復、父生長女而爲姤。是以陽起于復、而陰起于姤也。自姤至坤爲陰含陽、自復至乾爲陽分陰、坤復之間爲無極。自坤反姤爲無極之前。

〔辯附〕周易折中案曰、周子所謂無極而太極者、以陰陽之本體言之、中庸所謂天命之性也、邵子所謂無極（無極之前、陰含陽也、有象之後、陽分陰也、）者、以動靜之樞紐言之、中庸所謂未發之中也。

〔踐形識〕邵康節本陰陽消息之理而作先天圖、其序自然可見。至無極之前、有象之後、恐出個人之心得。坤復之間何獨無極、陰含陽、陽分陰亦似費解。母孕長男而陽起于復、父生長女而陰起于姤、確是消息至理。周濂溪言無極、邵康節亦言無極、誰謂邵之先天圖、周之太極圖、不同出一源乎。何以周邵之前、儒者不聞有無極之名、而自周邵始言之。至無極之誼、是否一致、又別論矣。

邵伯溫語錄曰、道生一、一爲太極。一生二、二爲兩儀。又曰、夫太極者、在天地之先而不爲先、在天地之後而不爲後、終天地而未嘗終、始天地而未嘗始、與天地萬物圓融和會而未嘗有先後始終者也。有太極則兩儀四象八卦以至于天地萬物、固已備矣。非謂今日有太極、而明日方有兩儀、後日乃有四象八卦也。雖謂之曰太極生兩儀、兩儀生四象、四象生八卦、其實一時具足、如有形則有影、有一則有二有三以至于無窮。是故知太極者、有物之先本已混成、有物之後未嘗虧損。自古及今、無時不存、無時不在。萬物無所不禀、則謂之曰命、萬物無所不本、則謂之曰性、萬物無所不主、則謂之曰天。萬物無所不生、則謂之曰心。其實一也。古之聖人窮理盡性以至于命、盡心知性以知天、存心養性以事天、皆本乎此也。

〔踐形識〕道生一、即易有太極。一生二、即是生兩儀。所謂太極不在兩儀四象之外、即在天地萬物之中。故曰、一時具足。物有成毀、象有隱顯、而太極無先後始終、故自古及今、無時不存在。然則生字之誼、非漸次循序、蟬遞代謝之謂、可知矣。而天心性命、皆即此太極之異名也。

郭忠孝兼山識易傳序曰、易即道也。又從何道。

〔踐形識〕易即道者、一陰一陽之謂道、易以道陰陽也。程伊川曰、離了陰陽、更無道、亦即此意、可離非道、離了陰陽、豈有道哉。

其子雍白雲有傳家易說總論云、庖犧氏始畫八卦、其意若曰、是道之一、列而有三、又曰、三畫混而爲一、復于太極、故名曰卦、然則卦者太極之一耳、（踐形嘗圖太極實相、即太極而見卦、）或八或六十有四、曰道、曰事、大小不同、其于太極名易而實存也、非若三才之分、太極名實俱易矣、是以聖人經以三才、而太極分、緯以八卦、而太極復、又曰、太極爲易之體、而易者用太極之名、太極之道、方其混然一成、物莫能破、人安得而用之、（雖有語病、意極明白、）又曰、自道而一變爲畫、因而成象、畫象具而成卦、使萬世之下、復由卦以知象、由象以知畫、由畫以明道、此聖人之道也、又曰、庖犧氏以天地人之三、而其道一、故三畫而成一卦、又曰、太極生天地、天地生人、（按邵堯夫傳陳安民、安民傳郭兼山、至子雍、故稱傳家易、）

〔踐形識〕昔者聖人、欲類神明之德、以通萬物之情、不得已而作易、垂訓道變爲畫、即由畫以明道也、太極生兩儀也、因而成象、即由象以知畫也、兩儀生四象也、象具成卦、即由卦以知象也、四象生八卦也、聖人豈好事之徒、如後世之作太玄潛虛洞極元包皇極洪範等書而造此卦畫耶、道之不明不行也久矣、而不行由于不明、聖人蓋體之切而歎之深矣、于是形之于可象之易、而以明夫不可象之道。凡所具者、皆由此以明道耳。道即太極也、道明而太極亦明矣。道形爲卦、卦復爲道、故卦復于太極、而爲太極之一。太極渾具、本無可分、然有可象、即有方體、若非破全爲偏、人安得而用之。是故踐形圖太極也、就八方配爲八卦、以異觀成象焉。（郭雍著卦辨疑序云、七九爲陽、六八爲陰、蓋謂陰陽各有二道、此兩儀已即四象、踐形別有圖說甚明也。）

張行成（觀物）周易通變曰、象數之用、皆起于交、交則變、故曰通變。又曰、理者太虛之實義、數者太虛之定分。未形之初、因理而有數、因數而有象、既形之後、因象以推數、因數以知理。

〔踐形識〕陰陽交而象數形、是能變通不窮。其云太虛之實義、即太極爲理也。太虛之定分、豈兩儀爲數乎。至象滋有數、數演成象、蓋未可昧以先後判矣。

祝泌（自號觀物老人云）皇極經書鈐曰、天生神物、聖人則之。天地變化、聖人效之。天垂象、見吉凶、聖人象之。河出圖、洛出書、聖人則之。制法垂致、祖道鈎元、是極也。先高厚而肇始、運萬有而不遺、推其動靜、得兩儀之本、沿其始交、傳四象之元、循其變化、識卦位之分。

〔踐形識〕祖道鈎元、是極確類術數家言本色。以動靜說兩儀、似混陰陽與動靜爲一、將如何交耶。夫乾其靜也專、其動也直、夫坤其靜也闔、其動也闢、豈有陽皆動、陰皆靜之理。惟循

其變化之所在、誠可以識卦位之定分矣、交傳四象者、陰陽之顯、與陰陽之隱也

蘇軾(東坡)易解曰、陰陽交而後生物、物生而後有象、又曰、君子日修其善、以消其不善、不善者日消、有不可得而消者焉、小人日修其不善、以消其善、善者日消、有不可得而消者焉、夫不可得而消者、堯舜不能加焉、桀紂不能逃焉、是則性之所在也

〔辯附〕朱紫陽雜學辯曰、謂不善日消而有不可得而消者、則疑若謂夫本然之至善矣、謂善日消而有不可得而消者、則疑若謂夫良心之萌蘖矣、以是謂性之所在則似矣

〔踐形識〕物莫非陰陽也、陰陽交則雜物撰德而成象、以太極全象言之、陰陽各半、中正無所偏倚、其純陰純陽兩象、雖有是理、而尋常所得、恒不能純、卽幾純矣、猶不無略涉絲毫異儀處、而竟不能純、故質直言之、斷無獨陰、獨陽、之純象、此乾坤外所以六十二卦、皆屬陰陽之雜象、正惟陰陽交雜而後有象也、總之顯在可見者、太極之半、而潛在不見者、亦得其半、所見者陽盛、必所藏者陰勢矣、藏之與見、正相反也、君子日修其善、陽長故陰消也、陰雖不可見、而潛伏在裏、有不可得而消者焉、君子而時中、此德之所以日進也、然惟聖罔念作狂、則幾希之間、能無戒乎、小人日修其不善、陰長故陽消也、陽雖不可見、而潛伏在裏、有不可

得而消者焉。小人反中庸、此惡之所以日肆也。然惟狂克念作聖、則愼獨之功、能無勉乎。朱子之辯、以不善有不可得而消者、謂疑若本然之至善、其意適背馳矣。惟以善有不可得而消者、謂疑若良心之萌蘖。此言正羲文演易垂教之本旨、亦即踐形太極圖象成立之根據也。道心之所以云微、人心之所以云危、胥乎是中研之。觀蘇氏堯舜不能加、桀紂不能逃二語、其誼可思矣。願世之言性、言道、言教者、三復斯言、則不可得而消之精意、庶幾足以闡發太極之妙歟。

謹按：宋以來道學之淵源、實自泰山孫復、徂徠石介、安定胡瑗三先生、始以師道自任、講明正學。其說雖未光大、然以躬行實踐爲主、一變六朝以來浮靡之積習、而啓濂洛學說之先導、其有功聖教、夫豈可量。而徂徠山下、易始教授于世、則有宋一代易學之興、其皆出于石介又可知。今略叙太極陰陽性道理氣諸說、而首先以石亦飲水思源云爾。

石介（徂徠）論天人感應書曰、夫能行大中之道、則是爲善、善降之福、是人以善感天、天以福應善人。不能行大中之道、則是爲惡、惡則降之禍、是人以惡感天、天以禍應惡也。此所謂感應也。

〔踐形識〕大中者、在書則曰皇極、在易則曰太極、實繼天而立之人極也。惟君子時中、止于至善者能行之率乎性與天道、何不善之有、反而悖之、斯爲惡矣。善感則福應、惡感則禍應、此天人之際、所以合一而無間、莫非感應之理也。感應者陰陽之流行、二氣之良能也。易有太極之道、實本諸此。

程明道語錄曰、上天之載、無聲無臭。其體則謂之易、其理則謂之道、其用則謂之神、其命于人則謂之性、率性則謂之道、修道則謂之教、孟子在其中又發揮出浩然之氣、可謂盡矣。又曰天地萬物之理、無獨必有對、皆自然而然、非有安排也。又曰、萬物莫不有對、一陰一陽、一善一惡、陽長則陰消、善增則惡滅。又曰、一陰一陽之謂道、自然之道也。繼之者善也、有道則有用、元者善之長也、成之者卻只是性、各正性命也。又曰天下善惡皆天理、謂之惡者、非本惡、但或過或不及、便如此、

〔踐形識〕紫陽之解濂溪太極圖說也、首二句即用上天之載、無聲無臭、象山亦以爲當如是、實皆明道啟其端也。易道教神性氣六名、皆即太極之隨施異稱、天地造化、自然如是。陰陽雖有消長、而天地本無增損、兩儀雖現詘信、而太極未嘗異同。蓋陽長一分、則陰消一分、善增幾何、則惡滅幾何、其總量則終古不變也。明乎此者、可與語陰陽造化之妙。踐形因此剏旋儀式太極圖、以發明其旨焉。

程伊川語錄曰、天地間、無、一、物、無、陰、陽。又曰、天地之化、既是兩、物、必動、已不齊。既動、則物之出者、何可得齊。從此參差萬變、巧歷不能窮也。踐形因發明兩動不齊、參差萬變之旨、而有瓜旋說、及百分法、著其意于踐形式旋儀太極圖焉、又曰、離了陰陽更無道。所以陰陽者是道也。陰陽氣也。既曰氣、則便是二。言開合已是感。既二則便有感。所以開合者道。開合便是陰陽。老氏言虛而生氣、非也。陰陽開合本無先後。不可道今日有陰明日有陽。如人有形影。蓋形影一時、不可言今日有形明日有影。有便齊有。又曰、天地之間只有一個感與應、更有甚事。

〔踐形識〕惟兩故化。天地間無非陰陽消息而已。既謂之兩、豈復同一。兩相交互參差萬變。喻如光陰、一日之光陰無分秒同、而不出光陰兩者之外。此有兩則萬化不窮也。兩何以能化、皆一感一應。爲之感應同時、在此爲感、則在彼爲應矣。非此既往感在先、而彼方來應在後也。所以陰陽者道、所以開合者道、其實即言所以感應者道。是易之一陰一陽即道之一感一應也。

張橫渠正蒙太和篇曰、太和所謂道、中涵浮沈升降動靜相感之性、是生絪縕相盪勝負屈伸之始。其來也幾微易簡、其究也廣大堅固。起知于易者乾乎、效法于簡者坤乎。散殊而可象爲氣、清通而不可象爲神。不如野馬絪縕、不足謂之太和。語道者知此、謂之知道。學易者見此、謂之見易。又曰、太虛無形、氣之本體、其聚其散、變化之客形爾。至靜無感、性之淵源、有識有知、物交之客感爾。又曰、太虛不能無氣、氣不能不聚而爲萬物、萬物不能不散而爲太虛。又曰、知虛空卽氣、則有無隱顯、神化性命、通一無二。又曰、氣聚則離明得施而有形、氣不聚則離明不得施而無形。方其聚也、安得不謂之客。方其散也、安得遽謂之無。故聖人仰觀俯察、但云知幽明之故、不云知有無之故。盈天地之間者、法象而已。文理之察、非離不相覩也。方其形也、有以知幽之因。方其不形也、有以知明之故。又曰、氣之聚散于太虛、猶冰凝釋于水。（此二語、竟是近代科學家語、實可見我華哲學之精微矣、雖曰六合之外聖人存而不論、然放之則彌六合、推而充之、內外一理、何嘗有間、不必如二氏之說玄說空也、氣之聚散于太虛、證以化學、其說益驗、）知太虛卽氣、則無無。（老氏有生于無、釋氏萬法皆空之說、知此則不攻而自破矣、凡理皆實、無微空隙、故曰塞乎天地、然科學家能以機械抽去器中空氣、使成眞空、則亦未嘗無無、）又曰、兩不立則一不可見、一不可見則兩之用息。兩體者、虛實也、靜動也、聚散也、清濁也、其究一而已。感而後有通、不有兩則無一。故聖人以剛柔立本、乾坤毀則無以見易。參兩篇曰、一物兩體、氣也。一故神、兩故化、此天之所以參也。（高忠憲曰、一物兩體、即太極兩儀也、太極理也、而曰氣者、氣以載理、理不離氣也、氣惟一物、故無在無不在、而神是兩者、以一而神妙也、氣惟兩體、故一陰一陽、而化是一者、以兩而變化也、）又曰、虧盈法、月于人爲近、日遠在外、故月受日光常在于外、人視其終初如鉤之曲、及其中天也如半璧然、此虧盈之驗也。神化篇曰、神天德、化天道、德其體、道其用、一于氣而已、又曰、氣有陰陽、推行有漸爲化、合一不測爲神、陰陽兩在或在陰、或在陽、兩在故不測、二于氣而已、大易篇曰、大易不言有無、言有無、諸子之陋也、張南軒曰、言有無、如有生於無、則分而爲二矣、又如自無而有、自有而無、皆老莊之陋也、又曰、一物而兩體、其大極之謂與、陰陽天道象之成也、剛柔地道法之效也、仁義人道性之立也、三才兩之、莫不有乾坤之道、又曰、乾至健無體、爲感速、故易知、坤至順不煩、爲施普、故簡能、盧中庵曰、無體者、圓神不滯、感速者、一氣所感、頃刻不留、故曰乾知大始、乾以易知、不煩者、無造始之勞、施普者、承天之施、隨物成就、故曰坤作成物、坤以簡能、又曰、闔戶、靜密也、闢戶、動達也、形開而目覩耳聞、受于陽也、踐形曰、離明得施之故、又曰、顯其聚也、隱其散也、顯且隱、幽明所以存乎象、聚且散、推盪所以妙乎神、乾稱篇曰、凡可狀、皆有也、凡有、皆象也、凡象、皆氣也、氣之性、本虛而神、則神與性、乃氣所固有、又曰、有無虛實通爲一物者、性也、又曰、感者、性之神、性者、感之體、惟屈伸動靜終始之能一也、故所以妙萬物而謂之神、通萬物而謂之道、體萬物而謂之性、又曰、至靜之動、動而不窮、故往且來、又曰、體不偏滯、乃可謂無方無體、偏滯于晝夜陰陽者、物也、若道則兼體而無累也、以其兼體、故曰一陰一陽、又曰陰陽不測、又曰一闔一闢、又曰通乎晝夜、語其推行、故曰道、語其不測、故曰神、語其生生、故曰易、其實一物、指事異名爾、又曰、太虛者、氣之體、氣有陰陽、屈伸相感之無窮、故神之應也無窮、其散無數、故神之應也無數、雖無窮、其實湛然、雖無數、其實一而已、陰陽之氣、散則萬殊、人莫知其一也。合則混然、人不見其殊也。

〔踐形識〕太和即陰陽會合沖和之氣也。本易以明器、即是道、故指太和以道。陰陽之外別無所謂道也。蓋理氣本不二、假有象之氣以見而無形之理可默識矣。浮沉升降動靜者、陰陽二氣相感之理、是其體也。絪縕交密之狀、二氣摩盪勝負屈伸、如日月寒暑往來、是其用也。致虛極守靜篤、實老子之道樞。氣本無形、稱太虛、變化而見客形、此易有太極也。性淵無感、稱至靜、物交而生客感、此主靜立人極也。是故隱顯有無、通一無二、方氣之未聚也、無形而非遽無物、日光目光均不得施、故未可顯于有、爾及氣之既聚也、有象而化成客形、日光目光均易得施、故竟可區以別矣。總之陰陽、即是幽明、明則氣聚爲有象、而顯非無者、可使有也。幽則氣散爲無形、而隱非有者、又反無也。故聖人作易、垂象言知幽明之故、而不言知有無之故。陰陽不可以有無言也。氣之聚散焉耳、安得以聚爲有、以散爲無哉。天地造化、氣本不二、故惟一物、此太極也。氣之流行、絪縕感應、又非同一、故惟兩體、此兩儀也。有兩則有屈伸往來、盈虛消息之機、聚而造、散而化、無非此一氣之轉變焉耳。方其將感之先、陽施陰受、則兩體判然、及其既感之後、參伍錯綜、通一物而已。凡陰陽之爲道、有二一感應之流行二隨緣之異觀流行既如前述異觀莫驗于虧盈法月也參同契之說實詳在先此踐形發明旋儀式太極圖者以此離明得施受于陽儀故能見聞及之道者一陰一陽之氣也正蒙一則曰知虛空即氣再則曰知太虛即氣又曰太虛不能無氣又曰太虛無形氣之本體是太虛之非無可知蓋此氤氳混淪之氣彌滿充塞而無間籠統一體無分別相不可擬諸形象夷希微漠故不覺其實而說以爲虛不覺其有而說以爲無涵養至實則似虛孕育萬有偏似無夫豈眞虛且無哉而出神入化之妙盡在是矣陰陽二氣之推盪流行其有漸也爲化其不測也爲神化者言乎物形之變遷無窮也神者言乎物性之感應旁通也其存諸體者謂之性其發爲用者謂之神而道者則其感應之理所由亦言氣也神與性乃此氣之所固有故知天地間惟此太虛之外別無他存如此說太極一元最明白豈更能說理自理氣自氣而立形神二元哲學耶于是吾知橫渠之哲理學說最精明斷非歐人所能夢想矣獨惜今世學子醉心歐化弁髦我華最精明之國粹如正蒙之深合于易道者而不察殊可怪也動而不窮故往且來踐形以通電放電之說證明之最覺確切無疑

楊龜山說錄云問易有太極莫便是道之所謂中否曰然若是則本無定位當處即是太極耶曰

然。兩儀、四象、八卦、如何自此生。曰、既有太極。便有上下。有上下。便有左右前後。有左右前後。四方。便有四維。皆有然之理也。

〔類附〕黃梨洲答萬公擇曰、統三百八十四爻之陰陽、即爲兩儀。統六十四卦之純陽、純陰、陽卦多陰、陰卦多陽、即爲四象。四象之分布、即爲八卦。故兩儀四象八卦、生則俱生、無有次第。踐形按、符圖太極實相、意趣頗似。

〔踐形識〕道無不中。中方是道。一極中立、兩極端分。執兩用中。舜建皇極。故遞傳至湯稱其立賢無方。若有定位。又烏能無方。故曰知幾其神。見其無方也。乘時中發。豈非當處即是耶。上下四方。非六合耶。放之則彌、卷而懷之、則可洗心退藏于密。故踐形當以六合形況陰陽兩儀。舉其全。即太極也。得其半。或陽或陰。即兩儀也。以見不見。故于是四象具而隱顯異。陰盡隱而陽全顯。此純陽也。陽全而隱陰盡顯。此純陰也。陽顯不及其半。而陰勢太過。此陽卦多陰也。陰顯不及其半而陽勢獨盛。此陰卦多陽也。而分布其間。有陰陽多寡之異同。自八方易地以觀。則八卦之象成矣。夫太極之生兩儀也。如此生。乃至生四象八卦。亦無不如此生。太極既如此生陰陽矣。即亦同時如此生四象八卦。方其未判有陰陽時也。渾然太極。無方體也。逮其既有陰陽可分、即亦有陰陽之隱顯可別、且更有陰陽之多寡可得矣。然何以陰陽多寡止區以三、即許君所謂多不過三、老子所謂三生萬物是也。且卦畫亦止三爻、豈三爻之變其相窮于六子、合之兩純故成八卦象也。如此生生、豈非生則一時俱生、無有先後次第可指耶。雖然如此生生、奚止八卦成象、即至六十四卦、三百八十四爻、實亦一時俱現于象矣、豈有如邵康節之加一倍法、朱紫陽演其圖、取弁本義之首者之安排勉强也。程門之傳惟我先人文靖公（龜山先生之謚）、所說最得其研幾極深之妙矣。

朱紫陽答袁樞曰、伏羲之易、初無文字、只有一圖、以寓其象數、而天地萬物之理、陰陽始終之變具焉。又曰、不推伏羲作易畫卦之所由、則學者只從中半說起、不識向上根原矣。又答虞大中曰、太極兩儀四象八卦、此乃易學綱領、開卷第一義、孔子發明伏羲畫卦自然之形體、啓蒙原卦畫曰、太極者象數未形、而其理已具之稱、形器已具、而其理無朕之目。又語錄曰、太極便是一、到得生兩儀時、這太極便在兩儀中、生四象時、這太極便在四象中、生八卦時、這太極便在八卦中。又曰、易有太極、是生兩儀、是先從實理處說。其論生則俱生、則太極在陰陽裏、但言其次序、則須有這實理方始有陰陽。雖然自見在事物觀之、則陰陽函太極、推本而言、則太極生陰陽也。又纂說云問陰陽便是太極否。朱子曰、某解圖云、然非有以離乎陰陽也、卽陰陽而指本體、不雜乎陰陽而爲言爾、此句當子細看、又云、問太極理也、理如何動靜、曰、理有動靜、故氣有動靜、又云、問理在先氣在後、曰、理與氣本無先後之可言、但推上去、却如理在先氣在後相似、婁定庵曰、畢竟理從氣而見、說不得理在先、又云、陰陽有箇流行底、有箇定位底、一動一靜、互爲其根、是流行底、寒暑往來是也、分陰分陽、兩儀立焉、是定位底、天地四方是也、易有兩義、一曰變易、便是流行底、一曰交易、便是對待底、按孔子明言而易立乎其中、而易行乎其中矣、淸端木國湖亦知此二句之旨、蹤形嘗從立中行中二諦、推出太極是生兩儀之實驗、又朱子語類云、太極非是別爲一物、卽陰陽而在陰陽、卽五行而在五行、卽萬物而在萬物、只是一箇理而已、因其極至、故名曰太極、又云、太極只是天地萬物之理、在天地言、則天地中有太極、在萬物言、則萬物中各有太極、未有天地之先、畢竟是先有此理、動而生陽、亦只是理、靜而生陰、亦只是理、又云、若無此理、便亦無天地、無人無物、又云、或問曰、一理之實、而萬物分之以爲體、故萬物各具一太極、如此說、則太極有分裂乎、朱子曰、本只是一太極、而萬物各有稟受、又各自全具一太極爾、如月在天、只一而已、及散在江湖、則隨處而見、不可謂月分也、按此卽一月映千潭之說、蹤形嘗謂磁質可分、而磁性不變、卽是萬物統體一太極、萬物各具一太極之可實驗者、莫切乎此、又朱子推理一分殊之旨、謂理雖同、而義無不異、蓋同是一理、而稟受者有多有少、有偏有全也、故曰、如一海水、或取得一杓、或取得一擔、或取得一椀、都是這海水。按此即程明道云、天下善惡皆天理、謂之惡者非本惡、但或過或不及便如此。又曰、若論稟賦、則有是氣然後理隨以具、故有是氣則有是理、無是氣則無是理、此說覺符科學。氣多則是理多、氣少則是理少、又豈可不以偏全論耶。然人物受氣、何以有偏有全、朱子又申論之曰、晝夜運而無息、便是陰陽之兩端、其四邊散出紛擾者、便是遊氣、以生人物之萬殊。如麵磨相似、其四邊只管層層散出、天地之氣、運轉無已、只管層層生出人物。此可參科學家地球之公私轉、及離吸力說爲實驗。其中有粗有細、如人物有偏有正。又語要曰、太極自是涵動靜之理、卻不可以動靜分體用、蓋靜即太極之體也、動即太極之用也。又曰、太極之有動靜、是天命之流行也、或疑靜處如何流行、曰、惟是一動一靜、所以流行。踐形嘗以電溜磁溜證此兩語爲實驗。如秋冬之時、不謂之流行可乎、若謂不能流行、何以謂之靜而生陰也、學者幸注意此句。觀生之一字可見。踐形曰、然則是生兩儀之旨、豈異哉。又曰、陰陽只是一氣、陰之退便是陰之生、不是陽退了又別有箇陰生。按此即程明道云、萬物莫不有對、一陰一陽、一善一惡、陽長則陰消、善增則惡滅、踐形嘗以瓜旋說及百分法、解釋此實驗。又曰、陰氣流行即爲陽、此句學者注意、陽氣凝聚卽爲陰、非直有二物也。

〔踐形識〕伏羲之圖、今莫傳已、邵朱先天圖、非伏羲之圖也。踐形辛亥暮春、潛心研易、寢饋三月、恍若夢見羲皇授以易圖、覺而質諸當世易家、僉謂此孔子夢見周公之類、皆精誠之感應也。易道之晦塞已極、庶乎今後春曉轉曙耳古籍之流傳周易爲最確、而孔子十翼則歷來說易之祖。約其旨以發明太極兩儀四象八卦是生之理爲研易之中樞而太極即在兩儀、即在四象、即在八卦、即陰陽而不雜陰陽者也天地定位易之全體立乎其中矣日月運行易之大用行乎其中矣晝夜運而無旦此陰陽只是一氣之流行陽退則陰生陽之凝聚即陰也陰極則陽復陰之流行即陽也故曰、動靜無端陰陽無始顯微無間體用一源也

陸象山與朱紫陽書云易之爲道一陰一陽而已先後始終動靜晦明上下進退往來開闢盈虛消長尊卑貴賤表裏隱顯向背順逆存亡得喪出入行藏何適而非一陰一陽哉奇耦相尋變化無窮故曰其爲道也屢遷又荊門軍上元設廳講義曰皇大也極中也洪範九疇五居其中故謂之極是極之大充塞宇宙天地以此而位萬物以此而育又曰惟皇上帝降衷于下民衷即極也凡民之生均有是極但其氣禀有淸濁知識有開塞後附洛書九疇次叙及易有太極是生兩儀兩儀生四象四象生八卦圖。

〔辯附〕踐形曰其圖在後天本象八卦中畫一雙儀式太極圖象按雙儀太極是蔡西山受朱子命入蜀後求得至明初方傳出今坊本象山全集中竟因有圖其象數于後一句即以此圖

爲殿末、何重刻者之不愼乃爾。

〔踐形識〕朱陸異同、在無極之辯。其論易論太極論陰陽、理宜無不同矣。易之爲道、何適而非一陰一陽之相尋變化耶。皇極卽爲大中、大中是太極之本誼、豈非降衷下民故能繼天立極耶。

楊簡慈湖己易云、庖犧氏欲形容易是己、不可得、畫而爲一。於戲、是可以形容吾體之似矣。又謂是雖足以形容吾體、而吾體之中、又有變化之殊焉。又無以形容之、畫而爲一。一者、吾之一也。可畫而不可言也、可以點識而不可以加知也。一者、吾之全也。一者、吾之分也。全卽分也、分卽全也。又曰、吾未見夫天與地與人之有三也。三者、形也。一者、性也。亦曰道也。又曰易也。名言之不同、而其實一體也。故夫乾象之言、舉萬物之流行變化、皆在其中、而六十四卦之義盡備于乾之一卦矣。自清濁分、人物生、男女形、萬物之在天下、未嘗不兩。曰天與地、曰晝與夜、曰夫與婦、曰君與臣、曰尊與卑、曰大與小、曰貴與賤、曰剛與柔、曰動與靜、曰善與惡、曰進與退、曰實與虛、衡觀縱觀、何者非兩。一者所以象此者也。又曰、坤者、兩畫之乾也。乾者、一畫之坤也。故曰、天地之道、其爲物不貳、則其生物不測。又曰、明此以南面、堯之所以爲君也。明此以北面、舜之所以爲臣也。又曰、吾道一以貫之則夫乾坤之象雖有大哉至哉之辨以明君臣上下之分而無二元也坤爻又曰直方大又曰以大終也又以明大與至之無二旨乾與坤之無二道也又嘗改定太極圖以爲周子之說詳簡之說易蓋亦不取無極之說以爲道始于太極而已。

〔類附〕元張理易象圖說自序亦有易即我心我心即易之說焉。

〔踐形識〕慈湖直接象山心傳而表其深旨于己易說舉萬物之流行變化盡備于一乾卦即歸本于無二元也然萬物之在天下未嘗不兩且無適而非兩兩者一之儀也一者兩之體也兩旣形矣而後千變萬化極天下之至賾而無窮其道至簡其法又至易也謂之己者蓋所謂萬物皆備于我乎。

蔡元定西山解邵康節經世衍易圖曰一動一靜之間者易之所謂太極也動靜者易所謂兩儀也陰陽剛柔者易所謂四象也。

〔踐形識〕以動靜爲兩儀當知此是微之動靜非顯之動靜不則何能又以陰陽剛柔爲四象又當知陰陽剛柔可相雜而成四象不可相並而成四象也。

其子淵節齋易象意言曰太極理也陰陽氣也剛柔質也又曰易有太極之易未生兩儀之易也天

地設位而易行乎其中、生兩儀後之易也。故易在兩儀之先、其易無體、在兩儀之後、其易有體。又曰一者太極也。太極生兩儀、則太極便在兩儀中、故曰兩儀生四象。及生四象、則太極便在四象中、故曰四象生八卦。及生八卦、則太極便在八卦中。以是推之、則太極隨生而立、若無與于未生兩儀之太極也。但人之爲學、苟惟守夫物中之太極、則或囿于形而不得其正、此句勿草率滑讀過、幸思之、必須識得未生兩儀太極之本、則雖在兩儀、在四象、在八卦、以至在人心、皆不失其本然之妙矣。此夫子明卦象之所由、所以必原易有太極之本。而子思所謂大本、亦正在乎此。學者不可不識也。又云、或問朱子罕言所以生陰陽之太極、至于陰陽中之太極則屢言之。何也。曰、自太極而陰陽、自陰陽而萬物、皆是一貫。但時有不同、則理氣有異耳。未生陰陽之時、所謂太極者、無聲臭儀象之可求、專以此時爲言、則論于虛無、無所底止。踐形曰、含却儀象、何處尚有箇太極、及其生陰陽之後、始有儀象之可觀。學者注意此句、則其本然之妙、動靜之機、生生之道、眞實無妄、有可得而言者。以此爲言、則學者有定見、而免淪于虛無之失矣。

〔踐形識〕陰陽皆即太極之一氣流行所成也、至于剛柔則對待之名矣。易有太極、太極本易有也。故此云易者、在未生兩儀之先、無象于何有體。天地既設位、而易行乎天地之中、乾坤爲易之門、故此云易者、在是生兩儀之後、可擬則非無體矣。第云兩儀有先後、而太極又在兩儀之先後、騃觀似歧異、實徵無二殊也。蓋太極此一太極、兩儀此一兩儀、而太極即兩儀、兩儀之外、無太極、曰太極曰兩儀、無非形容這個而已。是故太極生兩儀、則太極即在兩儀中。及生四象、則太極即在四象中。乃至四象生八卦、則太極即在八卦中。推之六十四卦三百八十四爻、則太極卽在六十四卦三百八十四爻中、豈非太極隨生而立、並無儀象卦爻之分、而此儀象卦爻、皆卽太極之同實而異觀耳。獨惜常人未識太極之眞實相、何在每自囿于一隅之異觀、而見儀謂儀、見象謂象、見卦謂卦、見爻謂爻、莫不自信爲太極之固然。寧知所見者儀也、象也、卦也、爻也、非太極也、太極之異觀。有儀象卦爻諸名、而不可謂儀象卦爻非太極、亦不可謂見儀象卦爻諸相、卽見太極之眞實相也。猶諸緣色鏡以窺天、不可謂所見非天、亦不可謂所見果天之本色也。亦猶諸見人之一肢體、不可謂所見非人體、亦不可謂全見人體也。惟苟能深識未生兩儀之太極、則雖隨儀象卦爻而千變萬化、各成太極之象、亦不遂儀象卦爻而認偏爲全、執爲太極之體也。

熊西序其師節齋太極圖解曰、孔子謂易有太極于變易之中、而有不易之妙、周子云無極而太極、于體用之間而有至中之理太極之精本無極也。無極之眞即太極也。世之言一物各具一太極者、固非所以盡其本而謂太極之上別爲無極者、是有二本也。此句可謂得心之同矣、學者不觀太極無以知氣之所由始、不觀無極無以知理之所由充。又曰、時之人察理未精、講論未明、徒務新奇、泥于名數而不思無極者乃至極之所得名。不知太極者、即不可加之至理。此句宜注意、老師宿儒、紛紛附和以誤天下後世者多矣。大聲疾呼、學者聽諸

〔踐形識〕由一氣之流行而爲陰陽至變易也、而有太極名正分定、又至不易也。以太極立其體、以儀象卦爻行其用、而其間自有至中之理、即兩極端泯而一極中亦不立、復歸于無極。又孰能謂太極之上、可有無極者存哉。豈特二本云乎。無極即是太極之至、最太極即是無極之不可加、泥于名數者、焉能徹悟盡知耶。

蔡沈九峯洪範皇極內篇曰、造化之爲造化者、幽明、屈伸而已。又曰無形之中、而具有形之實、有形之實而體無形之妙。又曰有理斯有氣、氣著而理隱、有氣斯有形、形著而氣隱。又曰、無形者理也、有形者物也。陰陽五行其物也歟、所以陰陽五行、其理也歟。又曰、形氣之元極實先焉、極無不中、也。氣或偏矣、形又偏矣。又曰、極建則大本立、極明則大用著。又曰、氣之消息也以漸、氣之息也、形

之生也。氣之消也、形之毀也。又曰、數之方生、化育流行。數之已定、物正性命、圓行方止、爲物終始。案植物之生、蕊無不圓、及其既枯、蕊無不方、春秋麗日、最易試驗、隨之而無其端也、迎之而無其原也。渾之惟一、析之無極、惟其無極、是以惟一。此四句注意、

〔踐形識〕造者、明顯于有、來伸也。化者、幽隱于無、往屈也。九峯之所謂幽明屈伸、正承乃父西山所謂陰陽剛柔也。乃兄節齋又以陰陽爲氣、剛柔爲質。是故知陰陽剛柔可相雜而不可相並矣。幽明屈伸亦然。幽明爲日光之兩儀、屈伸爲心識之殊覺、相雜可互成四象也。太極含元、隨時與幾、自無不中。氣著理隱、則原子不可識矣。形著氣隱、則成分亦不可辨矣。豈知無形爲有形之實、而有形則無形之化也。有形之氣偏氣也、無形之氣元氣也。元氣流行、肇分陰陽二氣、或偏于陽、或偏于陰、有偏卽非中矣。灼見于形、互分四象、則偏之中而有偏矣。極爲大本、皇建有極、則大本斯立。執其兩極端而用一極、中太極何以是生兩儀之理。既明、則大用斯著、而其陰陽流行之千變萬化、由漸以消長、則形之所以有生有毀、卽有造有化者、莫不分定而命正。然其幽明屈伸之原、循環無端、渾之則太極惟一、元析之則形形色色變化無極。以其形之無極、故知元之惟一。

黄幹（勉齋）中庸總論曰、太極者、道之體也。陰陽五行男女萬物者、道之用也。太極之靜而陰、體也。太極之動而陽、用也。聖賢之言道、又安有異旨乎。又曰、萬物總體一太極、天下無性外之物、屬乎天者也。一物各具一太極、性無所不在、屬乎人者也。又勉齋文集曰、道之在天下、一體一用而已。體則一本、用則萬殊。又曰、語大莫能載、是萬物統體一太極也。語小莫能破、是一物各具一太極也。又曰、明道云、天下之物無獨必有對、若只生一、則是獨也。一陰一陽之謂道、道何嘗在一之先而又何嘗有一而後有道哉。易有太極、易卽陰陽也、太極何嘗在陰陽之先、是生兩儀、何嘗生一而後生二。（此駁老子之說）嘗竊謂太極不可名狀、因陰陽而後見。一動一靜、一晝一夜、以至于一生一死、一呼一吸、無在而非二也。因陰陽之二、而反以求之太極、所以爲陰陽者、亦不出于二也。如是則二者、道之體也、非其本體之二、何以使末流無往不二哉。

〔踐形識〕此言性猶言神、言理皆言道也。道卽太極、而立以爲體、萬殊歸于一本也。道卽儀象而行以爲用、一本散爲萬殊也。萬殊歸一本、則天下無性外之物、故語其至大莫能載、此太極一元也。一本散萬殊、則性無所不在、故語其至小莫能破、此品物咸亨也。純順自然、莫可別異、統體一太極、所以天也。倏爾轉變、頓成異觀、物各一太極、所以人也。一本萬殊、異名同實一在何處、萬在何處。一爲誰、萬爲誰。一外復何有萬、萬外復何有一。一非物、故無處。亦無時、而與宇宙爲終始。豈有一之先、一之後哉。若有可以先于一、後于一者、是必一可截而道可離矣。故太極、不在陰陽之先者、太極不可名狀、因陰陽而後見也。

陳淳北溪語錄云、太極只是理、理本圓、故太極之體渾淪。以理言、則自末而本、自本而末、一聚一散、無所不極。其至自萬古之前、與萬古之後、無端無始、此渾淪太極之全體也。自其沖漠無朕而天地萬物皆由是出、及天地萬物既由是出、又復沖漠無朕、此渾淪無極之妙用也。聖人一心渾淪太極之全體、而酬酢萬變、無非太極流行之妙用。今學問工夫、須從萬事萬物中貫通湊成一渾淪大本、又于渾淪大本中、散爲萬事萬物、使無稍窒礙、然後實體得渾淪至極者在我、而大用不差矣。又曰、太極只是總天地萬物之理而言、不可離天地萬物之外、而別爲之論。

〔踐形識〕沖漠無朕、始終萬物、渾淪無端、圓融至極、貫通事物、酬應萬變、太極之全體、在是、卽流行之妙用、亦在是矣。操縱在我、故皆備焉、總天地萬物而爲太極、又豈能別離天地萬物哉。

劉剛中琴軒師友問答曰、原極之所以得名、蓋取諸樞極根極之義。今天樞天根號北極、義可通也。

太極者陰陽之樞紐、萬物之根抵也。蓋極也而太矣。

〔踐形識〕此說太極、亦取極至之誼。太極則極而太矣。

眞德秀西山釋太極圖說曰所謂無極而太極者、豈太極之上別有所謂無極哉。特不過謂無形無象、而至理存焉耳。蓋極者至極之理也。窮天下之物、可尊可貴、孰有加于此者。故曰太極也。世之人以北辰爲天極、屋脊爲屋極、此皆有形而可見者。周子恐人亦以太極爲一物、故以無極二字加于其上、猶言本無一物、只有此理也。自陰陽而下、則麗乎形氣矣。陰陽未動之先、只是此理、豈有物之可名耶。卽吾一心而觀之、方喜怒之未發也、渾然一性而已。無形無象之中、萬理畢具、豈非所謂無極而太極乎。

〔踐形識〕無形無象、而至理存、此陰陽未之動先、喜怒未發之中、渾然一性、于無有加此者、故云太極本無一物、可名、故云無極。雖無實已具、故云無極而太極。

程若庸徽庵著有太極洪範圖說、其斛峯書院講義曰、聖賢之學、斯道之全體妙用。又說太極曰、道爲太極、造化之樞紐、萬物統體一太極也。心爲太極、品彙之根柢、一物各統體一太極也。萬化之流行、由于元亨利貞之四德、天地之全體妙用也。有人心之全體、而後天地之全體始于是而立焉。人心之全體少有或虧、則天地之全體不能以自立矣。有人心之妙用、而後天地之妙用始于是而行焉。人心之妙用少有或戾、則天地之妙用不能以自行矣。

〔踐形識〕一陰一陽之道、實統萬物之全體、此一本也。亦善亦惡之心、又區各物之妙用、故萬殊也。而偏卽此全中之偏、故皆云太極也。

朱升（楓林）易前圖說云、陰陽一元氣、非有二也。又曰、動而陽、靜而陰、更相禪代、無有窮已。又曰、方其動而陽也、非全無陰、陽漸盛則陰漸微、及其靜而陰也、非全無陽、陰漸盛則陽漸微、盛之極者消則微之極者息矣。又書性理字訓後曰、八卦四象各有統會、則兩儀豈無統會哉、故孔子指其統會者而之曰太極。極者屋之脊棟、中正高上、衆材之所冓合者也。太者大大之謂也。大極者大大高上統會之稱而已。易書之儀之象之卦、兩而四、四而八、以至于無窮、由本而末、由原而流、皆所謂至理也。太極者、至理之渾然者也。又曰、易之儀象卦者、品彙也。所謂太極者、其根柢也。

〔踐形識〕陰陽本非二元、由一氣之流行而有感應也。陰陽循環、互爲消息、造化迭乘、更相禪代、此天地所以生生不已也。陰陽實由異觀生、非有異物、故無截然純陰純陽之時之地、不過陽多顯者陰必多隱、而成陽盛陰微之勢、反是、陰多顯者陽必多隱、又成陰盛陽微之勢。蓋太極之全、隱顯各半。陽多一分則陰少一分。陽少一分、則陰多一分。相雜之象雖萬變、而能顯之量無可增損也。其說太極、亦取極至之誼而稱統會、頗似加一倍法。然曰盛之極者消、微之極者息、正陰陽旁通往來不窮之意、可于通電放電證明之。所謂物極則反、是也

王柏魯齋辨太極圖說曰、無極而太極一句、朱子謂無形而有理、非不明白。然命詞之意、咀嚼未破、故象山未能釋然。某妄意謂此是太極圖說、只當就圖上說、此一句不可懸虛說理、若又有所謂無極之理。蓋周子欲爲此圖以示人也、而太極無形無象、本不可以成圖。然非圖則造化之淵微、又難于模寫、不得已畫爲圖、擬天之形、指爲太極。又若無形無象、故于圖首發此一語、不過先釋太極之本無此圖象也。

（踐形識）太極本無方體、何有形象、而凡可擬說摹寫者、斷無不藉形象以顯示、是故太極不可圖。自羲文周孔作易垂教以來、歷漢魏晉唐而未有圖、周濂溪本其心得、始圖太極、深恐後人誤以太極爲固有形象也、故首說明太極之本無此圖。

金履祥仁山復其見天地之心講義曰、卦之六十有四、爻之三百八十有奇、皆天地之心所寓也。又曰、伏羲畫卦、先從天地之心畫起、故先畫一陽爻、以其相生于見而有耦、又乘之而爲四象、又乘

之而爲八卦、又乘之而爲六十四卦、皆一畫之生、而此心之用也。此一道理、直看則此一陽六十四卦之始、是爲天地生生之心。太極圖說見之。橫看則卦剝爲純坤、天地生生若已盡矣、而一陽又復、是爲天地不窮之心。先天圖見之。

〔踐形識〕陰陽者、對代之名。所以有陽、乃因有陽而得名、其始不見有陽者、無適而非陽也。逮陰既生、于是別以陽名、而此所謂陽者、即前非所謂陽、實一無二也。總之生生之謂易、天地之心、即天地之大德也。竝特羲畫所從起已哉。六十四卦三百八十四爻、皆此天地之心所寓也。

許謙白雲答太極問曰、太極者、孔子名其道之辭。無極者、周子形容太極之妙、即所以贊太極之語。周子慮夫讀易者不知太極之義、而以太極爲一物、故特著無極二字以明之、謂無此形而有此理也。以此坊民、至今猶有以太極爲一物者、而謂可去之哉。又曰、太極兩儀之言、圖本于易也。而兩儀之義則微有不同、然皆非天地之別名也。易之兩儀、指陰陽奇耦之畫而言。圖之兩儀、指陰陽互根之象而言也。又曰、太極理也。陰陽氣也。天地形也。合而言之、則形稟是氣、而理具于氣中、析而言之、則形而上、形而下、不可以無別。又曰、太極之中、本有陰陽、其動者爲陽、靜者爲陰、生則俱生非可以先後言也一元混淪而二氣分肇譬猶一木析之爲二兩半同形何先後之有易之辭簡故惟曰生兩儀圖之言詳故曰動而生陽動極而靜靜而生陰靜極復動陰陽既有兩端出言于筆必有先後其可同言而並著之乎況下文繼之曰一動一靜互爲其根則非先後矣故下文又曰分陰分陽兩儀立焉此陰陽無始之義亦可見矣又曰太極剖判此世俗相承之論非君子之言也太極無形何可判剖又曰太極陰陽五行之生非果如母之生子而母子各具其形也太極生陰陽而太極即具陰陽之中陰陽生五行而太極陰陽又具五行之中安能相離耶

〔踐形識〕周濂溪形容太極之妙而以無極贊此即孔子闡明乾元之旨而以太極明之法也豈非善紹述者乎惜後儒不識前哲之深意反以醫人病者毒人亦不善臨診之至矣審知生則俱生非可先後之言豈徒見陰陽無始之義可即陰陽以見太極矣所謂兩半同形有何先後狀太極之眞相莫切于此與踐形發明之兩儀式太極大旨不期自合既非虛構浮誕尤非滯迹泥象解太極圖說而歸之著筆有先後誠可謂明白暢曉矣又謂安能相離此道之所以不可須臾離也

文天祥御試策曰聖人之心天地之心也天地之道聖人之道也分而言之則道自道天地自天

地、聖人自聖人。合而言之、則道一不息也。天地一不息也、聖人亦一不息也。又曰、未有人心、先有五行、未有五行、未有陰陽。先有陰陽、先有無極太極。未有無極太極、則太虛無形冲漠無朕、而先有此道。（此用莊子道在太極之先說矣）未有物之先、而道具焉、道之體也。既有物之後、而道行焉、道之用也。其體則微、其用甚廣。即人心而道在人心、即五行而道在五行、即陰陽而道在陰陽、即無極太極而道在無極太極。貫顯微、兼費隱、包小大、通物我。何以若此哉。道之在天下、猶水之在地中。地中無往而非水、天地無往而非道。水一不息之流也、道一不息之用。又曰、以不息之心、行不息之道。聖人即不息之天地也。又曰、不息則天、息則人。不息則理、息則欲。不息則陽明、息則陰濁。奈何天不足以制人、而天反爲人所制。理不足以御欲、而理反爲欲所御。陽明不足以勝陰濁、而陽明反爲陰濁所勝。是以勇于進道者少、沮于求道者多。

〔踐形識〕聖人之道在執兩用中。聖人之心、則惟精惟一。聖人法天之高明、效地之博厚、是以生生不息、悠久無疆。未有物之先、既有物之後、所以爲道者如是。常新而不變、故道無所不在、可即所在以見道。豈有顯微費隱小大物我之間哉。獨惜囿于一隅、以自蔽者、天爲人制、理爲欲御、陽爲陰勝、而沮其進道之勇。此則甘于暴棄者矣。

趙秉文（滏山）中說曰、其所謂大中之道者、何也、卽堯舜禹湯文武周孔之道也。書曰、執厥中。傳曰、易有太極、極、中也。非向所謂佛老之中也。且雖聖人喜怒哀樂亦有所不免、中節而已、非滅情之謂也。位天地育萬物、非外化育離人倫之謂也。然則聖人所謂中者、將以有爲也。

〔踐形識〕太極卽是大中之道、此吾聖人作易垂訓、自堯舜禹湯文武周孔列聖傳心之道、人所共由之道也。是故將以有爲而異乎佛老二氏矣。

元姚樞等建太極書院、請趙復（江漢）講授、傳許衡（魯齋）劉因、遂開有元一代儒宗。

劉因（靜修）記太極圖說後曰、先天圖之所謂無、極、所謂太極、所謂道與心者、卽太極圖之所謂無極而太極、所謂太極本無極、所謂人之所以最靈者也。先天圖之左方震一、離兌二、乾三者、卽太極圖之左方陽動者也。其兌離之爲陽中之陰、卽陽動中之爲陰靜之根者也。先天圖之右方巽四、坎艮五、坤六者、卽太極圖之右方陰靜者也。其坎艮之爲陰中之陽者、卽陰靜中之爲陽動之根者也。河圖之奇偶、卽先天太極圖之所謂陰陽、而凡陽皆乾、凡陰皆坤也。河圖先天太極圖之左方皆離之象也、右方皆坎之象也。是以河圖水火居南北之極、先天圖坎離列左右之門、太極圖陽變陰合而卽生水火也。

〔踐形識〕先天圖與太極圖本是同源異流、孰謂周邵非出一家學說耶。此說證之甚明。吳澄草廬精語云自未有天地之前、至既有天地之後、只是陰陽二氣而已。本只是一氣、分而言之則曰陰陽。又就陰陽中細分之、則爲五行、五行即二氣、二氣即一氣。氣之所以能如此者何也、以理爲之主宰也。理者非別有一物在氣中、只是爲氣之主宰者即是。無理外之氣、亦無氣外之理。又曰、太極與此氣非有兩物、只是主宰此氣者便是。非別有一物在氣中而主宰之也。又曰、朱子所謂本然未發者、實理之體。善應不測者、實理之用。此則就人心上言、與造化之體用動靜又不同。蓋造化之運、動極而靜、靜極而動、動靜互根、歲歲有常、萬古不易。其動靜各有定時。至若人心之或與物接、或不與物接、初無定時、或動多而靜少、或靜多而動少、非如天地之動靜有常度也。又曰、太極本無動靜、體用也。然言太極則該動用靜體在其中。因陽之動而指其動中之理爲太極之用耳。因陰之靜而指其靜中之理爲太極之體耳。太極實無體用之分也。又曰、庸有常而不易之理、然不可以一定求也。庸因中以爲體、中因時以爲用。昔之過也、今爲不及、彼之不及也、此爲過。隨時屢易而不可常者中也。夫理之常而不易、正以屢易而不可常之故。一定則惡能常而不易哉。銖兩不易、衡之常也。膠其權則奚取。然則權之前卻無常、衡之所以有常也。時中之謂庸如此。又曰、先儒云、道亦器、器亦道、是道器雖有形而上形而下之分、然合一無間、未始相離也。又曰、理在氣中、原不相離、老子以爲先有理而後有氣、横渠詆其有生于無之非、晦庵詆其有無爲二之非、其無字是說理、字有字是說氣字。黄百家曰、理在氣中一語、亦須善看、一氣流行、往來過復、有條不紊、從其流行之體謂之氣、從其有條不紊謂之理、非別有理在氣中也、又說太極曰、道者、天地萬物之統會、至尊至貴、無以加者、故假借屋棟之名而稱之曰極、也太之爲言大之至甚也、道者、天地萬物之極也、極字不足以擬議其髣髴、故又肆其辭而曰太極、極者、蓋曰此極乃甚大之極、非若一物一處之極然彼一物一處之極極之小者耳、此天地萬物之極、極之至大者也、故曰太極。邵子曰、道爲太極、太祖問曰、何物最大、答者曰、道理最大、其斯之謂歟。然則何以謂之無極、曰、道爲天地萬物之體而無體、謂之太極而非有一物在一處可得而指名之也、故曰無極、易曰、神无方、易无體、詩曰、上天之載、無聲無臭、其斯之謂歟。然則無極而太極何也、曰、屋極、辰極、皇極、民極、四方之極、凡物之號爲極者、皆有可得而指名者也、是則有所謂極也、道也者、無形無象、無可執著、雖稱爲極、而無所謂極也、惟無所謂極而實爲天地萬物之極、故曰無極而太極。

〔踐形識〕天地者、有形之一耳。而太極本無極、只是一氣之流行、形成陰陽之二氣、細別之、有萬變不同，舉其全不過一太極耳。姑因主宰而名之曰理，非與此氣二也。故曰二之則不是。指陰之靜中之理爲體，陽之動中之理爲用，然則兩儀者，合陰陽動靜之體用以爲言耶。而在太極實無體用之可分，將體用混一無分耶。道爲統會天地萬物甚大之極，不與一物一處之極皆有可得而指名者比。然則皇建有極，亦其極端耶，或所建之極無形無象無可執著耶。至極而無所謂極，故惟無極而太極。本然未發體之成性也，善應不測用之存神也。其豫謂之知，其和謂之情，其幾謂之意，皆人心之運也。接物動靜未能依律前定，似不同造化之運耳。然有常不易之理，萬古之人心無不同，而實隨時屢易不可定也。孰知不可常之爲致常耶。故庸因中爲體，則稱中庸；中因時爲用，則稱時中。過非中，而過則中矣；不及非中，而不及則中矣。隨時之誼也。陽之過以過而有陰，陰之不及以不及而有陽。過也不及在其中矣，不及也過在其中矣。陰陽感應之後，其往來不窮，如此放電之理，電華繼續不息者。以此不可形謂之道，可形謂之器，原不相離。能著謂之理，所著謂之氣，原不相離。豈第合一無間，亦未嘗有二也。理先氣後，則有離氣獨存之理，復有離理獨存之氣，是必理氣果有二物也則可。理在氣中，何莫不然。故不能說氣生于理，亦不能說理在氣中。

鄭玉師山周易大傳附注序曰、天地一易也、古今一易也、吾身亦一易也。以人身而論之、心者、易之太極也、血氣者、易之陰陽也、四體者、易之四象此句果何指耶也。進退出處之正與不正、吉凶存亡之所由、應者、易之用也。近取諸身、易無不盡、雖無書可也。又跋太極圖西銘曰、太極圖說、西銘、其斯道之本原與。太極之說、是即理以明氣、西銘之作、是即氣以明理。太極之生陰陽、陰陽之生五行、豈有理外之氣。天地之塞、吾其體、天地之帥、吾其性、豈有氣外之理。天地之大、人物之繁、孰能出于理氣之外哉。

〔踐形識〕心爲太極、即道爲太極、具衆理而應萬事、莫非時發之中而吉凶存亡、即根進退出處之正不正耳。易在身不在書也。至于天地之塞、天地之帥、則道之爲太極也、可知矣。

明方孝孺正學師宋濂而友趙謙。其言周濂溪太極圖說之主靜、主于仁義中正、則未有不靜。非强制其本心、如木石然、而不能應物也。故聖人未嘗不動。

趙謙字撝謙、初名古則、稱海南夫子、胡雲峯四傳。造化經綸圖曰、周子曰、無極而太極、太極動而生陽、乾道成矣。靜而生陰、坤道成矣。陽變陰合、五行順布、四時行焉、皆自然之天也。邵子心爲太極、蓋造化之一氣、即聖人之一心。造化之氣、本于發生、而聖人之心、亦將以濟世矣。又曰、使道心常爲之主、人心每聽命

焉則寂然不動當與造化同其體及其感而遂通自然與造化同其用斯其所以爲三極之道三極者三才各一太極也

〔踐形識〕道心是太極之全體人心是儀象之偏顯偏顯萬變不同是故人心亦萬變不同

皇極大中之道既建則道心常爲之主于是有感皆通所發必中節而得性情之正此人心每聽命也

曹端月川太極圖說述解序略曰孔子而後論太極者皆以氣言老子道生一而後生二莊子師之曰道在太極之先曰一曰太極皆指天地人三者氣形已具而混淪之名道爲一之母在太極之先而不知道卽太極太極卽道以通行而言則曰道以致極而言則曰極以不雜而言則曰一夫豈有二耶列子混淪之云漢志含三爲一之說所指皆同微周子啓千載不傳之秘則孰知太極之爲理而不爲氣哉且理語不能顯默不能隱固非圖之可形說之可狀只心會之何如耳二程得周子之圖之說而終身不以示人非秘之無可傳之人也是後有增周子首句曰自無極而爲太極則亦老莊之流有謂太極上不當加無極二字者則又不知周子理不離乎陰陽不雜乎陰陽之旨矣亦惟朱子克究厥旨遂尊以爲經而注解之眞至當歸一說也又太極圖說辨戾文略

曰、周子謂太極動而生陽、靜而生陰、則陰陽之生、由乎太極之動靜。而朱子之辨極明備矣。其曰有太極則一動一靜而兩儀分、有陰陽則一變一合而五行具、亦不異焉。又觀語錄、却謂太極不自會動靜、乘陰陽之動靜而動靜耳。遂謂理之乘氣、猶人之乘馬、馬之一出一入而人亦與之一出一入、以喩氣之一動一靜而理亦與之一動一靜。若然則人爲死人而不足以爲萬物之靈、理爲死理而不足以爲萬物之原、理何足尙而人何足貴哉。今使活人騎馬、則其出入行止疾徐一由乎人馭之如何、爾活理亦然。信此則疑彼矣、信彼則疑此矣。黄宗羲曰、以理馭氣、仍爲二之、氣必待馭于理、則氣爲死物、抑知理氣之名、由人而造、自其浮沉升降者而言、則爲氣、自其浮沉升降不失其則者而言、則謂之理、蓋一物而兩名、非兩物而一體也、

〔踐形識〕道言其通行、太極言其致極、一言其不雜、異名非異實也。蓋太極不離乎陰陽之理、亦不雜乎陰陽之氣、自其原子、點言則陰陽之氣也、自其原動力言則陰陽之理也。夫豈可二耶。是故太極即兩儀而在兩儀矣。

明初恪守程朱之學者、崇仁吳與弼康齋、河東薛瑄敬軒、講學標宗、風致漸廣。康齋讀伊洛淵源錄、慨然有志于道、身體力行、動靜不忘。雨中被蓑笠、負耒耜、與諸生並耕、談乾坤及坎離艮震兌巽于所耕之耒耜可見。門人胡居仁敬齋則言靜中操存有主、陳獻章白沙則言靜中養出端倪、婁諒一齋則

言收放心。再傳姚江。遂倡致良知而開心學之宗。

薛瑄敬軒讀書錄云、統體一。太極。卽萬殊之一。本各具一。太極、卽一。本之萬殊。又曰、無形而有理、所謂無極而太極。有理而無形、所謂太極本無極。形雖無而理則有、理雖有而形則無、此純以理言、故曰有無爲一。老氏謂無生有、則無以理言、有以氣言、以無形之理生有形之氣、截有無爲兩段、故曰有無爲二。又曰、太極一圈中、虛無物、蓋有此理、而實無此形也。又曰、費是隱之流行處、隱是費之存主處、體用一源、顯微無間。又曰、夫子所謂一、卽統體之太極也。夫子所謂貫、卽各具之太極也。又曰、理只在一氣中、決不可分先後、如太極動而生陽、動前便是靜、靜便是氣、豈可說理先而氣後也。又曰、理如日光、氣如飛鳥、理乘氣機而動、如日光載鳥背而飛、鳥飛而日光雖不離其背、實未嘗與之俱往、而有間斷之處、亦猶氣動而理雖未嘗與之暫離、實未嘗與之俱盡、而有滅息之時。黃宗羲曰、理爲氣之理、無氣則無理、若無飛鳥而有日光、亦可、無日光而有飛鳥、踐形曰、指示處錯、意未嘗錯、 又曰、理如日月之光、小大之物、各得其光之一。分物在則光在物、物盡則光在光。易云知鬼神之情狀者、至此而誼盡、不謂薛君先得我心、參觀踐形太極圖象、 又曰、太極不可以動靜言、然舍動靜便無太極。至理名言、又曰、四方上下、往來古今、實理實氣、無絲毫之空隙、無一息之間斷。太極之全體如是、然科學家竟能製真空、此人爲耳、

〔踐形識〕有理無形、宋易傳太極微旨之妙也、合有無在一。老氏因理無形、氣有形、別有無爲二。統體一太極、則萬殊歸于一本、故曰一。各具一太極、則一本散爲萬殊、故曰貫。太極全體、彌綸宇宙、不限時處、故無絲毫空隙、無一息間斷、動亦是太極、靜亦是太極、凡在宇宙、莫非太極、豈有可盡耶。如在物亦光、在光亦光、光豈可盡耶。物之自受光、不受與人之自見光、不見光、不因不受不見而不存。此可以明喻太極之旨矣。

薛敬之思菴野錄曰、太極圖明此性之全體、西銘狀此性之大用。又曰、寂然不動、感而遂通天下之故、標貼出箇心之體用來、程子因而就說箇體用一源、顯微無間、包括這兩句。又曰、太極圖雖說理、亦不曾離氣、先儒解太極二字最好、謂象數未形而其理已具之稱、形氣已具而其理無朕之目。象數未形句說理、形氣已具句說氣。

〔踐形識〕自來以太極圖與西銘並稱者亦多、此以性之體用明之、尤覺簡切、而心之體用則歸本于寂感、正惟其寂定之時已具衆理、故感通之時能應萬事、寂雖不動、非不存也、不顯也、猶云非無也、无也、无者象數未形而其理已具、形氣已具而其理無朕之謂、且既謂之未形、謂之無朕、則已具亦可知矣、有若無、實若虛、此寂然之无時也、是故天地不能無萬物、人心不能無萬事、即太極豈能無兩儀哉。明乎此說可以認識太極兩儀之眞實相矣。

呂柟涇野語錄云、章詔曰自天賦與爲命、自人稟受爲性、先生曰、此正是易一陰一陽之謂道一般子思說自天命便謂之性、還只是一箇。朱子謂氣以成形而理亦賦、還未盡善。天與人以陰陽五行之氣、理便在裏面、說箇亦字不得。

〔踐形識〕涇野之意以氣賦即理在此、理氣一元說也。質之現行科學、若合符節、理非氣外之別一物、豈容說亦字。說亦字則氣是一物、理又是一物、爲理氣二元說矣。然在裏面三字亦須善體、若逕解作理在氣中、是不啻理氣二物和合或融合爲一、仍屬二元論調。須知氣是成物之質、尚未固定之名。無物無質、即無物無氣也。理是質之原動力、有此作用、尚未表見之名。無質無力、即無氣無理也。總之言物質之塊然成此形象者、氣也。而其所以能成此形象之動力、則理也。若有氣無理、則質無自主之能力、何能聚則成形、散則成氣、以造化此千態萬狀變通不窮之品物乎。質之所以爲質、氣之所以爲氣、正唯有此原動力之至理在也。合而言之謂之道、謂之易、謂之太極。

胡居仁敬齋居業錄曰、太極者、理也。陰陽者、氣也。動靜者、理氣之妙運也。又曰、心常有主、乃靜中之動事得其所、乃動中之靜、又曰、立天之道、曰陰與陽。陰陽氣也、理在其中。立地之道、曰剛與柔。剛柔質也、因氣以成理。立人之道、曰仁與義、仁義理也、具于氣質之内。三者分殊而理一。又曰、有此理則有此氣、氣乃理之所爲、黄宗羲辯曰、是說反了、有此氣則有此理、理乃氣之所爲、踐形曰、氣是此一物之質、理是此一物之力、可說有此氣時必有此理、亦可說有此理時必有此氣、然不可說氣乃理之所爲、更不可說理乃氣之所爲、又曰、有理而後有氣、有氣而後有象、有象有數、故理氣象數、皆可以知吉凶、四者本一也。又曰、天地間無處不是氣。水瓶須要兩孔、一孔出氣、一孔入水、若止一孔、則氣不能出、而塞乎内、水不能入矣。以此知虛器内皆有氣。故張子以爲虛無、即氣也。又曰、氣有聚散、虛實之不同、聚則爲有、散則爲無。若理則聚有聚之理、散有散之理、亦不可言無也。氣之有形體者爲實、無形體者爲虛。若理則無不實也。又曰、老氏不識道、妄指氣之虛者爲道。釋氏不識性、妄指氣之靈者爲性。又曰、天理有善而無惡、惡是過與不及上生來。人性有善而無惡、惡是氣稟物欲上生來。又曰、太極之虛中者、無昏塞之患、而萬理咸具也。惟其虛、所以能涵具萬理。人心亦然、老佛不知、以爲眞虛空無物、而萬理皆滅也。太極之虛、是無形氣之昏塞也。人心之虛、是無物欲之蔽塞也。若以爲眞空無物、此理具在何處。

〔踐形識〕自宋倡理學以來、太極專指理解矣。至分理氣質爲三殊、然依科學家言、理是力氣亦是質氣質可依氣體之無形流體固體之有形而分理氣亦可依能力與物質而分獨非物質之理不可與物質之無形有形爲歷程上之分別也理氣象數之先後似更費解豈雜張行成等術家之言耶而以虛有氣說乂科學之眞理矣氣聚爲有即有形體之謂實也氣散爲無即無形體之謂虛也老氏以氣之虛者爲道無形之質也釋氏以氣之靈者爲性有緣之力也皆偏墮一邊非道之全也道在人心爲天理當然之道莫非善也而當然即不見有善之蹟存此至善不言善也逮其過與不及之後而見有惡始以別于惡者爲善而有善名今之善與向之不言善而無不善者有以異乎善名也無不善實也氣之虛實豈殊是氣無不在而無形體昏塞之時不見有氣之蹟存然非無氣也逮其形體昏塞障囿錮蔽有可見者以爲有而有氣質之名今之有與向之不言有而無不有者有以異乎有名也無不有實也人心之虛靈即太極之虛中無昏塞之患而萬理咸具萬法全備亦不見有理法之蹟存然非無載萬物之理應萬事之法也逮其知誘欲引而載物之理應事之法有可見者始有理法之名今之偏有而顯向非不有而隱其名殊其實有以異乎如取物然而見其有藏而不可見其有也安得謂藏之時尚無而取之時忽有耶此偏全之辨也

魏校 莊渠體仁說曰、陽之收歛處便是陰。仁之斷制處便是義。又曰、理者、氣之主宰。理非別有一物、在氣爲主。只就氣上、該得如此、處便是理之發用。其所以該得如此、則理之本體然也。通宇宙全體渾是一理、充塞流行、隨氣發用、在這裏便該得如此、在那裏又該得如彼、千變萬化、不同人見用有許多、遂疑體亦有許多、不知只是一理、所爲隨在而異名耳。本體無餘二也。又曰、理該得如此、而不能自如此、其能如此者、皆氣爲之也。氣能如此、而不能盡如此、滯于有迹、運復不齊故也。又曰、性本善、然不能自善、其發爲善、皆氣質之良知良能也。氣質能爲善而不能盡善、性即太極、氣質是陰陽五行。氣運純駁不齊、故氣稟有淸濁厚薄。又性惟本善、故除却氣質不善、便純是善。性惟不能自善、故變化氣質以歸于善、然後能充其良知良能也。又曰、人性元善、當其惡時、善自常在不滅、只因氣質反了、這善便生出惡、善之本體不得自如。若能翻轉那惡、依舊是善。（雖未免語病、然極明白、請就踐形瓜旋說爲之實驗、）又論性書曰、性善、情亦善、靜時被氣稟夾雜、先藏了不善之根、故動時情被物欲汚染、不善之萌芽纔發、（語有病、意實是、）又曰、理雖分別有許多、究竟言之、只是一個、該得如此。蓋既是該得如此、則在這裏、便該得如此、在那裏、又該得如彼、總是一個如此、（學者注意此句、意雖與前段重複、然此段用白話尤表示明白、）做得千萬個該得如此底出來、（此句參悟得透、一切迎刃可解、）所當然說不盡、故更著所以然也。又曰、許多道理、靜則沖漠渾淪、體悉完具、動則流行發見、用各不同。又曰、有個能如此的氣、便有個該得如此的做出來、夫子所謂一以貫之也。古語曰、人者天地之心。又曰、人官天地、命萬物、皆謂此也。又曰、所謂中、只是一個恰好、也在這事上必須如此纔得恰好、在那事上必須如彼纔得恰好、許多恰好處都只在是心上一個恰好底理做出來、故中有不偏不倚、無過不及之名、所論恰好、即該得如此之異名。

〔踐形識〕陰陽本非異物、仁義豈有兩途。宇宙間一理充周、隨氣發用、無論千萬變化、總是一個該得如此、現于異觀而已、而能實符該得如此者、即是性本善、即是良知良能、其或不該如此而如此者、即是氣質駁雜、不善反了也。若能變化氣質、翻轉那惡、則陰隱陽顯、依舊是善、無過不及、做到恰好處、即是止于至善、當其靜時、具體而寂然、一一全備、及其既動、各以因緣機會、偶然適逢其際、所值殊、則所見亦殊、各執一己之所見、爲是當然如此、而他日易地以觀、又所見非同矣、遂誤生歧祇、豈識太極絡古一個該得如此而已。

張元楨東白以爲治化根源、莫切于太極圖說、西銘、定性書、嘗言寂必有感而遂通者、在不隨寂而泯、感必有寂然不動者、存不隨感而紛。黃宗羲以爲已先發陽明未發時驚天動地、已發時寂天寞地之蘊、

〔踐形識〕寂感只是相形而見本來無時不寂無時不感也。

陳眞晟（剩夫）心學圖其一爲天地聖人之圖以中虛曰太極太極左曰靜右曰動靜作黑十六點動作白十六點蓋太極生兩儀也其一爲君子法天之圖以中虛曰敬敬左曰靜右曰動靜之左中分其圈而爲黑黑外爲白白外復爲黑動之右中分其圈而爲白白外爲黑黑外復爲白即太極圖之陰陽動靜也說曰右圖二一著天心動靜之本然是性之原也一著君子法天之當然是性之復也聖人亦天心之自然者也君子豈可以不學乎又曰惟君子知之又能主敬以體之以盡其法天之功效也而有序焉蓋始則主敬使一動一靜互爲其根即致知誠意之事是始學之要也固不外此一圈終則敬立而動靜相根明通公溥卽知至意誠之事是聖功之成也亦不外此一圈而自始至終則皆不離乎敬焉又曰自伏羲畫卦示精之後（即復卦）以是（欽）傳之舜舜以是（恭）傳之禹禹以是（精一）傳之湯湯以是（日躋）傳之文（緝熙）武（戒）周公（待旦）孔子孔子傳之顏（心齋）曾（一貫）思（尊德性）孟（求放心）及孟氏沒而遂失其傳者此也。

〔踐形識〕性原在天心之自然性復則法天之當然歷聖傳授惟此一是太極生生亦惟此一是邵康節之先天圖自以爲心學也周濂溪之太極圖此亦演爲心學矣。

陳獻章白沙語錄曰、夫道無動靜也。得之者動亦定、靜亦定、無將迎、無內外。苟欲靜、即非靜矣。故當隨動靜以施其功也。又雲潭記曰、天地間一氣而已、詘信相感、其變無窮、人自少而壯、自壯而老、其歡悲得喪出處語默之變、亦若是而已、孰能久而不變哉。變之未形也、以爲久而不變。既形也而謂之變、非知變者也。夫氣也者、日夜相代乎前、雖一息變也、況于冬夏乎。生于一息、成于冬夏者也。夫氣上烝爲雲、下注爲潭、氣水之未變者也。一爲雲、一爲潭、變之不一而成形也。其必有將然而未形者乎、默而識之、可與論易矣。

（踐形識）道無動靜、得之者定、豈祇述程明道定性書意耶。天地間止此一氣之變、而造化無窮之形、久而不變、則生機或幾乎息矣。日夜相代乎前、有將然而未形者、不形則不知其變耳。

湛若水甘泉語錄答周子太極圖說問曰、觀天地間只是一氣、只是理、豈常有動靜陰陽二物相對。蓋一物而兩名者也。夫道一而已、其一動一靜、分陰分陽者、蓋以其消長迭運言之、以其消故謂之靜、謂之陰、以其長故謂之動、謂之陽、亘古亘今、宇宙內只此消長。觀四時之運、與人一身之氣可知。何曾有兩物來、古今宇宙只是一理、生生不息、故曰動靜無端、陰陽無始。又著有心性圖說。

〔踐形識〕一物而兩名、此太極是生兩儀也。以其消長迭運、而有陰陽動靜之名、所異者名耳、其爲物不貳也。長者、積少成多、增益之謂也。消者、削多使少、減損之謂也。方數之未有也、不盈亦不虛、盈于此者有餘、曰正數、屬陽。虛于此者不足、曰乏數、屬陰。盈必以散施而虛、是由正而乏、由有餘而不足、所謂消也。消而虛、則必翕受爲靜。虛復以翕受而盈、是由乏而正、由不足而有餘、所謂長也。長而盈、則復散施爲動。凡長、皆由陰而陽、由靜而動。凡消、皆由陽而陰、由動而靜。凡陽、皆由消極而長、至積極。凡陰、皆由積極而消、至消極。凡動、皆由陽極而趨向陰極。凡靜、皆由陰極而趨向陽極。物極、必反、互成循環、損益盈虛、相爲消長、故云動靜無端、陰陽無始。易象之道、陽稱君子、陰稱小人。而易言君子道消、是陽亦云消耶。又言小人道長、是陰亦云長耶。又何辯乎消之爲陰、而靜、長之爲陽、而動耶。然易道止有消長、而無陰陽動靜、凡陰陽動靜、皆消長之異名也。試徵之卦爻、由復而臨、而泰、而大壯、而夬、而乾、此陽長、則陰消也。由姤而遯、而否、而觀、而剝、而坤、此陰長、則陽消也。陽長則正數漸增、陰消則乏數漸減。正數漸增、其值必益。乏數漸減、其值亦益。是陽長陰消之卦、其值必由少數而增益漸積至多也又陽消則正數漸減陰長則乏數漸增正數漸減其值必損乏數漸增其值亦損是陽消陰長之卦其值必由多數而減損漸削至少也然則陽必以增益爲長減損爲消陰反以減損爲長增益爲消故一卦六爻陽長一爻則陰消一爻而凡陽之長即是數之長也故以長爲陽陰長一爻則陽消一爻而凡陰之長反是數之消也故以消爲陰然則陰陽雖各有消長之名其實止是消長之進退耳陽之長者長之長陰之消者消之消陽之消者長之消陰之消者消之長請徵諸代數凡同號相乘得數爲正異數相乘得數爲乏爲正故陽長是長陰消亦是長也爲乏故陽消是消陰長亦是消也凡易家所謂出陽知生麗陽則正者正謂從陽之消長以爲消長也故云易道止有消長而無陰陽動靜凡陰陽動靜皆卽消長之異名也驗諸電磁而益信陰陽爲天地間之一氣流行矣

呂懷巾石論學語曰太極之極卽下文陽極生陰陰極生陽之極極處便是生處此陰陽統會之中所爲天地之心不動不靜之間是也故言易有太極陽爲陰根陰爲陽根一理流行生生不息是則動靜無端陰陽無始故言太極本無極也又心統圖說曰聖人之道在心心之道在天地天地之道見于陰陽陰陽之道著于易是故易有太極太極者天地之心陰陽所始實無始也陰陽所

終實無終也。一理動靜、陰陽肇分。又曰、陽極于五、陰極于十。如輪之在心、如屋之在脊、合之有中、分之無迹、兼統四方、有極無極。又曰、剛柔之中、陰陽合德、兼統四端、命曰人極。人極者、心也。

〔踐形識〕太極即是極之至、無以復加、故名太極。物極則反、而陰陽互根焉。所謂陰陽本無。陰陽不過一理、流行極則反爾。陰陽極而反處、即是陰陽生處。此天地之心、生生不息者也。陰陽之終始于此、而非陰陽之終始也。陰陽合而言之、則有太極之至中、陰陽分而言之、則無太極之陳迹。故云有極無極、而統會之者在人心也。

何遷吉陽心統圖說序曰、周子無極之說、其意豈以間孔子哉。二五萬殊之列、象數之化也。要其所指則舉以發太之義、而原極以著無之精。是所述于無聲無臭者、達乎天地人物未形之初、而不離于天地人物有形之後。所以推一本之撰、而隸立象設卦之情、其無以易此矣。又曰、統也者、道之體也。無聲無臭、貫乎天地人物之中、而不能遺者也。伏羲居中之蘊、而周子所舉于無之謂也。又曰、天地萬物、一氣也。象數性命、一形也。剛柔中和、一性也。晝夜始終、一故也。

〔踐形識〕未形之初、是太極之全也。有形之後、猶是太極之全也。是故一本舉萬彙而莫能遺者、此極而無極也。氣一、形一、性一、故一。以其變現于異觀也、所見或非一。

洪垣（覺山）理學聞言曰、萬殊一本是理、理一分殊是功、分殊卽在理一中、有感應無分合、內外兼該、是貫處、蓋一則內外兼該也、若云以一理貫萬事、是二之矣。又曰、日食之時、以扇作圓圈承之、其地影之圈、亦隨日體盈虧、以爲偏全、可知本體不足、雖垂照廣徧、終是偏也。又曰、自有天地以來、太極兩儀五行萬物、一氣渾淪、可以言有、而不可以言無、專言無生無滅、則其無也、謂之空、因其有生有息而緣迹于無、則其有也、謂之虛、虛者知之體、仁之原也。

〔踐形識〕理一者、太極之全體、分殊者、儀象卦爻之異、觀異觀則一動靜間、有千萬變而全無同者、隨所處異而所觀異、隨所觀異而所業亦異、故云是功、是一非二、豈有分合、若分一理與萬事而貫合之、謬矣、惟其宇宙間、止有此統體一太極、渾具而感者、各以互異處時、不同目光、求之、故所應各殊、然雖千萬變而終在一範圍曲成之中、故云內外兼賅、是貫處、可取一地球儀、喩如太極之全體、而從各處觀球面之地圖、或旋轉地球儀、使注意正對目光之處、且旋且觀、則所睹之地圖、必全無同者、喩如儀象卦爻之各殊形也。然所睹之象雖不一、而所觀之體實無二、以此喩太極生兩儀、而理一分殊之旨、可得而明矣。可以言有而不可以言無者、所謂易有太極是也。

唐樞禮玄剩語曰、理氣無彼此、無異同、無偏全、總是太虛影子。虛之極則能生、故流行、而爲、氣。虛之極則不滯、故靈通、而爲、理。又曰、一陰一陽之謂道、陰陽是氣、道亦是氣。陰陽所以能繼、乃惟善之所在。這是心之流行、然非命在于善。陰陽所以各成、乃惟眞之所在。這是心之流行、然非心着于成。性根爲天地萬物之主、天地萬物有變、性根不變、此生天生地生人生物元機。眞心圖說曰、不有命、則無以主其生。不有氣、則無以爲生。其爲生、心也。而主之者眞心也。于其生而思所以主之者是討也。又太極枝辭曰、道理難以名狀、不得已而強名曰太極。然而未嘗言理爲太極也、亦未嘗言道爲太極也。則所謂太極者果何物哉、即兩儀四象男女事物之類之謂也。眞至之理皆著見于日用之間、惟在人自悟。人之所以能悟者、其最靈之爲恃乎。又曰、氣只有一、氣陽氣是也。陽息爲陰、故陰者陽之所不足也。女者男之所不足也。惡者善之所不足也。謂之失其本心。又曰、太極生生之機、無一息不流行、無一息不停止。流行者、造化發育之妙、停止者、實體常住之眞。流行而不止息、是動而無靜。止息而不流行、是靜而無動。動靜一時俱有、合而言之也。又宋學商求曰、易一陰一陽之謂道、兩一字以、言乎等均者也。時陽而陽之時、陰而陰之、不失其太虛之本、則道之所在也。慾陽伏陰、橫于流行而無所主、得爲道耶。不慾不伏、不橫于流、則爲時陽時陰。陰陽

時則和而無戾是橫渠之所謂道也故氣得其正之謂道不必氣外別尋道道所運化之謂氣不必道上更生氣

〔踐形識〕太極非他即兩儀四象是已陰陽本只一氣氣之有餘則爲陽氣之不足則爲陰陰陽縱有千萬變而氣之爲氣未嘗須臾有所增損是故終古此一太極也太極者言乎其全也兩儀者言乎其各分也以言乎至誠無息則陰陽之流行循環無端以言乎物與无妄則萬物各正性命止于至善能繼者陰陽之造化一刻萬變故無時不常動也各成者陰陽之分量終古等均故無時不常靜也時陽而陽時陰而陰陰陽隨時氣得其正是道之全也道不可須臾離豈有氣外之道道外之氣哉

王守仁陽明集語錄曰心無動靜者也其靜也者以言其體也其動也者以言其用也故君子之學無間于動靜其靜也常覺而未嘗無也故常應其動也常定而未嘗有也故常寂常應常寂動靜皆有事焉是之謂集義集義故能無祇悔所謂動亦定靜亦定者也心一而已靜其體也而復求靜根焉是撓其體也動其用也而懼其易動焉是廢其用也故求靜之心即動也惡動之心非靜也是之謂動亦動靜亦動將迎起伏相尋于無窮矣故循理之謂靜從欲之謂動欲也者非必

聲色貨利外誘也、心之私、皆欲也。故循理焉、雖酬酢萬變、皆靜也。濂溪所謂主靜、無欲之謂也、是謂集義者也。從欲焉、雖心齋坐忘、亦動也。告子之强制、正助之謂也。是外義者也。又傳習錄曰、定者、心之本體、天理也。動靜、所遇之時也。

〔踐形識〕靜而常應、動而常寂者、照心非動也。故恒照則恒動恒靜、此天地之所以恒久而不已也。此兩儀之所以一時並具也。即明道所謂動亦定、靜亦定之旨。動靜、兩儀也。定、太極也。是以兩儀不離太極也。

錢德洪緒山會語曰、天地間只此靈竅、在造化統體而言、謂之鬼神、在人身而言、謂之良知。又曰、充塞天地間只有此知、天只此知之虛明、地只此知之凝聚、鬼神只此知之妙用、四時日月只此知之流行、人與萬物只此知之合散、而人只此知之精粹也。此知運行萬古有定體、故曰太極。原無聲無臭可卽、故曰無極。太極之運無迹、而陰陽之行有漸、故自一生二、二生四、四生八、以至庶物露生、極其萬而無窮焉、是順其往而數之、故曰數往者順。自萬物推本太極、以至于無極、逆其所從來而知之、故曰知來者逆。是故易逆數也、蓋示人以無聲無臭之源也。

〔踐形識〕良知充塞兩間、心爲太極也。其運行雖無迹、而陰陽所由者漸、故萬古有定體。惟人最靈、故曰精粹。鬼神者二氣之良能、即造化之妙用。此言知合神與氣之謂也。

王畿龍谿語錄曰、人之所以爲人、神與氣而已矣。神爲氣之主宰、氣爲神之流行、神爲性、氣爲命、良知者神氣之奧、性命之靈樞也。良知致、則神氣交而性命全、其機不外于一念之微。又易測曰、良知之主宰即所謂神、良知之流行即所謂氣、其機不出于一念之微

（踐形識）神氣交而性命全、致良知之功即良能之效也。善惡之幾兆于一念之微、此道心惟微也。歷來言造化之機者、曰性命、曰形神、曰理氣、曰質力、其名屢殊、其實維一。凡言形氣質皆命也、即陰陽也、横渠謂之兩、故化。凡言神理力皆性也、即太極也、横渠謂之一、故神。良知良能、又神之妙用也。乾以易知、是謂良知。坤以簡能、是謂良能。陽明承明道之傳、而主致良知之說。又闡伊川之學、而主知行合一之說。故王門專言良知、而不必更言良能、言知則能在其中矣。蓋知能一時並具、即陰陽之不可偏離也。陰陽不可偏離、即不遠人之道不可須臾離也。先儒之言陰陽也、知其爲對待之詞、舉凡可以對待者、莫不一陰一陽、逐物而名之、濫矣。信如形神、或理氣、可分配陰陽以相並立者、是必太極之全體、半爲有形、無神、半爲無形、有神、或半屬是氣、非理、半屬非氣、是理、而後可證諸横渠之說、定知氣化是分指兩儀、

故氣爲神之流行，神妙是合指太極，故神爲氣之主宰。此神氣之異名，正太極兩儀之互爲體用，非陰陽之相與對待也。而太極之中、兩儀之和，即良知之主宰處與流行處也。以良知之體有主宰、用有流行之異名，而分說爲太極與兩儀。故云體用一源者，謂太極、兩儀，即良知之異名，而同實也。故中庸曰致中和，而陽明曰致良知。

鄒守益東廓論學書曰：指其明體之大公而無偏也，命之曰中；指其明體之順應而無乖也，命之曰和。一物而二稱，又曰：寂感無二時，體用無二界，如稱名與字然。稱名而字在其中，稱字而名在其中。故中和有二稱，而慎獨無二功。又語錄曰：濂溪主靜之靜，不對動而言，恐人誤認，故自註無欲。此靜字是指人生而靜眞體，常主宰綱維萬化者，在天，機名之曰無聲無臭，故揭無極二字；在聖學，名之曰不睹不聞，故揭無欲二字。天心無言，而元亨利貞無停機，故百物生；聖心無欲，而仁義中正無停機，故萬物成。知太極本無極，則識天道之妙；知仁義中正而靜，則識聖學之全。

〔踐形識〕寂時未發體之中，感時已發用之和，如名與字在一人之異稱，非有二人也。如此灼知太極、兩儀的無異物，甚明天道之無聲無臭，故太極而無極，即聖學之不睹不聞，故至欲而無欲，天人一貫，聖凡同歸矣。

歐陽德南野論學書曰、靜而循其良知也、謂之致中、中非靜也、動而循其良知也、謂之致和、和非動也、蓋良知妙用有常、而本體不息、不息故常動、有常故常靜、常動常靜、故動而無動、靜而無靜、又曰、靜非無意、而動非始有、蓋紛紜專一、相形而互異、所謂易也、寂然者言其體之不動于欲、感通者言其用之不礙于私、體用一原、顯微無間、非時寂時感而有未感以前、別有未發之時、又曰道塞乎天地之間、所謂陰陽不測之神也、神凝而成形、神發而爲知、知感動而萬物出焉、萬物出于知、故曰皆備于我、而知又萬物之取正焉者、故曰有物有則、知也者、神之所爲也、又曰、知之感應變化、則體之用、感應變化之知、則用之體、猶水之流、流之水、水外無流、流外無水、

〔踐形識〕本體不動、致中、故非靜、定也、妙用不礙、致和、故非動、定也、動亦定、常動若無動也、靜亦定、常靜若無靜也、感應變化是知之用、知是其體、何時有未感前之未發哉、故非靜無意動始有也、神凝成形而發爲知、此又似形知對待爲體用、而稱知稱神、實一也、故曰知也者神之所爲也、云水外無流、流外無水、則體外無用、用外無體可知。

聶豹雙江論學書曰、無時不寂、無時不感者、心之體也、感維其時、而主之以寂者、學問之功也、故謂寂感有二時者非也、又困辨錄曰、易以道義配陰陽、故凡言吉凶悔吝、皆主理欲存亡淑慝消

長處爲言。又曰、不見所欲惡而寂然不動者、中也。欲惡不欺其本心者、忠也。非中也、然于中爲近。欲惡之際、不待推而自然中節者、和也。推欲惡以公于人者、恕也。非和也、然于和爲近。忠恕是學者求復其本體一段切近功夫。又曰、心之生生不已者、易也、卽神也。未發之中、太極也。未發無動靜、而主乎動靜者、未發也。非此則心之生道或幾乎息、而何動靜之有哉。有動靜兩儀、而後有仁義禮智之四端。有四端而後有健順動止入陷麗說之八德。

〔踐形識〕良知常靜常動、故寂感無二時、則何時未發。太極之中、卽兩儀之和、此心之生生不已、亦神無方而易無體也。未有動靜、故主乎動靜。偏于靜則靜已耳、偏于動則動已耳、不着不乖所爲和也。而四端八德實由兩儀是生焉。

羅洪先私淑陽明、以濂溪無欲故靜之旨爲聖學的傳。念菴雜著曰、寂然不動者、誠也。言藏于無也。感而遂通者、神也。言發于有也。動而未形有無之間者、幾也。言有而未嘗有也。三言皆狀心也。又曰、能以天地萬物爲體、則我大。不以天地萬物爲累、則我貴。

〔踐形識〕寂然不動、太極之藏于無極也。誠之存體也。感而遂通、太極之發爲有極也。神之妙用也。動而未形于有無之間者、太極之言幾。知微知彰、此道心惟微也。三言皆狀心者心爲太極、太極不可名狀、而可名狀者惟心、知心則可以知太極矣。

劉邦來師泉易蘊曰、有感無動、無感無靜、心也。常感而通、常應而順、意也。常往而來、常化而生、物也。常定而明、常運而照、知也。劉宗周謂較四有四無之說、最爲諦當、

〔踐形識〕不偏不倚、方識全體、故迭舉兩際、而得其正中、動而無動、雖感非妄、明道所謂動亦定、陽明所謂照心非動是也。無感無靜、雖寂非空、東廓雙江皆謂寂感無二時是也。總之太極本不可言有、又不可言無、固不可言動、更不可言靜、惟其時耳。

王時槐劉兩峰弟子、陽明再傳、塘南論學書曰、一陰一陽、自其著者而言之、則寂感理欲皆是也。自其徵者而言之、則一息之呼吸、一念之起伏、以至于浮塵野馬之眇忽、皆是也。豈截然爲奇爲偶、眞若兩物之相爲對待者哉、識得此理、則知一陰一陽、即所謂其爲物不貳也。舍陰陽之外、而世之欲超陰陽、離奇偶以求性者、其舛謬可知矣。又曰、太極者、性也。先天也。動而生陽以下、即屬氣、後天也。性能生氣、而性非在氣外、然不悟性、則無以融化形氣之渣滓、故必悟先天以修後天、又曰、徹古今、彌宇宙、皆後天也。先天無體、舍後天亦無所謂先天矣。故必修後天以完先天之性也。又石經大學略義曰、寂然不動者誠、感而遂通者神、動而未形有無之間者幾。此是描寫本心最親切處。

夫心一也，寂其體，感其用，幾者體用不二之端倪也。當知幾前無別體，幾後無別用，只幾之一字盡之。希聖者終日乾乾，惟研幾爲要矣。

〔踐形識〕陰陽爲對待之誼，非對待之物。極天下之至賾至動，莫非由相對待之兩誼成。曷謂乎相對待之兩誼也？彼非此是之謂也。既有一是，必有一非，與之相爲對待。寂是靜而感非靜，感是動而寂非動，寂與感一靜一動，相對待也。理與欲，一中一偏，相對待也。亦一善一不善之意，即唐伯元所云：凡善皆乾，凡不善皆坤，凡中皆乾，凡過不及皆坤，善即是中，不善即是過不及，一是一非，故相對待。其爲誼對待，其爲物不貳也。性之體，寂然不動，不可度已。既判爲兩儀而生陰陽之氣，即氣之作用而見性之所在，氣物之形體也。然何以能成此形體，孰主張是，孰綱維是，則氣自有其性也。一氣自有一氣之性，各氣自有各氣之性，此一物各是一太極也，是謂自性。各氣共有通同之性，此萬物統體一太極也，是謂共性。以自性言之，則犬之性非牛之性，牛之性非人之性，孟子之詰告子可謂辯矣。孔子贊易亦云各正性命，此自性之各異審矣。以共性言之，則乾元資始萬物所統，孟子以水性之無不下喻人性之無不善者，所謂乃若其情則可以爲善也。奚啻論語陽貨篇云性相近哉，實禮記中庸篇云盡己之性則可以盡人之性，乃至盡萬物之性。使非乾元統天至善無二，又烏能一一周知人物之性而盡之以上與天地合其德也。先天後天之名仍沿宋學之習、殊欠雅馴、然其意則良是。蓋以寂然未形于動之時、名爲先天、正太極渾淪鴻濛未破時也。故易無體、謂不可見聞摶執思議也。已動而生陽、則形象旣成、有氣可以議擬、又烏得謂之無體。然此有氣、即前之無體所轉變、別于先天、故稱後天。而先天不可見、因後天以自見、舍後天亦無所謂先天矣。故旣悟先天、在修後天、能修後天、即完先天。自存寂時之誠至發感通之神、其間已動未形之幾、所謂是生者也。善惡之辨、聖凡之別、在此一念爲權衡、不亦道心之至微乎。希聖者、能無于此三致意焉。

何廷仁善山語錄曰、應物之心非動也、有欲、故謂之動耳。絕感之心非靜也、無欲、故謂之靜耳。

〔踐形識〕有欲爲妄、無欲爲照、妄心則動、照心非動也。求靜惡動、故將絕感求靜之心即動、惡動之心非靜也。太極順應自然、故不落動靜之相。

唐順之荆川論學語曰、嘗驗得此心天機活潑、其寂與感、自寂自感、不容人力。吾與之寂、與之感、只是順此天機而已、不障此天機而已。障天機者莫如欲、若使欲根洗淨、則機不握而自運、所以爲感也、所以爲寂也、天機即天命也。

〔踐形識〕無欲。故靜。不障此天機而已。不容人力所以定也。時其可之謂順。孟子所謂若也。其寂其感、皆天機之自運也。不涉私欲、隨時順應、故云若也。夫道一陰一陽、繼善成性、故天命之性、惟至善。其發爲情也。順此天機、則所謂善。障此天機、則所謂惡。故人發之情、判善惡。並非性、無善惡。情有善惡也。性此天機、卽太極之中也。情此感應、卽兩儀之和也。性中情和、莫非至善。其有不善、障爲之也。不若故也。乃若其情、則可以爲善矣。

其子鶴徵凝菴桃溪劄記曰、盈天地間一氣而已、生生不已皆此也。乾元也、太極也、太和也、皆氣之別名也。自其分陰分陽、千變萬化、條理精詳、卒不可亂、故謂之理。非氣外別有理也。又曰、性不過是此氣之極有條理處。舍氣之外、安得有性。又曰、知天地之間、只有一氣、則知乾元之生生皆是此氣。知乾元之生生皆此氣、而後可言性矣。乾元之條理、雖無不清、人之受氣于乾元、猶其取水于海也。海水有鹹有淡、或取其一勺、未必鹹淡之兼取、未必鹹淡之適中也。間有取其鹹淡之交而適中、則盡得乾元之條理、而爲聖爲賢無疑也。固謂之性。或取其鹹、或取其淡、則剛柔强弱昏明、萬有不同矣。皆不可不謂之性也。

〔踐形識〕周易謂之乾元、繫傳謂之太極、正蒙謂之太和、皆卽孟子浩然之氣也。塞乎天地、配義與道、放之則彌六合、卷之則退藏于密、其大無外、其小無内、至微而至彰、至隱而至費、在夫婦則與知與能、在聖賢則良知良能也、具衆理應萬事、無非此一氣之天機、隨時順逆而變化爲異觀耳、自其異觀處言、固千態萬狀、變化各不相同、然要其至歸、則各得其所、各適其宜、至賾而不可亂也、氣外無理、卽氣外無性、世之妄分性理于氣外者、蓋未加研幾之功夫、故未識太極之旨趣耳、

蔣信道林桃岡日錄曰、盈天地間有形之物、皆同此氣、此性、生生之機、無物不可見、又曰、剛柔合德者、乃天命之性、偏剛偏柔之性、乃其形而後有者也、善反之、則剛中柔中之性存焉、又曰、六經俱在、何嘗言有個氣、又有個理、凡言命、言道、言誠、言太極、言仁、皆是指氣而言、宇宙渾是一塊氣、氣自於穆、自无妄、自中正純粹精、自生生不息、謂之命、謂之道、謂之誠、謂之太極、總是這一個神理、只就自心體認、便見心是氣、生生之心、便是天命之性、豈有個心、又有個性、又曰、元氣者天之神理、又曰、宇宙只是一氣、渾是一團太和、中間清濁剛柔多少參差不齊、故自形生神發、五性感動後、觀之智愚賢不肖、剛柔善惡中自有許多不同、既同出一個太和、則智者是性、愚者豈不是性、善者是性、惡者豈不是性、又曰、人生而靜以上、純粹至善、觀四時行、百物生、豈容更說形生神發、

五性感動，便已非動而無動，靜而無靜，神理。本體便隨所稟剛柔不齊分數發出來，所以有慈祥巽順，懦弱無斷，邪佞嚴毅，正固猛隘，強梁，許多不同。又曰，二五之精，即是理，無極之眞元，是氣，無極之眞，流行變易，便爲二五之精。二五之精，妙合而凝，便乾道成男，坤道成女，化生萬物。知二氣五行與男女萬物，本自無而有，則知中正仁義之極，由靜而立，此圖書言不盡言之深意。

〔踐形識〕此氣此性，萬有生生不息之天機也。有此氣，必有此性。有此性，必有此氣。形而後萬有具，不能無偏，即不能無參差，故生于一而形于萬，得其中和者，固性之正而名之善矣。或當其偏且參差，爲惡爲愚爲不肖，又豈可擯諸性外，斥爲非性耶。程子云善惡皆天理，謂之惡者本非惡，即此意也。故善反之則剛有剛之中，柔有柔之中，蓋太極之全無虛非中，無時非中，適其可之謂中，故偏亦有中也。太極之異名儘多，總不出此一個神理，能自體認，即能自見矣。

楊東明晉菴論性臆言曰，盈天地間只是一塊渾淪元氣，生天生地，生人物，萬殊，都是此氣，而此氣靈妙，自有條理，便謂之理。蓋氣猶水火，而理則其寒暑之性。氣猶薑桂，而理則其辛辣之性，渾是一物，毫無分別。夫惟理氣一也，則得其氣清者理自昭著，人之所以爲聖賢者此也。非理，隆于清氣之內也得氣濁者理自昏暗人之所以爲愚不肖者此也非理殺于濁氣之內也此理氣斷非二物也正惟是稟氣以生也于是有氣質之性凡所稱人心惟危也人生有欲也幾善惡也惡亦是性也皆從氣邊言也蓋氣分陰陽中含五行不得不雜糅不得不偏勝此人性所以不皆善也然此氣即所以爲理也故又命之曰義理之性凡所稱帝降之衷也民秉之彝也繼善成性也道心惟微也皆指理邊言也蓋太極本體立二五根宗雖雜糅而本質自在縱偏勝而善根自存此人性所以無不善也又曰氣者理之質也理者氣之靈也譬猶銅鏡生明有時言銅有時言明不得不兩稱之也然銅生乎明明本乎銅孰能分而爲二哉人性之大較如此又曰氣質之性四字宋儒此論適得吾性之眞體蓋盈天地間者皆氣質也即天地亦氣質也五行亦陰陽也陰陽亦太極也太極固亦氣也特未落于質耳又曰氣質者義理之體段義理者氣質之性情舉一而二者不必兼舉也然二者名雖並立而體有專主今謂義理之性出于氣質則可謂氣質之性出于義理則不可謂氣質之性與義理之性合併而來則不通之論也猶夫醋然謂酸出于醋則可謂醋出于酸則不可謂醋與酸合併而來則不通之論也（此說合于科學豈徒空論） 又曰氣質二五之所凝成也五行一陰陽陰陽一太極則二五原非不善之物也何以生不善之氣質哉惟是既云二五則

錯綜分布、自有偏勝、雜糅之病、于是氣質有不純然善者矣。

〔踐形識〕稟氣以生之謂性、而氣自有條理。指氣邊言、則謂之氣質之性。指理邊言、則謂之義理之性。所指異名、初非有二也。盈兩間者莫非此氣質之靈妙、惟其分二含五、或雜糅、或偏勝、而有人物之萬殊焉。即鏡以例諸物、銅其氣質也、明其性靈也。有是氣時必有是性、使無是性時、亦無是氣矣。故有是銅時必有是明、使無是明時、亦無是銅矣。是之謂、實指此氣此性、蓋有銅之質時、必有銅之性、使無銅之性時、亦無銅之質矣。謂必先無銅之質、而後乃能無銅之性、其質仍在、則其性永不滅也、是銅是明者、言此種能明之銅、始發此種根銅之明、而銅質不皆能明、又明性不限于銅、故加是字以別之、以此喻氣性之不能分二、莫切于此。萬物皆然、人性豈能外是哉。又即醋之酸論、必先有是醋、而後乃有是酸。是醋不存、則是酸何來。故知酸出于醋、非醋出于酸也。以證性由于氣、甚明。譬如人物然、有可以造成人形之氣、而後乃有可以適宜人稟之性、有可以造成物類之氣、而後乃有可以適宜物類之性。若何之性、必由于若何之氣、因氣之異而殊性也。證諸化學生物學之說、明甚。是故性即氣之靈、氣即性之質、氣外無性、性外無氣、性與氣不能合併、兩有。喻如醋與酸、不能合併有也。若云既有醋、又有酸、人無不嗤愚者、而學者乃竟判氣性爲各有、不亦惑乎。

王艮心齋語録曰、天理者天然自有之理也、纔欲安排如何、便是人欲。又曰、程子曰、善固性也、惡亦不可不謂之性。清固水也、濁亦不可不謂之水。此語恐誤後學。孟子則說性善。蓋善固性也。惡非性也、氣質也。變其氣質則性善矣。清固水也。濁非水也、泥沙也。去其泥沙則水清矣。又曰、只心有所向便是欲。有所見便是妄。既無所向又無所見便是無極、而太極。

〔踐形識〕天然自有之理、不思不勉之極、豈容稍涉安排。彼不然而必其然、彼不能然而助使之然、此人欲之安排、非天理之自然也。無適無莫、義之與比、勿妄勿助、道不可離。此太極本來無極也、此無極而名太極也。太極無不中、兩儀無不和、存之者莫非性、繼之者無不善。故致惡非性也、氣質之偏雜也。致濁非水也、泥沙之混淆也。然矯其氣質之偏雜、而性之全純者自復、則惡者亦何嘗非性。濾其泥沙之混淆、而水之澂澈者自見、則濁者亦何嘗非水。況所言在性、則指惡之性、非指惡之境也。所言在水、則指濁之水、非指濁之物也。今指境言惡、則惡似非性。指物言濁、則濁似非水。然舍性言境、則境無善惡、而善惡之名由性生。舍水言物、則物無清濁、而清濁之名由水得。名性之全、純者為善、故名不如此而偏雜者為惡。是惡之名由對善而生、若非善性惡性之有對、則惡之名亦不成名。水之澂澈者為清、故名不如此而混淆者爲濁是濁之名由對清而得若非清水濁水之有對則濁之名亦不立是故可言惡者以其性也可言濁者以其水也非性則無可言惡非水則無可言濁矣是故致惡者非性而惡者未嘗非性也致濁者非水而濁者未嘗非水也若使惡必非性濁必非水則惡者何能復其本性之善濁者何能還其流水之清而變化澄濾之功無用矣且所謂惡者謂人欲之背其天理也然其始則在事物未嘗其可過與不及失其時措之宜不得中和之節焉耳積習而流爲欲積過而稔爲惡非其人之天性有異也人之性無不同而行之善惡萬殊性無不同其常定也太極之全體也行有萬殊其偶變也陰陽之運用也見智見仁則異觀之現象也現象是迹本無善惡善運用之則當于理而無不善不善運用則不當于理而無不惡豈能膠執何者爲善何者爲惡哉譬如同一藥焉用之當可以治病用之不當可以殺生是物無善不善實在用之當不當也又如同一舉焉行之當可以利人行之不當可以禍世是事無善不善實在用之當不當也故曰殺人爲惡而殺殺非惡濟人爲善而濟殺非善可知善惡無定名當其可時迹雖惡而行實善失其宜處迹雖善而行反惡苟非以太極兩儀之運旋者覩之又烏知天地間本無惡字存在之理耶故乃若其情則可以爲善矣

性至善、情亦至善也、惡之名由于不若其情耳。不能若其情、斯背乎善矣、背乎善、斯惡矣、譬如食必飽、衣必暖、飽暖者所以爲衣食也、至善者所以爲性也、食無不飽、衣無不暖者、此性無不善也、理必如是、故性卽理也、而少食不至其量則飢、少衣不適其度則寒、飢寒非衣食所有之理、而飢寒非外于衣食、飢寒者衣食之不及也、或過焉則過飽而滯、過暖而昏、過與不及、皆足以致病、致病非衣食之罪也、不當其可、不中其節也、故若夫爲不善、非才之罪也不盡其才也、不盡其才、不若其情、不率其性、此不順至善、卽現爲惡、故惡卽善之不然而名不善也、非善之外又有惡者存也、以此辯知善者性之實有、而惡則虛有其名而不存也、故惡固不可謂性、而惡者亦未嘗非性也、若許惡者非性、是惡別在性之外、而有惡者存矣、是天地之間有性、又有惡性、且與惡對待並立矣、此不可不辯也。

方學漸本菴心學宗曰、陰陽以理言、故謂之道、此道生生、毫無殺機、故曰善、得此而成性、其善可知。此君子之道也、理寓于氣、氣不能不殊、得氣之偏者、所見亦偏、仁者以道爲仁、智者以道爲智、得氣之濁者、日用乎道而不知其爲道、故性善之理不明于天下、而知道者鮮矣、又曰、理無常形、此心至當處、卽天理也、流有欲中之理、有理中之欲、循理則苦心亦天然、從欲則適情亦安排、非致

知者孰能識之

〔踐形識〕陰陽是道、即此至善。得此成性、何有非善。質言之、即此心至當處也。其有不善者、失此至當處、或過或不及耳。故性至善、無不善。

周汝登海門證學錄曰、一物各具一太極者、非分而與之之謂。如一室千燈、一燈自有一燈之光、彼此不相假借、是爲各具。萬物統體一太極者、非還而合之之謂。如千燈雖異、共此一燈之光、彼此毫無間異、是謂統體。又曰、理氣雖有二名、總之一心。心不識、不知處便是理、纔動念慮起知識便是氣。雖至塞乎天地之間、皆不越一心。又曰、即理即氣、所謂浩然之氣是也。不識知之識、知所謂赤子之心是也。又曰、言習在我、則可變化。言氣質之性、天賦、則不可變化。在我如氣受染、我自染之。衣受薰、我自薰之。故可變化。天賦則如紅花必不可爲綠花、（科學未嘗不可變化、）猶必不可爲薰、變化亦虛語矣。曰、然則氣質無耶。曰、氣質亦即是習、自氣自生、自質自成、無有賦之者。（至理名言）夫性一而已矣。始終唯我、故謂之一。若謂稟來由天、而變化由我、則成兩截。孟子曰、非天之降才爾殊也。言有氣質之性則殊矣。又曰、問犬牛之性不與人同、是性有偏全否。曰、若偏全則太極圖上當有全圖、有半圖矣。（然則如何、學者思之。）曰、然則人獸奚分。曰、孟子言夜氣不足以存、則其違禽獸不遠矣。（不遠即幾希、一

念梏亡、便是禽獸不遠者、無一線之隔也。（此踐形之瓜旋說意）、且就自心上看取人獸之關、莫徒向犬馬身上作解、

〔踐形識〕千燈之喻、洵美且盡。此自性、之所以、各具、亦共性、之自然、同具也。如彼一月印千潭、千潭共一月、豈有偏全之異。然而萬殊。不同者、時地使然也。置物臨鑑、物形纖屑畢顯、第鑑之質有不同、光有不同、則物雖同而影或異矣、物雖是而影或非矣。解頤之具有所謂哈哈鏡者、能變所臨物影爲奇形幻觀、千態萬狀、悉非本來面目、令人發噱不止。若執是以爲物象之眞相、不亦誣乎。天命之性、共性也、臨鑑之物形也。氣質之性、自性也。鑑中之物影也。物象無不眞、而鑑之受光有或殊、則影竟非其形矣。天性無不善、而氣質之稟有不齊、則習竟移其才矣。乃世之人執哈哈鏡之幻觀以評物形、而誣謂物形之有此奇醜也。執旣熏染之習氣以評天性、而誣謂天性之具此惡慝也。豈特不識天性、抑更不識物情矣。旣非天之降才爾殊、則殊之由于自熏染也可必。所謂習在我則可變化、允哉斯言。第謂氣質之性天賦則不可變化、恐未盡善。夫氣性、父母之遺傳也。與習性之自熏染者雖異、然皆能變化、則一也。所謂變化氣質者、非變化氣質之性、而何。曾謂氣質天賦而不可變化耶。是故無教育

之改造，則錮于遺傳，蔽于環境，雖習性尙難矯正，何況氣質。苟能果行育德，養蒙作聖，則小人自然革面洗心，遺傳與環境僅夙昔之陳迹耳。頑石尙堪點頭，何況人類。所謂氣質亦即是習一語可以見之。自生自成，無有賦之者，是習性可移，氣性氣性不過父母遞傳之習性耳。蓋父母遺傳者先天，習自感環境者後天，習雖有先後天之異，其皆爲習性一也，則皆可以變化亦一也。若云天賦，疑似天性矣，且非無有賦之者矣，故當以自生自成爲斷。

羅欽順整菴困知記曰：道心寂然不動者也，至精之體不可見，故微；人心感而遂通者也，至變之用不可測，故危。又曰：道心性也，人心情也，心一也，而兩言之者，動靜之分，體用之別也。又曰：自夫子贊易，始以窮理爲言，果何物也哉？蓋通天地，亘古今，無非一氣而已。氣本一也，而一動一靜，一往一來，一闔一闢，一升一降，循環無已，積微而著，由著復微，爲四時之溫涼寒暑，爲萬物之生長，爲斯民之日用彝倫，爲人事之成敗得失，千條萬緒，紛紜膠轕，而卒不克亂，有莫知其所以然而然，是即所謂理也。初非別有一物，依于氣而立，附于氣以行也。或者因易有太極一言，乃疑陰陽之變易，類有一物主宰乎其間，是不然。夫易乃兩儀四象八卦之總名也，云易有太極，明萬殊之原于一本也；因而推其生生之序，明一本之散爲萬殊也。斯固自然之機，不宰之宰，夫豈可以形跡求哉。斯義也、惟程伯子陰陽、亦形而下者也、而曰道者、惟此語截得上下最分明、元來只此是道、要在人默而識之也、言之最精、叔子劉元城記其語、有云、所以陰陽者道、又云、所以闔闢者道、與朱子若無此氣、則此理如何安頓、即理與氣、決是二物、惟云一陰一陽、往來不息、即是道之全體、此語方合、似乎少有未合、又曰、理一也。必因感而後形、感則兩也。不有兩、即無一。然天地間無適而非感應、是故無適而非理。又曰、神化者、天地之妙用也。天地間非陰陽不化、非太極不神。然遂以太極爲神、以陰陽爲化、則不可。夫化乃陰陽之所爲、而陰陽非化。神乃太極之所爲、而太極非神也。爲之爲言、所謂莫之爲而爲者也。張子云、一故神、兩故化。蓋化言其運行者也、神言其存主者也。化雖兩而其行也常一。神本一而兩之中無弗在焉。合而言之則爲神、分而言之則爲化。故言化則神在其中矣、言神則化存其中矣。言陰陽則太極在其中矣、言太極則陰陽在其中矣。又曰、夫法者道之別名。凡事莫不有法、苟得其法、即爲合理、是即道也。又曰、所謂理一者、須就分殊上見得來、方是眞切。又曰、理即是氣之理。當于氣之轉折處觀之。往而來、來而往、便是轉折處也。夫往而不能不來、來而不能不往、有莫知其所以然、若有一物主宰乎其間而使之然者。此理之所以名也。易有太極、此之謂也。又曰、程子嘗言天地間只有一個感應而已、更有甚事。夫往者感、則來者應、來者感、則往者應、一感一應、循環無已、理無往而不存焉。在天在人一也。天道惟是至公、故感應有常而不忒。人情不能無私欲之累、故感應易忒而離常。夫感應者、氣也。如是而感、如是而應、有不容以毫髮差者、理也。適當其可則吉、反而去之則凶、或過焉、或不及焉、則悔且吝、故理無往而不定也。然此多是就感通處說、須知此心雖寂然不動、其中和之氣、自爲感應者、未始有一息之停。故所謂直上直下之正理、自不容有須臾之間。此則天之所命、而人物之所以爲性者也。又曰、易有太極、自生兩儀、乃統體之太極。乾道變化、各正性命、則物物各具一太極矣。

〔踐形識〕道心、太極之、全也。人心、兩儀之、分也。全則自足、不可擬議、而凡可擬議者由是生、故君子知微。分則偏現、有迹象可指、隨感而應。然變化不測、莫可端倪、要在辨之于早。故賢臣思危、心惟一而兩言之、性存體、無不善、足其全也。情發用、有善惡、偏于分也。合分爲全、析全爲分、即此惟一之氣、惟一之理而已。故云易有太極者、乃兩儀四象八卦之總名、因感通而形陰陽。有感必有與感偶者、相對待。陰陽。誼由對待、不獨有也。一動靜、無適而非陰陽之感應。有莫之爲而爲、莫知其所以然而然者、此一氣之流行而運、變爲化、一理之分殊、而存主爲神也。唯一不能化陰陽之兩、交互雜物、而體天地之撰、由其參伍錯綜、構成千態萬象、各異不同之情狀、而化功以成。既化而復爲一、陰陽不測、乃所以爲神也。存神主化運行不測化卽神神卽化故太極卽陰陽之神陰陽卽太極之化也轉折處卽是陰陽反復道也物極必反故來已不能不往往已不能不來而陰陽消長所由也因所感有不同而所應亦不同因感應有不同而化功亦不同適當其可則中正而吉過與不及則悔吝由是生矣故君子中庸時不可失存未發之中乃所以致既發之和也寂而中感而和本非截然兩事寂之中未嘗無感感之時未嘗不寂故至誠無息道不可須臾離也

汪俊石潭性說曰好惡情也情有所自出于性也好善惡惡人之性也卽理也義也心之所同然也好惡未形而其理已具故曰性卽理也又曰目能視耳能聽口能言心能思皆氣也而心爲之主性則心之體有不涉于氣者程子曰性卽理也張子曰性立乎氣之外實不外于心也世人以聞見爲心但知囿于形氣者耳聖人盡性不以聞見梏其心乃無外之天心也朱子分理氣兩言之曰得氣以成形得理以爲性恐非程張本旨又心性說曰程子曰心一也有指體而言者自注云寂然不動是也有指用而言者自注云感而遂通天下之故是也惟觀其所見如何耳蓋合心性而一言之正蒙云性者感之體感者性之神以感言心與程子一說朱子謂寂然者之感體感通者寂之用其言是已而繼之人心之妙其動靜亦如此恐非程張之旨又易說曰靜變而爲動動

變而爲靜、兩也、易也、道也。時動而動、初未嘗有動也。時靜而靜、初未嘗有靜也。動靜合一、存夫神、神一而已、兩可言也、一不可言也。故曰易所以立道、窮神則無易矣。又學說曰、道者、事物當然之理、所謂在物爲理也。而其實體在我、何事何物不出此心、所謂處物爲義也。又體用說曰、動而陽、靜而陰、相循于無窮者、是皆太極流行之用、而其體初未嘗動也。又正蒙說曰、通宇宙一氣也、氣之實、陰陽是已。自其未成形者而言、絪緼揉錯、相兼相制、欲一之而不能、虛也。自其成形者而言、天地法象、萬物形色、剛柔男女、粲然有分、實也。實者虛之所爲、形亦氣也、是皆可名之象耳。又曰、耳目口體、氣之聚而成形者也。視聽言動、氣之虛而爲用者也。曰陰曰陽、可分屬也、而皆統于一心、則不可分矣。氣之神也、合一不測之謂也。由此而通于性與天道、君子之上達也。由此而梏于聞見、溺于物欲、小人之下達也。

〔踐形識〕未發之中、性體全具時也。中節之和、情用分感時也。全具時統體一色、故無分別相、所謂寂也。及其感也、隨所感而有應。感喜則應喜、感怒則應怒、感哀則應哀、感樂則應樂、喜怒哀樂本夙具于未發之先、故能應感而現。如家中本有油鹽醬醋、則欲用時可立取也。若本無之、將于何取。故喜怒哀樂若非先存于未發、則欲發亦無從矣。此所謂好惡未形而其理已具惟人心所同之性莫不全具故無分別相而無不同此統體一太極也在個人言之則識閾不現水平無波正萬物皆備于我最全之時此各自一太極也忽焉一漚微動水花飛暈于是高出水平而現于識閾者應感而爲動念爲至情其未高出水平者不現于識閾猶之有其貨而適不用也謂之不用則可謂之無貨則不可有現有不現者太極之判兩儀也或現或不現者情之分感而偏應也現即由不現者現故情有所自出于性也寂然是性未發之中爲感之體感通是情中節之和爲寂之用程張朱三子之說若出一轍如是其殆性情皆統于一心歟然性情是心之體用非心之兩部不可如陰陽之對待而適如動靜之轉變固非心分性情尤非心統性情蓋心即性情也以言乎性則道心惟微之謂也以言乎情則人心惟危之謂也道心即是所賦之天良以言乎乾之易知則謂之良知以言乎坤之簡能則謂之良能統言之則謂之良心人心即是應物之人情由良知良能轉爲匹夫之與知與能此世俗之共認爲自心者也即良心之動處也動而順乎天則循乎天職明乎天道合乎天德則爲天民所謂良心發現者人心之不異道心處即人情之自率天性處所以復其本初之至善也靜亦定動亦定皆太極一氣之流行無間而上達也宜哉

崔銑（後渠）士翼曰、理者、氣之條、善者、氣之德。問氣有原乎。曰有之。易曰、易有太極。詩曰、有物有則。夫極者、易之翕、則者、物之能。故曰純粹精也。舍是而談理氣、支矣。又曰、陽有知而陰無知。是故質受神以爲運、魄資魂以爲識。陽有去而陰常居。是故炎火熄而灰存、花色落而朽貯。人生爲陽、志則宰而氣則從、氣得陽中之陰。人死爲陰、氣則升而魄則止、氣爲陰中之陽。又曰、造化之原、理常聚而氣亦聚、人物之生、氣若散而理亦散。氣既散矣、理安所附。又曰、亡氣外之形、亡神外之氣、亡理外之神、亡命外之理、亡心外之命、亡命外之心。心者、具萬理而出命也。又曰、陽、剛也、生也、陰、柔也、成也。皆氣也、即其理也。

〔踐形識〕氣是所以造化宇宙者、即詩稱有物之物。而言造化、故謂之易。言至神妙、故謂之太極、言其有條不紊謂之理、言其德合中正謂之善、皆即詩稱有則之則。指氣質之能力言也。人物之生、理氣合一而爲一陰一陽之道、故中庸云不可須臾離也。豈第人物之生而已、即非有生、凡盈天地間者、無不如是。故云理常聚而氣亦聚、氣若散而理亦散、理氣二字、豈第宋學性理之精髓、抑亦極深研幾者所不可忽也。

何瑭（栢齋）儒學管見曰、人之生也、莫不有心以爲此身之主、忿懥、恐懼、好樂、憂患、皆心之用也、情也。

其未發則性也。方其未發也、必廓然大公、無所偏倚、心之本體、方得其正。一有偏倚、則不正矣。此善惡之根也。或曰、朱子謂心之未發、如鑑空衡平、無正不正之可言。必其既發、則正不正可見。故章句謂用之所行、或不能不失其正。今乃謂未發之時、心已不正、何也。曰、心之正不正、雖見于既發之後、實根于未發之前。如鑑之不明、衡之不平、雖未照物懸物、而其體因已不正矣。又陰陽管見曰、陽無體、以陰爲體。陰無用、待陽而用。二者相合則物生、相離則物死。又陰陽管見後語曰、造化之道、合言之、則爲太極。分言之、則爲陰陽、謂之兩儀。又曰、陰形陽神、合則生人、所謂精氣爲物也。離則人死、所謂遊魂爲變也。又曰、陽有知而無形、陰有形而無知。又曰、周子所謂太極、指神而言。神無所不統、故謂太極。神無形、故謂無極而太極。又曰、太極乃陰陽合而未分者也。陰形陽神、皆在其中。及分爲陰陽、則陽爲天火、依舊爲神。陰爲地水、依舊爲形。又曰、老子謂有生于無、周子謂無極太極而生陰陽五行、張子謂太虛無形而天地糟粕所見、大略相同。

〔踐形識〕此身之主、心而已矣。兼乎性情之謂也。言其未發之本體、則個人特有之氣質、人類共同之天性、胥在其中、是謂性也。言其已發而現象著乎功用、則好惡隨感而應、有動斯覺、是謂情也。情得其正、則中節而和。苟失其正、則拂情而乖。和乃曰善、乖乃曰惡也。此以言乎天性則然若以言乎個性則又有說個性之所由成略有三種一曰氣性即承諸父母之遺體各人之氣質禀受或不能齊此人心之不同各如其面也二曰特性因種種關係致其個性迥異超出儕羣如雞林鳳雛也三曰習性即環境濡染熏陶感化而以習慣爲第二天性故習于善則善習于惡則惡習與性成也天性與個性皆謂其人之本性所謂本性難移者即是本性之中天性自無不善而個性則有善有惡實爲善惡之根故以鑑之不明衡之不平喻個性之或有偏僻謂之偏性因其所偏而矯正之使復于本然之性即變化氣質之方李翺謂之復性朱子謂之化性實即子思子所謂率性孟子所謂若其情也豈離天性之外又復有所增益哉故性即專指主身之心而言也造化之道不外陰形陽神謂相合則人物生雖是至謂相離則人物死又謂皆在其中須善體會幸勿以辭害意神是形之造化形如諸原子集合所成之雜質神即其構造式也同一諸原子組織之雜質即同一諸原子分量之雜質而其諸原子間彼此參伍錯綜構造此雜質之公式各有因緣感應關係必不能盡出諸同一模型故雖有形類未必神似惟其構造組織全同者則形既一致神亦非二有以範圍而不過此殆造化之權衡也已故形是氣之組織所示之象神是氣之構造所蘊之

妙有是組織必具是形象得是構造必著是神妙蓋所謂理也是故形類者不必神似神似者非盡形類若一究有機化學之構造組織概可悉矣然則人心之不同各如其面一語尤說之淺焉者耳

王廷相浚川雅述曰天地未生只有元氣元氣具則造化人物之道理即此而在故元氣之上無物無道無理又曰靜寂而未感也動感而遂通也皆性之體也聖人養靜以虛故中心無物聖人愼動以直故順理而應又曰元氣化爲萬物萬物各受元氣而生有美惡有偏全或人或物或大或小萬萬不齊謂之各得太極一氣則可謂之各具一太極則不可太極元氣混全之稱萬物不過各具一支耳又愼言曰有形亦是氣無形亦是氣道寓其中矣有形生氣也無形元氣也元氣無息故道亦無息是故無形者道之柢也有形者道之體也又橫渠理氣辨曰氣遊于虛者也理生于氣者也氣雖有散仍在兩間不能滅也故曰萬物不能不散而爲太虛正蒙理根于氣不能獨存也故曰神與性皆氣所固有又性辨曰離氣言性則性無處所與虛同歸離性論氣則氣非生動與死同塗是性之與氣可以相有而不可以相離之道也又論性書曰元氣之上無物有元氣即有元神有元神即能運行而爲陰陽有陰陽則天地萬物之性理備矣非元氣之外又有物以主

宰之也又陰陽管見辨曰氣者形之種而形者氣之化一虛一實皆氣也神者形氣之妙用性之不得已者也三者一貫之道也

〔踐形識〕宇宙只有元氣而已元氣之上豈復所有元神云者亦不過形容元氣之運行爲耳自其本體言則曰元氣自其妙用言則曰元神元神即性理之異名也自無形之元氣互相化合而媾成有形之生氣元氣資始卽原質也生氣資生卽合質之有機物也人物之生生實賴乎是故無形雖云道秪而有形實爲道體世人不曉狃于形上爲道之說鄙形下之爲器豈知道器本無離二而道無所不在耶名形之種爲氣故人不肖其父則肖其母數世之後必有復其祖之體貌者此進化論後更有反天演之遺傳返祖性說也性之不得已者爲神則人物之生亦猶橐籥韝鞴因氣行機以引動氣絕則機停矣其能動者非機欲動也不得已也其必停者亦非機欲停也不得已也不得已而動不得已而停動與停一任氣之行與絕而機不與焉氣厚則性純氣薄則性駁性之不得已也性純則神清性駁則神濁性之不得已于氣而神之不得已于性也惟其不得已也而後識造化之自然不得已者莫之爲而自然順乎自然而之天者性也人非欲生而不得不生亦非求死而不得不死造化之

自然也、識自然、始可與論性氣之非二、

黃佐泰泉論學書曰、所謂陰陽乃二、氣流行于天地之間者、又曰、無極而太極、蓋無聲無臭之中、而實理存焉、天地人物一以貫之、道爲太極、心爲太極、其實理同也、即書通書誠者聖人之本也、其言動而生陽、靜而生陰、即書誠源誠復也、其言聖人主靜立人極、即書聖學一爲要、一者無欲、無欲故靜也、靜則至無之中、至有存焉、其渾然太極已乎、又曰、易無思無爲也、寂然不動、感而遂通天下之故、乃太極生兩儀、兩儀生四象之本也、又格物論曰、物理曷謂之天理也、本于賦予稟受、自然明覺、莫之爲而爲者也、物欲曷謂之人欲也、不安于品節限制、而鑿以私智、非天之所以與我者也、去其所本無、而復其所固有、則萬物皆備于我矣、夫理雖可以觸類而長、而其出于天者、物物各有當然不易之則、自私用智、則違天而自賊、又原理曰、理一分殊、統之在道者也、夫子贊易、始言窮理、理不可見也、于氣見之、易曰、一陰一陽之謂道、朱子曰、陰陽迭運者、氣也、其理則所謂道、確哉言乎、理即氣也、氣之有條不可離者、謂之理、理之全體不可離者、謂之道、又曰、易乃兩儀四象八卦之總名、太極則衆理之總名也、又曰、周子爲圖、以明易與川上之歎、一貫之旨同條共貫、蓋理即氣也、一氣渾淪、名爲太極、二氣分判、名爲陰陽、又曰、非謂未有天地之先、早有是理、而

理在氣先亦非氣以成形理亦賦焉而理在氣後

〔踐形識〕至無之中而至有存可知無非空無而實有矣故爲渾然太極雖無聲無臭可擬而實理存焉正二氣之流行天地間而爲陰陽也莫之爲而爲者自然而天也鑿以私智則非自然之天理故違天而自賊此非天之所以與我而我所本無者性外之駢支也去此駢支之亂性則天理之自然天命之當然皆我所固有者可以復其天賦之本然而斯昭昭之性初隨感而應觸類皆通具萬理應萬事則萬物皆備于我矣理不在氣先無氣豈有理耶理不在氣後非理何有氣哉理于氣見理即氣也安能離二

薛蕙西原約言曰凡言心者有主性而言此則主體而言也有主情而言此則主用而言也主性而言此心字即是性主情而言此心字即是情非謂性情之外復有所謂心者而統乎性情也故謂性統動靜則可謂心統性情則不可性即太極也太極之上不當復有物

〔踐形識〕心性情三字異用而非異體也統言性情則稱心成心之體與生同具者性也致心之用性感而發者情也心爲太極故性即太極也性外無心心外無情橫渠謂心統性情五峰謂心妙性情謂統體謂妙用皆非謂性情各得心之半合性與情方爲全心正謂即心

即性即情耳。

舒芬梓溪太極繹義曰、體無不靜、用無不動、而陰陽爲太極之體、陽動爲太極之用、昭昭矣、若不以太極言、則動爲陽之體、靜爲陰之體、如論語知者動、仁者靜、注云、動靜以體言是也、若幷以五行言、則動爲陽之用、靜爲陰之用、如圖說陽變陰合而生水火木金土是也、故曰動靜無端、又曰體用一原、又曰此氣有正偏、而理因之有全缺、生之所受、有不同也、以形相禪也、又曰人心最靈、是心即太極也、心之動便有善惡萬殊、則太極之流行賦予于人者、又安得而盡同耶。

〔踐形識〕動靜之誼不一、或總言太極之體用、或分言陰陽之體、或幷言陰陽之用、其實只是一氣而已、生之所受爲性、實以形相禪也、性即理、形即氣、以形氣之不同、而有性之不同、如大器大受、小器小受、器是形氣之體、受是性理之用、必有是器、乃有是受、而受不離器、無受非器也、明乎器爲體而受爲用之理、則體用之不離二可自了然。

來知德瞿塘潛心易象、著錯綜圖、以觀陰陽之變化、著黑白圖、以驗理欲之消長、其心學晦明解曰、夫理者、氣之綱、氣者、理之迹、氣即寓理、古未有以理氣並言者、易曰一陰一陽之謂道、釋之曰、陰陽迭運者氣也、其理則所謂道、理氣並言、蓋昉諸此、夫陰陽五行萬物、氣也、而各一其性、理也、在人則耳目手足氣也。而聰明持行、理也。程子曰、性卽氣、氣卽性。蓋懽人二之也。性卽太極、氣只是氣、不可復言有氣質之性。

〔踐形識〕氣者可見于象之迹、理不可見、見于氣。氣之爲迹、氣之迹見而理卽寓焉。言其陰陽之迭運曰氣、何以如此迭運曰理、卽一陰一陽之道也。曰性曰太極、豈有離二哉。

呂坤（心吾）呻唫語曰、形神一息不相離、道器一息不相無。故道無精粗、言精粗者妄也。因指案上樽俎、言其位置恰好處、皆是大然自有的道理。又別錄曰、宋儒有功于孟子、只是補出個氣質之性者多。

〔踐形識〕神是形之機、形是神之迹。譬如目見耳聞、見聞是耳目之機、耳目是見聞之迹象、故見聞理之神也、非物也。耳目氣之形也、是物也。世無非耳目而能見聞者、（此語須與有科學常識者言之、不足爲惑世誣民之邪術者道也、）亦無耳目健全（健全二字、爲分別于耳目病者、聾盲之徒以病故、徒具是形、而缺是神者言、指其通常、不言其有故也、）而不見聞者。見聞與耳目不能一存一亡、故不能離二言。耳目卽寓見聞之理、在言見聞卽從耳目之氣發也。道無乎不在、非道于何有器。凡器之性質功用、皆道之自然。世不能一息無器、卽不能一息無道。形上形下、不能相離而有、豈可相缺而無哉。且所謂道、卽所謂理、故曰道理。而在形

氣之自然恰好處即道理之中過與不及皆非也何有精粗之可言

郝敬（楚望）四書攝提曰大舜執其兩端用其中于民執兩端即執中也易曰一陰一陽之謂道即兩端也孟子云執中無權猶執一也權即兩端兩端者執而無執是謂允執後儒以不偏不倚無過不及之間爲中是執一也中有過時自有不及時過與不及皆有中在又曰有圓融不測之神而後可損益變遷以用中未用只是兩端兩端者無在無不在所謂圓神也一而非一二而非二故曰兩端又曰太極未判渾渾沌沌太極初判一生兩分兩抱一立以爲一而兩已形以爲兩而一方函不可謂一不可謂二第曰不二不二者非一非二之名陽動陰靜翕闢相禪一以貫之是曰不測在人心惟已發之和與未發之中交致而萬感萬應所謂一而二二而一又曰命之有理與氣如人之有形與神合下併受無有分層順則都順逆則都逆又曰濂溪云動而無靜靜而無動物也動而無動靜而無靜神也物則不神神妙萬物如濂溪此語猶是未嘗格物天下無無動無靜之物有常動常靜之神中庸一部說天地鬼神通是此物

（踐形識）一陰一陽之道即兩端之權執而無執執兩即能執中執一泥中執中反致無權倘識過有過之中不及有不及之中則隨在非中可與權且允執矣此一極中立而兩極端

泯、兩極端既泯、而一極中亦不立。（踐形嘗以磁電感應之理、證明一極中亦不立之關係、）是謂太極本無極、是謂一貫之不測、在命曰理、在人曰性、均語道也。在命曰氣、在人曰形、均語器也。惟以形氣之由陰陽也、故道言一陰一陽、彼夫離氣言理、離形言神、即離器以言道、全無是處、豈知順則都順、逆則都逆乎。已發之和、即未發之中乎。神者、動而無動、所以能常動靜而無靜、所以能常靜動靜雖異、其迹往來不二、其神惟分言、則神之消歸爲鬼、鬼之來伸爲神、合鬼與神、乃所以爲人也。

金聲（正希）天命解曰、性猶水也、道猶江河也。性之于道、猶水之必就下而行地中、爲江河也、言本天命、猶歸大海、又曰、天命也、性也、道也、一而已矣。不能必天下無不離道之人、而能定天下有必不可離之道、道有時而可離、則性有時而可不率也。性有時而可不率、則天有時而不命也。又曰、道之爲言、猶云萬物各得其所焉爾。物有萬變、而必隨時變易、以咸若吾天命之性、此即不變之道也。

〔踐形識〕萬物各得其所、即萬物各循其理、故能隨時變易、以若其性、此天下有必不可離者、不變之道也。

顧憲成（涇陽）小心齋劄記曰、性、太極也。知曰良知、所謂乾元也。能曰良能、所謂坤元也。不慮言易也、

不學言簡也、故天人一也、

〔踐形識〕從來言性、惟此簡明易曉、道即太極、心即太極、故性即太極之全、良知不慮而知、故易知也、良能不學而能、故簡能也、此聖人之無所不知、無所不能、而匹夫匹婦之與知與能也、亦所謂大人者不失其赤子之心也、無聖凡、無智愚、天人之道一貫也、

高攀龍景逸語錄曰、窮理者天理也、天然自有之理、人之所以爲性、天之所以爲命也、在易則爲中正、又曰亙古今塞天地只是一生機流行、所謂易也、又曰天地間感應二者循環無端、所云定數莫逃者、皆應也、君子需道、其間者皆感也、應是受命之事、感是造命之事、聖人祈天永命、皆造命也、我由命造、命由我造、但知委順而不知順道、非知命者也、又知天說曰、自感自應、所以爲天也、所以爲其物不貳也、若曰有感之者、又有應之者、是二之矣、惟不二、所以不爽也、又氣質說曰、天地之道、爲物不貳、故性即是氣、氣即成質、惡人之性、如垢器盛水、清者已垢、垢者亦水也、又乾坤說曰、凡了悟者皆乾也、修持者皆坤也、人從迷中忽覺其非、此屬乾知、一覺之後、遵道而行、此屬坤能、皆乾坤之倪、而非其體、乍悟復迷、乍作復止、未足據也、又論學書曰、善即生生之易也、有善而後有性、學者不明善、故不知性也、又曰心一也、粘于軀殼者爲人心、即爲識、發于義理者爲道

心、卽爲覺、非果有兩心、然一轉則天地懸隔。又曰、寂卽是易、發卽是交。又書悟易篇曰、太極者、理之極至處也。其在人心湛然無欲、卽其體也。

〔踐形識〕一生機流行兩間、其爲物不貳。寂卽爲易、爲中正。發則爲交、爲感應。有是感、必有是應、卽定數也。垢器盛水、淸水亦垢。惡人之性、善性亦惡。善卽是性、非性有善惡也。順本性曰善、反本性曰惡。耳一轉則人心道心、易卽此一心之兩面觀。喻以踐形瓜旋式太極圖最吻合。

錢一本啟新黽記曰、動而未形有無之間、不是未形與形交界處、亦不是有無過接處。動之著爲已形、爲念、爲慮、動之微爲未形、爲意、爲幾。誠意研幾、愼獨、異名而一功。又曰、性是先天太極之理。心兼後天形氣、性是合虛與氣、心是合性與知覺。又曰、寂然之先陰含陽、意與知爲一。感物之後陽分陰、意與知爲二。若是眞意運行、卽意卽知、卽運行卽明照。若是妄意錯雜、意自意、知自知。又曰、有涵養未發工夫、立脚在太極上、未發已發雖千路萬路、只是一路。故曰獨。無涵養工夫、立脚在二五上、未發已發俱非一路、未發陰陽雜揉、已發善惡混淆。已不得謂之獨矣、又安所致其愼乎。又曰、識者坤藏之記性、知者乾君之靈性。又曰、就一人言心、都喚做人心。就一人言性、都喚做氣質之性。以其只知有一己者爲心爲性、而不知有天下之公共者爲心爲性也。惟合宇宙言心、方是道心。合宇宙言性、方是天地之性。又曰太極、性也、兩儀、質也、形色天性、聖人踐形、性質合而爲道也。

〔踐形識〕謂之未形、則非無形、可知動之微故未形、著則已形矣。此即君子知微知彰、知幾其神也。性即太極、而又合知覺名心、豈太極僅得心之半耶。非也。當知心兼先後天言、方在先天時名性、及至後天時名知、後天之知、即先天之性。不過在先天時意與知合一、即寂然之性、所謂獨也。及至後天時意與知分二方、見有形氣之知、習慣自然、所成習性、爲氣質之性。氣質之性、人心也。天地之性、道心也。唯此一心、非有二心也。合而言之、所謂道也。

孫愼行洪澳言性圖說曰、孟子說性善、即習有不善、不害其爲性善。後人既宗性善、又將理義氣質並衡、是明隳有性善有性不善與可以爲善可以爲不善之說。又困思抄曰、天理人情、原無兩項。惟循天理、即人情自安、所以爲君子中庸。又曰、氣質之性、不過就形生後說、若稟氣于天、成形于地、受變于俗、正肥磽雨露人事類也。此三者皆夫子所謂習耳。又曰、如將一粒種看、生意是性、生意默默流行、便是氣、生意顯然成像、便是質。如何將一粒分作兩項、曰性好氣質不好、又致中和曰、中和尚可分說。致中和之功必無兩用、未發一致中和、已發一致中和、辟如天平有針爲中、兩頭輕重鈞爲和。當其取鈞非不時有斟酌、到得針對來煞一時事。且鈞而相對是已發時象、如兩頭無物、針元無不相對、更是未發時氣象。看到此、孰致中、孰致和、何時是致中、何時是致和、又中說曰、人心道心非有兩項心也、人之爲人者心、心之爲心者道、人心之中只有這一些理義之道心、非道心之外別有一種形氣之人心也。

〔踐形識〕習有不善、即不若本性、故善性泯、惡習成。不善、即不若其善、非別有惡與並也。能若天性、即應人情、未發已發同一中和。未發時天平固平、已發後天平亦未嘗不平、致和、仍即致中。若不平則情乖氣戾、偏且僻矣。大人不失其赤子之心、已發不失其未發之象、故即已發可驗未發也。

陳龍正（幾亭）學言曰、最初最簡最盡、一盡于太極、再盡于陰陽、三以下不能無遺矣。羲畫最盡、發其最初也。後聖有言、皆發揮于圖畫之後者也。故曰言不盡意、聖人欲使反其初、觀其盡者。又曰、予欲無言。人心惟寂然不動、斯太極乎。寂無不藏、感無不通、彼空虛者其以爲有不能生陰陽萬物之太極也。質無常存、氣無常分、開非始有、混非終無、有無從不相離。又曰、靜者太極之常、生陰亦

靜生陽亦靜又曰道心即人心之正者與不正止爭些子非必如一黑一白相反而易辨也故曰惟微

〔踐形識〕寂藏問太極感通何嘗非太極即所謂生陰亦靜也道心即人心之正誠古今徹底之發明矣

劉宗周蕺山語錄曰無極而太極獨之體也動而生陽即喜怒哀樂未發謂之中靜而生陰即發而皆中節謂之和纔動于中即發于外則無事矣是謂動極復靜見發于外即止于中則有本矣是謂靜極復動又曰性無動靜者也而心有寂感當其寂然不動之時喜怒哀樂未始淪于無及其感而遂通之際喜怒哀樂未始滯于有以其未始淪于無故其未發謂之陽之動動而無動故也以其未始滯于有故及其已發謂之陰之靜靜而無靜故也動而無動靜而無靜神也性之所以爲性也動中有動靜中有靜物也心之所以爲心也又曰未始有氣之先亦無往而非氣也當其屈也自無而之有有而未始有及其伸也自有而之無無而未始無也非有非無之間而即有即無是謂太虛是謂太極又曰理卽是氣之理斷然不在氣先不在氣外知此則知道心即人心之本心義理之性即氣質之性又曰盈天地之間止有氣質之性更無義理之性如曰氣質之理

即是豈可曰義理之理乎。又曰：水，心也，而淸者其性也，有時而濁，未離乎淸也，相近者也。其終錮于濁，則習之罪也。又原心曰：盈天地間一氣而已矣。氣聚而有形，形載而有質，質具而有體，體列而有官，官呈而性著焉。又讀易圖說曰：◉圖中有一點，變化無窮。子曰：易有太極。周子曰：無極而太極，淪于無矣。解無極者曰：無形有理，益滯于無無矣。今請爲太極起廢而表是圖，其爲象曰有即未必周子之旨，抑亦孔門之說歟。雖然滯于有矣。又解太極圖說曰：一陰一陽之謂道，即太極也。天地之間，一氣而已，非有理而後有氣，乃氣立而理因之寓也。又曰：謂之太極，而實無太極之可言，所謂無極而太極也。使實有是理，爲此氣從出之毋，則亦一物而已，又何以生生不息，妙萬物而無窮乎。今曰理本無形，故謂之無極，無乃轉落注脚。太極之妙，生生不息而已矣。生陰生陽，生萬物，皆一氣自然之變化，而合之只是一箇生意，此造化之藴也。惟人得之以爲人，則太極爲靈秀之鍾，而一陰一陽分見于形神之際，由是殺之爲五性，而感應之塗出，善惡之介分，人事之所以萬有不齊也。

〔踐形識〕寂然時未淪于無，中也。動極復靜，動而無動。感通時未滯于有，和也。靜極復動，靜而無靜。性也，情即性也。若其天性即人心，是道心，依氣質有義理，此知道者一貫之說也。孔子于太極明言有而周子更言無後世偏解作無無蕺山此說復還固有研究太極圖者不可不知也一氣自然之變化迭分陰陽兩儀合而言之道也即太極之全也

黃宗羲（黎洲）太極圖講義曰通天地亙古今無非一氣而已氣本一也而有往來闔闢升降之殊則分之爲動靜有動靜不得不分之爲陰陽然此陰陽之動靜也千條萬緒紛紜轇轕而卒不克亂萬古此寒暑也萬古此生長收藏也莫知其所以然而然是即所謂理也所謂太極也以其不紊而言則謂之理以其極至而言則謂之太極識得此理則知一陰一陽即是爲物不貳也其曰無極者初非別有一物依于氣而立附于氣而行或因易有太極一言遂疑陰陽之變易類有一物主宰乎其間者是不然矣故不得不加無極二字又曰二氏又以無能生有于是誤認無極在太極之前視太極爲一物

（踐形識）萬古此一氣之變化也以兩故化獨不能化而變化不得不出于兩即一氣以動靜故不得不分爲兩井然秩然自然不紊此名理也孔子云易有太極豈有太極存耶周子告人曰實無太極存則知孔子之言有者非天地間別有此一物尤非本無而有本有而無即不得轉說天地間可無此一物矣

黃宗炎晦木太極圖辨曰、陰陽雖有動靜之分、然動靜非截然兩事、陰陽一氣也、一闔一闢謂之變、往來不窮謂之通、而何有乎分、動靜無端、陰陽無始、而何有乎生。

〔踐形識〕動靜反覆、往來無端、一氣之流行變化、而見有陰陽之對象、謂對象爲分、謂見有爲生耳。

張履祥楊園力踐程朱、以爲師劉念臺人譜、獨體猶染陽明、因條分縷析、洞揭傳習錄陽儒陰釋之隱。其與何商隱書曰、千流萬派、而歸于一海、千紅萬紫、而合于一太極、故曰禮儀三百、威儀三千、無一而非仁也。又與沈上襄書曰、以分別界限言之、則一爲君子、一爲小人、而就君子一邊言之、則君子、之間、自有分數、君子而時中、而後君子之爲君子、至是而極、就小人一邊言之、則小人之間、亦自有分數、小人無忌憚、而後小人之爲小人、亦至是而極、正如一陰一陽、判爲兩途、而由復之一陽、進而爲臨、爲泰、爲大壯、爲夬、以至于六陽之乾、由姤之一陰、積而爲遯、爲否、爲觀、爲剝、以至于六陰之坤、陽而不至于乾、則陽不極、可以爲舜之徒、而未可爲法天下、傳于後世、陰而不至于坤、則陰不極、可以爲蹠之徒、而未爲惡積而不可掩、罪大而不可解。

〔踐形識〕假如以陽儀命君子、陽儀命小人爲對待、就踐形發明瓜旋式太極圖證此說、定可豁然貫通天人合一之理。

陸隴其（平湖）太極論曰、寂然不動、是即太極之陰靜也。感而遂通、是即太極之陽動也。感而後寂、寂而復感、是即太極之動靜無端、陰陽無始也。寂然之中、而感通之理已具、感通之際、而寂然之體常存、是即太極之體用一原、顯微無間也。分而爲五常、發而爲五事、布而爲五倫、是即太極之陽變陰合、而生水火木金土也。以之處家則家齊、以之處國則國治、以之處天下則天下平、是即太極之成男成女、而萬物化生也。合吾身之萬念萬事、而無非一理、是萬物統體一太極也。即吾身之一念一事、而無之非理、是一物各具一太極也。不越乎日用常行之中、而卓然超絕乎流俗、是太極之不離乎陰陽、而亦不雜乎陰陽也。若是者、豈必遠而求之天地萬物、而太極之全體已備于吾身矣。

〔踐形識〕寂而靜、感而動、寂感迭循、寂感互涵、太極兩儀之妙理無遺矣。而不越乎日用常行之中、既非支離之邪說、尤非虛無之玄談、斯其道即聖道、學即聖學、平實可行也。

陸世儀（桴亭）論太極圖曰、周子作太極圖、發揮天地萬物之理。太極二字、原本繫辭、不過祖述孔子之舊、至于主靜立人極、人極二字、則自周子闢闢出來。後半惟人也得其秀而最靈一段、都是說人、極人極與太極、句句相對、則知人身與天地、處處相合、絕非矯揉造作、故人能踐、形即能盡性、能盡性、即能達天、天與人、總是一理、此是周子獨得處、又曰、中正仁義而主靜、下自注曰、無欲故靜、無欲者無人欲也、無人欲則純乎天理矣、是周子以天理爲靜、以人欲爲動、主靜者主乎天理也、主乎天理、則靜固靜、動亦靜矣、又曰、惟人也得其秀而最靈、形既生矣、神發知矣、形生、質也、神發、氣也、有形生神發而五性具、有是氣質而後有性也、不落氣質、不可謂之性、一言性、便屬氣質、又曰、論性離不得氣質、（程子曰、生之謂性、性即氣、氣即性、又人生而上不容說、朱子曰、性須是個氣質、方說得性字、）一離氣質、便要離天地、蓋天地亦氣質也、一離天地、則于陰陽外別尋太極、是太極不落于虛空、即同于一物、又性善圖說自敘曰、始知太極爲理、兩儀爲氣、人之義理本于太極、人之氣質本于兩儀、理居先、氣居後、理爲主、氣爲輔、條理判然、然終覺性分理氣、究未合一、既而悟理一分殊之旨、（與羅整菴暗合、）覺得理氣融洽、性原無二、然未察到人與物性同異處也、既而知人與萬物之所以同、又知人與萬物之所以異、于朱子云、論萬物之一原、則理同而氣異、論萬物之異體、則氣猶相近而理絕不同、二語大有契入、又識得天地萬物本同一體、然以爲孟子論善、只就天命之初、繼之者處論、未敢說到成之者性、後始覺得成之者性以前、著不得性字、既說成之者性、便屬氣質、既屬氣質、何云性善、始知性爲萬

物所同善惟人性所獨性善之旨正不必離氣質而槪也

〔踐形識〕文王因伏羲之一畫而發明乾元孔子復發明太極周子因太極以發明人極總是一理而人極之中正仁義尤切近人身實用不屬氣質不可言性故論性不離氣質非第成之者前著不得性字亦非有氣質而後有性也卽氣質之互合以成性也萬物同有其性而惟人性獨有其善故曰性善

張伯行敬庵困學錄曰夫子不以一貫示他人而獨示曾子周子不以太極圖示他人而獨示二程曾子却又不言一貫而言忠恕二程子却又不言太極而只言人倫日用當盡之理無非要人從極平常處循循做去自有入手得力處又曰有形只是氣無形總是道薛文淸曰天地萬物渾是一團理氣理萬古只依舊氣則日新胡敬齋亦云只是一箇眞實道理流行而天地萬物各得其性當細思而靜體之覺道理無一毫空闕無一息間斷參破及此眞有手舞足蹈之樂人特習于其中而不察耳

〔踐形識〕二程不言非不言也動靜語默無一不合太極之理能以身行何必多此一說爲哉有氣斯有理氣萬變而理不變不變之理卽在萬變之氣也無一毫空闕宇也無一息間

斷宙也。充乎宇宙者。即所以造化此宇宙之道理也。

顧炎武亭林與友人書曰。大學言心不言性。中庸言性不言心。來教單提心字。而未竟其說。未敢漫爲許可。以墮于上蔡、橫浦、象山三家之學。

〔踐形識〕所以生之理。是性。太極也。所以具此理。是心。兩儀也。言太極必不離兩儀。言兩儀則太極在其中矣。夫學程子而涉于禪者。上蔡也。橫浦則以禪而入于儒。象山之收拾精神掃去階級。無非禪之宗旨。此皆專主心性之涵養。而忽于窮理力行之偏也。故亭林辯之。

李顒二曲錫山要語曰。求易于易。不若求易于己。人當未與物接。一念不起。即此便是無極而太極。及事至念起。惺惺處。即此便是太極之動而陽。一念知歛處。即此便是太極之靜而陰。無時無刻而不以去欲存理爲務。即此便是天行健。君子以自强不息。人欲淨盡而天理流行。即此便是乾之剛健中正純粹精。希顏之愚。效曾之魯。歛華就實。一味韜晦。即此便是歸藏于坤。親師取友。麗澤求益。見善則遷。如風之疾。有過則改。若雷之勇。時止則止。時行則行。見可而進。知難而退。動靜不失其時。繼明以照四方。則兌、巽、震、艮、坎、離。一一在己。而不在易矣。

〔踐形識〕楊慈湖先有己易說。殆亦求易于己歟。太極、儀象、八卦。一一在己。而不在易。斯誠深于易者矣。

王夫之（船山）周易外傳曰、太極之在兩間、无初无終而不可間也、无彼无此而不可破也、又曰、太極渾成非積而聚之剖而析之也。又曰、異撰而同有、同有而无不至、至則極、无不至則太極矣、易有太極固有之也、同有之也、太極生兩儀、兩儀生四象八卦、固有之則生、同有之則俱生矣、故曰、是生是生者立于此、而生非待推于彼而生之、則明魄同輪、源流一水也、是故乾純陽而非无陰、乾有太極也、坤純陰而非无陽、坤有太極也、剝不陽孤、夬不陰虛、姤不陰弱、復不陽寡、无所變而無太極也、卦成于八、往來于六十四、動于三百八十四、之于四千九十六、而皆有太極、策備于五十、用于四十九、揲于七八九六、變于十有八、各盡于百九十六、而皆有太極、故曰易有太極、不謂太極有易也、惟易有太極、故太極有易、所自生者肇生、所已生者成所生、无子之叟不名爲父也、性情以動靜異幾、始終以循環異時、體用以德業異迹、渾淪皆備、不漏不勞、固合兩儀四象八卦而爲太極、其非別有一太極以爲儀象卦爻之父明矣、又周易稗疏曰、太極卽兩儀、兩儀卽四象、四象卽八卦、生者于上發生也。如人面生耳目口鼻、自然賅具、分而言之、謂之生耳。

〔踐形識〕太極无不至、何有初終之可間、彼此之可破、是渾成也。萬物各一太極、故云、異撰萬物合一太極、故云同、有儀象卦爻、生則俱生、非別有受生之子、卽非別有施生之父、故名、是生。夫乾雖純陽、而非無陰、陽在表而顯、陰在裏而隱、陽不獨存、陰不獨絕也。參觀踐形式表陽儀圖可見。坤雖純陰、而非無陽、陰在表而顯、陽在裏而隱、陰不獨存、陽不獨絕也。參觀踐形式表陰儀圖可見。天地之間萬有之品、其陰陽之量終古等衡、雖有表裏顯隱之殊、斷無獨存獨絕之理、此所以物物一太極、天地一太極也。

汪紱雙池曰、學易之方、則只在觀象玩辭、觀變玩占二語。河津薛子曰、太極中含陰陽五行男女萬物之理、體用一源也。陰陽五行男女萬物具太極之理、顯微無間也。又曰、一爲要者、一卽人生而靜之天也、無欲、卽無極而太極之體也。主靜立極、使靜無一毫妄念參焉、故靜虛矣、靜虛則動直矣。未有靜不虛而能動直者也。靜虛、靜故靜也。動直、動亦靜也。又曰、湛一、氣之本、人生而靜天之性也。攻取、氣之欲、感于物而動、性之欲也。然此只說得氣。惟氣湛一、則性中之理自渾涵于氣中。及至氣動而攻取、則紛紜纏擾、渾濁日滋、而性中之理不可見矣。

〔踐形識〕一卽無欲、此人生本靜、故無極而太極、靜固靜、動亦靜也。在湛一氣之本、至動而攻取、則見氣而不見性矣。

朱軾

朱軾可亭太極圖說解曰、乾坤者、對待之體。六子者、流行之用。筮卦之數、陽極于九、陰極于六。陽主進、進至于無可進則退、九退爲八、八少陰也。陰主退、退至于無可退則進、六進而爲七、七少陽也。太極圖所說動極而靜、靜極復動、動靜互爲其根者、卽筮卦九六進退之謂也。動極靜極者、二太陰生于動極、陽生于靜極者、六子也。圖書不言四象八卦、義已見于是也。此陰陽流行之用、總不外兩儀對待之體。先言用而後言體者、一生于兩、一見而後兩立也。又曰、二氣五行同出于太極、生則俱生、而無極太極之蘊、卽在陰陽五行之中。同出于太極者、亦各具一太極也。無妄之理、與不二之氣、渾淪融洽而無間、其合也、其妙也。妙合者、一也。五行一陰陽、陰陽一太極、氣含乎理內也。五行之生、各一其性、理行乎氣中也。又曰、廓然大公、性也。無極太極也。物來順應、情也。太極之理、蘊于中而發于外也。又曰、極者至也。道理至此盡頭、更無去處、故推行變化而不可測、皆自極生也。自氣言、爲陰陽。自質言、爲剛柔。自人心而言、爲仁義。動極者、純陽也。動極而靜、乾卦所謂用九、陽而陰、天極也。靜極者、純陰也。靜極復動、坤卦所謂用六、陰而陽、地極也。主靜而動、以定者、聖人洗心藏密、吉凶與民同患、仁而義、人極之所以立也。又周易傳義曰、周子所謂兩儀、蓋兼四象而言也。動生陽、靜生陰、一陰一陽、卽是兩儀。至動靜互根、則陰中有陽、陽中有陰、陰主退、陰中之陽、退極而進也、是謂少陽。陽主進、陽中之陰、進極而退也、是謂少陰。因目其極而未進未退者、爲太陰太陽。二太二少合而爲四。太一而已、而少則有長中少之別、陰陽各三、合二太爲八、八卽四四卽兩也。有兩而後有四、有四而後有八、此陰、陽、相、生、之、序、也。若聖人畫卦必乾坤六子具而後四象兩儀見。乾坤者、太陰太陽之卦、六子者、少陰少陽之卦。二與六爲八也、并六爲二、則震坎艮皆少陽、巽離兌皆少陰、合二太爲四象。太陽少陽皆陽也、太陰少陰皆陰也、并八爲兩。乾震坎艮陽儀也。坤巽離兌陰儀也。

〔踐形識〕陰陽者對待、之、象、也、是謂、兩儀。兩儀之見于表者、有純雜多寡之異。純則爲二太、雜則爲二少。是謂四象。進退者表裏之象也。見于表爲進、隱于裏爲退。是故陽極于九者、南離以四九爲明、全在表也。陰極于六者、北坎以一六爲幽、全在裏也。陽主進、微陽自復、先幽而嚮明也。進至于無可進而退、陽極于乾、又先明而返嚮幽矣。老陽九退爲少陰八、陽儀旋過、陰儀漸續、乾遇巽時爲月窟也。陰主退、微陰自姤、先明而嚮幽也。退至于無可退而進、陰極于坤、又先幽而返嚮明矣。老陰六進爲少陰七、陰儀旋過、陽儀漸續、地逢雷處見天根也。試以渾圓球、白其半爲陽儀、南方火數九也。黑其半爲陰儀、北方水數六也。卽因瓜旋法驗之。假如初旋之時、當黑儀之邊、微現白儀、假名復之一陽。如此順旋、浸假而二陽、三陽、四陽、五陽、乃至純陽、爲表見全白儀、爲陽極于九。仍如此順旋不已、白儀旋過邊際、微現黑儀、假名姤之一陰、則全儀純陽者、至此又少一陽、是陽退即陰進也、陽爲陰主、故九退爲八。如此仍順旋、浸假而二陰、三陰、四陰、五陰、乃至純陰、爲表見全黑儀、爲陰極于六。仍如此順旋不已、黑儀旋過邊際、又微現白儀、即返于復之一陽。則全儀純陰者、至此又少一陰、是陰退即陽進也、陽爲陰主、故六進爲七。所謂窮上反下、所謂極則反者、雖兼正反往反之誼、確是循環反復之道也。喻之以晦朔弦望、最爲符合。生則俱生者、太極是生兩儀時、即兩儀生四象、四象生八卦時也。當太極非生兩儀時、即太極本無極矣。而必易有太極者、皆太極是生儀象卦爻生則一時俱生時也。言乎、四陰、四陽、則曰、生兩儀、言乎父母男女、則曰生四象、言乎二老、六子、則曰生八卦、其名雖變、其象不二、故曰生則俱生者、非同時生彼又生此之謂、方言生而一。生即俱生、無所不生之謂、明乎此、始可與語是生之旨。

王懋竑白田易本義九圖論曰、自周子太極圖以黑白分陰陽後、多因以爲說、龜山先生于詹季魯問易、以一圖示之、而黑塗其半、曰、此即易也、是皆以意爲之。

〔踐形識〕以黑白分陰陽，確是示斯指掌之捷訣，雖似滯相，亦簡易之方。非此不能說明陰陽之象，豈得以意爲少之。

楊名時記中庸曰：太極中雖具陰陽，而不偏著于陰陽，至分陰分陽，則太極之所分寄，非渾然之體矣。若夫陰中具陽者，動根乎陰也；陽中具陰者，靜根乎陽也。陰陽包涵于太極者，兩儀已立之後也。太極不雜于陰陽者，二氣未分之初也。

〔踐形識〕太極不偏著于陰陽，故太極爲全體，而非如兩儀之分用也。動根乎陰，黑儀之陰極而旋成白邊也；在電學則靜蓄之極而陽施也。靜根乎陽，白儀之陽極而旋成黑邊也；在電學則動放之極而陰受也。兩儀已立，即陰陽是太極，所謂太極即在陰陽也。二氣未分，則雖非不有太極，而不雜乎陰陽以爲言矣。

耿介逸庵太極圖義疏曰：太極者，極至之理也。以此理至中至正，至平至庸，至純至粹，至微至妙，無以復加，故曰太極。當其未有天地之前，便先有此理，然使懸空一箇理，不著在陰陽上，則不能化生萬物。所以動而生陽，靜而生陰，遂成兩儀。兩儀既立，則太極在于其中。一動一靜，一消一息，一闔一闢，做出古今無限事。又曰：太極者，人心之理也。陰陽者，人心之一動一靜也。五行者，人心之仁義禮智信萬物者人心之醻酢萬變也天地未生人之前便先有此理然使懸空一箇理不著在人身上則亦不能參贊位育又曰人若能完全得這箇天理則爲子便孝爲臣便忠交朋友便信以之視聽言動合禮喜怒哀樂中節即一出入動作食息起居莫不各有天然恰好底道理分而言之一物各具一太極合而言之萬物統體一太極也是理之在吾心者如此

〔踐形識〕人能完全得天理則動靜云爲各有天然恰好之道理天然恰好之道理是名天理分則各具其理而無缺合則同具天理而無異故爲極至之理也

彭兪學易通論云方爲太極未有兩儀方爲兩儀未有四象方爲四象未有八卦自注云朱子答程迥書曰方其爲兩儀未有四象也方其爲四象未有八卦也安得先有乾坤之名初二之辨哉此語至爲明暢黄梨洲以爲兌少女不當屬太陽艮少男不當屬太陰震長男不當屬少陰巽長女不當屬少陽乃强以乾爲太陽坤爲太陰三男爲少陽三女爲少陰其說實始于東坡蓋未嘗深思也

〔辯惑〕程汝繼周易宗義曰易者陰陽之變說箇易字已含兩儀四象八卦在太極亦卽易中之太極不可泛指造化之理言蓋卦爻之理卽太極也兩儀四象八卦都是影此理名目

〔踐形識〕爲學所以行其是而辨其非也。其說是也，雖蒭蕘不廢，何況博文如東坡其說非也，雖父師不能曲徇，何必迴護于朱子。誠知生則俱生之旨，則八卦已在太極，太極卽在八卦，梨洲之言迴不同于穿鑿附會之徒，可識矣。故兩儀。四象。八卦，都是影。太極之名目耳。太極之外，更何嘗有兩儀。四象。八卦爲哉。

太極粹言卷全終

易學演講錄

丙寅春仲

俞復署

太極圖攷目次

（一）直立旋轉法

（二）平衡旋轉法

雙儀式太極圖

（一）青田式雙儀太極圖

（二）通俗式雙儀太極圖

（三）踐形式雙儀太極圖

回旋式太極圖

（一）圓圖

（二）太極圖

（附一）回旋式太極河圖象

（附二）循環式太極河圖象

〔一〕踐形式回旋河圖

〔二〕踐形式回旋洛書

聯拆法第三

聯拆圜中式

（一）左右圜

(一)康節式層象
(二)德久式圓象
(三)滄曉式圓象
奇偶象
(一)紫陽式横圖
(二)雙湖式堅圖
(三)荆陽式圓圖

分合法第五

分合式
(一)兩儀重
(二)四象重
(三)八卦重

懸象法第六

懸象式

踐形式懸象太極圖實相

踐形式懸象太極圖實相

兩儀異觀成八卦圖

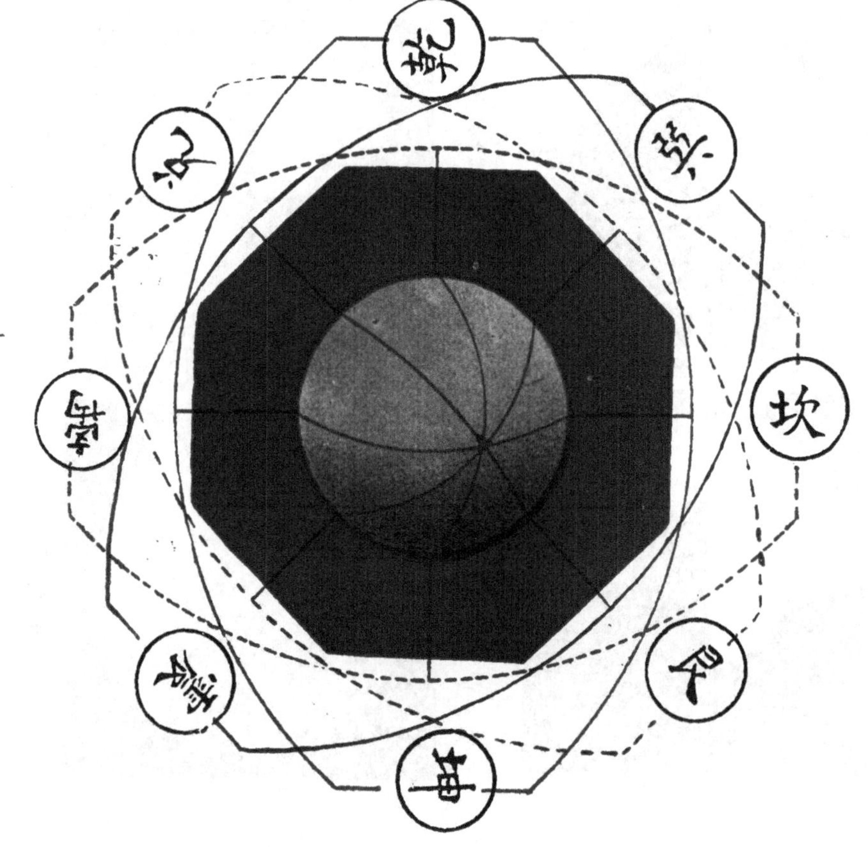

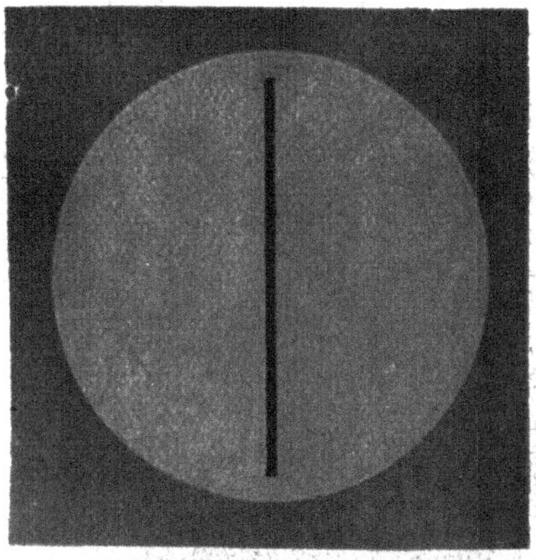

分兩式太極圖（1）立中式

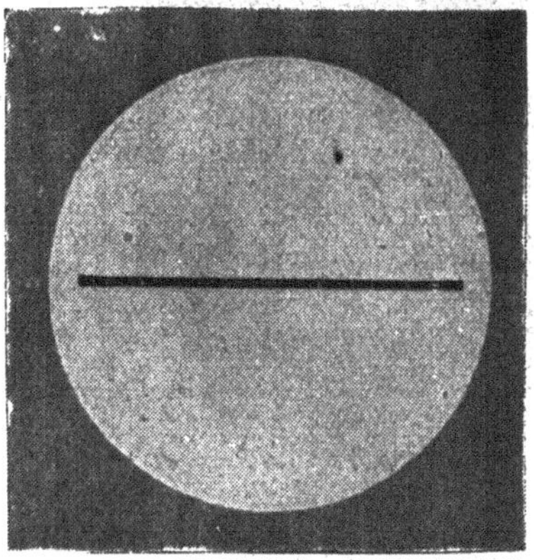

（2）行中左

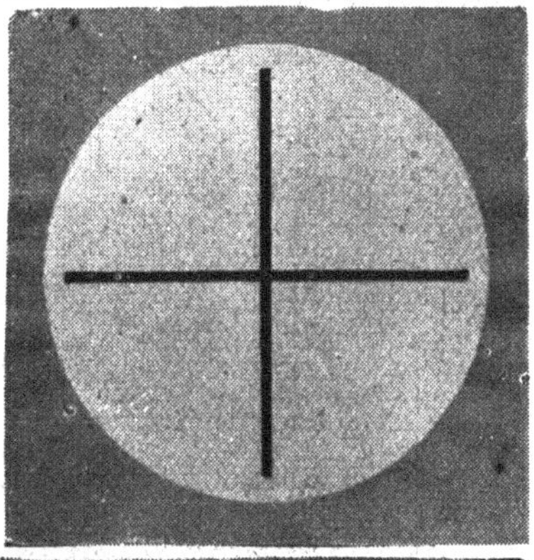

（3）成中式

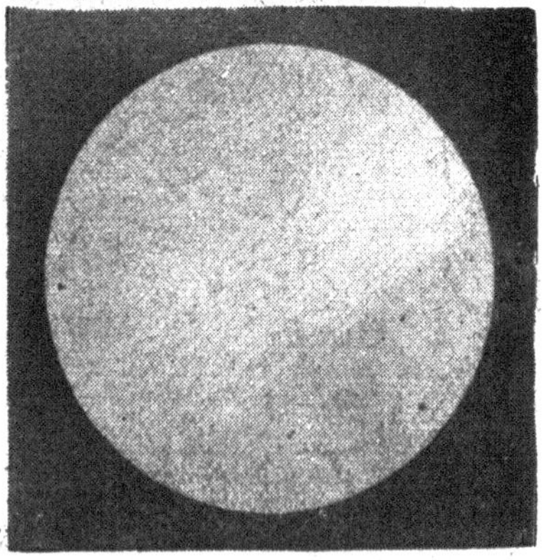

二

無極式太極圖

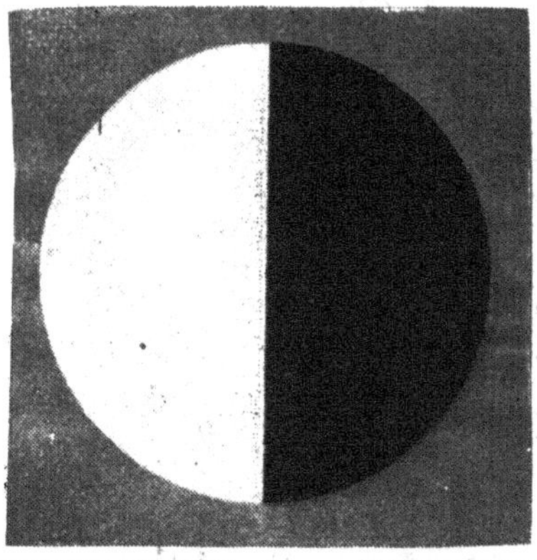

兩儀式太極圖（1）左右式

（2）上下式

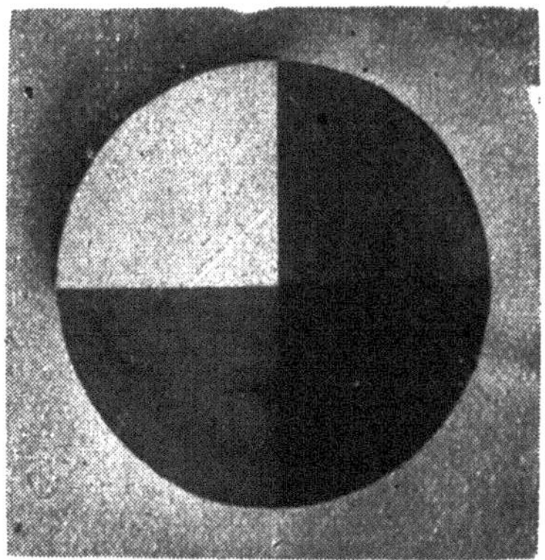

（3）交互式（表裏象）

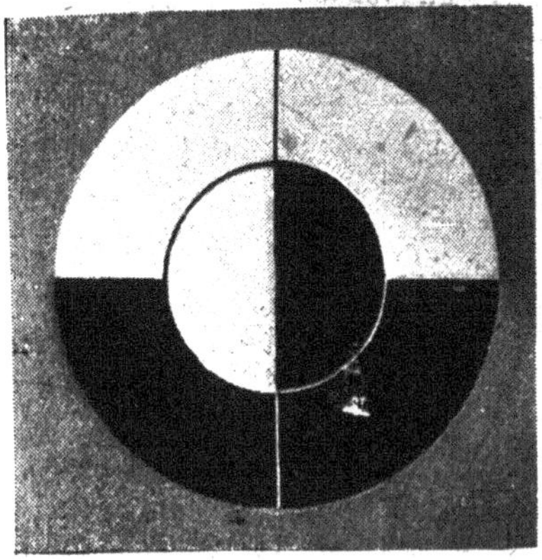

（內外象）

雙儀式太極圖（一、二、三、四）

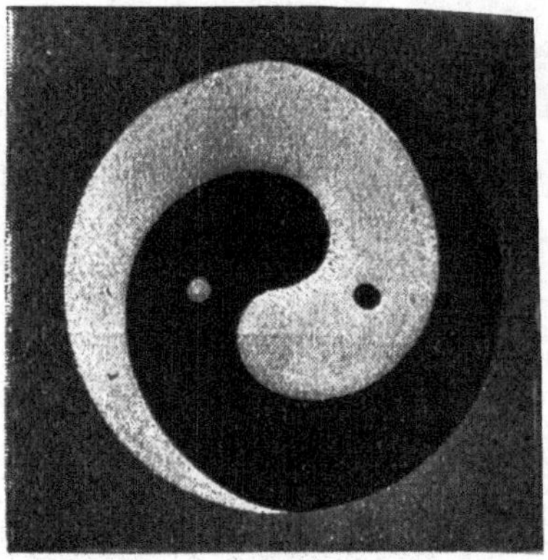

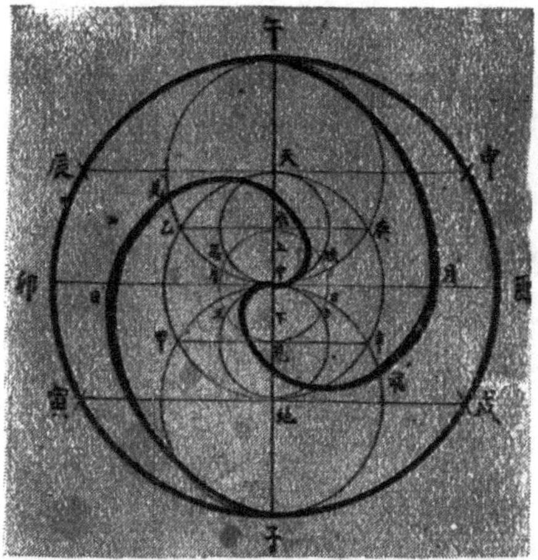

青田式二二徑作法圖

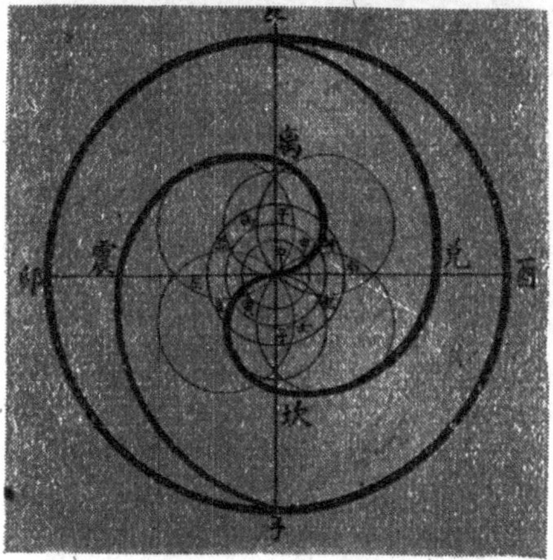

青田式九二徑作法圖

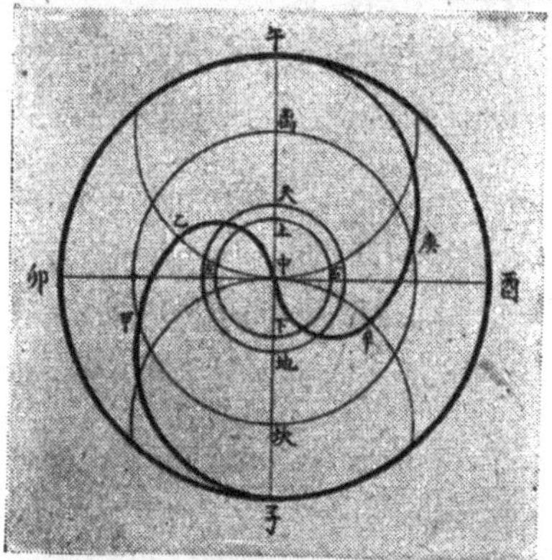

踐斤式二二徑作法圖

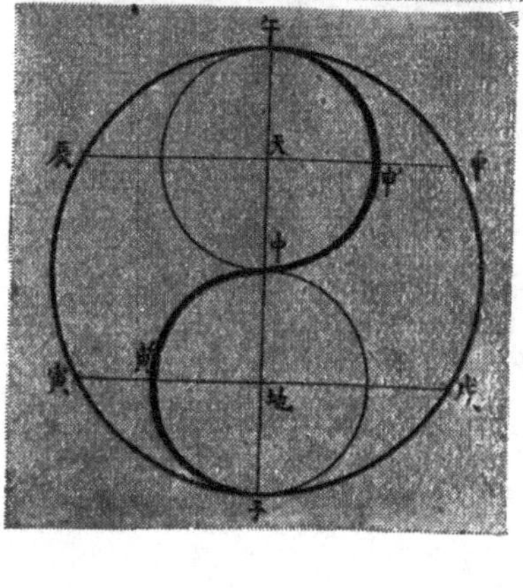

通俗二二徑作法圖

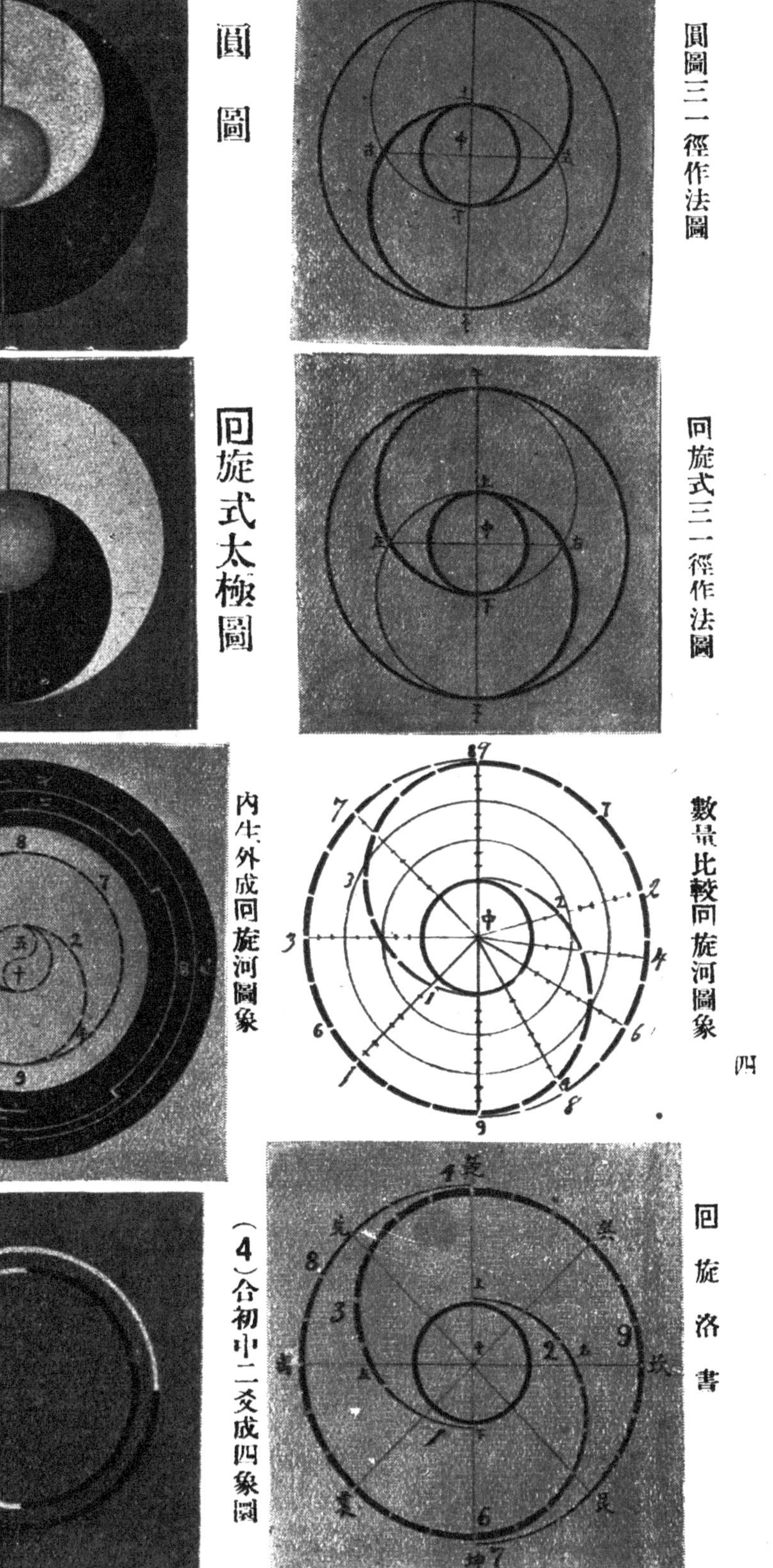

圓圖三一徑作法圖

圓圖

同旋式三一徑作法圖

回旋式太極圖

數量比較同旋河圖象

四

內生外成同旋河圖象

回旋洛書

（4）合初中二交成四象圖

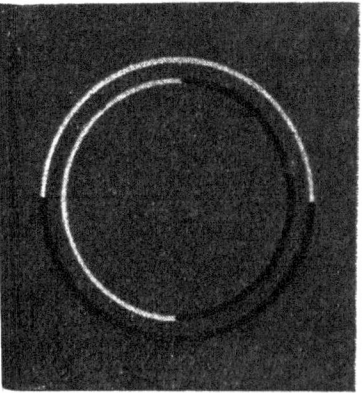

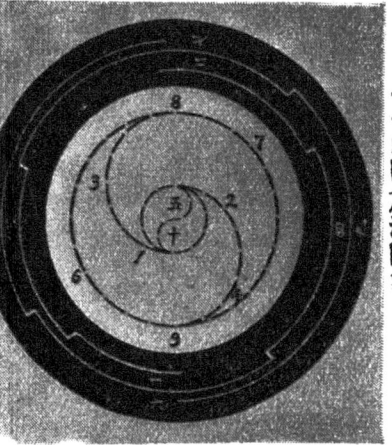

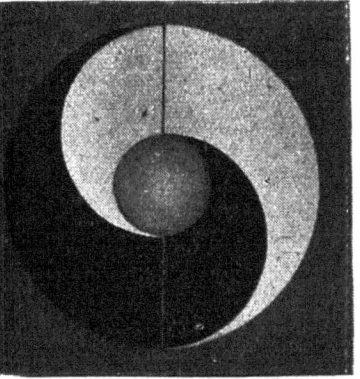

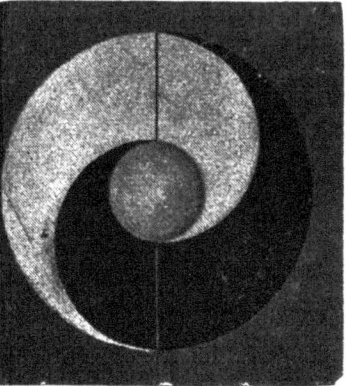

聯拆圜中式太極圖

(1)聯先天八卦初爻成左右圜

拆左右圜成先天八卦初爻象

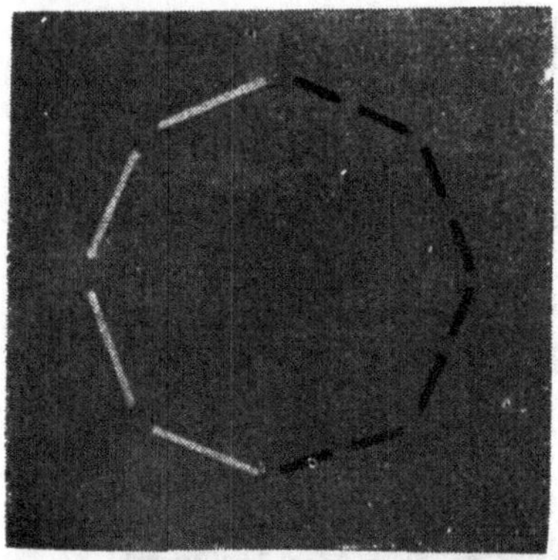

(2)聯先天八卦中爻成上下圜

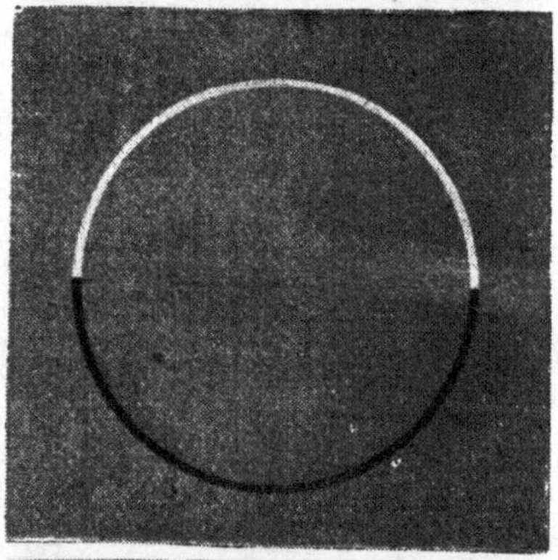

拆上下圜成先天八卦中爻象

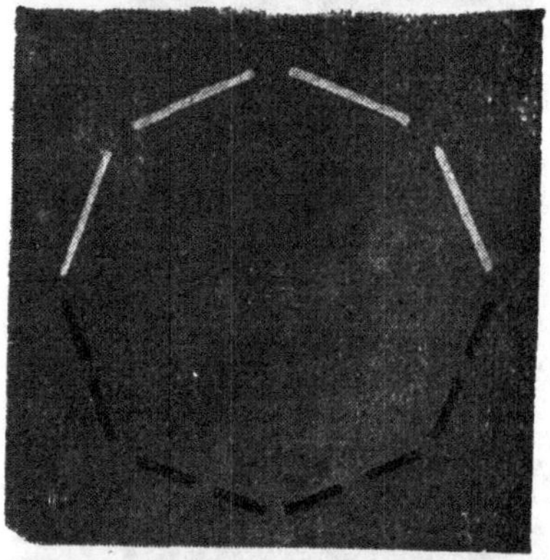

(3)聯先天八卦上爻成奇偶圜

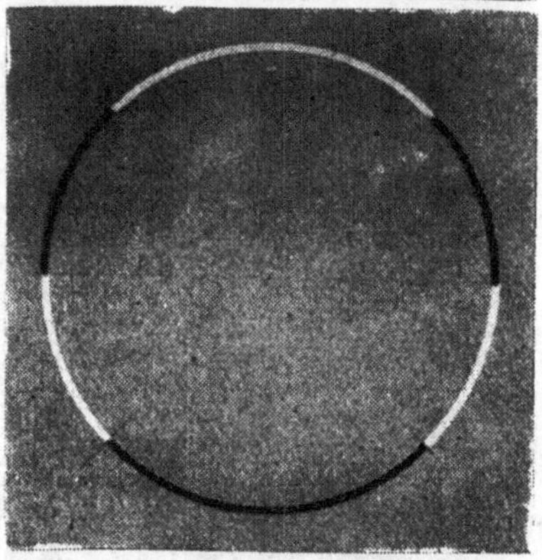

拆奇偶圜成先天八卦上爻象

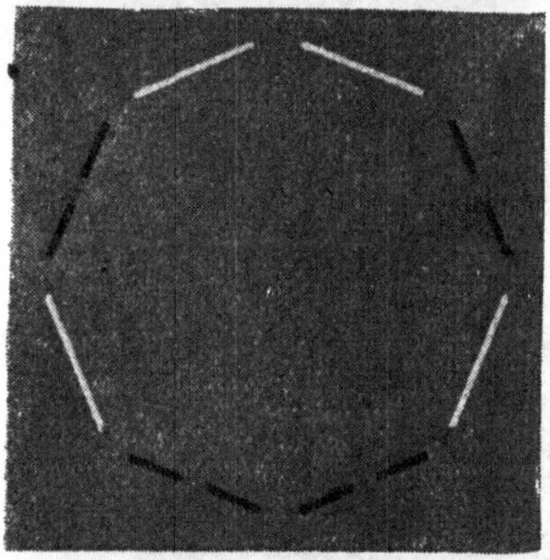

五

(5)合三爻成八卦圜

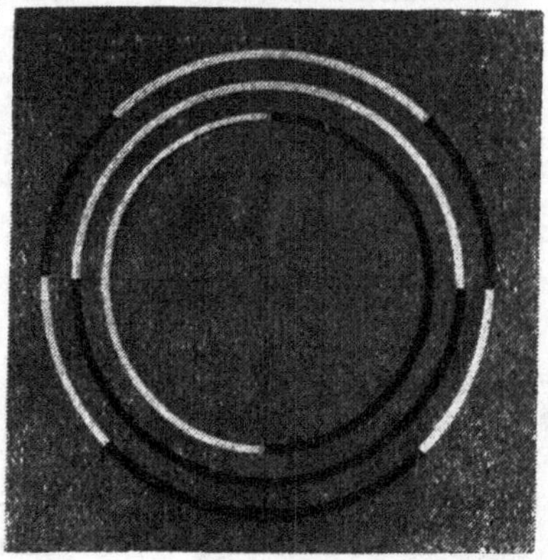

拆三圜成八卦象

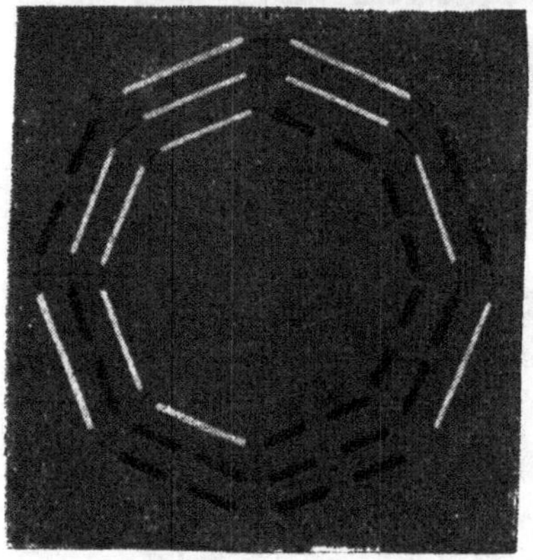

四象加六合規（1）臨物前迎視之象

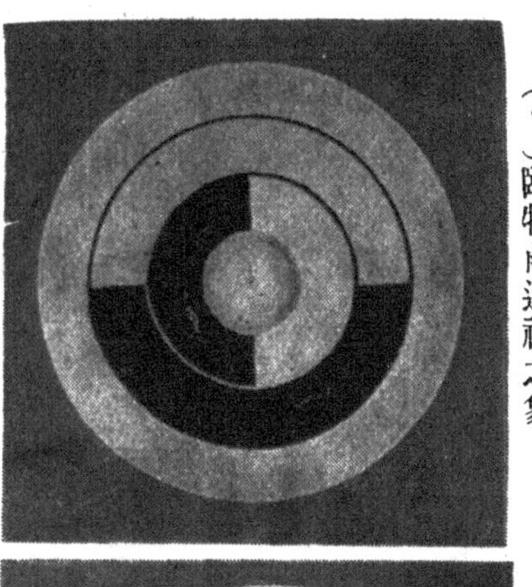

（2）設身前自處之象（陽面六合前規）

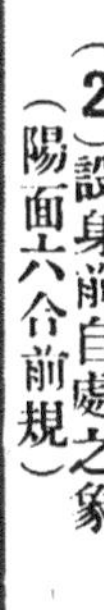

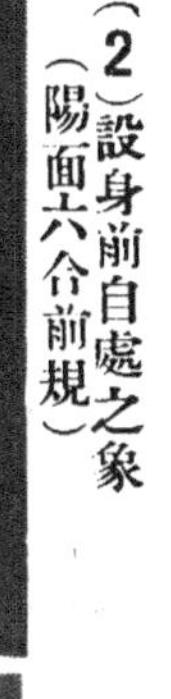

（3）從物後隨觀之象（陰面六合後規）

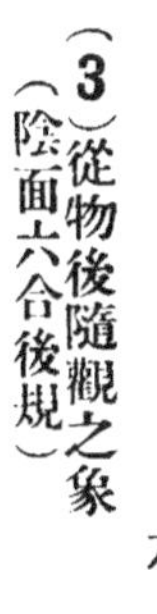

六

四象加前後規成六象圖

分合圜中式太極圖

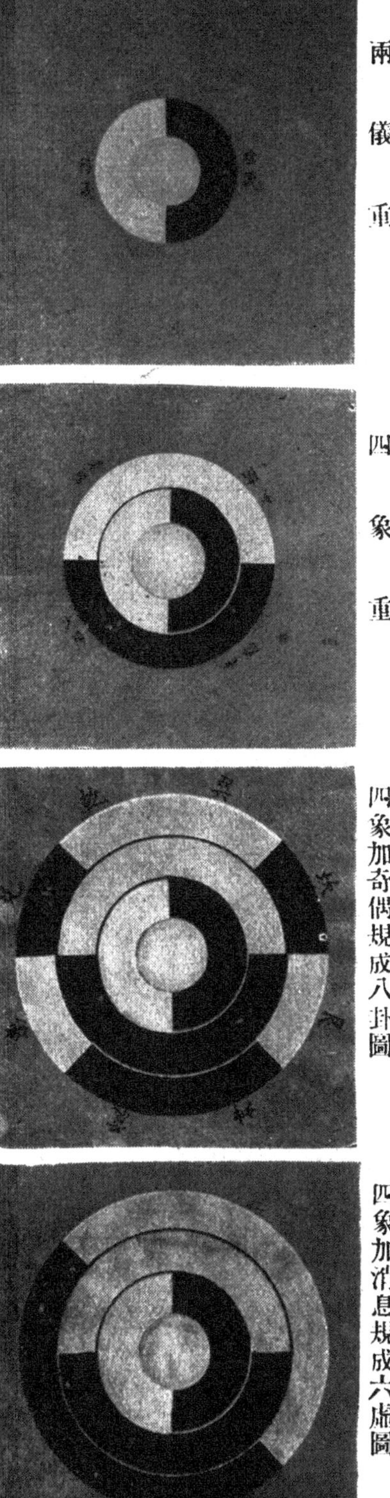

兩儀重

四象重

四象加奇偶規成八卦圖

四象加消息規成六虛圖

七

分合式太極圖

兩儀重

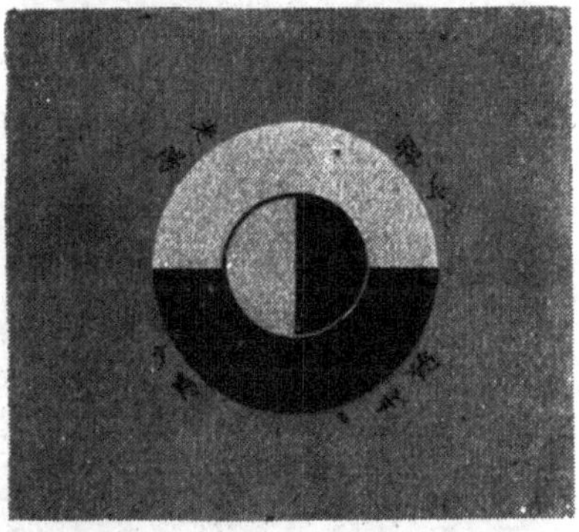

四象重

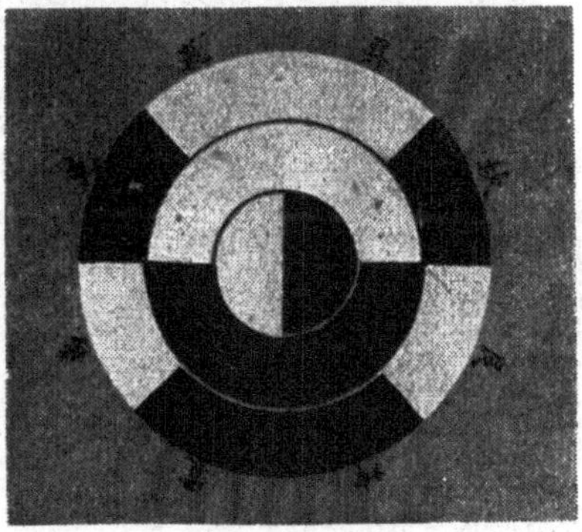

八卦重

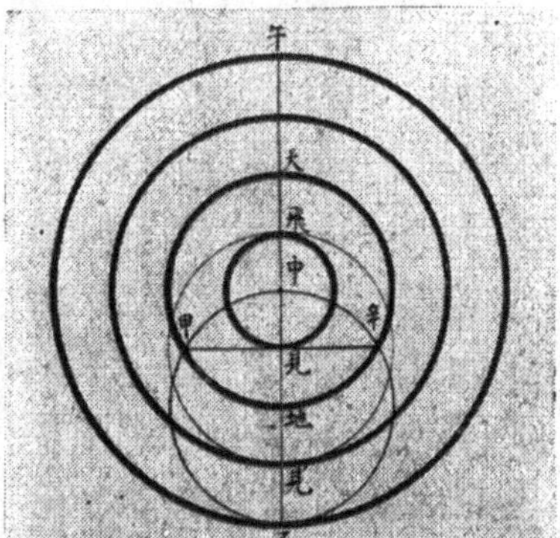

三圜式四一徑作法圖

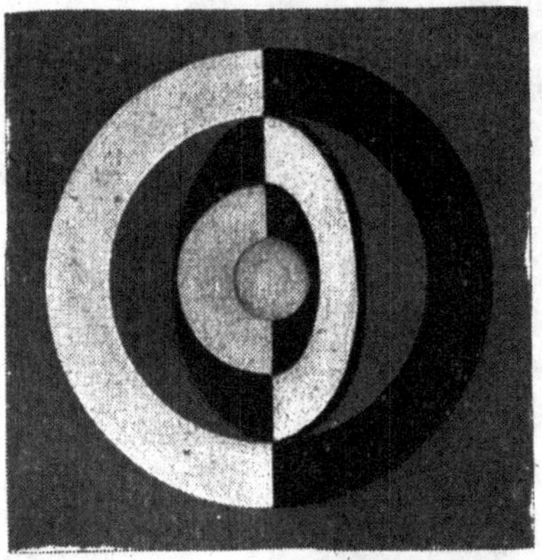

直立旋轉圖

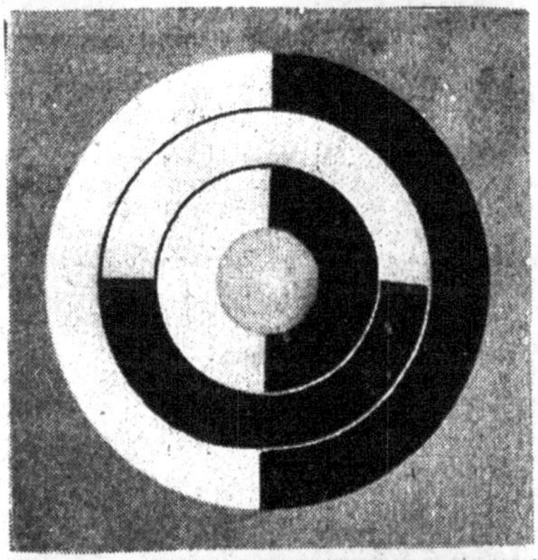

平衡旋轉圖

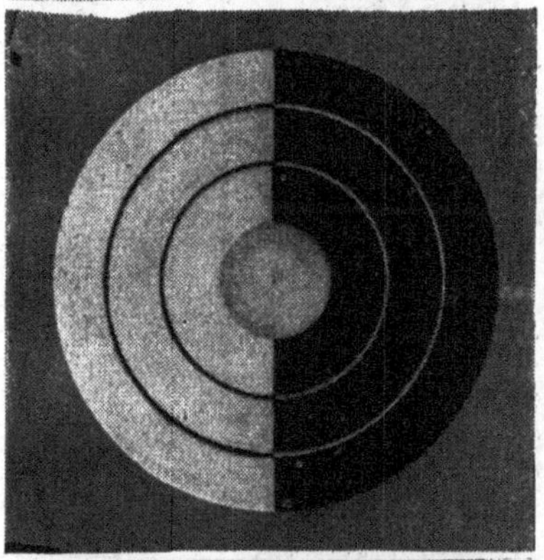

三圜式與兩儀式之關係圖

三圜式太極圖

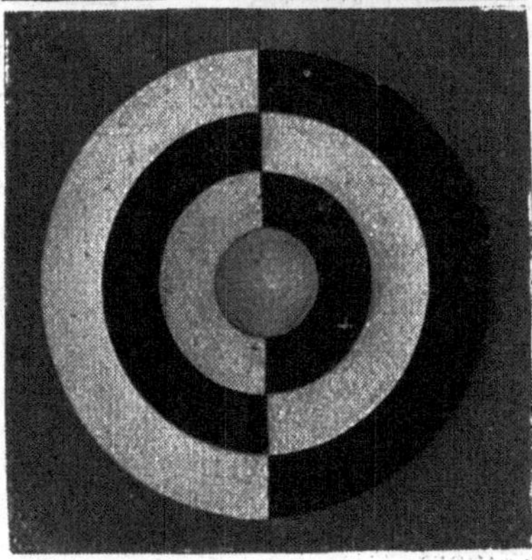

物現陰陽之象

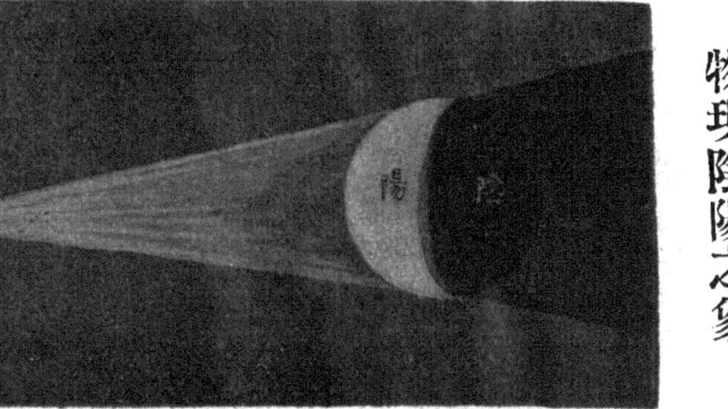

消息盈虛圖

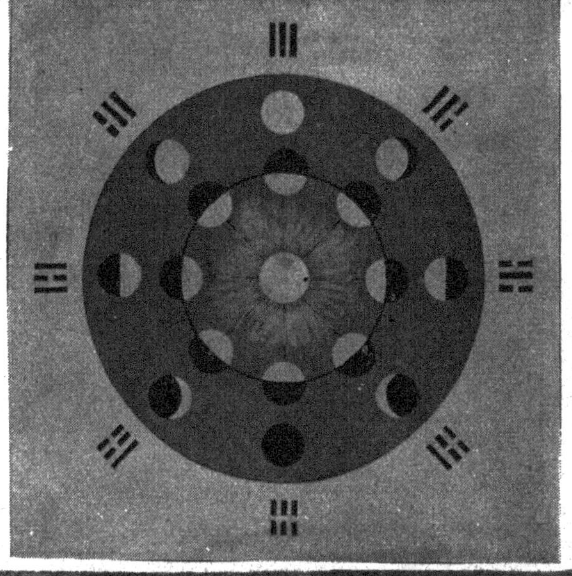

八

晦朔·弦望圖

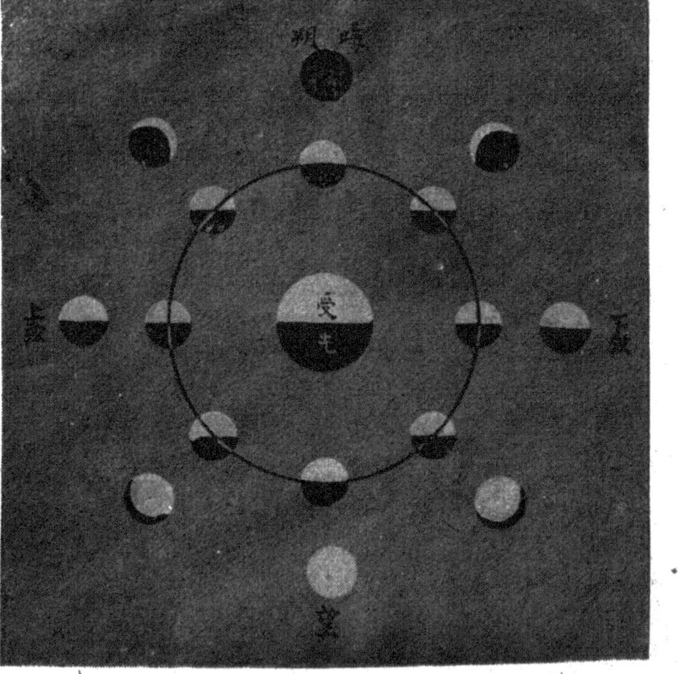

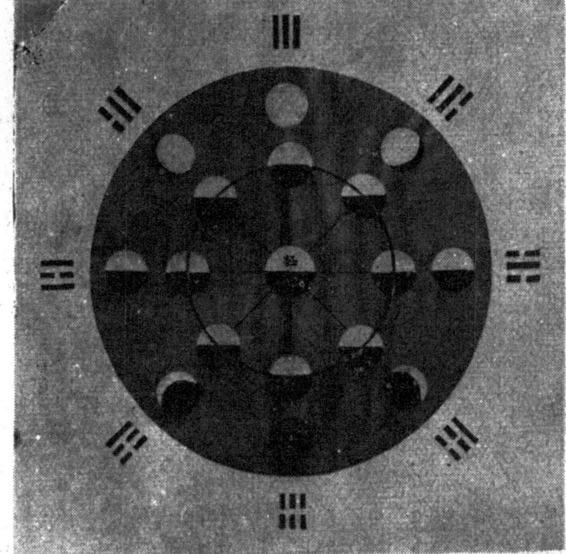

巽觀現象圖

陰陽奇偶圖

九

八象圖

內外合象圖

兩儀異觀成消息圖（1）

（2）

（3）

（4）

（5）

一〇

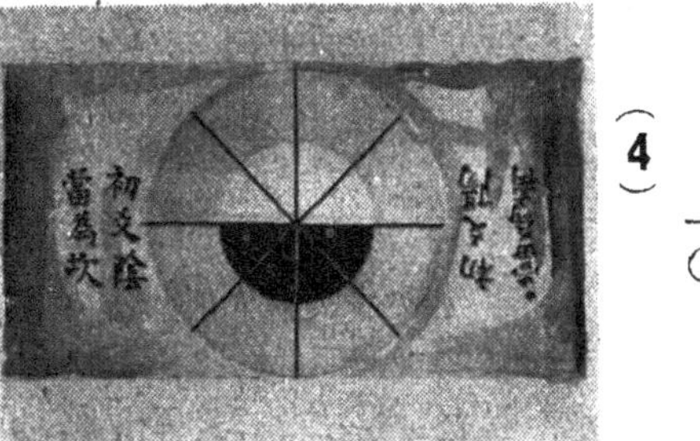

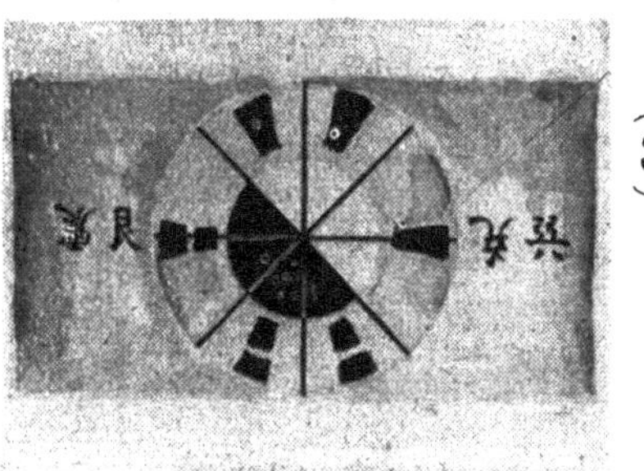

兩儀周流六虛成消息圖

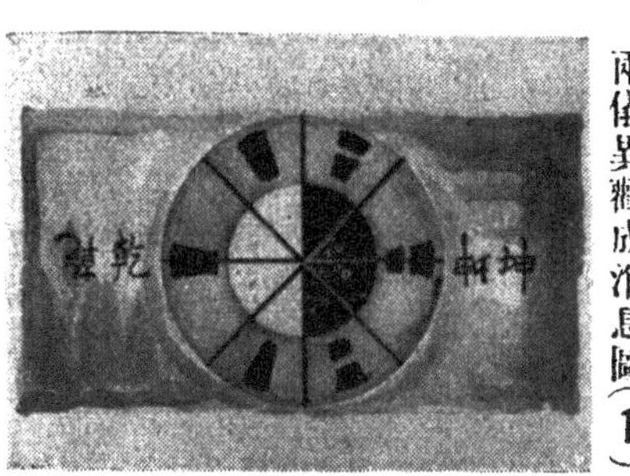

兩儀異觀成懸象圖（1）

（2）

（3）

（4）

太極圖攷

太極圖攷引言

梁溪楊踐形述

踐形研易三十餘載參考書籍旁搜遠討辨異同別醇疵頗費苦心總覺學識有限未能廓清蕪雜獨揭究竟故夙夜潛研寢饋不懈至于夢寐之間常聆羲皇之教始信周公入夢正孔子發憤忘食之日也夢有所會覺有所悟研易之味迥不與尋常同逮其精思有得豁然貫通則懽卞之至蓋有不知手之舞之足之蹈之者踐形于此均備嘗之矣而太極圖象以無可象爲象研究非易開口即錯下筆即錯有所指即錯在此千錯萬錯之中而求出其正確眞實一定不錯之理豈非難之尤難者乎此太極圖考之所由作也此孔子雖發明太極之旨而未嘗示其象至周濂溪後始有圖可說自宋迄淸太極圖遂爲研易之要鍵知易之士無弗致力于此即漫問易道者亦無不首以太極爲質一若可以爲讀易之捷徑也者甚至村夫俗子雖茫無易學知識而無弗能舉太極之名或竟能圖太極之象太極之深入人心概可見矣太極之確有圖象似可信矣然太極有圖雖始于周濂溪而太極圖之流傳則又不在周濂溪也故濂溪太極圖僅開其端而不盛

其傳僅備一格而不入易圖。其經採列正式易圖者，則皆濂溪以後各家心得續出之太極圖也。故欲追考太極圖之來源，固不可不先識濂溪太極圖之形象；而欲研究太極圖之異觀，又必不可固執濂溪太極圖之形象，必就歷來學者心得所發明之各式太極圖而比較討論之，庶乎異同可辨，優劣自見，而必不可象之中或竟有彷彿可象者在焉。此亦研幾極深之一助也。綜合各家太極圖象爲研究資料，而以科學之分類法整理之，則可識見智見仁，其道不謀而合，異觀各式，亦自各有條貫不紊。約其大綱，凡可攝爲六法：一曰易簡法，二曰交互法，三曰聯拆法，四曰倍析法，五曰分合法，六曰懸象法。試逐一述之于次。

易簡法第一

易簡法者，誼取乾以易知，坤以簡能之意。其法不煩，則其辭不費也。以言其象，實可爲諸象之母。一切太極圖象，無不由此而胚胎孕育。欲研究各家太極圖象者，必不可不知此易簡法象也。故首述易簡法第一。易簡法共有三式：一曰無極式太極圖，二曰分兩式太極圖，三曰兩儀式太極圖，各分述之。

無極式太極圖

無極式太極圖止有一渾圓圈蓋以空運表示太極圖之無象可象也其畫法至易其形式至簡任何易簡圖象必無能更易于此更簡于此是以易簡法爲太極圖諸法之首而無極式又爲易簡法諸式之毌凡欲畫任何各式太極圖者非先有此渾淪一圓圈則無從下筆而此渾淪一圓圈又可以畫成任何各式太極圖悉無不可之處故以此渾淪一圓圈形容兩儀未判陰陽無始以前先天渾沌之中自有此肫然穆然孕育萬物具足萬理之渾淪元氣以立乎天地之先而爲造化之主宰者無形可象無名可指之至也創此式者夙在宋前首用此者周濂溪太極圖之第一象也殆以太極本自空運故云無極而太極楊方達論周子太極圖且爲之明辯曰俗謂太極上有無極是以陰陽圖爲太極而以太極圖爲無極也朱紫陽于太極圖說注中亦申明謂非太極之上復有無極而後世學者皆謂其圖明明太極之上有無極其象終不可揜云是以後世之繪太極圖者或認此爲太極圖或認此爲無極圖衆說紛紜莫衷一是然以徵之朱彝尊經義考則此渾淪一圓圈確是無極圖當時曾刻華山石壁無庸諱辯也而朱子于所著易學啟蒙原卦畫中則竟以此渾淪一圓圈冠諸七圖之首以爲易有太極之圖而解之曰太極者象數未形而其理已具之稱形氣已具而其理無朕之目在河圖洛書皆虛中之象也周子曰無極而太極邵

子曰道爲太極又曰心爲太極此之謂也其時林至（德久）亦以此爲易有太極圖解之曰太極者萬化之本也陰陽動靜之理雖具于其中而其肇未形焉故曰易有太極云其他後于朱子遵守朱學者更無論矣而以其母圖本無極也濂溪亦仍不沒無極之旨故名之曰無極式太極圖蓋無極而太極太極本無極也兩儀未形則太極猶無極也一圈空運其象如是惟是已完具一渾淪圓圈之象則其心中所蘊蓄者固爲一渾淪太極圖然當其未落筆以前又烏從而識之况太極冲漠無形可以意會而不可以言傳言傳則有聲有聲非太極也著筆則有象有象非太極也以此本無迹象之太極而以迹象求之縱無論畫法如何易形式如何簡一滯迹象終覺似是而非矣雖然以視其他圖象則猶尙矣

分兩式太極圖

分兩式太極圖與前式實不相違差多圈中一直耳謂之分兩者緣渾淪一圓圈中有此一直畫于中央則平分其圈爲彼此兩半即分一太極爲陰陽兩儀故曰分兩式太極圖也按禮記禮運篇曰禮必本于太一分而爲兩儀分兩之名誼即取此夫太極之實相既不可擬之以圖而非圖又不足以明陰陽造化之妙求其衡兩執中之方惟有舍太極而圖兩儀兩儀之法象既明則太

極實理自己立乎其先即此無象之象亦因可象之象而自顯矣此分兩式太極圖之明顯所以勝于無極式太極圖也發明是式者有淸端木國瑚備述其說于所著周易指一書其意若謂易乾圜象日月周之故稱周易蓋指外之一圈言也中央有大極下極北至上極南至蓋指圈中之一直言也此卽孔子所謂易有太極也其下繼之曰是生兩儀此是字又是極重要之字不容忽略讀過惟歷來學者均目爲承接詞或指示詞從無有注意及之者獨至端木國瑚則謂於文日正爲是始下正北方正而上直日此以六書解字也立表日中則天地定位東西分焉東爲陽儀則西爲陰儀故曰是生兩儀此以表影釋誼也蓋于易象易理上又別開一新紀元矣然兩儀無時不具故太極無時不存若陰陽顯現必待臬晷之設是太極有時而無矣故本式雖較前式明顯其說亦仍未臻圓滿也更就其化成諸式附述之

（一）立中式

一曰立中式　立中式者誼取繫辭傳云『乾坤成列而易立乎其中矣』之意也本式卽上述渾淪一圓圈中有一直畫于中央而平分其圈爲左右兩半也端木氏之意若謂從『丨』中分兩列一至而二分。此句要注意、端木造圖之心得秘訣、全在此五字、至者曰北至下爲北極也日南至上爲南極也一至者此一直畫下極北至上極南至在曆則日行于天爲冬夏二至也。此又即以南北爲冬夏之極也。分者日行卯酉春秋平分也。二分者一直畫至南北之極則東西二列分爲陰陽兩儀也。此又即以東西爲春秋之儀也。一直畫立于圓圈之中則乾坤左陽儀右陰儀從「丨」生出是太極即是兩儀故曰乾坤成列而易立乎其中矣。（參觀立中圖、即分兩式太極圖、）

分至圖

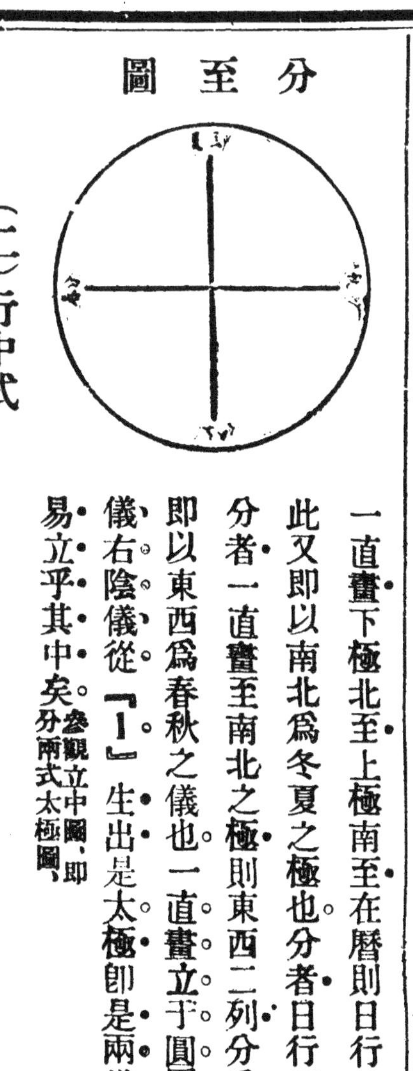

（二）行中式

二曰行中式：行中式者誼即繫辭傳云「天地設位而易行乎其中矣」之意也。本式畫法與前式較適爲一縱一衡。前式于圓圈中畫一縱、本式則于圓圈中畫一衡也。而渾淪一圓圈中有此一衡畫于中央則平分其圈爲上下兩半矣。端木氏之意若曰乾餘立極從坤乙（乾一坤一之一、皆即太乙之乙、乙即一、作一亦作乙也、）兩儀所自出天地（子一丑二、爲陰陽之始也、漸即漸卦之漸、亦即其來由漸之漸、）而四而八（皆倍之數、）可用爲儀（即其羽可用爲儀之儀、亦即太極是生兩儀之儀、）極「二」儀陰陽（天地日月、）分分陽之輕清則形而上者爲天分陰之重濁則形而下者爲地一衡畫行乎圓圈之中則分設乾天定位乎其上分設坤地定位乎其下故曰天地設位而易

行乎其中矣。參觀行中圖、

(三) 成中式

三曰成中式　成中式者誼取繫辭傳云『天下之理得而易成位乎其中矣』之意也。易有太極。圓圈中有太一也。『乾一』『坤一』一縱一衡。其爲一皆同也。太極是生兩儀。圓圈中有『一』爲『⊖』。而南北『1』易立乎其『⊖』中。兩儀生四象。圓圈中有『1』爲『⦶』。而東西『一』易行乎其『⦶』中。法象莫大乎天地。上下二象也。懸象莫大乎日月。東西二象也。從兩儀于中央極至而還爲四時。備一縱一衡正交爲『十』。天五地五。則二五歸之易極數四象。天地日月。易陰陽之義。配日月往來于乾圜中央。有極亟心。乾圜內起見伏止。坤方右來。象內二五是十方也。迭爲坤方外起見伏止。乾圜左往象。故四象加起見伏止。則生八卦也。八卦之位定。則天下之理得而易成位乎其中矣。參觀成中圖、即兩儀生四象圖、其二五成八卦、即四象生八卦圖、從略、

兩儀式太極圖

兩儀式太極圖完全與分兩式太極圖同。其畫法之繩規。而以黑塗其中直之右半。此惟其所異也。謂之兩儀者。正緣渾淪一圓形中判爲半黑半白之兩象。于是左半圓之白者。喩以陽儀在左

太極圖攷

右半圓之黑者喻以陰儀在右方太極之既現于有陰陽兩儀也故易有太極之名此所以謂爲兩儀式太極也蓋太極無可見祇是無極太極有可見已是兩儀將圖太極無可見則無以明故不得不因兩儀之有以明太極之有是知易有太極一句當先以四字連下二十四字一氣讀之曰易有太極是生兩儀兩儀生四象四象生八卦八卦定吉凶吉凶生大業可見有太極即已有兩儀有四象八卦與吉凶大業如序卦傳所謂有天地然後有萬物有萬物然後有男女乃至有上下然後禮義有所錯世界萬有皆由此易有之有所發生也故四象八卦吉凶大業皆涵育于太極而號爲易有苟無太極即亦無兩儀無四象八卦與吉凶大業并無易矣故孔子不言無極而獨言易有太極此固孔子秉神化之筆以贊易道之廣大精微剛健純粹亦以見太極之實有而不無也彼以一圈空運形容太極之無形有理猶未免落于筌蹄滯于迹象爲其强冲漠無朕而爲一圈之有形可度不如并一圈而無之較爲逕直也如此則無圖可圖矣今爲有圖計太極雖無象可象而兩儀未始不可象也所謂儀可象也可象之謂儀可象亦必可圖故太極不可圖而兩儀可圖也太極是生兩儀太極即在兩儀兩儀可圖則太極之不可圖者亦即在兩儀而可圖矣太極即在兩儀亦卽在四象即在八卦兩儀可圖則四象八卦亦無不可圖矣圖兩儀可以

見太極之即在圖四象圖八卦奚獨不可以見太極之即在而必圖太極爲兩儀式者舉其易知簡能也兩儀可象爲有象之始有兩儀之可象而後有四象有八卦之可象四象八卦之可象無一非即兩儀之可象也圖兩儀而太極在其中矣即四象八卦無一不在其中矣故易簡法中尤以兩儀式太極圖爲最得體也更就其化成諸式附述之。

（一）左右式

一曰左右式　左右式者左白右黑之象喻白爲陽喻黑爲陰天地初分陰陽始判東方生氣以著陽長西方殺氣以見陰消日在卯月在酉合成明字繫辭傳曰懸象著明莫大乎日月又曰陰陽之義配日月皆指此左陽右陰之日月象也惟此式足以象之本式即兩儀式太極圖也。

（二）上下式

二曰上下式　上下式者上白下黑之象喻白爲清喻黑爲濁太極肇判混沌始開氣之輕清者上浮而爲天氣之重濁下凝而爲地繫辭傳所謂天尊地卑乾坤定矣又曰天地設位說卦傳曰天地定位皆指此上清下濁之天地象也法象莫大乎天地惟此式足以象之本式與前式較則兩式爲同象而現于異觀者也。

（三）交互式

三曰交互式　交互式者上下式與左右式兩相交互而成之象有白與白交互仍成白象者有黑與黑交互仍成黑象者有黑與白交互或白與黑交互而成蒙昧之象者是謂四象又分二式。

（一）林至式內外交互象

其一林至式內外交互象　此式林至所造故名林至式其圖內外各一圈相重作倍半異半徑之同心圓周內圓圈即前之左右式外圓圈即前之上下式疎觀頗似大小兩圓形大圓形上下式上疊置小圓左右式而同貫其中心點也其原意實爲內外兩個兩儀式一縱一橫以形容陰陽交互之象故名內外交互象。凡白皆示陽儀凡黑皆示陰儀內外皆白則成純白內外皆黑則成純黑外黑內白則成蒙象外白內黑則成昧象。蓋陽分而爲陰陽則有陽中陽陽中陰陰分而爲陰陽則有陰中陰陰中陽。陽中陽陰中陰是老陽老陰陽中陰陰中陽是少陽少陰此四象之畫所自成也。故曰兩儀生四象也。

（二）踐形式表裏交互象

其二踐形式表裏交互象　此式踐形所得故名踐形式其圖不分內外亦無兩圓祇有一個而

此一個確屬渾圓球體並非一空運之圓圈亦非一扁平之圓形。語大則天下莫能載故其大無外。語小則天下莫能破故其小無內。惟雖無內外之可析而實有表裏之可辨。其向我之面爲我所識用之則行而現于有者吾謂之表其反幽之面爲人不知舍之則藏而隱于無者吾謂之裏凡物莫不有表裏表裏二字本假衣裳之表裏而廣喻之于一切也。假如以上下式與左右式作爲表裏之狀並施于一渾圓則二式之黑白兩儀定顯交互之象故名表裏交互象當分三項述之。

第一項表裏清濁式　表裏清濁式者謂以上下式之上白下黑作爲有表裏兩面也。假如以左半陽爲表右半陰爲裏則表清表濁裏淸裏濁爲表裏清濁交互成四象矣。

第二項表裏陰陽式　表裏陰陽式者謂以左右式之左白右黑作爲有表裏兩面也。假如以上半清爲表下半濁爲裏則表陽表陰裏陽裏陰爲表裏陰陽交互成四象矣。

第三項表裏交互式　表裏交互式者謂以上下左右兩式作爲表裏交互無論何式是表裏何式是兩儀總之清陽交互卽是純白在象爲明景。濁陰交互卽是純黑在象爲暗景。濁陽交互卽是蒙象清陰交互卽是昧象而蒙昧兩雜象皆屬灰色同爲昏景。此表裏兩儀交互成四象而實祇三景也。此孔子云兩儀生四象。而老子云二生三也。是知四象可約爲三才。三才可廣成四象也。三才喻即三景。兩純爲二老。此天地分二才也。一雜含二少。由暗出明則爲少陽。由明入暗則爲少陰。此人類所以自有小天地。而男女合一才也。

交互法第二

交互法者。謂取陰陽交變動靜互根之意。其象盎然。則其法井然也。以言其圖式。實爲研易家之所共知。而開太極有圖之先聲者也。凡世人共認易學中當有太極圖者。其太極諸圖。不在餘法。皆即在此交互一法中所有也。研究太極圖者。宜知交互法之重要矣。故次述交互法第二。交互法共有三式。一曰三圜式太極圖。二曰雙儀式太極圖。三曰回旋式太極圖。各分述之。

三圜式太極圖

三圜式太極圖。爲一大渾圓周。中含同心互套。半減異半徑之圓周三。亦即爲一小渾圓周。外包同心互套。倍增異半徑之圓周三。而以之構成三圜形也。質言之。即一渾圓形中心空運四一半徑之圓孔。而均分剩餘之一渾圓圈。爲三圜輪。圜輪之廣緣。各等于四一半徑也。除去空運圓孔。爲太極中之無極不計外。其含有三圜輪之一渾圓圈。即是生兩儀之太極也。但亦有學者認空運圓孔爲太極，而以三圜

（輪之一渾圓圈爲兩儀者、茲所述皆取多數之說、故云然、）

三圜輪亦稱三層。最小一圜輪爲內層。次一圜輪爲中層。最大一圜輪爲外層。通過圓心中點。畫一直線。兩端會于外層之大圓周極上極下兩點。成一垂直子午線。分一渾圓圈爲左右兩儀。左儀內外兩層白。中層黑。右儀內外兩層黑。中層白。如此黑白三層左右交互相錯。形成水火既濟、水火不相射之象。此三圜式太極圖之所以名也。夫此圖之判左右爲陰陽兩儀是也。然以陰陽交變推動靜互根之理而有此錯雜之狀。則此時氣尚未生。安得云然。觀其黑白相間之文。實坎離兩卦之象。凡白爲陽。黑爲陰。左儀兩白中間一黑。此離卦之上下兩陽、中爻陰也。右儀兩黑中間一白。此坎卦之上下兩陰、中爻陽也。而中間一空運實。即丹家所傳中含聖胎也。合而觀之。即是取坎塡離、乃成聖胎之意。此圖創自河上公。乃方士修鍊之術也。周濂溪得之自陳摶。陳摶得之自道藏。宋儒諱其有異端之嫌。故必謂濂溪之所發明。然證之以蜀彭曉參同契圖訣之水火匡廓圖。唐眞元妙品經之太極先天圖。可知其圖象之實出自道家。而莫容諱飾矣。惟太極之有圖可說。既始自濂溪。此圖則三圜式太極圖實足爲歷來太極諸圖之鼻祖。而研究太極圖者。所不可不先明乎此也矣。三圜式太極圖既成。自三圜則此三圜合有獨立自存之勢。試析而觀之。其外層一輪。左半白儀爲陽。右半黑儀爲陰。是謂左陽右陰。表圜內層一輪與此同。其中層一輪反是左半黑儀爲陰右半白儀爲陽是謂左陰右陽裏圜。如此三圜實祇兩式也。其化成諸式別分爲聯拆法青出于藍頗有研究之價值說均詳後。今欲驗此式表裏三圜黑白相錯之故可就圜輪之旋轉以證明之。蓋圜輪之旋轉法厥有兩種一即直立旋轉如以銅錢一枚直立桌上以三指捻而旋轉之則以通過圓心之直徑爲軸是也二即平衡旋轉如以自來火柴梗兩端削成銳尖貫于銅錢孔內而以紙布捲塞牢固形成陀螺狀而旋轉之則銅錢平衡而以通過圓心之垂直正交線爲軸矣。今就三圜輪依此兩法驗之。

（一）直立旋轉法

其一直立旋轉法　此法用厚硬紙板最好用輕薄木板照三圜式圖樣比例製成內中外大小三圜依式配置而于子午線處以極細銅絲自上而下、貫通板之中縫務使此三圜可以自由直立旋轉爲度。然後將此內中外互套之三圜其正面各依濂溪式太極圖塗成黑白相間三層之狀其反面則塗其黑白相反之狀而直立旋轉之。假如內外二圜皆靜而中圜獨動則成左儀全黑、右儀全白之象。若內外二圜皆動而中圜獨靜則成左儀全黑、右儀全白之象。若內中外三圜皆動則成一個反太極圖。同理可將三圜輪依左儀陽白、右儀陰黑之陰陽式塗之爲表面而反塗其裏面爲左黑右白之式。假平圓爲渾圓。則固一絕佳之兩儀式太極圖也。如是而獨動其中圓。卽成周濂溪三圓式太極圖矣。準此可知兩儀式一變卽爲三圓式。而三圓式實根兩儀式之一變而來也。

(二)平衡旋轉法

其二平衡旋轉法　此法用紙木板亦與上法同。惟上法用三圓。亦可稱爲圓旋法。今則須製成三輪。又可稱爲輪轉法。此其異處。三輪之圓心本同在正中一點。以圖畫釘貫通此點。卽爲三輪公共之軸。而三輪皆可平衡旋轉矣。然後仍照上法。以白黑相間塗三輪成三圓式。獨動其中輪。亦成左半全白右半全黑之兩儀式。兩動其內外兩輪。則成反兩儀式。全動其三輪。則成反三圓式。若製板時不塗作三圓式而塗作兩儀式。則亦可由兩儀式一變而成三圓式也。無論直立旋轉平衡旋轉。旣皆可由兩儀式而變三圓式。卽可證明繁複錯雜之三圓式。實根易知簡能之兩儀式而來。兩儀式乾坤交泰之象也。三圓式坎離旣濟之象也。乾二往坤五。坤五來乾二。則乾含坤爲離。坤含乾爲坎。荀虞漢易之精粹。胥于是見。益徵兩儀式之價値重要矣。

雙儀太極圖

雙儀式太極圖爲一渾圓圈內分黑白兩儀首尾環互之形。而白中必含有黑點線等類黑中亦必含有白點線等類以形容陰陽互根之意也。其狀亦如前式之陰中有陽、陽中有陰故入諸交互法不稱兩儀而稱雙儀緣兩儀必陰陽兩純而雙儀則陰陽交互也。分三式述之。

（一）青田式雙儀太極圖

一曰青田式雙儀太極圖　此式雖非劉青田所創然自青田取以繪入八卦之中。後遂風行海內使人人心中能深識有太極圖者青田之力也。青田之推行太極圖較諸濂溪之始傳太極圖其影響及于後世者有過之無不及故此式繫之劉青田也。明初趙謙得此圖于陳伯敷氏、熟玩之有太極函陰陽、陰陽函八卦之妙名爲天地自然之圖其六書本義曰天地自然之圖伏羲氏龍馬負之出于滎河八卦所由以畫也。其後來知德更略變此式而自繪心得所創之太極圖而名此爲古太極圖。易楔云康節之學實出自希夷所演先天圖陰陽消長亦與此圖悉合故又謂之太極眞圖。又云此圖流傳甚古蘊蓄宏深決非後人所能臆造。大抵老子西出函關必挾圖書以俱行爲關尹所要僅留道德五千言傳于中土其餘秘書法象爲三代所傳而藏于柱下者皆隨而西去。故道藏諸圖皆出陝蜀至唐宋而後始漸傳布要皆爲三代以上之故物無可疑也。然則此式之由來厥源亦遠與濂溪之採取道家圖訣而化成實用之學者其理正同出一揆蓋自朱子晚年頗信道家之說注參同契而悟其功用知道家之源流悉出于周易意者天子失官學在四夷秦火既燔秘書多散佚儒家故物每有流落在方外者先天河圖洛書等既云得邵子而原璧歸趙則此外僻境邊邑必尚有秘傳之圖籙爲世所未見者故囑蔡元定入陝蜀以求之蔡氏晚年于蜀隱者得三圖珍秘之甚此式即其中之一也未久即病卒故朱子亦未得見之也蔡氏死後秘藏于家至其孫始傳布之已在宋亡之後胡元一代尚鮮稱述逮明洪武以後此圖遂盛傳于世今則家喻戶曉無人不知有太極圖矣謂之雙儀者以此圖兩邊黑白回環其狀頗似兩魚之首尾交互故北方俗呼此圖爲陰陽魚兒魚字實儀字之誤讀音相近而訛也若易魚字之訛而爲儀字之正則宜呼之曰陰陽儀圖以著圖中雙儀之象如斯名實相符稱謂至當矣來氏易採圖有心易發微伏羲太極之圖其說曰此圖乃伏羲氏所作也世不顯傳或謂希夷所作雖周子亦未之見焉乃自作太極圖觀任道遜之詩可見矣詩云太極中分一氣旋兩儀四象五行全先天八卦渾淪具萬物何有出此圖又云造化根源文字祖圖成太極自天然當時早見周夫子不費鑽研作正傳夫既謂八卦渾淪文字祖則知此圖爲伏羲所作而非希夷明矣其外一

圈者太極也。中分黑白者・陰陽也。黑中含一點白者・陰中陽也。白中含一點黑者・陽中陰也。陰陽交互動靜相倚・周詳活潑・妙趣自然。其圈外左方自震一陽・馴至乾之三陽・所謂起震而歷離兑以至于乾是已。右方自巽一陰・馴至坤之三陰・所謂自巽而歷坎艮以至于坤是已。其間四正四隅・陰陽純雜・隨方布位・自有太極含陰陽・陰陽含八卦之妙・不假安排也。且嘗究觀此圖・陰陽渾淪・蓋有不外乎太極而亦不離乎太極者・本先天之易也。觀周子太極圖・則陰陽顯著・蓋皆太極之所爲・而非太極之所倚者・實後天之易也。然而先天所以包括後天之理・後天所以發明先天之妙・明乎道之渾淪・則先天弗違・太極體立也。明乎道之顯著・則後天奉時・太極用行矣。使徒玩諸畫象・談諸空玄義・周作圖之意荒矣。故周子有詩云・書房兀坐萬機休・日暖風和草色幽・誰道二千年遠事・而今只在眼睛頭。豈非以孔子所論太極者之旨・容有外于一舉目之間哉。又古太極圖說曰・惟是圖也・不如畫于何人・起于何代・因其傳流之久・名爲古太極圖焉。嘗讀易繫辭傳首章・若與此圖相發明。說卦傳天地定位數章・即闡明此圖者也。何也・總圖即太極也・黑白即陰陽兩儀・天地高卑・貴賤動靜・剛柔之定位也。黑白多寡・即陰陽之消長・大陰大陽少陰少陽・羣分類聚・成象成形・寒暑往來・乾男坤女・悉于此乎見也。以卦象觀之・乾坤定位上下・坎離並列東西・

震巽艮兌隨陰陽之升降而布于四隅。八卦不其畢具矣乎。然太極兩儀四象八卦吉凶大業雖畢見于圖中。而其所以生生者莫之見焉。其實陰陽由微至著。循環無端。卽其生生之機也。太極不過陰陽之渾淪者耳。原非先有太極而後兩儀生。既有兩儀而後四象八卦生也。又豈兩儀生而太極遯。四象生而兩儀亡。八卦生而四象隱。兩儀四象八卦各爲一物。而別有太極宰其中。統其外哉。

〔八卦配太極圖解〕雙儀太極圖其圖中爲太極之總象。兩方黑白環互。白爲陽。黑爲陰。陽盛于北。而陽起以薄之。故邵康節曰。震始交陰而陽生。自震而離而兌以至于乾而陽斯盛焉。震東北。白一分。黑二分。是爲一奇二偶。兌東南。白二分。黑一分。是爲二奇一偶。乾正南。全白。是爲三奇。純陽。離正東。取西之白中黑點。爲二奇含一偶。故云對過陰在中也。陽盛于南。而陰來以迎之。故邵康節曰。巽始消陽而陰生。自巽而坎而艮以至于坤而陰斯盛焉。巽西南。黑一分。白二分。是爲一偶二奇。艮西北。黑二分。白一分。是爲二偶一奇。坤正北。全黑。是爲三偶。純陰。坎正西。取東之黑中白點。爲二偶含一奇。故云對過陽在中也。豈以坎離爲日月升降于乾坤之間而無定位。納甲寄中宮之戊己。故東西交易。與六卦異也耶。然以八卦配雙儀太極圖。則八方三畫之奇偶與白黑之色。次第相應。深得陰陽造化自然而然之妙。而康節所演。先天圖陰陽消長之理。全與此圖巧合。豈或謂古太極圖希夷所作之說不誣。而與康節先天之學同出自希夷歟。抑易道之曲成旁通。固人同此心。不謀而合歟。雖然坎離兩卦。配在對過。則圖在此而卦在彼。未免兩相參差。終覺未能符合自然耳。

（二）通俗式雙儀太極圖

二曰通俗式雙儀太極圖　本式即前式之圖。略有改變者。蓋因風行之後。傳寫過廣。法式初無一定之標準。致數傳而筆畫一再屢訛。漸有與原圖不能全符一致之處。況其因陋就便。繪者更有心求其簡捷與整齊。以圖其易製而速成也。于是通俗流行之式。遂與書籍登載之式。判若兩象矣。習俗相沿。謂其圖之功用甚大。可以辟邪鎮惡。頗著靈效。實藉道家之力。以與八卦並傳也。故其流行之盛。幾于家喻戶曉。無遠弗屆。雖村夫俗子。老嫗乳稚。亦無不能舉太極圖之名而識其狀者。其實與易道全無關也。謂之通俗者。所以別于青田式焉耳。踐形九歲時。嘗手畫八卦太極圖即中央一通俗式太極圖，而環以俗稱伏羲八卦之象，凡九十九幅。于住宅內遇有通路之門徑處。必揭一太極圖以爲佳。所揭諸門。殆遍。現今門上尚有存留此圖者。黃紙已變成灰色。硃砂已變成紫色。此最有趣味之舊作品・永留爲子孫紀念也。

（三）踐形式雙儀太極圖

三曰踐形式雙儀太極圖　此式踐形就青田式雙儀太極圖・而變通其式象・以爲妙合太極圖可配八卦之方法者。從來雙儀太極圖陽中有陰・乃白中一黑點・其黑點與黑儀可彼此隔絕。陰中有陽・乃黑中一白點・其白點與白儀可彼此隔絕。黑白皆可隔絕・即陰陽皆有間斷處矣・似于說理尚未能十分圓融也。爰本其陰陽交變・動靜・互根之誼・而製是圖・雖明知安頭添足・無裨易道之大・然亦足以寫其一時之心境・竊比于瞿塘新太極圖而自觀玩焉耳。故仿瞿塘變點爲線聯通之・前軌將白中一黑點・通出以聯于黑儀・黑中一白點・通出以聯于白儀・使黑白皆無隔絕・則陰陽自無間斷・而一氣呵成・氤氳無窮矣。于是更仿濂溪三圜輪之意・勻分圓半徑爲三層所異者彼留一空運而圖成環・故三層爲三圜。此則實其心而圖成盤・故三層爲三輪。每層當三畫卦之一爻・三層適當小成一卦也。又將圓周瓣分爲八輻・每輻各得半象限四十五角度・以正交垂直子午線・爲卯酉線・此四正線也。四正線分圓形爲四象限・得四直角。其角度等分線・爲四維線。于是按圖索驥・亦可識八卦附配太極圖之象。蓋取四正四維之八線・爲八卦之方位・其子午線上方半徑處三層全白之位成三爻純陽之象故以當乾卦適符而下方半徑處三層全黑之位成三爻純陰之象故以當坤卦適符卯酉線左方半徑處內外二層皆白中層獨黑之位成內外二爻皆陽中爻獨陰之象故以當離卦適符而右方半徑處內外二層皆黑中層獨白之位成內外二爻皆陰中爻獨陽之象故以當坎卦適符其當坤離間之維線外一層獨白象黑儀盛極之後白儀起旋之時適符震卦初爻陽起也其當離乾間之維線內一層獨黑象黑儀漸退之候白儀進長之盛適符兌卦初二爻陽息也其當乾坎間之維線外一層獨黑象白儀盛極之後黑儀伏轉之時適符巽卦初爻陰伏也其當坎坤間之維線內一層獨白象白儀將衰之候黑儀浸消之勢適符艮卦初二爻陰消也如是以配八卦當位卽是無須陰差陽錯認疎為親指鹿為馬向對過妄尋坎離矣惜乎泥而滯矣雖然試問天地間何處方有此陰陽錯雜之太極圖何物方是此陰陽錯雜之太極圖何法方可以驗此陰陽錯雜之太極圖無處有無物是無法可驗也則亦無此太極圖而已矣無此太極圖而偏圖此太極無乃圖其所無耶圖其所無豈徒托諸空虛之說實亦自誣以誣人而已自誣以誣人豈易道教人寡過之旨哉此太極圖之不足信也雖然太極二字發于孔子之心出于孔子之文苟非實有是理聖人豈欺我哉既有其理必有其象既

有其象必有其圖有理有象可圖而尚曰無其處無其物乃竟無法可驗者斯不亦大惑不解歟因是以知太極圖實有而古來所傳之各種太極圖皆非太極圖也太極圖之縣象雖未嘗不默契于人心而太極圖之實相竟未獲昭示于法象此太極圖之所以不得不明辯而太極圖之演講所以不得不作也

回旋式太極圖

回旋式太極圖爲變更雙儀式太極圖之法式而成其象一渾圓圈內分黑白二路作旋螺形交相環互平均各半而去其兩點改爲黑白兩直線空其中心爲一小圓有兼取濂溪太極圖象之微意焉明來知德潛心易蘊歷二十九年寒暑而契妙悟本其心得之所發明而自創繪一太極圖遂命雙儀式爲古太極圖以寓因革之意實其圖即從古太極圖研索而出者也其黑白兩儀爲太極所生之陰陽而于子午線處作居中之黑白二直線上方白儀中之黑線代雙儀式之黑點以象陽方盛而陰已伏之象下方黑儀中之白線代雙儀式之白點以象陰方盛而陽已生之象有循環不絕之誼焉其說曰白者陽儀也黑者陰儀也黑白二路者陽極生陰陰極生陽其氣機未嘗息也卽太極也非中間一圈乃太極也又曰此圖與周子之圖少異者非求異于周子也

周子之圖散開，畫使人易曉，此圖總畫。解周子之圖者，以中間一圈爲太極之本體者，非也。然則中心一空圈，果非如俗說所謂太極者，故來氏必以總合兩儀之全圖爲太極者，徵諸來圖之說而益明矣。按來氏易有正反兩圖，分述之。

（一）圓圖

一曰圓圖　圓圖者反太極圖也。卽最初，從濂溪雙儀式變，通，因，革，而來，其兩儀，皆自外向內順旋，若主自內向外，必逆旋矣。似于陰陽消息之理象或適相反，故命曰圓圖，不名太極圖也。下題主宰者理，對待者數，流行者氣。其說曰此聖人作易之原也。理，氣，象，數，陰陽老少，往來進退，常變吉凶，皆寓乎其中。孔子繫易首章，至易簡而天下之理得，及一陰一陽之謂道，易有太極，形上形下數篇，以至幽贊于神明一章，卒歸于義命，皆不外此。神而明之，一部易經，不在四聖而在我矣。又曰，伏羲之圖，易之對待，文王之圖，易之流行，而德之圖，不立文字，以天地間理氣象數，不過如此，此則兼對待流行主宰之理而圖之也。

（二）太極圖

二曰太極圖　此適合，陰陽，消息，由內，旋外，之正太極圖也。自釋曰，畫此圖時，因讀易七日來復，見得道理原不斷絕，往來代謝，是如此，因推而廣之云。又其弄圓歌曰，我有一丸，黑白相和。雖是兩分還祇一箇。至象中陰陽之由微而顯，由顯而著，無不悉合消息之自然。其說曰，白路者一陽復也，自復而臨而泰而壯而夬，即爲乾之純陽。黑路者一陰姤也，自姤而遯而否而觀而剝，即爲坤之純陰。坤而復焉，一念之辨也，而漸至于夬，故君子一簣之土，可以成山。乾而姤焉，一念之差也，而漸至于剝，故小人一爝之火，可以燎原。又云，天地陰陽之理，不過消息盈虛而已。故孔子有言曰，君子尚消息盈虛。來氏此回旋式太極圖，有配以四時、八卦、十二辰、納甲、二十四氣、及古今治亂盛衰之象，其圖甚多也。今更就其有關圖書者二式，附于次。

(附一)回旋式太極河圖象

附一回旋式太極河圖象　來氏原本有配以河圖，名曰太極河圖者，以四陽數順布于白中，四陰數順布于黑中，以示陰陽之數由微而著，由內而外，適合消息之自然。其說云，雖曰一六在下，二七在上，其實皆陽上而陰下。雖曰三八在左，四九在右，其實皆陰左而陰右。雖曰以五生數統五成數，其實皆生數在內，而成數在外。雖曰陰陽皆自內達外，其實陽奇一三七九，陰偶二四六八，皆自微而漸盛。彼欲分裂某幾點置之某處，而更亂之，盍即此太極河圖觀之哉。

（附二）循環式太極河圖象

附二循環式太極河圖象　此象即前象也•所異者前象中宮十數列方形•此象則列圓形耳。蓋胡煦因河圖之數配以循環太極•胡氏之循環太極實即來氏之回旋太極也。于是自一至三陽之穉也。故居內自七至九陽之盛也•故居外自二至四陰之穉也•故居內自六至八陰之盛也•故居外陽自左升而降于右•陰自右降而升于左•其中則太極之本體也。（此說非是，來圖已自辯明其非矣，）五十藏焉•其左右則兩儀也。陰陽各有穉盛•則四象也。陽盛極于上而陰已生焉。陰盛極于下而陽已生焉。陽生•則觀其外陰之數彌處多•觀其內陰之實彌處少矣。陰生•則觀其外陽之數彌處多•觀其內陽之實彌處少矣。此消息之大機也。由是分之•則上純陽者乾•下純陰者坤•東北生陽在內、盛陰在外者震也。東南盛陽在內、餘陰在外者兌也。西南生陰在內、盛陽在外者巽也。西北盛陰在內、孤陽在外者艮也。東陽而陰升其內•即離也。西陰而陽降其中•即坎也。而相生之故皆可見矣。觀太極河圖二式踐形雖佩其說之合理•仍覺其圖之非象也。爰不揣謭陋本其意而更製回旋式太極圖書之象•其法以回旋太極圖之半徑除去中心一小空圓之半徑•尚剩三二半徑•即爲黑白兩儀回旋之一大環•是名回旋太極圜•簡稱極圈。將此圈勻分八瓣•合小成八卦之象•所剩之三三半徑勻分爲三圜以代表每卦三畫又每瓣勻分爲三節亦以代表每卦三畫之象合八瓣共二十四節以符八卦共二十四畫亦即一年二十四節氣也。又以三圜各勻分三層共得九層爲數之究極。如是就回旋式太極圖黑白兩儀之界線爲圖書之準線而別繪一祗有兩儀之界線而不塗黑白之素地太極圖以爲回旋式太極妙符河圖洛書之素地準象焉。更分述之。

（一）踐形式回旋、河圖

其一踐形式回旋河圖　踐形式回旋河圖所以別于朱晦菴胡玉齋劉長民朱日華張仲純章百可來瞿塘胡光山萬彈峯諸學者之各種異式河圖以及其他徒改形式而無意義之旋毛形河圖等異觀也。其法取素地準象依圓周二十四節每節之長度爲一準數即于中界準線量之左右兩內弧各得八準數左右兩外弧各得十二準數即半圓周各得二十四節之半也。其中空圓之周得十準數圓中仿通俗式太極圖取其不塗黑白之界線共得五準數如此合之總有五十五數適合天地之數五十有五也。如是以配河圖之數則由內而外由微而著依回旋之法象按陽奇陰偶之理而截取左儀陽息中之準線始于一準數爲陽奇天一位處北方屬水生數著于三準數爲陽奇天三位處東方屬木生數壯于七準數爲陽奇天七位處南方屬火成數究于九準數，爲陽奇天九，位處西方，屬金成數。而回旋以還北方起點，此陽數之由內向外，積少成多，順次序以旋轉也。又截取右儀陰消中之準線，始于二準數，爲陰偶地二，位處南方屬火生數。見于四準數，爲陰偶地四，位處西方，屬金生數。順于六準數，爲陰偶地六，位處北方，屬水成數。盛于八準數，爲陰偶地八位處東方屬木成數。而回旋以還南方起點，此陰數之由內向外。積少成多，順次序以旋轉也，此四方之數也。其中央一圈，爲中宮內準線五準數，爲天五，屬土生數，外圍一圈十準數，爲地十，屬土成數。其陽數皆在上，在右，陰數皆在下，在左。生數皆在內，成數皆在外，妙符河圖五十五之數。圖如內生外成回旋河圖象所示是也。最奇者，左方陽儀準線與瓢線交點，之處亦含一三七九之關係。陽儀準線自坤瓢線起點，至震瓢線交點處，適與中圈距離九層之第一層，即示陽數始一之象。進旋至離瓢線交點于第三層，即示陽數著三之象。復進旋至兌瓢線交點于第七層，即示陽數壯七之象。終進旋至乾瓢線交點于外圈第九層，即示陽數究九之象。而準線乃與外周線合一矣。其陰儀準數雖亦未嘗不可妙合，而二數交點于巽坎之折中線，即平分對角線。四數交點于坎艮間第一節之折中線，六數交點于其第二第三節間線，八數交點于艮坤間第一第二節間線，似不如陽數之秩然整齊也。圖見數度比較回旋河國象。

（二）踐形式回旋洛書

其二踐形式回旋洛書　踐形式回旋洛書之名。所以別于朱晦菴胡玉齋劉長民朱日華張仲純章百可李厚菴胡光山萬彈峯諸學者之各種異式洛書。以及其他徒改形式而無意義之龜坼形洛書等異觀也。其法仍視素地準象之準線爲度。而所異者河圖以一三七九順數爲陽奇。二四六八順數爲陰偶。而洛書則以一三九七爲陽序。二六八四爲陰序。圖見回旋洛書象。其詳細說明及用法。別詳拙著易理數學第一編圖書門。無關本書要旨。茲姑從略。

聯析法第三

聯拆法者。詎取聯則象圜中拆則成八卦之意。其法實根周濂溪之三圜式太極圖而來。因革之間。頗合自然。發揮光大。遂成空前之闋規。以此說明太極生兩儀。而太極即在兩儀。乃至生四象即在四象。生八卦即在八卦。可謂先得我心之同然矣。爰述聯析法第三。

聯拆法。初止一式。由先天圜中三規。配合成象。故名圜中式。太極圖亦曰先天圜中圖。（環字與圜字可通先天圖中本作先天環中也、）本宋魏了翁（字華甫號鶴山）所發明。清胡煦（字滄曉號光山）聯拆之。任啟運（字翼聖號釣臺）增廣之。楊方達（符蒼）與任爲友。而所載之圖象。又各不相同。實各有妙處存焉。茲兼採各家法式。務各盡其所長而已。

姑就易學圖說會通與周易洗心兩書之異觀而分兩式述之。

聯拆圜中式

一曰聯拆圜中式　聯柝圜中式者聯先天八卦之三畫爲環中之三規拆先天環中之三規爲八卦之三畫蓋悉仍胡氏之舊觀者也。而其環中三規之廣必各如八卦三畫之廣且彼此互離不若分合圜中式各規之廣而密接如三圜式然也。茲將八卦三爻聯拆如次。

（一）左右圜

其一左右圜　聯先天八卦初爻成一左陽右陰之圜象是謂左右圜實即先天環中第一規也

其說曰先儒所謂東陽西陰謂此兩儀也。不有兩則無一謂太極因兩儀而顯也。

（二）上下圜

其二上下圜　聯先天八卦中爻成一上淸下濁之圜象是謂上下圜實即先天環中第二規也。

其說曰先儒謂爲南陽北陰者此也。合諸初爻而四象始見云。

（三）奇偶圜

其三奇偶圜　聯先天八卦上爻成一奇偶相間之圜象是謂奇偶圜實即先天環中第三規也。

其説曰。洛書中奇偶相間。此則一陰一陽相間。故踐形假洛書奇偶相間之誼。命之爲奇偶圜也。

(四)四象圜

其四四象圜　左右圜外配以上下圜。即合成四象圜。其象則內圜是東陽西陰。外圜南陽北陰。蓋東爲陽升之徑。西爲陰降之路。而南北則陰陽之定位也。其理即東陽之上加一陽一陰而爲老陽少陰。西陰之上亦加一陽一陰而爲少陽老陰。如此即成四象也。

(五)八卦圜

其五八卦圜　左右圜在內爲第一規。合八卦初爻。上下圜在中爲第二規。合八卦中爻。奇偶圜在外爲第三規。合八卦上爻。統三規。合三爻。而成八象。拆八象而成八卦。其象理至自然也。蓋因先天環中圖原具內外三規之妙。故得立爲聯拆先天八卦圖。使知此圖非但著八卦之象已也。其中太極、兩儀、四象、八卦。每畫一層。皆有無窮之精意存焉。

分合圜中式

二曰分合圜中式　分合圜中式者。因先天環中圖原具內外分合之妙。故可分三層。爲各自獨立之圜。規適符八卦之三爻。亦可合三規爲一個先天環中。完成一個先天八卦之象。其各規甚廣、又彼此密接、三規中央空一圓孔、其形較諸三圜式太極圖之三層、實無異、二所不同者陰陽黑白之分配而已。茲分合圜中三規如次。

（一）兩儀規

其一兩儀規　此先天環中第一規、胡煦之所分也。說者解之曰、伏羲初畫二儀圖、仿河圖陽自一而三、陰自二而四、爲之其中所虛即太極也。（此說非是、辯已見前、）其左白者陽儀、右黑者陰儀、則兩儀也。故曰易有太極、是生兩極。

（二）四象規

其二四象規　此先天環中第二規、亦胡煦之所分也。兩儀四象兩規、合之則爲四象圜也。說者解之曰、伏羲初畫四象圖、仿河圖七九之陽、六八之陰、皆自內而外、蓋即前圖而一縱一横之也。天下之物、左陽右陰、上陽下陰、合之而左之上爲太陽、左之下爲少陽、右之下爲太陰、右之上爲少陰、故易曰兩儀生四象。

（三）六合規

其三六合規　此規乃任啟運所發明。蓋因前之四象圖、有陰陽各半之兩規、而復設此六合規、以蓍陰陽無處不爲各半且有以明八卦之所自來也夫太極渾然不可言二幷不可言一蓋有一則已有兩矣故有一物則必有此一物之上此一物之下又有此一物之左此一物之右又必有此一物之前此一物之後上與下左與右前與後皆兩也合其中而言則上中下三也左右與中亦三也前後與中亦三也立以觀之縱橫以觀之皆三也故三才者言其立也五方五行者合言其縱與横也九宫者合言其立與縱横也故河圖洛書之象皆九宫也中其體也兩其用也聖人執兩以用中而中究不可見故曰退藏于密也三之中不可見則兩儀而已矣五之中不可見則四象而已矣九之中不可見則八卦而已矣故凡舉一物其前之上左則乾也其後之上左則兑也其前之下左則離也其後之下左則震也其前之上右則巽也其後之上右則坎也其前之下右則艮也其後之下右則坤也而宰乎其中者不可見然非有此不可見者以爲之主體則此上下左右前後不爲虚位即吾身之有此上下左右前後者不皆爲虚器乎故曰中者天下之大本而聖人之允執厥中其道亦不外得其圜中之藏密而已

(一)啟運式六合規

〔一〕啟運式六合規　稱啟運式以著發明者之名爲别于後之踐形式也六合規有前後之二

面即有陰陽之異象蓋凡前爲陽後爲陰以合前後儀之象故亦稱前後規其圖陽面者用六合
前規即于四象圜外加一白色六合規白爲陽也是謂陽面六合圜（象見陽面六合圜圖）、其圖陰面者用六
合後規即于四象圜外加一黑色六合規黑爲陰也是謂陰面六合圜（象見陰面六合圜圖）、

（二）踐形式六合規

〔二〕踐形式六合規　本式有因革前式之處欲求其象之圖滿全備也任氏之發明六合規前
後兩圖可謂空前之妙作矣因左右之分陰陽上下之分陰陽而推知前後之亦分陰陽以完成
一六合全型于陰陽對待之理豈徒進一步論而已哉惜仍泥于舊法未能徹底形容使知道者
觀此固未嘗不足以心會神通而欲以普指一切未有易學根柢者不仍模糊影響耶踐形述此
書志在接引初學俾未得易學門徑者胸中了然太極儀象之眞相庶不致徘徊歧路迷正途而
不由耳故于文字力求淺顯于講說不厭重複絕無有意艱深以及廻護揜藏之處無論學程如
何苟能研究此書而不倦者定有左右逢源之樂造化之秘讀此書者人人可自得之試即以六
合規論其有前後兩面前爲陽則後爲陰固也此爲正則彼爲反亦固也乃啟運式六合規後面
既圖四象之正圜而前面未知反圖之理亦圖其正使後面而固正圖也則前面其必反圖矣果

前面而仍正圖耶則後面豈有不反之理是此則非彼是彼則非此兩不相容烏能並圖其正耶爰爲更之如次

(1)臨物前迎視之象　臨物前迎視六合圜前面之象適與設身自處者相反故陽在右爲上手陰在左爲下手也

(2)設身前自處之象　此即任啟運之前面圖也其命意甚妙然使學者未知屬于設身自處將毋疑x鏡之透映光景或易道之故違人情耶

(3)從物後隨觀之象　從物後隨觀六合圜後面之象與任啟運之後面圖完全一致(1)

(3)兩圖皆物外對觀之象人人易曉(2)圖必須深明易傳所謂近取之身之確誼及太極圜中存身之實象方能明了而無誤會也

〔附〕六合骰配八卦之象　任啟運發明六合規以六合圜配八卦妙符象理得未曾有惜以渾圓爲象則其象不顯而求有象之中能顯六合之相者其惟立方骰乎蓋骰之爲象上下左右前後六面正符六合之相故謂之六合骰且所謂六合者上下合其陰陽左右合其陰陽前後合其陰陽六面彼此各以陰陽相合也彼渾圓者雖未嘗不具陰陽之理而竟不可得三陰三陽六合

六合骰顯八象圖

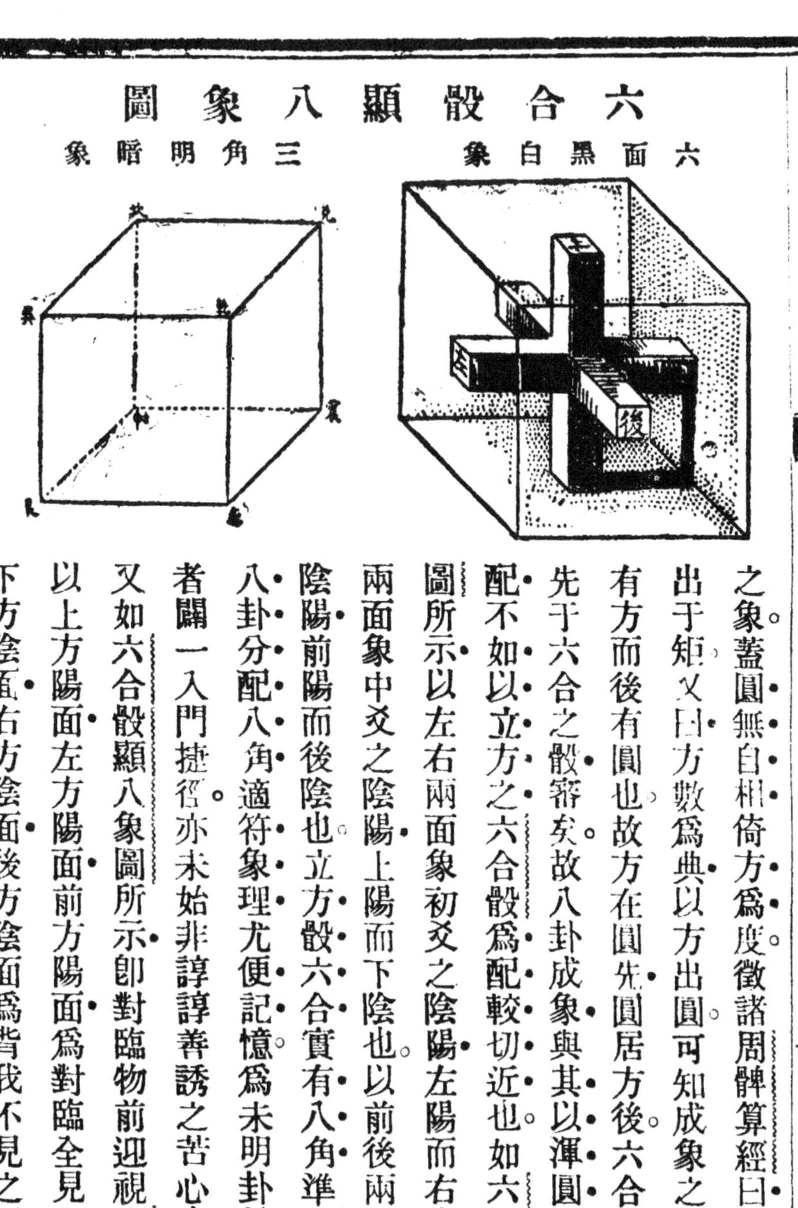

之象。蓋圓無自相倚方爲度。徵諸周髀算經曰圓出于方方出于矩。又曰方數爲典以方出圓。可知成象之實圓生于方有方而後有圓也。故方在圓先圓居方後。六合之圜。必不能先于六合之骰。審矣。故八卦成象與其以渾圓之六合圜爲配。不如以立方之六合骰爲配較切近也。如六合骰配八卦圖所示以左右兩面象初爻之陰陽左陽而右陰也。以上下兩面象中爻之陰陽上陽而下陰也。以前後兩面象上爻之陰陽前陽而後陰也。立方骰六合實有八角準任氏之法以八卦分配八角適符象理尤便記憶爲未明卦爻陰陽之旨者闢一入門捷徑亦未始非諄諄善誘之苦心也。

又如六合骰顯八象圖所示卽對臨物前迎視六合骰之象。以上方陽面左方陽面前方陽面爲對臨全見之三陽面。以下方陰面右方陰面後方陰面爲背我不見之三陰面。如此則乾角正對我成角之三面皆全見故爲三爻純陽。坤角正背我成角之三面全不見故爲三爻純陰。震坎艮三角于成角之三面皆僅見一面而不見者有二面故爲一陽二陰之卦。震獨見骰之左面故爲初爻一陽坎獨見骰之上面故爲中爻一陽艮獨見骰之前面故爲上爻一陽也。巽離兌三角于成角之三面皆能見二面而不見者有一面故爲一陰二陽之卦。巽獨不見骰之右面故爲初爻一陰離獨不見骰之下面故爲中爻一陰兌獨不見骰之後面故爲上爻一陰也。如此以見爲陽不見爲陰以所見何面爲何爻陽不見何面爲何爻陰。其法祇須用幻術家所製就之巨立方骰原刻六數者以六爲上一爲下三爲左四爲右二爲前五爲後（後即北也，北屬天一生水，而用五不用一者，此理別詳。）而變玩其象自可識八卦之三爻而寓易教懲惡勸善之旨豈非老嫗都解婦稚皆知者歟。

此骰更具二妙亦及之。

（一）陰陽分聚線之妙　此法以乾角爲中心向三陽之正方各畫對角斜直線則乾父適與三男相連成（人）象是謂四陽卦之分聚線。對方以坤角爲中心向三面之正方亦各畫對角斜直線則坤母適與三女相連成（Y）象是謂四陰卦之分聚線。

（二）正維分聯線之妙　此法仍即前法之乾坎分聚線與坤離分聚線聯以乾離稜坤坎稜則

先天四正相連矣。乾離非同類也。然乾受坤而爲離，離本乾家也，故乾離可同在一稜而聯成一線。坤坎亦非同類也。然離受乾而爲坎，坎本坤家也，故坤坎可同在一稜而聯成一線。四正之外，陽與陽聯，長男聯少男爲一線；陰與陰聯，長女聯少女爲一線。而震兌同稜，巽艮同稜，皆有互易正應之象。（互易正應，別詳互易四綜之說。）亦彼此相聯成一線，則先天四維亦相連矣。若夫坎兌震離以稜近相聯，爲後天四正；乾巽艮坤亦以稜近相聯，爲後天四維，皆自然各極其妙也。

（四）消息規

其四消息規　此規乃胡煦所發明，本循環太極圖象之理而作也。蓋因四象圜既合兩儀四象兩規而成四象，今又斜倚一圈，以顯陰陽之前後相傾也。凡規有四式：一以子午線分左陰右陽者，稱左右儀，亦稱陰陽儀，又仍名兩儀規也；二以卯酉線分上陽下陰者，稱上下儀，亦稱淸濁儀，又轉名四象規也；三以雷風同聲線分左上陽右下陰者，稱前後儀，此實踐形式前後規也；四以山澤通氣線分右上陽左下陰者，稱消息儀，此即曉滄式消息規也。而凡稱規者，除六合規外，實皆半陽半陰之兩儀圜也。茲分述消息前後兩規。

〔一〕滄曉式消息規　此胡煦舊式，即于四象圜外斜倚一圈，以顯右上陽左下陰前後相傾，使成三陽三陰之六卦也。如是則一陽生爲震。二陽息爲兌。三陽純爲乾矣。一陰伏爲巽。二陰消爲艮。三陰盡爲坤矣。六卦之象以著。陰陽之由一而二而三乃消息之大機。分之即十二月之辟卦是也。

(二)踐形式前後規　此踐形新創。即反前式。使成左上陽右下陰之兩儀圜斜倚于四象圜之外。形成前後相傾之象也。前後規之陰儀圜左下瓠當內一陽外二陰。象相綜爲艮震二卦。其右上瓠當中一陽內外二陰。象坎卦。其中二瓠當三陰。象坤卦。而陽儀圜右上瓠當內一陰外二陽。象相綜爲兌巽二卦。其左下瓠當中一陰內外三陽。象離卦。其中二瓠當三陽。象乾卦。如是則四錯卦不變。仍四象。四綜卦互變成二象。凡六象悉符八卦。而全攝矣。瓠者全圜八瓣之一也。

(五)環中規

其五環中規　此規亦稱奇偶規。即聯拆圜中式之奇偶圜也。亦即消息前後兩規之變通也。試以消息規之右中陽儀瓠、與左中陰儀瓠交換、或以前後規之左中陽儀瓠與右中陰儀瓠交換。即成奇偶規矣。在理則前後規已足配成八卦。而奇偶規即由是變通分出相綜二卦。去右中瓠一陰而來一陽爲艮。去左中瓠一陽而來一陰爲兌。如是而已。故以奇偶規加于四象圜之外則成八卦圜象。魏了翁名之爲先天環中圖，且自謂得之知眉州任眞翁自易心學中錄出。胡煦各規，皆由此圖分出也。說者曰伏羲初畫八卦圖，由四象而加四陽四陰以成八卦，其左乾一、兌二、離三、震四，其右巽五、坎六、艮七、坤八，皆自上而下云。蓋天下之物莫不左陽右陰，上陽下陰，前陽後陰，伏羲皆合左右上下爲四象，而前白後黑難加，故析爲四陽四陰而周加之。其四陽即前象，四陰即後象也。易曰四象生八卦，即此是也。

倍析法第四

倍析法者，謂取迭加一倍累層分析之意。其象皆自太極爲數之一起，每層以相對二象異性近切逐漸倍加，愈析愈細，爲太極生兩儀，兩儀生四象，四象生八卦，乃至更細辨析，則有十六互卦、三十二隱卦，而極六十四重卦，亦無不可，且其道一貫也。述倍析法第四。倍析法有至不同之兩象，即黑白象與奇偶象是也。

黑白象

黑白象以黑白兩象分儀，略有二式。

(一)康節式層象

一曰康節式層象　層象本朱紫陽得之于邵康節今朱易本義弁首諸圖猶可見之其圖下一層爲太極上一層爲兩儀又上一層爲四象最上一層爲八卦此對圓圖言亦謂之方圖也尙有六十四卦消息方圖則更細密自兩儀起各層莫不黑白相間陰陽雜文而其排列整齊會歸兩極儼然磁性之于磁石也兩儀層一極端爲陽一極端爲陰其一整磁也四象層則整磁之中截而兩半各自有其陰陽兩極也更四析之而爲八卦層則四段復各自有其陰陽兩極也如是八析之而爲十六互卦層即八段仍各自有其陰陽兩極也十六析之而爲三十二隱卦層則十六段仍各自有其陰陽兩極也三十二析之而爲六十四重卦層則三十二段皆各自有其陰陽兩極也析之無窮則無窮段數終各自有其陰陽兩極也此卦象與磁性一何相吻至是亦足以覘天地陰陽之情正造化自然之妙蓋有不期然而不得不然者知乎此則亦知所謂道矣

(二)圓象

二曰圓象　圓象即圓圖之象也陰虛中一圈象太極不論外凡有六層最內層左陽右陰象兩儀次層左右皆上陽下陰象四象次外層左右皆上陽下陰相間雜象八卦如是而十六互卦層三十二隱卦層乃至六十四卦層最外矣其爲上陽下陰相間雜者終不亂也圓象更分二式

（一）德久式圓象

其一德久式圓象　此式宋林至所發明，德久其字也。其圖畫一渾圓大圈，虛中一小圓圈外分六瓣層分六十四瓠，以配六十四卦，而以黑白分陰陽也。

（二）滄曉式圓象

其二滄曉式圓象　此式清胡煦所發明，亦以字命其式也。其圖于一大渾圓圈中，分爲六圜，不復瓣分爲六十四瓠，而其以黑白分六十四卦之陰陽，則與前式無不同也。

奇偶象

奇偶象以卦畫之奇偶二象分儀，略有三式。

（一）紫陽式橫圖

一曰紫陽式橫圖　此式朱子所發明，見于所著易學啟蒙原卦畫中。其說太極是生兩儀曰，太極之判，始生一奇一偶而爲一畫者二，是爲兩儀。其數則陽一而陰二，在河圖洛書則奇偶是也。周子所謂太極動而生陽，動極而靜，靜而生陰，靜極復動，一動一靜，互爲其根，分陰分陽，兩儀立焉。邵子所謂一分爲二者，皆謂此也。又說兩儀生四象曰，兩儀之上各生一奇一偶而爲二畫者四，是爲四象其位則太陽一、少陰二、少陽三、太陰四。其數則太陽九、少陰八、少陽七、太陰六。周子所謂水火木金，邵子所謂二分爲四者，皆謂此也。又說四象生八卦曰，四象之上各生一奇一偶而爲三畫者八，于是三才略具而有八卦之名矣。其位則乾一、兌二、離三、震四、巽五、坎六、艮七、坤八。周禮所謂三易經卦皆八，大傳所謂八卦成列，邵子所謂四分爲八者，皆指此而言也。又說八分爲十六曰，八卦之上各生一奇一偶而爲四畫者十六，于經無見，邵子所謂八分爲十六者是也。又說十六分爲三十二曰，四畫之上各生一奇一偶而爲五畫者三十二，邵子所謂十六分爲三十二者是也。又說三十二分爲六十四卦曰，五畫之上各分一奇一偶而爲六畫者六十四，則兼三才而兩之，而八卦之乘八卦亦周，于是六十四卦之名立而易道大成矣。周禮所謂三易之別皆六十有四，大傳所謂因而重之，爻在其中矣，邵子所謂三十二分爲六十四者是也。若于其上各卦又各生一奇一偶，則爲七畫者百二十八矣。七畫之上又各生一奇偶，則爲八畫者二百五十六矣。八畫之上又各生一奇一偶，則爲九畫者五百十二矣。九畫之上又各生一奇一偶，則爲十畫者千二十四矣。十畫之上又各生一奇一偶，則爲十一畫者二千四十八矣。十一畫之上又各生一奇一偶，則爲十二畫者四千九十六矣。此焦贛易林變卦之數，蓋以六十四乘六十四也。若自十二畫上又各生一奇一偶，累至二十四畫，則成千六百七十七萬七千二百一十六變。以四千九十六自乘其數，亦與此合。引而伸之，蓋未終其終極也。雖未見其用處，然亦足見易道之無窮矣。

（二）雙湖式竪圖

二曰雙湖式竪圖　此式胡一桂（字庭芳，號雙湖）所發明，實即依朱子六十四卦序次而圖之也。所異者，橫圖則從前生後，竪圖則從下生上，形式有不同耳。而此圖一本卦系，自太極而兩儀、而四象、而八卦、而十六、而三十二、而六十四卦之所從生，及所分屬，尤爲易見，似覺又勝前圖一籌矣。

（三）荆陽式圓圖

三曰荆陽式圓圖　此式明遺老李奇玉（字元美，號荆陽）所發明（易師錢啟新與高景逸）也。其圖一渾圓大圈，中一太極，左畫一白象奇畫爲陽儀，右畫一黑象偶畫爲陰儀。左右各分上半爲陽白象奇畫，下半爲陰黑象偶畫，以爲四象。復于左右上下四象外，各如是畫上陽白象奇畫，下陰黑象偶畫，而爲八卦。各以弧線括聯之，明卦系也。此式雖屬奇偶，而兼用黑白象焉。

分合法第五

分合法者。謂取分之則生兩儀四象八卦。合之則爲渾淪太極之意。其象自林至發明。與朱派之加倍法異中有同。故次于加倍法之後。而其可分可合之妙。規者固遠勝于横者。如是。夫述分合法第五。

分合式

分合法止一式。亦名分合式。宋林至所發明也。與聯拆法中分合圜中式頗相似。所異者圜中式中空一圓孔而爲三規之分合。分合式則全圖連中實圓共爲三圓形相重之象。其式頗與易簡法中兩儀式一致焉。茲就其相重三圓分合之妙。述之如此。

(一)兩儀重

其一兩儀重　此重完全與兩儀相同也。左半白爲陽。右半黑爲陰。林至命爲太極一變圖。其說曰。太極動而生陽。靜而生陰。分陰分陽。兩儀立焉。則奇偶之畫所自形也。故曰太極生兩儀。此太極一變而得之者也。

(二)四象重

其二四象重　此重即以四象上下規加于兩儀重之外。而成林至命爲太極再變圖。其說曰。陽分而爲陰陽，曰陽中陽陽中陰。陰分而爲陰陽，曰陰中陰，陰中陰。陰中陽，陰中陰，是爲老陽老陰。陽中陰，陰中陽，是爲少陽少陰。此四象之畫所自成也。故曰兩儀生四象。此太極再變而得之者也。

（三）八卦重

其三八卦重　此重卽以環中奇偶規加于四象重之外而成林至命爲太極三變圖，其說曰，四象之陰陽復分，而八卦成，列則三才之畫見矣，乾與坤對，離與坎對，兌與艮對，震與巽對，故曰四象生八卦。此太極三變而得之者也。

此外尚有太極六變圖焉，其說曰，易者，陰陽動靜之總名也。體用一源，顯微無間，以其渾然全體，肇朕未形則曰太極，次第相生，自本而末，則有兩儀、四象、八卦之分，極而六十四卦、三百八十四爻，其實皆一易也。方其爲太極也，卦畫之理未嘗不具。及其爲卦畫也，太極之體無乎不在。初非二物也。邵康節曰，太極既分，兩儀立矣。陽上交于陰，陰下交于陽，而四象生矣。陽交于陰，陰交于陽，而生天之四象。剛交于柔，柔交于剛，而生地之四象。八卦相錯而萬物生焉。是故一分爲二，二分爲四，四分爲八，八分爲十六，十六分爲三十二，三十二分爲六十四，猶根之有榦，榦之有枝，愈大則愈小愈細則愈繁故自太極之一變則始于一陰一陽之相交再變則二陰二陽三變則四陰四陽四變則八陰八陽五變則十六陰十六陽六變則三十二陰三十二陽而六十四卦備矣此大傳所謂分陰分陽迭用柔剛故易六位而成章者也

懸象法第六

懸象法者誼取懸象著明妙配陰陽之意繫傳所謂懸象著明莫大乎日月又謂陰陽之誼配日月可知陰陽之象雖不易顯示而日月之象固揭然昭著以日月之象象陰陽之象則不易顯示者亦未始不揭然昭著也遵聖人之言驗易道之象其惟有懸象著明乎日月以配陰陽之誼庶使陰陽之象若揭日月之明夫終述懸象法第六

懸象式

懸象法止有一式即名懸象式假可象之象以明不可象之象而懸擬一象以象之陰陽不可象而可擬也太極不可象幷不可擬也發明此式不第陰陽之不可象者已可擬而亦可象即太極之不可象幷不可擬者亦得假陰陽可擬之象以明太極不可擬之象矣故太極雖不可象擬而此式虛懸一象以擬之渾淪圓融以象道之普徧無方所謂周也而其象又隨所處而現異觀惟

變所適不可爲典要所謂易也孔子因文王之周易而發明太極之實理學者豈不可因孔子之太極而闡揚周易之本旨哉懸象式即有見及此而作也彼秘書謂日月爲易一語雖不能稽諸造文之初以爲確徵而懸象著明則固孔子之言也易字是否日月相承不敢僭斷而明字顯爲日月相並則雖說文家亦未斥爲無稽也是故一陰一陽所以爲周易之道而日月懸象所以明陰陽之故日爲發光之陽象月爲無光之陰象日光耀月月受日光則無光之暗體亦化有光之明體矣惟光之耀僅及受光體相對之方而反對之方則仍無有故光不能遍及體之全面其因耀而有光者不過面積之半耳即所謂陽也其無光者亦復半又所謂陰也受光體之半明半暗此所謂一陰一陽也月之明暗關係于日此以日月相推而明生焉實即懸象著明之誼也如是明而爲陽如是暗而爲陰所謂陰陽之義配日月也一月體而現明暗之兩象所謂太極是生兩儀也然兩儀之現于象而爲人目所見者或得其全明之象或得其全暗之象或得其出明入暗之象或得其出暗入明之象此兩儀所以生四象也而其出明入暗與出暗入明之象又各有初中終之別即明暗不第辨先後且區多少分與均平分之異也故四象又復生八卦而究言其實八卦即仍四象四象即仍兩儀兩儀即仍一太極也太極不可象更無其物而以月象況之深切

著明莫此爲最然太極非月象月象非太極也懸象以擬有若然耳。

懸象著明固聖人之言也而後世有述焉其說莫古于參同契亦莫妙于參同契即納甲之說象數之祖也。如參同契曰三日出爲爽震庚受西方解者曰三日之夕月見庚方納震一陽之氣又曰十六轉就緒巽辛見平明解者曰十六日月退辛方納巽一陰之氣也。夫自乾與坤接震始交陰而一陽生更進而納兌之二陽至乾三陽而滿兌納丁乾納甲此望前三候明生魄死之月象也。又自坤與乾交巽始消陽而一陰生更退而納艮之二陰至坤三陰而滅艮納丙坤納乙此望後三候魄生明死之月象也。禮運曰播五行于四時和而後月生也是故三五而盈三五而闕正合此意。播五行于四時以一歲中四氣之流行言之出震齊巽之方位是也。三五而盈三五而闕以一月中月體之消長言之乾南坤北之方位是也。月生明謂陽之進月生魄謂陰之退者言天地之數天數二十有五地數三十故一月三十日而月之得光祇二十五日其五日月無光也。參同契曰七八數十五九六亦相當四者合三十陽氣索滅藏兼納甲之象以言數也。所謂納甲者漢上朱震曰舉甲以該十日也。乾納甲又納壬坤納乙又納癸震巽納庚辛坎離納戊己艮兌納丙丁皆自下生聖人仰觀日月之運行配之以坎離之象而八卦十日之誼著矣。納甲之說雖源出于參同契而虞翻說易皆本于此、實與、定象八卦之、方位、陰陽、消長、悉合、也。如虞氏注繫辭傳懸象著明莫大乎日月曰、日月懸天成八卦象、三日暮震象月出庚、八日兌象月見丁、十五日乾象月盈甲壬、十六日旦巽象月退辛、二十三日艮象月消丙、三十日坤象月滅乙、癸晦夕朔旦則坎、坎象水流戊、日中則離、離象火就己、戊己土位、象見于中、日月相推而明生焉。又注坤彖傳西南得朋曰、陽喪滅坤、坤終復生。此指說易道陰陽之大要也。又曰消乙入坤、滅藏于癸。凡此皆虞氏以納甲說易之證也。故虞氏易卦位、乾坤列東、艮兌列南、坎離居中、此卽清之漢易家所列納甲圖也。說者曰、定象卦位立其體、故天地定位、日東月西、陰陽消長各循其序。納甲言其用、故卦各從其所納之方、雖異而實同也。離東坎西、至望夕則日西月東、坎離易位、其離中一陰卽是月魄、坎中一陽卽是日光、東西正對、交注于中、此二用之氣所以納戊己也。故曰坎戊月精、離己日光、日月爲易、剛柔相當、蟾蜍與兎魄、日月氣雙明也。乾納甲而又納壬、坤納乙而又納癸者、以乾之中畫卽太陰之精、望從夜半、月當乾、納其氣于壬方、地中對月之日也。坤之中畫卽太陽之精晦朔之間、日在坤、納其氣于癸方、地中合日之月也。徐敬可則曰望夕之陽既盈于甲、其夜半日行至壬、而月與、爲衝、日中原有陰魄、所謂離中一陰者、平時含蘊不出、今西人以遠鏡窺日、見日中有甚大之黑影、與離卦之象適合、至是盛陽將革。又感正對之陰。乃充溢流滋而爲生陰之本。故其象爲◉。即望夕夜半壬方之日也。晦日之陽既盡于乙。其夜半日行至癸。而月與同躔。月中原有陽精。（今西人以遠鏡窺見月中、有類于河流者、其形不定、雖未敢斷爲即月中之陽精、然與坎卦之象亦無不合矣。）所謂坎中一陽者。平時胚渾而不分。至是則盛陰將革。又感摩戛之陽。乃剖發迸洩而爲生陽之本。故其象爲〇。即晦朔間癸方之月也。故曰壬癸配甲乙。乾坤括終始。此論納甲之理極詳。可見自漢以前。必已有此相傳之學說。魏伯陽得假之以明丹學與朝屯暮蒙之候。合于六十四卦序者同爲取資于易。非魏伯陽所能創造也。萬彈峯曰。天地定位一節。孔子已發明納甲之旨。得參同契。其義始著。以六卦證月候。而坎離爲日月之本體。居中不用云云。凡上所說。皆依附參同契納甲之旨而發揮盡情者也。然參同契之書。出自道家。信者固謂得孔子之微意。懷疑者竟斥爲術士之附會。卒不見傳于易家圖說。惟其含懸象著明之精意。猶有不可沒者。而其說圖究不脫術士氣也。故踐形懸象法。止本孔子懸象著明之微旨。而不取參同契納甲之曲說。彼納甲之說者。術士用十干配八卦。而溢其壬癸兩干。無卦可配。乃假乾坤包六子以爲內外甲乙壬癸之曲說。而又不知卦畫以下爲先致誤以自上而下。乃從艮兌坎離震巽倒配丙丁戊己庚辛之序。豈知震巽于五行屬木。而妄配庚辛。其粃繆顯然。難掩于是術家轉以干配方乃復曲爲出庚入辛之說，然則戊己壬癸又何方之說耶？壬癸何以又並配乾坤？戊己無方，何以又納坎離日月？言日月而不本乎天象曆法，何以謂之懸象著明耶？惜乎自來言納甲者，非術士即經生，皆不諳天算，不知曆象者也，又何能知懸象著明之誼乎？其穿鑿附會，在所不免矣。惟其三日納震一陽之氣，八日納兌二陽之氣，十五日納乾三陽之氣，十六日納巽一陰之氣，二十三日納艮二陰之氣，三十日納坤三陰之氣，說雖未必盡善，而尚合禮運三五而盈、三五而闕之旨。爰更其旨，新其說，合以現代天文學說，而發明踐形式懸象太極圖焉。庶幾歷來太極圖說之紛紜，有所歸束歟。幸識者深味之。

踐形式懸象太極圖實相

置球于光中而覘之，球之得光者半，其未得光者亦半，如物現陰陽之象所示。人目之視球也亦然，其可見者半，其不可見者亦半。其半之得光與可見者，太極之陽也；其半之未得光與不可見者，太極之陰也。此太極之是生兩儀也。不第于球爲然，物物一太極，即物物莫不然。日光目光之任臨何物，無弗可及者半，與不可及者亦半。故物物一太極，即物物有兩儀，亦物物有四象。乃至物物有八卦試即依定象八卦參合納甲氣象與現代天文之圖而作最淺顯最簡明之月體陰陽象三圖其一消息盈虛圖即發光體日居中而受光體月衛隨地球環繞其四周成消息盈虛之象此時假設人目在北方坤位之下而觀察月象則北方坤位僅見陰象震艮二位皆見向坤一方有少分陽坎離二位皆見向內一面有半數陽巽兌二位皆見多分陽乾位全見陽象悉合定象八卦而無乖此人在局外所觀之月象也其二晦朔弦望圖即受光體居中而發光體自上而下照之此爲人在局中觀月影于四周現晦朔弦望之象其象與八卦定象適相反然顛之倒之則猶八卦定象也上下相反顛倒即是左右相反則綜之象故其誼理不繆于前其三異觀現象圖即以居中體爲極心爲如一不動之象爲簡易不易之體本無截然陰陽之顯別而假設輕清重濁爲兩儀人目隨處所臨則變現八面觀矣是即定象八卦也實緣簡易不易之體由異觀不同而現變易之用耳夫此極心至簡易也上清下濁則天地定位不易之體也由異觀而現異象則爲四爲八變易之用也此三象者一二皆取裁于天文三則吾所揣作也三圖陰陽消長與一圖一致而一圖陽皆在內三圖陽皆在上則所不同也一二兩圖驟觀之絕無同處若倒其一而比視之又絕無異處則三圖者亦止一圖而已豈不妙哉可知八卦定象不愧定象矣豈徒不

能增損亦竟不能移易也。今以巽觀現象圖之陰陽配合八卦三畫之奇耦則以目光力僅及體之半故成陰陽奇耦圖此圖有兩種看法一內立外向看法二外立內向看法兩法所見之兩象正顛倒互反。內立外向看法所合之卦象各位適與八卦定象各位爲對錯如坤位遇乾震位遇巽離位遇坎兌位遇艮乾位遇坤巽位遇震坎位遇離艮位遇兌皆以對方之卦入本位也惟外立內向看法所合之卦象各位全與八卦定象各位爲一致故看法自宜以外看內爲正此即巽觀現象之理也。試以內外兩看法所得之象而互重其本方兩卦即成內外合象圖。亦仍以內外兩看法從各本位觀之如坤位內看成泰、外看成否、震則內成恆、外成益、離則內未濟、外既濟、兌則內咸、外損、乾則內否、外泰、巽則內益、外恆、坎則內既濟、外未濟、艮則內損、外咸、內外看法象亦各殊。惟陰陽奇耦圖內外看法所得之象對錯也。內外合象圖內外看法所得之象則互綜也。而內外之象相重則又因而重之也。于是巽觀現象而太極兩儀之相實四象八卦之用著即錯綜重卦之法備矣。

惟此諸象悉屬輕清而上浮者爲陽重濁而下凝者爲陰全合天地定位之理故其按部就位所圖之八卦定象皆奇畫在上耦畫在下。坎離二卦，別論其理、苟覽此圖者不識向左順旋之法則無從展觀且幾疑左右兩半同象者爲左右兩半同卦矣蓋見震與艮皆一陽二陰巽與兌皆一陰二陽而又陽上陰下同將何以別其誰爲艮誰爲震耶又誰爲兌誰爲巽耶不知此正圖象之妙深涵錯綜之味而開錯綜之理也茲先言其開綜之理震巽互易一象巽觀也巽兌互易一象巽觀也一象巽觀故震可爲艮艮亦可爲震巽可爲兌兌亦可爲巽非殊象也不見此圖象者雖聞綜之象理終不能明綜之實相也次復言其開錯之理凡可見者體之半也其不可見者亦半以可見之半合不可見之半則體之全也體之全其兩面之象卽兩儀者陰陽相錯也如以乾坤居對方而相錯則一兩儀全體也震巽居對方而相錯則一兩儀全體也坎離居對方而相錯則一兩儀全體也艮兌居對方而相錯則一兩儀全體也夫此圖象具如是精妙之理得之可不知研幾極深之方耶聖人不云乎易逆數也易何以云逆數也于懸象圖可以知之蓋凡覽此圖者必先照圖中所注八卦名稱之字順序左旋退讀之所以退讀之此故云逆數也謂面坤而背離逆行數之則震也數已往之坤則必順行數未來之離則必逆行故曰數往者順知來者逆如是由坤而震而離而兌而乾而巽而坎而艮而復于坤爲一周則儼然八卦定象並無絲毫混淆之處矣如八象圖所示者也八象圖四隅本爲互易之綜位震艮互易則相爲上下因重之而成小過頤二卦

巽兌互易、則相爲上下。因重之而成大過中孚二卦。與乾坤坎離四正卦成八不變卦。蓋六十四重卦中。惟此八卦正視倒視象皆不變。無可異觀。故獨有錯無綜。坎離。爲上。下。二經之終。所謂人非。水。火。不生。活也。今以坎離自身陰包陽者爲本坎區。陽包陰者爲本離區。此外卽以坎離而上兌乾巽三卦上下一陰包中衆陽者爲大坎區。其下艮坤震三卦上下一陽包中衆陰者爲大離區。又自兌至坎爲全坎區。自艮至離爲全離區。亦可云上屬坎區。下屬離區也。

奇耦比肩圖

更進而以八卦變爲八畫。以陽卦爲奇畫。陰卦爲耦畫。惟震巽二卦獨以夫婦比肩而易其位之陰陽。則成奇耦比肩圖。繪于楮。別取一楮依同形圓規之。復規其心爲小圓。而洞其一部分爲約百度之廣。深則盡兩周間。以冪諸奇耦比肩圖。則所洞可見三畫之寬矣。如是冪移而洞易。則三畫耦者爲坤卦。下畫奇者爲震。上畫耦者爲兌。三畫奇者爲乾。下畫耦者爲巽。中畫耦者爲離。中畫奇者爲坎。上畫奇者爲艮。而一周矣。惟離不在震兌間而在巽坎間略變定象之位次餘固悉循其序也或又以乾坤兩三畫卦勻排六畫成一圓形即示內圓兩儀六等分陰陽各三也然後分取其兩半爲兩錯卦如純取三陽爲乾則與所舍三陰之坤對錯或純取三陰爲坤則與所舍三陽之乾對錯此陰陽兩純對錯也如取長一陽消二陰爲震則與所舍長一陰消二陽之巽對錯或取長一陰消二陽爲巽則與長一陽消二陰之震對錯此一長二消對錯也如取長二陽消一陰爲兌則與長二陰消一陽之艮對錯或取長二陰消一陽爲艮則與長二陽消一陰之兌對錯此二長一消對錯也其實除純乾純坤而外餘二錯皆爲一陽二陰與一陰二陽之對錯因震艮互綜爲一象巽兌互綜爲一象故二錯實一錯也如兩儀周流六虛成消息圖所示是已陰陽者兩儀也六虛者六畫也周流六虛者逐次推移于六畫也而成陰陽消長之象焉惟其象非爲陰陽之純即爲陰陽之偏而得陰陽之平者無之于是又有兩儀巽觀成消息圖焉其法準八卦開圓體爲八瓣所以用圓體者方有界限圓無界限也然圓雖無界限而未嘗無角度開爲八瓣則每瓣四十五度也四個瓣則平角百八十度也卽半圓也即全體之半爲兩儀之一也于是以八卦中每一錯爲圓體之全卽兩卦六畫分配全圓八瓣而一卦三畫配四瓣爲半圓也然瓣有四而畫止三將何以配此正懸象圖所以開互卦象

理之妙處在斯矣。互卦者，重其中爻而獨其初上三畫之卦，中惟一爻重則爲二爻，合初上兩爻凡有四爻，是三畫本有四爻也。而初上兩爻各爲獨爻，以一爻爲一爻，即各以一爻當一瓣也。中爻則爲重爻，以一爻爲兩爻，即又以一爻當兩瓣也。如是乾卦初畫奇爲一瓣陽，中畫奇爲二瓣陽，上畫奇爲一瓣陽，合三畫奇爲四瓣陽。其對錯坤卦初畫耦爲一瓣陰，中畫耦爲二瓣陰，上畫耦爲一瓣陰，合三畫耦爲四瓣陰。此皆純陽純陰也。如圖一所示。震初畫奇爲下一瓣陽，中畫耦爲中二瓣陰，上畫耦爲上一瓣陰，合初奇中上耦爲下一瓣陽，中上三瓣陰。其對錯巽卦初畫耦爲下一瓣陰，中畫奇爲中二瓣陽，上畫奇爲上一瓣陽，合初耦中上奇爲下一瓣陰，中上三畫陽。又艮卦初畫耦爲下一瓣陰，中畫耦爲中二瓣陰，上畫奇爲上一瓣陽，合初中耦上奇爲下中三瓣陰，上一瓣陽。其對錯兌卦初畫奇爲下一瓣陽，中畫奇爲中二瓣陽，上畫耦爲上一瓣陰，合初中奇上耦爲下中三瓣陽，上一瓣陰。此皆陰陽三一之比，即陰陽過與不及之偏也。如圖二圖三所示。若[illegible]陰陽之平，則半圓四瓣適得陰陽各二瓣，坎離皆然，將何以別其孰爲坎孰爲離？則以初爻[illegible]陰陽定之。初爻見之最先者也，故可以定在下先見之陰陽。坎初爻陰，則下二瓣陰，上二瓣陽，巽艮亦皆以在下初爻一瓣爲陰也。離初爻陽，則下二瓣陽，上二瓣陰，如震兌亦皆以在下初爻一瓢爲陽也。然何以坎上爻亦陰。離上爻亦陽。此有故焉。坎中兩瓢一陽一陰而畫惟奇耦兩式。將何以畫半陰半陽之象哉。故坎以中一畫奇爲上二瓢陽。離以中一畫耦爲上二瓢陰。而獨各餘第二瓢。坎以第二瓢陰爲上畫耦。離以第二瓢陽爲上畫奇。即成坎中滿、離中虛二象。故圖四爲正象。而圖五則坎離變通之現象也。以上所論。皆懸象所現異觀爲八卦陰陽之爻奇耦之畫也。今復正言懸象圖

懸象著明之誼。聖人研易之微言也。踐形闡發其旨。夢承羲皇傳授秘笈。遂有懸象式太極圖之心得。由陰陽幽明之故。知兩儀之一體。故太極是生而既有兩儀。即有四象八卦。四象者。陰陽之純與其雜也。八卦者。雜之中復有平偏消長之分也。其式則在兩儀異觀成懸象圖。謂之兩儀異觀者。一體祇有兩儀。其四象、八卦皆由兩儀之異觀而生也。如圖一爲乾坤陰陽二純。圖四爲震巽陰陽二微。圖二爲艮兌陰陽二著。圖四爲坎離陰陽二平。亦可使其易橫陳而爲縱陳也。總之此懸象異觀。隨拈一面。則取舍兩面。必成旁通兩象。即對錯也。自然而然。不待言說。此所謂不思而得。不勉而中。蓋從容中道。何思何慮也。夫懸象式太極圖之簡易明便。已碻具粗略如此。若其發揮精微。備盡美善。則深有望于世之研究是圖者矣。

太極圖象作法之研究目次

太極圖象之作法一

第一作法　外作法

第一步　求圓象

第二步　求中線

第三步　求內蘊

〔一〕雙儀式

〔二〕二二一徑系

求點法

第一項　求地天兩點得二二一徑

第二項　求見飛兩點

第三項　求日月兩點及上下兩點

青田式起線法

第一項　起左儀自子至中四段曲線

第二項　起右儀自午至中四段曲線

製型法

大橢圓多作法

作圖法

通俗式起線法　取上下兩切圓

製型法

作圖法

求點法

〔二〕九二徑系

第一項　求子午兩點

第二項　求辰戌兩點

第三項　求乾艮巽坤四點

第四項　求寅申丙壬四點

起線法

第一項　起左儀自子至中四段曲線

第二項　起右儀自午至中四段曲線

製型法

作圖法

〔三〕三一徑系

第一項　起裏圓線

第二項　起廣圓線

製型法

作圖法

〔三〕回旋式即三一徑系

求點起線法

第一項　求上下兩點兼起裏圓線

第二項　求作上下兩切圓周

製型法

作圖法

第二作法　內作法

太極圖象之作法二

太極圖象作法之研究

楊踐形述

引言

凡作太極圖象不必用寸度，祇需一圓規、一直尺兩具，即可由曲直兩線，顯出本型。而其大小黑白皆萬圖一象，如攝影然。故作圖者，常宜身攜圓規一具，以備臨時應用，至直尺可用準平垂直之任何物代也。

易簡太極圖象等姑弗論。歷來學者所指太極圖象者，皆交互太極圖象也，今祇論交互太極圖象、。約以三圓雙儀回旋等式之三系，最爲廣溥。踐形推闡此三系學說之精髓，兼以餘力研覈此三式圖象之作法，反覆玩索，得其會歸，遂發明用幾何繪畫定理爲太極圖象之作法。

太極圖象之作法一

太極圖象之作法有二，其一欲同時作三圓雙儀回旋等三個大小相同之異式太極圖象、即內蘊全異而表圓全同之相等直徑三圓周者，厥有三法，一者先作表圓，二者先作切圓，三者先作裏圓。先作表圓，簡名表作法。其法最繁。此一獨以外圓爲範，是謂外作法。先作切圓者，簡名切作法。其法較簡。先作裏圓者。簡名裏作法。其法最簡。此二皆以內蘊爲基。是謂內作法。外作法。可用以說明陰陽進退之定位。至于實用作圖法。則以內作法之裏作法爲便。兹分外內二作法述之。

第一作法　外作法

外作法先作外圜爲範。次作中線。復次及內蘊。計分三步。敘其作法。

第一步　求圜象

任意作一渾圓。爲太極圜象。（周即表圓、）

〔解〕凡作形圖。卽幾何畫圖。必先有定位。假如命一定點中爲圓心。就此點。取圓規。依任何半徑作一渾淪圓形。爲心中假設太極圖象之圓周。是謂圜。

〔釋〕任何半徑者。有兩誼。一無定度半徑。謂不論長度幾何。即任意作假設半徑也。一有定度半徑。謂先有一定長度。即依度作定長半徑也。

第二步　求中線

通過圓心。作切于圓周之直衡兩中線。（除雙儀式外、三圖式回旋式皆不用衡徑、）

〔解〕通過圓心點中。作一縱直線。簡稱直徑。爲圓形之全徑。兩端切于圓周兩交點。命爲上下兩正。在下者爲子正、在上者爲午正、故名此縱直線爲子午線。依幾何定理可通過子午線中點、作一橫直線、簡稱衡徑。與之正交兩端切于圓周兩交點、命爲左右兩正、在左者爲卯正、在右者爲酉正。故名此橫直線爲卯酉線。取兩儀曲線第一段迄點用、

〔釋〕易道所尙惟中與正。圓心距四方各埒、故爲中央。四方與圓心正對、故稱四正。其在先天定象、乾坤坎離當四正位、正定不復變易。其在後天本象、坎離震兌當四正位、得四時之正令。其在八方、南北東西當四正位。其在十二辰、次子午卯酉當四正位、此言上下兩正者、正南北二至之極、卽子午一直之中。左右兩正者、正東西二分之限、卽卯酉一衡之平。依圓象之圓形觀之、則子午直線適當天頂之垂直正中、故謂子午線爲天中線、亦簡稱中線、或以他用稱中垂線、中直線。卯酉衡線適當地面之準衡平分、故謂卯酉線爲地平線。亦簡稱平線、或以他用稱平準線、平衡線。子午直線就圓心勻分、自子至中、自午至中、二線長度彼此互等、卽各爲半徑。卯酉衡線就圓心勻分、自卯至中、自酉至中、二線長度彼此互等、亦各爲半徑。凡半徑卽中分或平分全直徑二分之一也。夫子午線與卯酉線、彼此互爲正交線、卽彼此互爲垂直線、亦簡稱垂線。又彼此互爲二等分線、卽彼此互爲中分線、亦簡稱中線。自注、凡祗稱中線者、屬天中線、表出某物之中線者、必中

分線、天中線與中分線、其簡稱同、即其指實亦同。而部位與應用各異、故詳別之如此、故卯酉線可以平分子午線爲二等分，即可以平分圓象爲上下兩正弧卯午酉爲上弧，爲陽象。酉子卯爲下弧。爲陰象。子午線可以中分卯酉線爲二等分，即可以中分圓象爲左右兩正弧。子卯午爲左弧。爲陽象。午酉子爲右弧，爲陰象。左右兩弧以子午爲弦，即以卯酉爲矢。上下兩弧以卯酉爲弦，即以子午爲矢。是子午線與卯酉線互爲弦矢，故亦互爲正交。其正弧者，所割半圓也。兩弧各得百有八十度之平角，而勻分全圓爲四象限。象限者，半圓之半，即渾圓之一觚，四之一也。四觚各得九十度之直角。子中卯爲左下觚。卯中午爲右上觚，午中酉爲左上觚，酉中子爲右下觚，此四觚即四象之限也。

【附釋】四象限自直角頂點各求作中分線，即通過圓心切于圓周，成互相正交之兩斜線。一東北西南斜，兩端切于圓周震巽即先天定象之東北震位、西南巽位、兩點。一西北東南斜，兩端切于圓周艮兌即先天定象之西北艮位、東南兌位、兩點。而勻分全圓成八觚，各得四十五度之銳角，爲四象限之半，即渾圓八之一也。此上所述，實釋踐形式擬古雙儀太極圖之起線法也。而緣與四象限以類相從，故附錄于此。

第三步　求內蘊

或同圓心•或切圓周•作內蘊圓。

〔解〕同圓者。就原有圓心爲圓心•依較短之半徑規取得同心異周之圓形•是謂圓內同心圓•簡稱裏圓。切圓周者•在圓內作一半徑較短圓周較小之圓形•而彼此圓周必在一點相切•是謂圓內切周圓•簡稱切圓。裏圓•切圓•統名內蘊圓。而原有圓亦名外象圓•簡稱表圓。

〔釋〕據太極圖象應用之內蘊圓徑•概以四分三分九分爲比例。其在裏圓徑比表圓全徑•有四分之一稱四一徑•三分之一稱三一徑•九分之二稱九二徑諸式。切圓徑則有二分之一稱二一徑。三分之二稱三二徑諸式。凡兩種。

〔附釋〕凡從圓內切圓與表圓周之切點起•可通過表圓切圓兩圓心•成一直線。即切圓之圓心必在表圓周切點與表圓心間之一直線亦半徑上某一點•依理更可從切點起•截取直徑上一定長度至某點•爲所求切圓心。故依此定長爲半徑•規取切圓周•必在直徑切表圓周之點•切表圓周。易言之•即切圓周切表圓周之點•與直徑切表圓周之點•全合爲一也。

惟因太極圖象之畫法不同•故其內蘊圓之大小作法亦異。可分爲雙儀式三圜式回旋式三系述之。

〔二〕雙儀式

雙儀式分三系、青田式兼二二一徑系、及九二徑系。通俗式二二一徑系。踐形式三二一徑系。

〔一〕二二一徑系

〔先述二二一徑求點法〕

第一項　求地天兩點得二二一徑（作切圓用）

〔解〕就子正爲圓心、依原半徑規取得圓周戌寅兩交點。連兩點成一直線、取得直徑交點地。同理就午正爲圓心、依原半徑規取得圓周辰申兩交點。連兩點成一直線、取得直徑交點天。地天各距周心得二二一徑。

〔釋〕圓周之戌寅辰申四點者、謂以十二辰次分序圖周十二點、則子午卯酉四點正當四正位。子午建上下之極、爲南北二至。卯酉列左右之平、爲東西二分。而其序次自子至卯則有丑寅、自卯至午則有辰巳、自午至酉則有未申、自酉至子則有戌亥。如是則勻分圜周爲十二等分。以配十二宮次。每宮各得三十度之銳角、合十二宮凡得周天三百有六十度之全圜。夫據圓周圓徑之略率三一之比以計、是圓周必六倍于半徑之度也。今欲求圓周上之十二點、以合十二辰次則各就四正爲圓心•依原半徑規取得切交圓周上各點•必距所作諸正圓心同如半徑之度•卽同爲圓周六分之一•亦卽同等于十二辰次之二。而每一正凡有兩交點•合計共得交點之數八•在十二辰次適當四正以外之八也。就子正爲圓心•依原半徑規取切交圓周上兩點•自必距子正爲十二辰次之二。先乎子正二次者•隔亥而爲戌也。後乎子正二次者•隔丑而爲寅也。故得戌寅兩交點。又就午正爲圓心•依原半徑規取切交圓周上兩點•自必距午正爲十二辰次之二。先乎午正二次者•隔巳而爲辰也。後乎午正二次者•隔未而爲申也。故得辰申兩交點。由是推之•則亦可就卯正爲圓心•依原半徑規取切交圓周上兩交點•自必距卯正爲十二辰次之二。先乎卯正二次者•隔寅而爲丑也。後乎卯正二次者•隔辰而爲巳也。又就酉正爲圓心依原半徑規取得切交圓周上兩交點•自必距酉正爲十二辰次之二。先乎酉正二次者隔申而爲未也•後乎酉正二次者•隔戌而爲亥也。如是則十二辰次全而周矣。

依幾何作圖理•有一定長直線•欲求其中分垂直正交線者•以兩端極點各爲圓心•規取虛線得兩交點•連兩點成一直線•卽原有定長直線之中分垂直正交也。簡稱中線。故戌寅線爲子中半徑之中線•而其交點必當子中兩點間之正中•卽下半徑之正中也•故命爲地辰申線爲午中半徑之中線、而其交點必當午中兩點間之正中、即上半徑之正中也、故命爲天。而天地之正中、卽圓心點中、故天地之中卽天地之心也。自圓心點中至天之距離、或至地之距離、各等于半徑之半、故稱圓半二一徑、實卽全徑四分之一也。故亦稱圓全四一徑。

第二項　求見飛兩點（作兩儀曲線第二段用兼作見飛圓周用）

〔解〕次依二一徑、就中點爲圓心、規取天地圓周、又就天爲圓心、規取上切圓周、割切天地圓周乙庚兩點。同理就地爲圓心、規取下切圓周、割切天地圓周辛甲兩點。連辛甲兩點成一直線、取得直徑交點見。亦連乙庚兩點成一直線、取得直徑交點飛。

〔釋〕祇稱二一徑、不區圓全圓半者、二一徑規圓之全徑卽圓全二一徑、其半徑亦圓半二一徑也。雙儀式太極圖不用裏圓、止用切圓、切圓各得直徑二分之一、故依二一徑立法、而天地圓周不啻二一徑之裏圓矣、卽三圓式之次圓也。辛甲乙庚四點者、謂以二十四時位分序天地圓周、亦即分序子午圓周、而二十四時位卽十二辰、次加四維八干是巳。四維者、乃指後天本象圖、卽帝出乎震圖、除四正外、所有四隅卦也。坎配子位正北、震配卯位正東、離配午位正南、兌配酉位正西、是謂四正卦。艮居東北位、介乎丑寅之間、巽居東南位、介乎辰巳之間、坤居西南位介乎未申之間、乾居西北位介乎戌亥之間、是謂四隅卦、即四維也。八干者、東方屬木、故甲乙兩干夾輔卯正。南方屬火故丙丁兩干夾輔午正。西方屬金故庚辛兩干夾輔酉正。北方屬水、故壬癸夾輔子正。其二十四全位順序、即壬子癸丑艮寅甲卯乙辰巳丙午丁未坤申庚酉辛戌乾亥是也。詳言之、即一日十二辰、每辰分爲上下時、如子初爲壬時、丑初爲癸時、寅初爲艮時、卯初爲甲時、辰初爲乙時、巳初爲巽時、午初爲丙時、未初爲丁時、申初爲坤時、酉初爲庚時、戌初爲辛時、亥初爲乾時。今曆書諏吉所稱寅申巳亥月宜用甲丙庚壬時、子午卯酉月宜用艮巽坤乾時、辰戌丑未月宜用癸乙丁辛時者是也。錢辛楣筆記稱都門法源寺遼舍利函後題甲時、又戒壇寺遼法禪師碑後題乾時、又遼石幢二、一題庚時、一題坤時。是前人金石刻固有以四維八干記時者、此即二十四時之說也。蓋其所本相傳甚古、故堪輿家所用之二十四山、尚即此二十四字、而星命家推算及今世通行之鐘表每日亦用二十四時、于此可見天地理數悉本自然之法象、決非人力所可强爲安排增損者。不然古今中外人類之智識不齊、何以獨于二十四時、不相謀而相合、至于如此也。

延長辛甲線至切于子午圓周、取得兩交點、右點必在酉戌間之居中、即當辛之位。次左點必在寅卯間之居中、即當甲之位次。故命爲辛甲。同理延長庚乙線至切于子午圓周、取得兩交點。左點必在卯辰間之居中、即當乙之位次。右點必在申酉間之居中、即當庚之位次。故命爲乙庚。

今依前理證知辛甲線爲地中四一徑之中線、而其交點在中之下、出地之上、取乾九二之誼、故稱見也。乙庚線爲天中四一徑之中線、而其交點在天之下、出中之上、取乾九五之誼、故稱飛也。自圓心點中至見之距離、或至飛之距離、各等于圓全四一徑之半、即全徑八分之一也。故稱圓全八一徑、實圓半四一徑。

第三項　求日月兩點（作兩儀曲線第一第三兩段用）及上下兩點（作兩儀曲線第四段用）

〔解〕復次援前例、依自中至見飛之距離爲半徑、就中點爲圓心、規取見飛圓周、右割下切圓周交點日、左割上切圓周交點月。又就見飛兩點各爲圓心、規取兩圓周、割切見飛圓周、切下得夕日兩點、連成一直線、與直徑交點下。切上得禺昳兩點、連成一直線、與直徑交點上。

〔釋〕即自中至見、即自中至飛、其距離正等、故實即截取圓全八一徑爲半徑、成三圓式所用四一徑之裏圓也。雙儀式不用、故以見飛圓周名右下點日者、夕陽尙照、雖入地中、而猶麗見也。天德不可爲首也。左上點月者。晨光將曦。雖出地上而冀比飛也。地道無成而代有終也。
夕旦禺昳四點者。謂以十二時配十二辰次也。南谿雜記謂古無十二時之說。而杜預左傳注
則以爲有十二時。惟不立干支名目。然其稱夜半者。卽子時也。雞鳴者即丑時也。平旦者即寅
時也。日出者即卯時也。食時者即辰時也。禺中者即巳時也。日中者即午時也。日昳者即未時
也。晡時者即申時也。日入者即酉時也。黃昏者即戌時也。人定者即亥時也。亦有爲三時之說
者。謂平旦至食時爲日之朝。禺中至日昳爲日之中。晡時至黃昏爲日之夕。總之禺中至日昳。
當巳午未三時。即在辰之後爲禺。在申之前爲昳也。而日之朝始于平旦當寅。故爲旦。日之夕
終于黃昏。故當戌爲夕。蓋見飛圓周際乎天地之中。正日月運行晝夜推移之圜中也。
今仍依前理證。知夕旦線爲見中八一徑之中線。禺昳線爲飛中八一徑之中線。計兩線交直
徑之點。各距中心最近。故命中之上爲上。中之下爲下。所距各等于八一徑之半。即全徑十六
分之一。

〔次述青田式起線法〕參看雙儀太極圖一

第一項　起左儀自子至中四段曲線

〔解〕就日點爲圓心·依自日至子之距離爲半徑·而規取自子點起迄會切于卯酉線之交點日′止·第一段左儀曲線。繼就見點爲圓心依自見至日′之距離爲半徑·而規取自日′點起迄會切于午中圓周之交點見′止·第二段左儀曲線。復就月點爲圓心·依自月至見′之距離爲半徑·而規取自見′點起迄月′點止·第三段左儀曲線·時位巳入于飛昳圓弧·而未際于上昳線之中間地也·終就上點爲圓心·依上中距離爲半徑·而規取自月′點起迄中心點止·第四段左儀曲線。

第二項　起右儀自午至中四段曲線

〔解〕就月點爲圓心·依自月至午之距離爲半徑·而規取自午點起迄會切于卯酉線之交點月′止·第一段右儀曲線。繼就飛點爲圓心依自飛至月′之距離爲半徑而規取自月′點起迄會切于子中圓周之交點飛′止·第二段右儀曲線。復就日點爲圓心·依自日至飛′之距離爲半徑·而規取自飛′點起迄日′點止·第三段右儀曲線。時位已入于見旦圓弧·而未際于下旦弦線之中間地也。終就下點爲圓心·依下中距離爲半徑·而規取自日′點起迄中心點止·第四段右儀曲線。

〔釋〕左右儀各四段曲線·由中心點會合連接成唯一統長中分曲線·實區分渾圓象爲兩個同量之部分·左分假命爲陽儀·右分假命爲陰儀之界線也。

〔製型法〕參看青田式二 一徑作法圖

先以筆描潤圓周爲太極圜象。次潤中分曲線爲兩儀分界。

〔作圖法〕參觀青田式 雙儀太極圖

中分曲線之右自午順轉迄子盡中墨識爲陰儀而白其日中線折中處點。爲陰中互陽之象。其左自子迄午盡中粉識爲陽儀而黑其月中線折中處點。爲陽中互陰之象。是名劉青田式雙儀太極圖世號爲太極眞圖來瞿塘稱爲古太極圖趙謙撝稱爲天地自然圖。

〔後述通俗式起線法〕取上下兩切圓

〔解〕就天地兩點爲上下圓心各依距離中點爲半徑。取得上切圓午中。與申天線及交點申下切圓子中。與寅天線及交點寅。

〔製型法〕參看通俗式二 一徑作法圖

先以筆描潤表圓周爲太極圜象。次潤下切圓周左半子寅中弧線。上切圓周午申中弧線。連成唯一中分曲線。爲雙儀分界。

〔作圖法〕參看通俗式 雙儀太極圖

中分曲線之右自午迄子墨識爲陰儀。而白其地圓點象陰中互陽。其左自子迄午粉識爲陽儀。而黑其天圓點。象陽中互陰。即成通俗式雙儀太極圖矣。

〔二〕九二徑系（此爲最近發明新式簡法現余從前發明舊式繁法可廢矣）

雙儀式太極圖始自朱子囑蔡元定入陝蜀求得之。元時由蔡氏子孫傳出。明初劉基取以繪入八卦之中。遂盛行于世。而通俗所傳之雙儀太極圖又與來氏易注所繪者略異。遂稱來本爲劉青田式以與通俗式別。

〔求點法〕

第一項　求子午兩點

〔解〕截取圓半徑九分之二爲半徑。就中心點規取圓周。爲九二徑之裏圓。與子午線交點子午。

第二項　求辰戌兩點

〔解〕就子午爲圓心。各依裏圓半徑爲半徑。規取得上圓與裏圓交點辰。下圓與裏圓交點戌。與卯酉線交點左右。

第三項　求乾艮巽坤四點

〔解〕截取裏圓三分之二爲半徑·就中心點規取稍小圓周·爲裏圓之減圓·謂其半徑減去三分之一也。又倍減圓之半徑·即裏圓三分之四爲半徑·仍就中心點規取稍大圓周·爲裏圓之增圓·謂其半徑增出三分之一也。與下圓兩交點乾艮·與上圓兩交點巽坤。

第四項　求寅申丙壬四點

〔解〕就乾艮巽坤爲四圓心·各依增圓半徑爲半徑·規取得乾圓與減圓交點申。艮圓與裏圓交點壬、巽圓與減圓交點寅·坤圓與裏圓交點丙。

〔起線法〕

第一項　起左儀自子至中四段曲線

〔解〕就乾點爲圓心·依自乾至子之距離爲半徑·而規取自子起迄會切于卯酉線之交點震止·第一段左儀曲線。繼就寅點爲圓心·依自寅至震之距離爲半徑·而規取自震起迄會切于子午線之交點離止·第二段左儀曲線。復就丙點爲圓心·依自丙至離之距離爲半徑·而規取自離點起迄會切于增圓坤點止·第三段左儀曲線。終就上圓自坤至中爲第四段左儀曲線。

第二項　起右儀自午至中四段曲線

〔解〕就巽點爲圓心，依自巽至午之距離爲半徑，而規取自午起迄會切于卯酉線之交點兌止。第一段右儀曲線。繼就申點爲圓心，依自申至兌之距離爲半徑，而規取自兌起迄會切于子午線之交點坎止。第二段右儀曲線。復就壬點爲圓心，依自壬至坎之距離爲半徑，而規取自坎點起迄會切于增圓艮點止。第三段右儀曲線。終就下圓自艮至中，爲第四段右儀曲線。

〔釋〕震兌坎離，即卯酉子午也。裏圓悉準表圓于二十四辰，次如子午以與子午重故加撇爲識辰戌丙壬是。收諸減圓爲寅申，放諸增圓爲乾艮巽坤，左右亦卯酉也。同前連接左右四段，成唯一統長中分曲線，爲雙儀之界。

〔三〕三一徑系

〔製型法〕同前系。參看青田式九二徑作法圖

〔作圖法〕同前系，以左右兩點爲陰互陽、陽互陰象。參看青田式雙儀太極圖

〔求點法〕

第一項　求天地兩點

〔解〕截取圓半徑三分之一爲半徑，就中心點規取圓周，爲三一徑之裏圓，與子午線交點天地。

第二項　求上下左右四點

〔解〕截取裏圓半徑五分之四爲半徑・就中心點規取圓周・爲裏圓之隱圓・與子午線交點上下・與卯酉線交點左右。

第三項　求坎離兩點及上下兩弧周

〔解〕就中點爲圓心・以裏圓全徑爲半徑・規取圓周爲中圓・倍于裏圓半徑・實表圓半徑三分之二也・與子午線交點坎離。復就坎離爲上下圓心・各依與中點距離爲半徑・規取上下兩弧周・與中圓交切之點距卯酉線幾十二分之一・距子午線幾六分之一・與表圓會切之點幾各得表圓周八分之一。

〔起線法〕

第一項　起左儀自子會中三段曲線

〔解〕就地點爲圓心・依地子間距離爲半徑・規取自子起迄會切于中圓之交點甲・止第一段左儀曲線。復就下點爲圓心・依下甲間距離爲半徑・規取自甲起迄會切于上弧周之交點乙・止第二段左儀曲線。遂就左點爲圓心・依左乙間距離爲半徑・而規取自乙會中・第三段左儀曲線。

第二項　起右儀自午會中三段曲線

〔解〕就天點爲圓心・依天午間距離爲半徑・而規取自午起迄會切于中圓之交點庚止・第一段右儀曲線。復就上點爲圓心・依上庚間距離爲半徑・而規取自庚起迄會切于下弧周之交點辛止・第二段右儀曲線。遂就右點爲圓心・依右辛間距離爲半徑・而規取自辛會中・第三段左儀曲線。

第三項　起四維線

〔解〕子午卯酉兩直線・即乾坤坎離四正卦位・分全圓四象限即四觚各九十度之直角。各作角之中分線・切于表圓周震巽艮兌四點・即四維卦位線・分全圓八瓤各四十五度之銳角。

〔製型法〕同前兩系・連雙儀各段成一中分曲線而筆潤之。（參看踐形式三一徑作法圖）

〔作圖法〕同二一徑系而陰儀圓白點聯白路通陽儀・誼取陽流入陰、陰中含陽之象。陽儀圓黑點聯黑路通陰儀・誼取陰交于陽、陽中互陰之象。是踐形變通雙儀回旋兩系以配八卦之象。故名楊踐形式雙儀太極圖（參看踐形式雙儀太極圖）

〔三〕三圜式即四一徑系

三圜式太極圖始自道家渡入易家實昉于周濂溪之太極圖說實開太極圖之先聲。

〔求點法〕

第一項　求天地兩點作次圓用

〔解〕同前雙儀式第一項作法。

第二項　求見飛兩點作裏圓用兼求見點用兼起次圓線

〔解〕同前雙儀式第二項作法。

第三項　求覓點作廣圓用

〔解〕仍依同度半徑即天地圓周之半徑爲半徑就見點爲圓心規取子中線交點覓。

〔釋〕依見點爲圓心故是以命其圓周交點爲覓卽加撇于見以識之耳。

〔起線法〕

第一項　起裏圓線

〔解〕同前雙儀式求點法第三項作法第一段。

〔釋〕三圜式四一徑之裹圓即雙儀式之見飛圓周故。

第二項　起廣圓線

〔解〕仍就中點爲圓心依中見距離爲半徑規取圓周即是。

〔釋〕三圜式最宜內作法法簡而理備外作法已同于雙儀式也。

〔製型法〕參看三圜式太極四一徑作法圖

凡前求點起線時均用鉛筆取輕微虛線備圖成後可揩去茲製型時方用筆描成先潤表圓周爲太極圜象次遍潤裏圓次圓廣圓各周顯出內蘊重圜三輪之象復次潤子午線爲兩儀分界。

〔作圖法〕參看三圜式太極圖

左儀中輪右儀內輪外輪均用墨識餘粉識。如是三輪皆成白黑各半之三圜象此即後五代蜀彭曉參同契圖訣之水火匡廓圖左儀象離火右儀象坎水也是名周濂溪式三圜太極圖象。

〔三〕回旋式即三二徑

回旋式太極圖創自來知德實脫胎雙儀式也其于陰陽消長之理獨得其微以之配十二辟卦深有趣味應用三一徑作法獨簡易似誠後來者居上也。

〔求點起線法〕

第一項　求上下兩點兼起裏圓線

〔解〕截取半徑三分之一爲半徑。就圓心規取圓周。爲三一徑之裏圓。與直徑兩交點上下。

第二項　求作上下兩切圓周

〔解〕依上下間距離爲半徑。就上下兩點爲圓心。規取得上下兩切圓周。其左右直線備內作法用

〔製型法〕參看回旋式三一徑作法圖

此圖有外旋內內旋外兩式。故製型亦分兩法。先以筆潤表圓周爲太極圖象。次潤裏圓周爲太極本體。兩法皆同。惟兩儀分界適互反。其外旋內式則潤下切圓左儀子上半圓上切圓右儀午下半圓。而內旋外式則潤下切圓右儀上子半圓。上切圓左儀下午半圓。

〔作圖法〕參觀回旋式太極圖

外旋內式兩半圓之右。用墨識自午順轉盛子盡中爲陰儀。而粉識子下線爲白路。以象陰極陽生。其左用粉識自子順轉盛午盡中爲陽儀。而墨識午上線爲黑路。以象陽極陰生。有陰陽循環不絕之妙。此來瞿塘闡研古太極圖所出也。謂之易原圖。即太極圓圖內旋外式左右黑白其象

全與前式互反．來氏書稱太極河圖即此。如以分配八卦．前式宜初爻向外．上爻向內．是爲外視內排列法。後式宜初爻向內．上爻向外．是爲內視外排列法。以其黑白回互成螺旋狀．統名來瞿塘回旋式太極圖象。

三一徑系

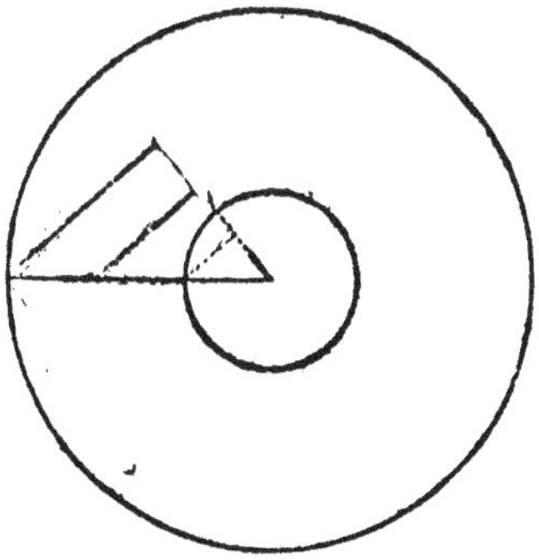

四一徑系

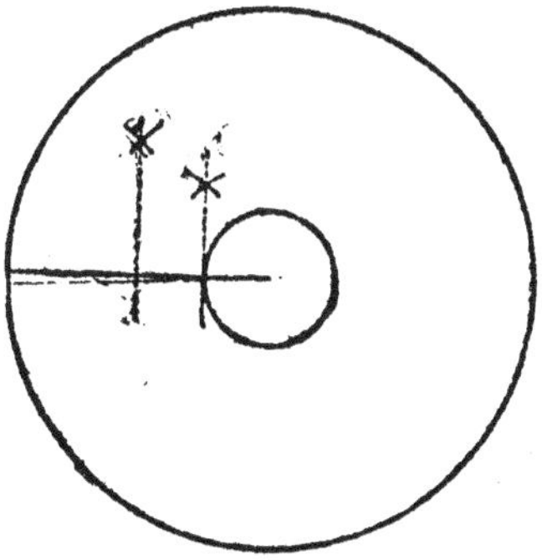

九二徑系

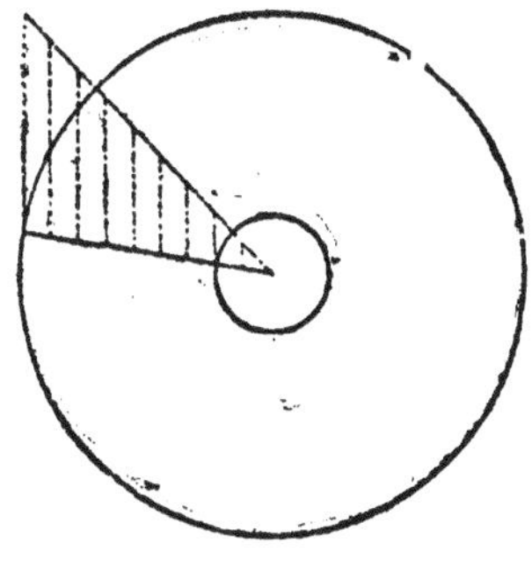

三系裏徑比較表

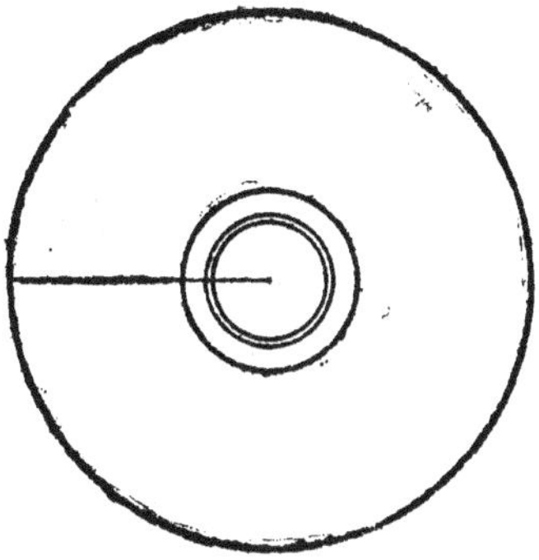

第一作法　內作法

內作法．先作內蘊爲基．次作中線．復次及外圓。而內蘊圓之之作法．有或先切圓、或先裏圓之不同．故三式復各分兩法。然三一徑、四一徑、九二徑之稱．實本諸裏圓．故裏圓獨爲諸式之正作法。而以應用二一徑之切圓爲副作法。惟在雙儀太極圖外作法中青田式之詳作法．通俗式之簡作法．偶一用二一徑切圓．而在內作法止通俗式用此。皆非三式中正統圖象。內作法罕用。全如外作法也。

太極圖象之作法二

其二。原有某式太極圖象。今求作內蘊全異而表圓全同。即直徑全等之異式太極圖象。其方法亦如作法一。依外作者不待言。依內作者有先切先裹之異。總之須審其式屬何徑。若原有者與求作者屬同徑。如原有周式求作劉式或原有劉式求作周式之類是 無庸別立方法。或屬異徑。如原有周式或劉式求作來式又原有來式求作周式或劉式之類是 則別有求作方法。綜前述雙儀三圓回旋三式。凡有四系三圓式。屬四一徑系雙儀式。兼九二徑、二一徑、三一徑三系。三一徑實回旋式正系也。如原有者本屬三一徑。而求作者屬四一徑。則求作之徑度必較原有之徑度減十二分之三。三一徑與四一徑比、如十二與九之比、即十二減三也。即四分之一也。或屬九二徑。則較減十二分之四。三一徑與九二徑比、如十二與八之比、即十二減四也。即三分之一也。若原有者本屬四一徑。而求作者屬九二徑。則求作之徑度必較原有之徑度減九分之一。四一徑與九二徑比、如九與八之比、即九減八也。也或屬三一徑。則較增九分之三。四一徑與三一徑比、如九與十二比。

三系度分比較表

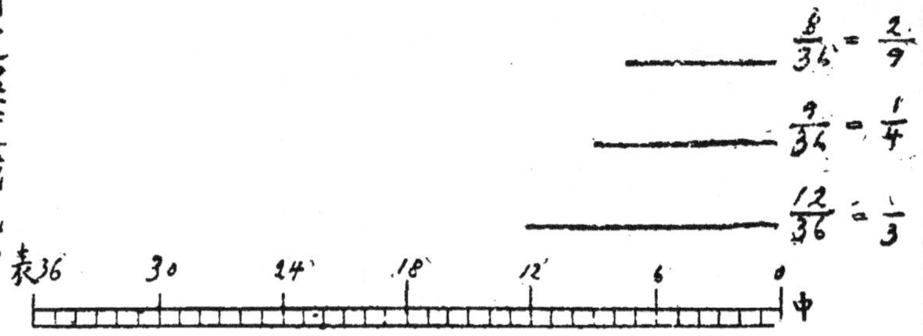

$\frac{8}{36}=\frac{2}{9}$

$\frac{9}{36}=\frac{1}{4}$

$\frac{12}{36}=\frac{1}{3}$

中 0 6 12 18 24 30 36 表

原有之徑度減九分之一

之比、即九加三也、即三分之一也。若原有者本屬九二徑、而求作者屬四一徑、則求作之徑度必較原有者增八分之一九二徑與四二徑比、如八與九之比、即八加一也、也。或屬三一徑、則較增八分之四、九二徑與三二徑比、如八與十二之比、即八加四也、即二分之一也。其裏圓之徑度所以如此者、三系之母通得三十六爲公母、則三分之一即三十六分之十二、四分之一即三十六分之九、九分之二即三十六分之八。如是三系之比、恰如十二與九與八三數之比。而十二與九比、則十二爲九之較增九分之三、即三分之一、而九爲十二之較減十二分之三、即四分之一。是三一徑依原有四一徑求作、增長徑度三分之一、四一徑依原有三一徑求作、減短徑度四分之一。又十二與八比、則十二爲八之較增八分之四、即二分之一、而八爲十二之較減十二分之四、即三分之一。是三一徑依原有九二徑求作、增長徑度二分之一、九二徑依原有三一徑求作、減短徑度三分之一。又九與八比、則九爲八之較增八分之一、而八爲九之較減九分之一。是四一徑依原有九二徑求作、增長徑度八分之一、九二徑依原有四一徑求作、減短徑度九分之一。如此比度、依徑作圓、則可得內蘊全異、而表周全同之相等直徑三圓、即得三個大小相同之異式太極圖象也。如欲更廣及他式、亦可例推。緣此三式實爲諸家太極圖之巨統、而三一徑四一徑尤作諸式太極圖之法型。參看太極圖攷所論自能了悟故述其作法云。